LUST AN DER ERKENNTNIS:
Politisches Denken im 20. Jahrhundert

SERIE PIPER
Band 1987

Zu diesem Buch

Das politische Denken im 20. Jahrhundert, verstanden nicht als politologische Diskussion unter Experten, sondern als die Erörterung von politischen Grundsatzfragen, die alle angehen – dies soll in dem vorliegenden Band repräsentativ abgebildet werden. »Deshalb ist das politische Denken, das hier vorgestellt wird, Schnittpunkt der Disziplinen: Philosophen und Psychologen, Soziologen und Anthropologen, Nationalökonomen und Juristen kommen ebenso zu Wort wie einige, die ohne universitären Ausweis sich berufen gefühlt haben, einen Beitrag zur großen politischen Debatte des 20. Jahrhunderts zu leisten« (Herfried Münkler). Der Herausgeber hat sich dabei weitgehend auf das politische Denken in Deutschland konzentriert, um so die Dispute und Themen möglichst genau bestimmen zu können. So ist eine Anthologie entstanden, die Schlüsseltexte des politischen Denkens in unserem Jahrhundert versammelt.

Herfried Münkler, Dr. phil., geboren 1951 in Friedberg. Studium der Philosopie, Germanistik und Politikwissenschaft. Seit 1992 hat er den Lehrstuhl für Theorie der Politik an der Humboldt-Universität, Berlin, inne.

LUST AN DER ERKENNTNIS:

Politisches Denken im 20. Jahrhundert

Ein Lesebuch

Herausgegeben und eingeleitet
von Herfried Münkler

Piper
München Zürich

In der Reihe »Lust an der Erkenntnis« liegen
in der Serie Piper bereits vor:

Weitere Bände sind in Vorbereitung.

ISBN 3-492-11987-5
Überarbeitete Neuausgabe
April 1994
© R. Piper GmbH & Co. KG, München 1990
Umschlag: Federico Luci,
unter Verwendung des Gemäldes »Arbeiter« von F. W. Seiwert
© Museum Ludwig, Köln;
(Rheinisches Bildarchiv Köln)
Gesamtherstellung: Clausen & Bosse, Leck
Printed in Germany

95:G 0309

Inhalt

Vorwort

Die politische Befähigung, so der Sophist Protagoras in Platons gleichnamigem Dialog (320 d ff.), sei etwas, das allen Menschen, nicht bloß einigen Spezialisten zukomme. Um dies zu erläutern, erzählt Protagoras jenen Mythos, wonach Epimetheus alle Fähigkeiten und Eignungen an die Tiere verteilt hat, so daß zuletzt für die Menschen nichts übrigblieb. Weder Fell noch Federkleid, weder Klauen noch Zähne standen zur Verfügung, mit denen sie sich hätten schützen können. Wohl hatte Prometheus, um den Fehler seines Bruders wiedergutzumachen, von Hephaistos und Athene die technische Intelligenz mitsamt dem zu ihrer Anwendung nötigen Feuer gestohlen, aber dies reichte, wie sich bald herausstellte, zur Selbsterhaltung der Menschen nicht aus. Was fehlte, war neben der technischen Intelligenz die politische Befähigung, welche die Menschen erst in die Lage versetzte, gemeinsam zu handeln. Da erbarmte sich Zeus der Menschen und sandte Hermes, um ihnen auch die politische Befähigung zuteil werden zu lassen. Ob er sie, fragt Hermes, wie im Falle der Heilkunst und der technischen Intelligenz, einigen zuweisen solle, die dann für die anderen zu sorgen hätten, oder ob sie allen zuteil werden solle? Alle sollten sie haben, antwortet Zeus, denn sonst könnten Städte und Staaten auf Dauer nicht bestehen. Politik, so die Aussage des Protagoras-Mythos, ist keine Spezialistenangelegenheit, keine Sache, die arbeitsteilig organisiert werden kann wie die anderen Fähigkeiten. Politik ist die Sache aller, und wo sie dies nicht ist, da gehen die Staaten bald zugrunde. Platon hat in seiner ›Politeia‹ dieser demokratischen Grundüberzeugung des Protagoras widersprochen und Politik zur Spezialistensache erklärt. Sie müsse, solle Frieden und Gerechtigkeit in den Städten herrschen, zum Monopol derer werden, die wissen, was wahre Gerechtigkeit ist: der Philosophen.

Am Ende des 20. Jahrhunderts scheint die Debatte zwischen Platon und Protagoras nach wie vor aktuell, weil in der politischen Realität immer noch offen zu sein. Vielleicht sind es heute nicht mehr die Philosophen im Sinne Platons (wenngleich die untergegangene Sowjetunion durchaus so interpretiert werden kann: der Marxismus-Leninismus als das System der absoluten Wahrheit, die freilich nur von einigen, den dazu autorisierten Parteiideologen, verbindlich ausgelegt werden kann), sondern Technokraten oder Finanz- und Wirtschaftsspezialisten, die beanspruchen, genauer als andere darüber befinden zu können, was vonnöten ist. Und was für die politische Praxis gilt, gilt auch für das politische Denken: eine Angelegenheit für alle? Oder etwas für hochspezialisierte Experten?

Schon die Entscheidung zur Herausgabe eines Bandes wie des vorliegenden ist eine Entscheidung gegen das Spezialistentum, das öffentliche Erörterungen politischer Grundsatzfragen vielleicht nicht verabscheut, aber doch zumindest verachtet – als etwas, das mehr von Wollen als von Können, mehr von Neugier als von Kompetenz, mehr von Wunsch als von Erfahrung geprägt ist, nicht viel mehr als eine Störung des reibungslosen Betriebs. Genau das sollen die hier zusammengestellten Texte aber sein: Infragestellung eingeschliffener Sichtweisen, Verunsicherung politischer Gewohnheiten, Belästigung von Politikroutiniers, solchen, die es sind, und solchen, die es zu sein bloß vorgeben. Demgemäß auch ist das politische Denken, das hier als das des 20. Jahrhunderts vorgestellt wird, gerade keine Spezialistenangelegenheit, hier etwa der politischen Wissenschaft, sondern Schnittpunkt der Disziplinen: Philosophen und Psychologen, Soziologen und Anthropologen, Nationalökonomen und Juristen kommen zu Wort ebenso wie einige, die ohne universitären Ausweis sich berufen gefühlt haben, auch einen Beitrag zu der großen politischen Debatte des 20. Jahrhunderts zu leisten. Dementsprechend geht es hier auch nicht um das politische Denken *des* 20. Jahrhunderts, sondern – bescheidener – bloß um politisches Denken *im* 20. Jahrhundert. So wird man auch eine wissenschaftlicher Systematik genügende Ordnung vermissen. Politisches Denken ist im 20. Jahrhundert ebensowenig wie in den Jahrhunderten zuvor zur systematischen Bearbeitung exakt definierter Probleme geworden, konnte man sich doch nicht einmal zeitweise verbindlich darüber verständigen, was Politik, das Politische (so es das denn überhaupt gibt) und ein Politiker sei. Politisches Denken hat keine umfassend gemeinsamen Themen, und es hat auch keine gemeinsamen Methoden, mit denen diese Themen in der Perspektive einer Mehrung und Präzisierung des Wissens bearbeitet werden könnten. Was bleibt, ist eine kaum zu überschauende Fülle von Kontroversen und Gegensätzen: Dispute über die Frage, was der Mensch als Ausgangspunkt der Politik sei, unter welchen Prinzipien und Normen politisch gehandelt werden dürfe und müsse, welche Formen dabei zu wählen, auf welche Ressourcen zurückzugreifen sei, welche Antipoden einander gegenüberstünden und welche Wege zu welchen Zielen zu gehen seien. Diesen Diskursen sucht die Zusammenstellung der Texte zu folgen, dabei stets darum bemüht, möglichst viele, zudem kontroverse Stimmen zu Wort kommen zu lassen. Dabei hat sich sehr bald gezeigt, daß unter diesen Umständen eine weitgehende Konzentration auf das politische Denken in Deutschland während des 20. Jahrhunderts zweckmäßig und sinnvoll ist, denn so ist es möglich, die Kontroversen und Gegensätze, um die es geht, thematisch möglichst genau zu bestimmen. Das freilich hat seinen Preis: Imperialismus, Dritte Welt, Dekolonisation sind thematisch in den hier zusammengestellten Texten nicht oder doch nur am Rande zu finden, wiewohl sie weltweit im politischen Denken des 20. Jahrhunderts eine erhebliche Rolle gespielt haben. Natürlich haben bei der Auswahl der Texte Vorlieben des Herausgebers ebenso eine Rolle gespielt wie die Begrenztheit seiner Kenntnisse. Einige haben geholfen, diese Kenntnisse zu erweitern, vor allem Hans Grünberger sei hier gedankt, ebenso Sylva Stein, die dazu beigetragen hat, in das Chaos der Buchzeichen und Kopien Überschaubarkeit und Ordnung zu bringen, sowie Marcus Llanque, der beim Korrekturlesen geholfen hat. Dafür, daß dennoch viele aus der Sicht des jeweiligen Lesers wichtige Beiträge zum politischen Denken im 20. Jahrhundert hier nicht zu finden sind, trägt allein der Herausgeber die Verantwortung.

Friedberg   März 1990

Vorbemerkung zur zweiten Auflage

Auf Wunsch des Verlags wurde der Band für die Neuauflage ge-
kürzt. Bekanntlich ist das Ergebnis von Verschlankungen nicht
immer nur ein Weniger, sondern gelegentlich auch ein Mehr – in
diesem Fall, so die Hoffnung, an Übersichtlichkeit und Klarheit.
Den Kürzungen entsprechend sind die Einleitungen zu den einzelnen Abschnitten überarbeitet worden; auch die jeweils aufgeführ-
ten Literaturangaben wurden überarbeitet und ergänzt. Daß den
Streichungen u. a. der Abschnitt »Revolutionäre Wege« zum
Opfer gefallen ist, muß nicht als Konzession an den Zeitgeist verstanden werden. Tatsächlich hat die Idee der Revolution das
20. Jahrhundert geprägt; aber diese Prägung scheint weniger folgenreich gewesen zu sein als dies bei dem (1789 beginnenden)
19. Jahrhundert der Fall gewesen ist.

Berlin   Dezember 1993

I. Gegenstand

Einleitung

Die Frage, inwieweit es überhaupt »das Politische« als einen ausdifferenzierten Bereich mit eigenen Gesetzmäßigkeiten und einer autonomen Handlungslogik gibt, ist im politischen Denken des 20. Jahrhunderts durchweg kontrovers diskutiert worden, jedenfalls gibt es auf diese Frage keine eindeutige und allgemein konsensfähige Antwort. Marxistische bzw. durch das Marxsche Werk inspirierte Theorien bleiben zum Begriff des Politischen eher auf Distanz, insofern sie von einem Primat der Gesellschaft bzw. der Ökonomie ausgehen und die Politik in mehr oder minder starker Abhängigkeit von Vorgängen und Prozessen in diesen Bereichen sehen. Deswegen auch ist hier unter der Frage nach dem Politischen kein marxistischer Theoretiker aufgeführt. Von einem ausdifferenzierten Bereich des Politischen als einer eigenen Gesetzen und eigener Handlungslogik unterliegenden Sphäre ist um so eher die Rede, je mehr das Politische mit dem Staat identifiziert wird. Dort, wo es als völlig oder doch weitgehend kongruent mit dem Staat behauptet wird, kann am ehesten von einer autonomen politischen Handlungslogik die Rede sein; je weniger es mit dem Staat identifiziert wird, desto stärker wird es in Abhängigkeit von wirtschaftlichen und gesellschaftlichen Determinanten gesehen. Einer Monopolisierung des Politischen durch den Staat, wie sie im 16. und 17. Jahrhundert verbreitet war, ist im politischen Denken des 20. Jahrhunderts freilich nur selten das Wort geredet worden, da sich im allgemeinen die Einsicht verbreitet hat, daß der Staat als Politikmonopolist überfordert ist. Unregierbarkeit ist dabei ebenso als Indikator ausgemacht worden, wie ein zunehmend totalitärer Charakter von Herrschaft als Ausdruck einer Monopolisierung des Politischen durch den Staat (oder auch eine Partei) begriffen worden ist. Eine bemerkenswerte Dimension dieser Debatte über die Beziehung von Politik und Staat ist von

Niklas Luhmann *aufgezeigt worden: Politik und Staat unterscheiden sich darin, daß der Staat die Möglichkeit des Nicht-Handelns
bietet, während in der Politik systemisch Nicht-Handeln und Handeln dasselbe sind, so daß es einen Handlungsverzicht im strengen
Sinne nicht gibt. In diesem Sinne hat Luhmann den Staat als »Überführung von Universalismus der Funktionsrelevanz in Selbstbeschränkung des Systems« bezeichnet.*

*Die Antworten, die im politischen Denken des 20. Jahrhunderts
auf die Frage nach dem Politischen bzw., noch bestimmter, nach
dem Wesen des Politischen gegeben worden sind, lassen sich in zwei
Hauptgruppen unterscheiden: in die, derzufolge Politik wesentlich
Machtkampf ist, und in jene, für die Politik ein wie unzulänglich
auch immer ausfallender Versuch der Verwirklichung des Guten ist.
Die erste Antwortgruppe wird im allgemeinen als »realistisch«, die
zweite als »normativ« oder »normativistisch« bezeichnet, wobei vor
allem in der zweiten Gruppe die – was die verfolgten Ziele anbetrifft
– politisch unterschiedlichsten Antworten, von progressiv-revolu-
tionären bis zu ultrakonservativen und reaktionären, zusammengefaßt sind.*

Dolf Sternberger *hat drei »Wurzeln der Politik« unterschieden:
die Politologik im Anschluß an Aristoteles, die Dämonologik im
Anschluß an Machiavelli und die Eschatologik im Anschluß an Augustin. Begreift die Dämonologik Politik wesentlich als Machtkampf bzw. löst sie Politik darin auf, so hat die Eschatologik Politik
in eine heilsgeschichtliche Perspektive eingebunden, an deren Ziel-
punkt umfassender Frieden und vollkommene Gerechtigkeit stehen. Wendet Sternberger gegen letztere ein, das hier politisch Be-
zweckte sei dem Menschen wohl zuträglich, aber nicht möglich, so
hält er der Dämonologik vor, sie sei dem Menschen zwar durchaus
möglich, aber keineswegs zuträglich. Möglichkeit und Zuträglich-
keit sind hingegen verbunden in der Politologik, die den Bürger,
d. h. den Freien und Gleichen, als Subjekt der Politik, als Aus-
gangsbestimmung nimmt. Voraussetzung dieses Politikverständnis-
ses ist die Annahme, daß es sich bei dem Menschen um ein vernünftiges Lebewesen handelt, das sich dessen bewußt ist, daß es erst in
der Gemeinschaft mit anderen, eben der Gemeinschaft der Freien
und Gleichen, zu sich selbst gelangt. Die beiden zentralen Aussagen, die Aristoteles in seiner ›Politik‹ vom Menschen macht, näm-*

lich daß er ein vernünftiges und sprachbegabtes (zoon logon echon) und ein auf die Gemeinschaft mit anderen hin angelegtes Lebewesen sei (zoon physei politikon), kehren hier wieder.

Nun muß man diese Annahmen keineswegs teilen, sondern kann bezüglich des Menschen gänzlich anderer Auffassung sein, was für zahlreiche politische Denker des 20. Jahrhunderts zutrifft. So kann man beispielsweise davon ausgehen, daß der Mensch wesentlich ein egoistischer Nutzenmaximierer ist, der nicht das Wohl der Menschheit, sondern sein Eigeninteresse, nicht den zwanglosen Umgang der Freien und Gleichen miteinander, sondern deren Instrumentalisierung zur Beförderung eigener Zwecke zum Ziele hat. Wo Politik wesentlich als Machtkampf begriffen wird, ist es nicht einmal erforderlich, diese Annahme als generelle anthropologische Aussage aufzustellen, sondern man kann sich darauf beschränken, daß nur die Politik das Feld ist, auf dem sich die Menschen in dem oben skizzierten Sinne benehmen, bzw. daß Politik als Sphäre konfligierender Interessen immer unterstellen muß, die Menschen könnten sich so und nicht anders verhalten. Von diesen Prämissen ausgehend, hat Max Weber die Politik nicht völlig entnormativiert, sondern mit Hilfe der Unterscheidung zwischen Gesinnungs- und Verantwortungsethik so etwas wie eine spezifisch politische Ethik zu begründen versucht. Danach ist im Bereich der Politik/des Politischen nicht die gute Absicht, sondern allein der erfolgreiche Abschluß, also das Ergebnis, ausschlaggebend. Weber sagt damit ausdrücklich nicht, Politiker bräuchten keine Gesinnung zu haben, im Gegenteil, aber diese Gesinnung ist als ethische Rechtfertigung ihres Handelns nicht ausreichend, und Weber sagt damit weiterhin, daß der Einsatz von Mitteln und die Inanspruchnahme von Methoden, die als solche ethisch nicht zu rechtfertigen sind, im Hinblick auf den Ausgang einer Sache in der Politik legitimiert werden können. Aber das hat der Politiker in einem ganz emphatischen Sinne selbst zu verantworten.

Von dieser Verantwortung ist bei Carl Schmitt nicht mehr die Rede, wenn bei ihm die Unterscheidung von Freund und Feind zum Kriterium (nicht zur Definition!) des Politischen avanciert; d. h., aus der Fülle von Entscheidungen, die getroffen werden, können diejenigen als politische Entscheidungen identifiziert werden, in denen Freundschaft und Feindschaft, nicht als private, sondern als

politische, zur Debatte stehen. An die Stelle der normativen Orien-
tierung von Politik – auch die Reduktionsform der Normativität,
die diese nur noch in der Verantwortlichkeit des Politikers (und wo-
möglich auch des politischen Theoretikers) für die Folgen seines
Handelns (womöglich auch seiner Theorien) sieht – tritt hier die
Entscheidung, und zwar eine Entscheidung, von der ausdrücklich
gesagt wird, daß sie nicht aus obersten Normen abgeleitet werden
kann, ja, daß in ihr auch nicht der »Takt des Urteils« in politischer
Hinsicht ausschlaggebend ist, sondern allein das »daß« der Dezi-
sion. Wo hingegen Entscheidungen abgeleitet werden können – hier
knüpft Schmitt durchaus an Überlegungen an, die sich auch bei We-
ber, etwa in der Unterscheidung zwischen Politikern und Beamten,
finden –, handelt es sich nicht um Politik, sondern um Verwaltung
bzw., wie Schmitt an das Begriffsverständnis des 17. Jahrhunderts
anknüpfend sagt, um »Polizei«. Die Differenz zwischen Weber und
Schmitt besteht darin, daß Weber die spezifische Form der Verant-
wortung, Schmitt dagegen die Art der Entscheidung als Indikator
des Unterschieds zwischen Politik und Verwaltung akzentuiert.
Auch Karl Mannheim *hat an Webers Unterscheidung zwischen Ver-*
antwortungs- und Gesinnungsethik angeknüpft, diese jedoch, im
Unterschied zu Weber, in eine evolutionstheoretische Perspektive
gebracht, indem er das Reflexivwerden der Determinanten dieser
Entscheidungen als einen Zuwachs an Kalkulierbarkeit und Objek-
tivierbarkeit, also Beherrschbarkeit politischer Entscheidungen be-
griff. An die Stelle eines unbeherrschbaren Schicksals tritt ein
durchschaubarer Sozialzusammenhang, und insofern wird Schick-
sals- durch Verantwortungsethik ersetzt. Gleichzeitig sieht Mann-
heim aber auch, daß es infolge dieser Entwicklung zu einer Redu-
zierung an genuinem Entscheidungsbedarf kommt und so das Feld
der Verwaltung gegenüber dem der Politik wächst. Wie Schmitt geht
Mannheim von der Entscheidung als Kriterium der Unterscheidung
zwischen Politik und Verwaltung aus, entwirft im Unterschied zu
diesem aber eine Perspektive, in der Politik sich zunehmend in Ver-
waltung verwandelt, also womöglich gänzlich verschwindet. Dieser
Zustand, so fügt Mannheim hinzu, liegt aber noch in so ferner Zu-
kunft, daß er einer wissenschaftlichen Erörterung noch nicht zu-
gänglich ist. In den Debatten der letzten Jahre nun ist, etwa im Falle
der Atomenergie oder der Gentechnologie, Mannheims Überlegung

aufgenommen und dahingehend modifiziert worden, daß in Verwaltungsentscheidungen politische Entscheidungen nicht verschwinden, sondern nur unkenntlich gemacht und der politischen Debatte entzogen werden.

Wenig hoffnungsvoll ist die Sichtweise von Günther Anders, *der bei Mannheim erkennbare evolutionstheoretische Perspektive ins Apokalyptische umkehrt: Sind für Carl Schmitt alle politischen Begriffe im Kern säkularisierte theologische Begriffe, so haben bei Anders heute nahezu alle politischen Begriffe eine theologische Dimension, denn seitdem die Menschen über die Atombombe verfügen, ist politisches Handeln aus der Sphäre der Verfügbarkeit, weil prinzipiellen Reversibilität, durch seine Bereicherung um die Möglichkeit einer definitiven Selbstauslöschung der Menschheit ins Theologische, weil absolut Unverfügbare, hinübergetreten. Politik ist als Politik damit an ihr Ende gelangt. Evolutionstheoretisch beschreibbar als zunehmende Ausdifferenzierung aus der Oberhoheit der Theologie (seit dem 16. Jahrhundert) schlägt Politik nunmehr infolge der Hypertrophie der dem Menschen zur Verfügung stehenden Mittel um in Theologie.*

Diesen unterschiedlichen Bestimmungen der Politik korrespondieren entsprechend unterschiedliche Charakterisierungen des Politikers. Im Anschluß an Nietzsche hat Oswald Spengler *den Staatsmann skizziert als einen, der Politik macht, der handelt und nicht in Kontemplation verfällt, wobei Spengler über das Handeln-Können noch das Befehlen-Können gestellt hat. Politik wird hier aus der Perspektive der Entscheidenden und Führenden gesehen, sie wird zuletzt zu einer ästhetisierten Darstellung von Entschlossenheit und Macht.* Karl Jaspers *hat dagegen nicht Entschlossenheit, sondern Gewissenhaftigkeit als die vorzügliche Eigenschaft des Politikers hervorgehoben, wobei er jedoch betonte, daß die häufige Inanspruchnahme des Gewissens und der Gewissensentscheidung von seiten der Politiker gerade Ausdruck eines Defizits an Gewissenhaftigkeit ist. Sieht man einmal ab von einem stark moralisch-ästhetischen Unbehagen an der politischen Realität, das unverkennbar ist, so hat Jaspers hier Webers Unterscheidung zwischen Gesinnungs- und Verantwortungsethik fortgeführt und modifiziert. Der prätentiöse Verweis aufs eigene Gewissen ist danach an die Stelle der früher verbreiteten Inanspruchnahme von Gesinnung getreten: in*

beiden Fällen als Versuch, die weitere Erörterung von Handlungs-
folgen abzuschneiden. Demgegenüber hat Jean-Paul Sartre *eine*
grundsätzliche Distanz zur Figur des Politikers als eines ausdiffe-
renzierten Spezialisten bekundet, als dessen herausragende Eigen-
schaft er weder Entschlossenheit noch Gewissenhaftigkeit, sondern
bloß Zynismus zu erkennen vermochte. Sartres Hoffnung richtete
sich auf die Reintegration der Politik in die Gesellschaft, die den
Politiker als Entscheidungsspezialisten zum Verschwinden brächte,
insofern Politik in gesellschaftliche Selbstverwaltung überführt
würde. Das ist, komplementär zu Anders, komplementär aber auch
zu Schmitt, die optimistische Variante vom Ende der Politik.

Weiterführende Literatur

Klaus von Beyme, Theorie der Politik im 20. Jahrhundert. Von der Moderne zur
    Postmoderne, Frankfurt / M. 1991 (Suhrkamp)
Wilhelm Hennis, Politik und praktische Philosophie. Schriften zur politischen
    Theorie, Stuttgart 1977 (Klett-Cotta)
Ernst Vollrath, Grundlegung einer philosophischen Theorie des Politischen,
    Würzburg 1987 (Königshausen und Neumann)

Politik / Das Politische

MAX WEBER
Politik als Beruf

[...]

Was verstehen wir unter Politik? Der Begriff ist außerordentlich
weit und umfaßt jede Art selbständig *leitender* Tätigkeit. Man
spricht von der Devisenpolitik der Banken, von der Diskontpolitik
der Reichsbank, von der Politik einer Gewerkschaft in einem
Streik, man kann sprechen von der Schulpolitik einer Stadt- oder
Dorfgemeinde, von der Politik eines Vereinsvorsitzenden bei dessen Leistung, ja schließlich von der Politik einer klugen Frau, die
ihren Mann zu lenken trachtet. Ein derartig weiter Begriff liegt
unseren Betrachtungen vom heutigen Abend natürlich nicht zugrunde. Wir wollen heute darunter nur verstehen: die Leitung
oder die Beeinflussung der Leitung eines *politischen* Verbandes,
heute also: eines *Staates*.

Was ist nun aber vom Standpunkt der soziologischen Betrachtung aus ein »politischer« Verband? Was ist: ein »Staat«? Auch er
läßt sich soziologisch nicht definieren aus dem Inhalt dessen, was
er tut. Es gibt fast keine Aufgabe, die nicht ein politischer Verband
hier und da in die Hand genommen hätte, andererseits auch keine,
von der man sagen könnte, daß sie jederzeit, vollends: daß sie
immer *ausschließlich* denjenigen Verbänden, die man als politische, heute: als Staaten, bezeichnet, oder welche geschichtlich die
Vorfahren des modernen Staates waren, eigen gewesen wäre. Man
kann vielmehr den modernen Staat soziologisch letztlich nur definieren aus einem spezifischen *Mittel*, das ihm, wie jedem politischen Verband, eignet: der physischen Gewaltsamkeit. »Jeder
Staat wird auf Gewalt gegründet«, sagte seinerzeit TROTZKIJ in

Brest-Litowsk. Das ist in der Tat richtig. Wenn nur soziale Gebilde beständen, denen die Gewaltsamkeit als Mittel unbekannt wäre, *dann* würde der Begriff »Staat« fortgefallen sein, *dann* wäre eingetreten, was man in diesem besonderen Sinne des Wortes als »Anarchie« bezeichnen würde. Gewaltsamkeit ist natürlich nicht etwa das normale oder einzige Mittel des Staates: – davon ist keine Rede –, wohl aber: das ihm spezifische. Gerade heute ist die Beziehung des Staates zur Gewaltsamkeit besonders intim. In der Vergangenheit haben die verschiedensten Verbände – von der Sippe angefangen – physische Gewaltsamkeit als ganz normales Mittel gekannt. Heute dagegen werden wir sagen müssen: Staat ist diejenige menschliche Gemeinschaft, welche innerhalb eines bestimmten Gebietes – dies: das »Gebiet« gehört zum Merkmal – das *Monopol legitimer physischer Gewaltsamkeit* für sich (mit Erfolg) beansprucht. Denn das der Gegenwart Spezifische ist: daß man allen anderen Verbänden oder Einzelpersonen das Recht zur physischen Gewaltsamkeit nur so weit zuschreibt, als der *Staat* sie von ihrer Seite zuläßt: er gilt als alleinige Quelle des »Rechts« auf Gewaltsamkeit.

»Politik« würde für uns also heißen: Streben nach Machtanteil oder nach Beeinflussung der Machtverteilung, sei es zwischen Staaten, sei es innerhalb eines Staates zwischen den Menschengruppen, die er umschließt.

Das entspricht im wesentlichen ja auch dem Sprachgebrauch. Wenn man von einer Frage sagt: sie sei eine »politische« Frage, von einem Minister oder Beamten: er sei ein »politischer« Beamter, von einem Entschluß: er sei »politisch« bedingt, so ist damit immer gemeint: Machtverteilungs-, Machterhaltungs- oder Machtverschiebungsinteressen sind maßgebend für die Antwort auf jene Frage oder bedingen diesen Entschluß oder bestimmen die Tätigkeitssphäre des betreffenden Beamten. – Wer Politik treibt, erstrebt Macht: Macht entweder als Mittel im Dienst anderer Ziele (idealer oder egoistischer), – oder Macht »um ihrer selbst willen«: um das Prestigegefühl, das sie gibt, zu genießen.

[...]

Man kann »Politik« treiben – also: die Machtverteilung zwischen und innerhalb politischer Gebilde zu beeinflussen trachten – sowohl als »Gelegenheits«politiker wie als nebenberuflicher oder hauptberuflicher Politiker, genau wie beim ökonomischen Erwerb. »Gelegenheits«politiker sind wir alle, wenn wir unseren Wahlzettel abgeben oder eine ähnliche Willensäußerung: etwa Beifall oder Protest in einer »politischen« Versammlung, vollziehen, eine »politische« Rede halten usw., – und bei vielen Menschen beschränkt sich ihre ganze Beziehung zur Politik darauf. »Nebenberufliche« Politiker sind heute z. B. alle jene Vertrauensmänner und Vorstände von parteipolitischen Vereinen, welche diese Tätigkeit – wie es durchaus die Regel ist – nur im Bedarfsfalle ausüben und weder materiell noch ideell in *erster* Linie daraus »ihr Leben machen«. Ebenso jene Mitglieder von Staatsräten und ähnlichen Beratungskörperschaften, die nur auf Anfordern in Funktion treten. Ebenso aber auch ziemlich breite Schichten unserer Parlamentarier, die nur in Zeiten der Session Politik treiben. In der Vergangenheit finden wir solche Schichten namentlich unter den Ständen. »Stände« sollen uns heißen die eigenberechtigten Besitzer militärischer oder für die Verwaltung wichtiger sachlicher Betriebsmittel oder persönlicher Herrengewalten. Ein großer Teil von ihnen war weit davon entfernt, sein Leben ganz oder auch nur vorzugsweise oder mehr als gelegentlich in den Dienst der Politik zu stellen. Sie nützten vielmehr ihre Herrenmacht im Interesse der Erzielung von Renten oder auch geradezu von Profit und wurden politisch, im Dienst des politischen Verbandes, nur tätig, wenn der Herr oder wenn ihre Standesgenossen dies besonders verlangten. Nicht anders auch ein Teil jener Hilfskräfte, die der Fürst im Kampf um die Schaffung eines politischen Eigenbetriebes, der nur ihm zur Verfügung stehen sollte, heranzog. Die »Räte von Haus aus« und, noch weiter zurück, ein erheblicher Teil der in der »Curia« und den anderen beratenden Körperschaften des Fürsten zusammentretenden Ratgeber hatten diesen Charakter. Aber mit diesen nur gelegentlichen oder nebenberuflichen Hilfskräften kam der Fürst natürlich nicht aus. Er mußte sich einen Stab von ganz und ausschließlich seinem Dienst gewidmeten, also *haupt*beruflichen Hilfskräften zu schaffen suchen. Davon, woher er diese nahm, hing zum sehr wesentlichen Teil die Struktur des entstehenden dynastischen politischen Gebildes und nicht nur sie, sondern das ganze Gepräge der betreffenden Kultur ab. Erst recht in die gleiche Notwendigkeit versetzt waren diejenigen politischen Verbände, welche unter völliger Beseitigung

oder weitgehender Beschränkung der Fürstenmacht sich als (sogenannte) »freie« Gemeinwesen politisch konstituierten – »frei« nicht
im Sinne der Freiheit von gewaltsamer Herrschaft, sondern im
Sinne von: Fehlen der kraft Tradition legitimen (meist religiös ge-
weihten) Fürstengewalt als ausschließlicher Quelle aller Autorität.
Sie haben geschichtlich ihre Heimstätte durchaus im Okzident, und
ihr Keim war: die Stadt als politischer Verband, als welcher sie
zuerst im mittelländischen Kulturkreis aufgetreten ist. Wie sahen in
all diesen Fällen die »*haupt*beruflichen« Politiker aus?

Es gibt zwei Arten, aus der Poltik seinen Beruf zu machen. Entweder: man lebt »für« die Politik – oder aber: »von« der Politik.
Der Gegensatz ist keineswegs ein exklusiver. In aller Regel vielmehr tut man, mindestens ideell, meist aber auch materiell, beides: wer »für« die Politik lebt, macht im *inner*lichen Sinne »sein
Leben daraus«: er genießt entweder den nackten Besitz der
Macht, die er ausübt, oder er speist sein inneres Gleichgewicht und
Selbstgefühl aus dem Bewußtsein, durch Dienst an einer »Sache«
seinem Leben einen *Sinn* zu verleihen. In diesem innerlichen Sinn
lebt wohl jeder ernste Mensch, der für eine Sache lebt, auch von
dieser Sache. Die Unterscheidung bezieht sich also auf eine viel
massivere Seite des Sachverhaltes: auf die ökonomische. »Von«
der Politik als Beruf lebt, wer danach strebt, daraus eine dauernde
*Einnahme*quelle zu machen, – »für« die Politik der, bei dem dies
nicht der Fall ist. Damit jemand in diesem ökonomischen Sinn
»für« die Politik leben könne, müssen unter der Herrschaft der
Privateigentumsordnung einige, wenn Sie wollen, sehr triviale
Voraussetzungen vorliegen: er muß – unter normalen Verhältnissen – ökonomisch von den Einnahmen, welche die Politik ihm
bringen kann, unabhängig sein. Das heißt ganz einfach: er muß
vermögend oder in einer privaten Lebensstellung sein, welche ihm
auskömmliche Einkünfte abwirft. So steht es wenigstens unter
normalen Verhältnissen. Zwar die Gefolgschaft des Kriegsfürsten
fragt ebensowenig nach den Bedingungen normaler Wirtschaft wie
die Gefolgschaft des revolutionären Helden der Straße. Beide leben von Beute, Raub, Konfiskationen, Kontributionen, Aufdrän-
gung von wertlosen Zwangszahlungsmitteln: – was dem Wesen
nach alles das gleiche ist. Aber das sind notwendig außeralltägliche
Erscheinungen: in der Alltagswirtschaft leistet nur eigenes Vermö-

gen diesen Dienst. Aber damit allein nicht genug: er muß überdies wirtschaftlich »abkömmlich« sein, d. h. seine Einkünfte dürfen nicht davon abhängen, daß er ständig persönlich seine Arbeitskraft und sein Denken voll oder doch weit überwiegend in den Dienst ihres Erwerbes stellt. Abkömmlich in diesem Sinne ist nun am unbedingtesten: der Rentner, derjenige also, der vollkommen arbeitsloses Einkommen, sei es, wie die Grundherren der Vergangenheit, die Großgrundbesitzer und die Standesherren der Gegenwart, aus Grundrenten – in der Antike und im Mittelalter auch Sklaven- oder Hörigenrenten –, sei es aus Wertpapier- oder ähnlichen modernen Rentenquellen bezieht. Weder der Arbeiter *noch* – was sehr zu beachten ist – der Unternehmer, auch *und gerade* der moderne Großunternehmer, ist in diesem Sinn abkömmlich. Denn auch und *gerade* der Unternehmer – der gewerbliche sehr viel mehr als, bei dem Saisoncharakter der Landwirtschaft, der landwirtschaftliche Unternehmer – ist an seinen Betrieb gebunden und *nicht* abkömmlich. Es ist für ihn meist sehr schwer, sich auch nur zeitweilig vertreten zu lassen. Ebensowenig ist dies z. B. der Arzt, je hervorragender und beschäftigter er ist, desto weniger. Leichter schon, aus rein betriebstechnischen Gründen, der Advokat, – der deshalb auch als Berufspolitiker eine ungleich größere, oft eine geradezu beherrschende Rolle gespielt hat. – Wir wollen diese Kasuistik nicht weiterverfolgen, sondern wir machen uns einige Konsequenzen klar.

[...]

Man kann sagen, daß drei Qualitäten vornehmlich entscheidend sind für die Politiker: Leidenschaft – Verantwortungsgefühl – Augenmaß. Leidenschaft im Sinn von *Sachlichkeit:* leidenschaftliche Hingabe an eine »Sache«, an den Gott oder Dämon, der ihr Gebieter ist. Nicht im Sinne jenes inneren Gebarens, welches mein verstorbener Freund Georg Simmel als »sterile Aufgeregtheit« zu bezeichnen pflegte, wie sie einem bestimmten Typus vor allem russischer Intellektueller (nicht etwa: allen von ihnen!) eignete, und welches jetzt in diesem Karneval, den man mit dem stolzen Namen einer »Revolution« schmückt, eine so große Rolle auch bei unseren Intellektuellen spielt: eine ins Leere verlaufende »Romantik des intellektuell Interessanten« ohne alles sachliche Verantwortungsgefühl. Denn mit der bloßen, als noch so echt empfundenen

Leidenschaft ist es freilich nicht getan. Sie macht nicht zum Politiker, wenn sie nicht, als Dienst an einer »Sache«, auch die *Verantwortlichkeit* gegenüber ebendieser Sache zum entscheidenden Leitstern des Handelns macht. Und dazu bedarf es – und das ist die entscheidende psychologische Qualität des Politikers – des *Augenmaßes*, der Fähigkeit, die Realitäten mit innerer Sammlung und Ruhe auf sich wirken zu lassen, also: der *Distanz* zu den Dingen und Menschen. »Distanzlosigkeit«, rein als solche, ist eine der Todsünden jedes Politikers und eine jener Qualitäten, deren Züchtung bei dem Nachwuchs unserer Intellektuellen sie zu politischer Unfähigkeit verurteilen wird. Denn das Problem ist eben: wie heiße Leidenschaft und kühles Augenmaß miteinander in derselben Seele zusammengezwungen werden können? Politik wird mit dem Kopfe gemacht, nicht mit anderen Teilen des Körpers oder der Seele. Und doch kann die Hingabe an sie, wenn sie nicht ein frivoles intellektuelles Spiel, sondern menschlich echtes Handeln sein soll, nur aus Leidenschaft geboren und gespeist werden. Jene starke Bändigung der Seele aber, die den leidenschaftlichen Politiker auszeichnet und ihn von den bloßen »steril aufgeregten« politischen Dilettanten unterscheidet, ist nur durch die Gewöhnung an Distanz – in jedem Sinn des Wortes – möglich. Die »Stärke« einer politischen »Persönlichkeit« bedeutet in allererster Linie den Besitz dieser Qualitäten.

Einen ganz trivialen, allzu menschlichen Feind hat daher der Politiker täglich und stündlich in sich zu überwinden: die ganz gemeine *Eitelkeit*, die Todfeindin aller sachlichen Hingabe und aller Distanz, in diesem Fall: der Distanz sich selbst gegenüber.

Eitelkeit ist eine sehr verbreitete Eigenschaft, und vielleicht ist niemand ganz frei davon. Und in akademischen und Gelehrtenkreisen ist sie eine Art von Berufskrankheit. Aber gerade beim Gelehrten ist sie, so antipathisch sie sich äußern mag, relativ harmlos in dem Sinn: daß sie in aller Regel den wissenschaftlichen Betrieb nicht stört. Ganz anders beim Politiker. Er arbeitet mit dem Streben nach *Macht* als unvermeidlichem Mittel. »Machtinstinkt« – wie man sich auszudrücken pflegt – gehört daher in der Tat zu seinen normalen Qualitäten. – Die Sünde gegen den heiligen Geist seines Berufs aber beginnt da, wo dieses Machtstreben *unsachlich* und ein Gegenstand rein persönlicher Selbstberauschung wird, anstatt ausschließlich in den Dienst der »Sache« zu treten. Denn es gibt letztlich nur zwei Arten von Todsünden auf dem Gebiet der Politik: Unsachlichkeit und – oft, aber nicht immer damit identisch – Verantwortungslosigkeit. Die Eitelkeit: das Bedürfnis, selbst möglichst sichtbar in den Vordergrund zu treten, führt den Politiker am stärksten in Versuchung, eine von beiden, oder beide, zu begehen. Um so mehr, als der Demagoge auf »Wirkung« zu rechnen gezwungen ist, – er ist eben deshalb stets in Gefahr, sowohl zum Schauspieler zu werden, wie die Verantwortung für die Folgen seines Tuns leicht zu nehmen und nur nach dem »Eindruck« zu fragen, den er macht. Seine Unsachlichkeit legt ihm nahe, den glänzenden Schein der Macht statt der wirklichen Macht zu erstreben, seine Verantwortungslosigkeit aber: die Macht lediglich um ihrer selbst willen, ohne inhaltlichen Zweck, zu genießen. Denn obwohl, oder vielmehr: gerade *weil* Macht das unvermeidliche Mittel und Machtstreben daher eine der treibenden Kräfte aller Politik ist, gibt es keine verderblichere Verzerrung der politischen Kraft als das parvenümäßige Bramarbasieren mit Macht und die eitle Selbstbespiegelung in dem Gefühl der Macht, überhaupt jede Anbetung der Macht rein als solcher. Der bloße »Machtpolitiker«, wie ihn ein auch bei uns eifrig betriebener Kult zu verklären sucht, mag stark wirken, aber er wirkt in der Tat ins Leere und Sinnlose. Darin haben die Kritiker der »Machtpolitik« vollkommen recht. An dem plötzlichen inneren Zusammenbruch typischer Träger dieser Gesinnung haben wir erleben können, welche innere Schwäche und Ohnmacht sich hinter dieser protzigen, aber gänzlich leeren Geste verbirgt. Sie ist Produkt einer höchst dürftigen und oberflächlichen Blasiertheit gegenüber dem *Sinn* menschlichen Handelns, welche keinerlei Verwandtschaft hat mit dem Wissen um die Tragik, in die alles Tun, zumal aber das politische Tun, in Wahrheit verflochten ist.

[...]

Wie steht es denn aber mit der wirklichen Beziehung zwischen *Ethik und Politik?* Haben sie, wie man gelegentlich gesagt hat, gar nichts miteinander zu tun? Oder ist es umgekehrt richtig, daß »dieselbe« Ethik für das politische Handeln wie für jedes andere gelte? Man hat zuweilen geglaubt, zwischen diesen beiden Behauptungen bestehe eine ausschließliche Alternative: entweder die eine oder die andere sei richtig. Aber ist es denn wahr: daß für erotische und geschäftliche, familiäre und amtliche Beziehungen, für die Beziehungen zu Ehefrau, Gemüsefrau, Sohn, Konkurrenten, Freund, Angeklagten die inhaltlich *gleichen* Gebote von irgendeiner Ethik der Welt aufgestellt werden könnten? Sollte es wirklich für die ethischen Anforderungen an die Politik so gleichgültig sein, daß diese mit einem sehr spezifischen Mittel: Macht, hinter der *Gewaltsamkeit* steht, arbeitet? Sehen wir nicht, daß die bolschewistischen und spartakistischen Ideologen, eben weil sie dieses Mittel der Politik anwenden, genau die *gleichen* Resultate herbeiführen wie irgendein militaristischer Diktator? Wodurch als eben durch die Person der Gewalthaber und ihren Dilettantismus unterscheidet sich die Herrschaft der Arbeiter- und Soldatenräte von der eines beliebigen Machthabers des alten Regimes? Wodurch die Polemik der meisten Vertreter der vermeintlich neuen Ethik selbst gegen die von ihnen kritisierten Gegner von der irgendwelcher anderer Demagogen? Durch die edle Absicht!, wird gesagt werden. Gut. Aber das Mittel ist es, wovon hier die Rede ist, und den Adel ihrer letzten Absichten nehmen die befehdeten Gegner mit voller subjektiver Ehrlichkeit ganz ebenso für sich in Anspruch. »Wer zum Schwert greift, wird durch das Schwert umkommen«, und Kampf ist überall Kampf. Also: – die Ethik der *Bergpredigt?* Mit der Bergpredigt – gemeint ist: die absolute Ethik des Evangeliums – ist es eine ernstere Sache, als die glauben, die diese Gebote heute gern zitieren. Mit ihr ist nicht zu spaßen. Von ihr gilt, was man von der Kausalität in der Wissenschaft gesagt hat: sie ist kein Fiaker, den man beliebig halten lassen kann, um nach Befinden ein- und auszusteigen. Sondern: ganz *oder* gar nicht, *das* gerade ist ihr Sinn, wenn etwas anderes als Trivialitäten herauskommen soll. Also z. B. der reiche Jüngling: »Er aber ging traurig davon, denn er hatte viele Güter.« Das evangelische Gebot ist unbedingt und eindeutig: gib her, was du hast – *alles*, schlechthin. Der Politiker wird sagen: eine sozial sinnlose Zumutung, solange es nicht für *alle* durchgesetzt wird. Also: Besteuerung, Wegsteuerung, Konfiskation, – mit einem Wort: Zwang und Ordnung gegen *alle*. Das ethische Gebot aber fragt danach *gar nicht*, das ist sein Wesen. Oder: »Halte den anderen Backen hin!« Unbedingt, ohne zu fragen, wieso es dem anderen zukommt, zu schlagen. Eine

Ethik der Würdelosigkeit – außer: für einen Heiligen. Das ist es: man muß ein Heiliger sein in *allem*, zum mindesten dem Wollen nach, muß leben wie Jesus, die Apostel, der heilige Franz und seinesgleichen, *dann* ist diese Ethik sinnvoll und Ausdruck einer Würde. *Sonst nicht.* Denn wenn es in Konsequenz der akosmistischen Liebesethik heißt: »dem Übel nicht widerstehen mit Gewalt«, – so gilt für den Politiker umgekehrt der Satz: du *sollst* dem Übel gewaltsam widerstehen, sonst – bist du für seine Überhandnahme *verantwortlich.* Wer nach der Ethik des Evangeliums handeln will, der enthalte sich der Streiks – denn sie sind: Zwang – und gehe in die gelben Gewerkschaften. Er rede aber vor allen Dingen nicht von »Revolution«. Denn jene Ethik will doch wohl nicht lehren: daß gerade der Bürgerkrieg der einzig legitime Krieg sei. Der nach dem Evangelium handelnde Pazifist wird die Waffen ablehnen oder fortwerfen, wie es in Deutschland empfohlen wurde, als ethische Pflicht, um dem Krieg und damit: jedem Krieg, ein Ende zu machen. Der Politiker wird sagen: das einzig sichere Mittel, den Krieg für alle *absehbare* Zeit zu diskreditieren, wäre ein Status-quo-Friede gewesen. Dann hätten sich die Völker gefragt: wozu war der Krieg? Er wäre ad absurdum geführt gewesen, – was jetzt nicht möglich ist. Denn für die Sieger – mindestens für einen Teil von ihnen – wird er sich politisch rentiert haben. Und dafür ist jenes Verhalten verantwortlich, das uns jeden Widerstand unmöglich machte. Nun wird – wenn die Ermattungsepoche vorbei sein wird – *der Frieden diskreditiert sein, nicht der Krieg:* eine Folge der absoluten Ethik.

Endlich: die Wahrheitspflicht. Sie ist für die absolute Ethik unbedingt. Also, hat man gefolgert: Publikation aller, vor allem der das eigene Land belastenden Dokumente und auf Grund dieser einseitigen Publikation: Schuldbekenntnis, einseitig, bedingungslos, ohne Rücksicht auf die Folgen. Der Politiker wird finden, daß im Erfolg dadurch die Wahrheit nicht gefördert, sondern durch Mißbrauch und Entfesselung von Leidenschaft sicher verdunkelt wird; daß nur eine allseitige planmäßige Feststellung durch Unparteiische Frucht bringen könnte, jedes andere Vorgehen für die Nation, die derartig verfährt, Folgen haben kann, die in Jahrzehnten nicht wieder gutzumachen sind. Aber nach »Folgen« *fragt* eben die absolute Ethik nicht.

Da liegt der entscheidende Punkt. Wir müssen uns klarmachen, daß alles ethisch orientierte Handeln unter *zwei* voneinander grundverschiedenen, unaustragbar gegensätzlichen Maximen stehen kann: es kann »gesinnungsethisch« oder »verantwortungsethisch« orientiert sein. Nicht daß Gesinnungsethik mit Verantwortungslosigkeit und Verantwortungsethik mit Gesinnungslosigkeit identisch wäre. Davon ist natürlich keine Rede. Aber es ist ein abgrundtiefer Gegensatz, ob man unter der gesinnungsethischen Maxime handelt – religiös geredet: »Der Christ tut recht und stellt den Erfolg Gott anheim« – *oder* unter der verantwortungsethischen: daß man für die (voraussehbaren) *Folgen* seines Handelns aufzukommen hat. Sie mögen einem überzeugten gesinnungsethischen Syndikalisten noch so überzeugend darlegen: daß die Folgen seines Tuns die Steigerung der Chancen der Reaktion, gesteigerte Bedrückung seiner Klasse, Hemmung ihres Aufstiegs sein werden – und es wird auf ihn gar keinen Eindruck machen. Wenn die Folgen einer aus reiner Gesinnung fließenden Handlung üble sind, so gilt ihm nicht der Handelnde, sondern die Welt dafür verantwortlich, die Dummheit der anderen Menschen oder – der Wille des Gottes, der sie so schuf. Der Verantwortungsethiker dagegen rechnet mit eben jenen durchschnittlichen Defekten der Menschen, – er hat, wie Fichte richtig gesagt hat, gar kein Recht, ihre Güte und Vollkommenheit vorauszusetzen, er fühlt sich nicht in der Lage, die Folgen eigenen Tuns, soweit er sie voraussehen konnte, auf andere abzuwälzen. Er wird sagen: diese Folgen werden meinem Tun zugerechnet. »Verantwortlich« fühlt sich der Gesinnungsethiker nur dafür, daß die Flamme der reinen Gesinnung, die Flamme z. B. des Protestes gegen die Ungerechtigkeit der sozialen Ordnung, nicht erlischt. Sie stets neu anzufachen ist der Zweck seiner, vom möglichen Erfolg her beurteilt, ganz irrationalen Taten, die nur exemplarischen Wert haben können und sollen.

Aber auch damit ist das Problem noch nicht zu Ende. Keine Ethik der Welt kommt um die Tatsache herum, daß die Erreichung »guter« Zwecke in zahlreichen Fällen daran gebunden ist, daß man sittlich bedenkliche oder mindestens gefährliche Mittel und die Möglichkeit oder auch die Wahrscheinlichkeit übler Nebenerfolge mit in den Kauf nimmt, und keine Ethik der Welt kann ergeben: wann und in welchem Umfang der ethisch gute Zweck die ethisch gefährlichen Mittel und Nebenerfolge »heiligt«.

Für die Politik ist das entscheidende Mittel: die Gewaltsamkeit, und wie groß die Tragweite der Spannung zwischen Mittel und Zweck, ethisch angesehen, ist, mögen Sie daraus entnehmen, daß, wie jedermann weiß, sich die revolutionären Sozialisten (Zimmerwalder Richtung) schon während des Krieges (.) zu dem Prinzip bekannten, welches man dahin prägnant formulieren könnte: »Wenn wir vor der Wahl stehen, entweder noch einige Jahre Krieg und dann Revolution oder jetzt Friede und keine Revolution, so wählen wir: noch einige Jahre Krieg!« Auf die weitere Frage: »Was kann diese Revolution mit sich bringen?«, würde jeder wissenschaftlich geschulte Sozialist geantwortet haben: daß von einem Übergang zu einer Wirtschaft, die man sozialistisch nennen könne in *seinem* Sinne, keine Rede sei, sondern daß eben wieder eine Bourgeoisiewirtschaft entstehen würde, die nur die feudalen Elemente und dynastischen Reste abgestreift haben könnte. – Für dies bescheidene Resultat also: »noch einige Jahre Krieg«! Man wird doch wohl sagen dürfen, daß man hier auch bei sehr handfest sozialistischer Überzeugung den Zweck ablehnen könne, der derartige Mittel erfordert. Beim Bolschewismus und Spartakismus, überhaupt bei jeder Art von revolutionärem Sozialismus, liegt aber die Sache genau ebenso, und es ist natürlich höchst lächerlich, wenn von dieser Seite die »Gewaltpolitiker« des alten Regimes wegen der Anwendung des gleichen Mittels *sittlich* verworfen werden – so durchaus berechtigt die Ablehnung ihrer *Ziele* sein mag.

[...]

Wer Politik überhaupt und wer vollends Politik als Beruf betreiben will, hat sich jener ethischen Paradoxien und seiner Verantwortung für das, was aus *ihm selbst* unter ihrem Druck werden kann, bewußt zu sein. Er läßt sich, ich wiederhole es, mit den diabolischen Mächten ein, die in jeder Gewaltsamkeit lauern. Die großen Virtuosen der akosmistischen Menschenliebe und Güte, mochten sie aus Nazareth oder aus Assisi oder aus indischen Königsschlössern stammen, haben nicht mit dem politischen Mittel: der Gewalt, gearbeitet, ihr Reich war »nicht von dieser Welt«, und doch wirkten und wirken sie in dieser Welt, und die Figuren des PLATON KARATAJEW und der DOSTOJEWSKISCHEN Heiligen sind immer noch ihre adäquatesten Nachkonstruktionen. Wer das Heil seiner Seele und die Rettung anderer Seelen sucht, der sucht das nicht auf dem Wege der Politik, die ganz andere Aufgaben hat: solche, die nur mit Gewalt zu lösen sind. Der Genius, oder Dämon, der Politik lebt mit dem Gott der Liebe, auch mit dem Christengott in seiner kirchlichen Ausprägung, in einer inneren Spannung, die jederzeit in unaustragbaren Konflikt ausbrechen kann. Das wußten die Menschen auch in den Zeiten der Kirchenherrschaft. Wieder und wieder lag das Interdikt – und das bedeutete damals eine für die Menschen und ihr Seelenheil weit massivere Macht als die (mit FICHTE zu reden) »kalte Billigung« des kantianischen ethischen Urteils – auf Florenz, die Bürger aber fochten gegen den Kirchenstaat. Und mit Bezug auf solche Situationen läßt MACHIAVELLI an einer schönen Stelle, irre ich nicht: der Florentiner Geschichten, einen seiner Helden jene Bürger preisen, denen die Größe der Vaterstadt höher stand als das Heil ihrer Seele.

Wenn Sie statt Vaterstadt oder »Vaterland«, was ja zur Zeit nicht jedem ein eindeutiger Wert sein mag, sagen: »die Zukunft des Sozialismus« oder auch der »internationalen Befriedung«, – dann haben Sie das Problem in der Art, wie es jetzt liegt. Denn das alles, erstrebt duch *politisches* Handeln, welches mit gewaltsamen Mitteln und auf dem Wege der Verantwortungsethik arbeitet, gefährdet das »Heil der Seele«. Wenn ihm aber mit reiner Gesinnungsethik im Glaubenskampf nachgejagt wird, dann kann es Schaden leiden und diskreditiert werden auf Generationen hinaus, weil die Verantwortung für die *Folgen* fehlt. Denn dann bleiben dem Handelnden jene diabolischen Mächte, die im Spiel sind, unbewußt. Sie sind unerbittlich und schaffen Konsequenzen für sein Handeln, auch für ihn selbst innerlich, denen er hilflos preisgegeben ist, wenn er sie nicht sieht. »Der Teufel, der ist alt.« Und nicht die Jahre, nicht das Lebensalter ist bei dem Satz gemeint: »so werdet alt, ihn zu verstehen«. Mit dem Datum des Geburtsscheines bei Diskussionen überstochen zu werden, habe auch ich mir nie gefallen lassen; aber die bloße Tatsache, daß einer 20 Jahre zählt und ich über 50 bin, kann mich schließlich auch nicht veranlassen zu meinen, das allein wäre eine Leistung, vor der ich in Ehrfurcht erstarbe. Nicht das Alter macht es. Aber allerdings: die geschulte Rücksichtslosigkeit des Blickes in die Realitäten des Lebens und die Fähigkeit, sie zu ertragen und ihnen innerlich gewachsen zu sein.

Wahrlich: Politik wird zwar mit dem Kopf, aber ganz gewiß nicht *nur* mit dem Kopf gemacht. Darin haben die Gesinnungsethiker durchaus recht. Ob man aber als Gesinnungsethiker oder als Verantwortungsethiker handeln *soll*, und wann das eine und das andere, darüber kann man niemandem Vorschriften machen. Nur eins kann man sagen: wenn jetzt in diesen Zeiten einer, wie Sie glauben, *nicht* »sterilen« Aufgeregtheit – aber Aufgeregtheit ist eben doch und durchaus nicht immer echte Leidenschaft –, wenn da *plötzlich* die Gesinnungspolitiker massenhaft in das Kraut schießen mit der Parole: »Die Welt ist dumm und gemein, nicht ich; die Verantwortung für die Folgen trifft nicht mich, sondern die anderen, in deren Dienst ich arbeite, und deren Dummheit oder Gemeinheit ich ausrotten werde«, so sage ich offen: daß ich zunächst einmal nach dem Maße des *inneren Schwergewichts* frage, das hinter dieser Gesinnungsethik steht, und den Eindruck habe: daß ich es in neun von zehn Fällen mit Windbeuteln zu tun habe, die nicht real fühlen, was sie auf sich nehmen, sondern sich an romantischen Sensationen berauschen. Das interessiert mich menschlich nicht sehr und erschüttert mich ganz und gar nicht. Während es unermeßlich erschütternd ist, wenn ein *reifer* Mensch – einerlei ob alt oder jung an Jahren –, der diese Verantwortung für die Folgen real und mit voller Seele empfindet und verantwortungsethisch handelt, an irgendeinem Punkte sagt: »Ich kann nicht anders, hier stehe ich.« Das ist etwas, was menschlich echt ist und ergreift. Denn diese Lage muß freilich für *jeden* von uns, der nicht innerlich tot ist, irgendwann eintreten *können*. Insofern sind Gesinnungsethik und Verantwortungsethik nicht absolute Gegensätze, sondern Ergänzungen, die zusammen erst den echten Menschen ausmachen, den, der den »Beruf zur Politik« haben *kann*.

[...]
[1919]

[Politische Entscheidung]

[…]

Denn darin scheint doch das Allereigentümlichste politischen Wissens zu liegen, daß durch ein Mehr-Wissen die Entscheidung nicht aufgehoben wird, sondern sich nur immer weiter zurückschiebt, was aber in diesem Rückzug erobert wird, als Erweiterung des Blickfeldes, als erobertes Wissen bestehen bleibt. So ist es denn vom Vordringen soziologischer Ideologieforschung immer mehr zu erwarten, daß die bisher nur teilweise erforschten Zusammenhänge zwischen sozialer Lage, Willensimpuls und Sicht immer durchsichtiger werden, daß wir also – wie erwähnt – den kollektivgebundenen Willen und das dazugehörige Denken weitgehend genau berechnen und das ideologische Reagieren der sozialen Schichten etwa voraussagen können.

Durch eine solche wissenssoziologische Fundierung wird aber unsere eigene Entscheidung bei weitem nicht aufgehoben, nur das Blickfeld, von dem aus man zu entscheiden hat, wird erweitert. Und auch jene, die von einer Erweiterung der Kenntnis der determinierenden Faktoren die Lähmung der Entscheidung, die Bedrohung der »Freiheit« befürchten, können beruhigt sein. In Wahrheit determiniert ist nur derjenige, der die wesentlichsten determinierenden Fakten nicht kennt, sondern unmittelbar unter dem Druck ihm unbekannter Determinanten handelt. Jede Reflexivmachung der bislang uns beherrschenden Determinanten setzt diese herab aus der Sphäre der unbewußten Motivationen in das Gebiet des Beherrschbaren, Kalkulierbaren, des Objektivierten. Wahl und Entscheidung werden dadurch nicht aufgehoben, ganz im Gegenteil, Motive, durch die wir bislang beherrscht wurden, werden nunmehr durch uns beherrscht, wir werden immer mehr zurückgedrängt auf unser wahres Selbst, und wo wir bisher Zwangsläufigkeiten dienten, dort steht es in unserer Macht, mit jenen Kräften bewußt uns zu verbinden, mit denen wir uns von Grund aus zu identifizieren imstande sind.

Das stete Reflexivwerden früherer unbeherrschter Faktoren und das immer mehr nach rückwärts Verschieben der Entscheidung scheint die grundlegende Bewegungsform im Werden politischen Wissens zu sein. Sie entspricht der eingangs erwähnten Tatsache, daß das Gebiet des Rationalisierbaren und des rational Beherrschbaren (auch in unserer persönlichsten Sphäre) immer mehr wächst und der irrationale Spielraum sich dementsprechend immer mehr einengt. Ob am Ende einer solchen Entwicklung eine völlig rationalisierte Welt steht, wo Irrationales und Entscheidung überhaupt nicht mehr bestehen können, oder ob damit nur die soziale Determination aufhört, kann hier nicht erörtert werden, denn diese Möglichkeit ist zunächst eine mehr als utopische, noch sehr fern liegende und einer wissenschaftlichen Erörterung deshalb unzugängliche.

So viel scheint aber feststellbar zu sein, daß Politik als Politik nur so lange überhaupt möglich ist, wie dieser Spielraum vorhanden ist (wo er verschwindet, tritt an seine Stelle »Verwaltung«); ferner, daß die Besonderheit politischen Wissens den »exakten« Wissensarten gegenüber darin besteht, daß hier Wissen unabtrennbar mit dem Wollen, das rationale Element wesensmäßig mit jenem irrationalen Spielraum verwachsen ist; und schließlich, daß die Tendenz besteht, das Irrationale im Sozialen zu beseitigen, und daß im engsten Zusammenhang damit eine gesteigerte Reflexivmachung der uns bisher unbewußt beherrschenden Faktoren erfolgt.

Im Geschichtlichen spiegelt sich dies darin wider, daß der Mensch anfangs das Sozial-Weltliche genauso als Schicksal, d. h. als unbeherrschbar erlebt, wie wir wohl immer die naturhaften Grenztatsachen (das Faktum des Geborenwerdens und des Todes) erleben werden. Zu dieser Art des Welterlebens gehört eine Ethik, die man »Schicksalsethik« nennen könnte. Sie besteht im wesentlichen in dem Gebot, höheren, undurchschaubaren Mächten zu gehorchen. Der Durchbruch dieser an Schicksal orientierten Ethik vollzieht sich zuerst in der *Gesinnungsethik*, wo der Mensch zumindest sein Selbst dem Schicksalhaften im gesellschaftlichen Ablauf gegenüberstellt. Er reserviert sich seine Freiheit einmal im Sinne der Möglichkeit, durch die Tat neue Kausalreihen in die Welt zu setzen (wenn er auch auf die Beherrschbarkeit der Konsequenzen verzichtet), und zweitens durch den Glauben an die Undeterminiertheit seiner Entscheidungen.

Eine dritte Stufe in dieser Entwicklung scheint unsere Gegenwart zu bedeuten: Der Sozialzusammenhang als »Welt« ist nicht mehr völlig undurchsichtig, schicksalhaft, sondern manche Zusammenhänge sind potentiell voraussehbar. Auf dieser Stufe taucht die *Verantwortungsethik* auf. Sie enthält einmal die Forderung, nicht nur der Gesinnung entsprechend zu handeln, sondern auch die möglichen, jeweils berechenbaren Konsequenzen in die Deliberation einzubeziehen, und zweitens – dies möchten wir auf Grund des Vorangehenden hinzufügen –, die Gesinnung selbst einer bereinigenden Selbstprüfung zu unterwerfen, um die blind und nur zwangsläufig wirkenden Determinanten auszuschalten.

Max Weber hat dieser bestimmten Art von Politik die erste durchschlagende Formulierung gegeben. In seinem Wissen und Forschen spiegelt sich dieses Stadium der Politik und Ethik wider, wo das blind Schicksalhafte am Sozialprozeß zumindest partial im Verschwinden begriffen ist und das Wissen des Wißbaren für den Handelnden zur Verpflichtung wird.

Wenn irgendwann, so kann Politik eben in diesem Stadium zur Wissenschaft werden, wo einerseits das geschichtliche Feld, das es zu beherrschen gilt, sich so weit lichtet, daß es in seinem Aufbau durchleuchtbar wird, und wo andererseits aus der Ethik ein Wille aufsteigt, für den Wissen nicht müßige Kontemplation, sondern Selbstklärung und in diesem Sinne Wegbereitung zur politischen Tat bedeutet.

[1929]

Carl Schmitt
Der Begriff des Politischen

[...]
2.
Eine Begriffsbestimmung des Politischen kann nur durch Aufdeckung und Feststellung der spezifisch politischen Kategorien gewonnen werden. Das Politische hat nämlich seine eigenen Kriterien, die gegenüber den verschiedenen, relativ selbständigen Sachgebieten menschlichen Denkens und Handelns, insbesondere dem Moralischen, Ästhetischen, Ökonomischen in eigenartiger Weise wirksam werden. Das Politische muß deshalb in eigenen letzten

Unterscheidungen liegen, auf die alles im spezifischen Sinne politische Handeln zurückgeführt werden kann. Nehmen wir an, daß auf dem Gebiet des Moralischen die letzten Unterscheidungen Gut und Böse sind; im Ästhetischen Schön und Häßlich; im Ökonomischen Nützlich und Schädlich oder beispielsweise Rentabel und Nicht-Rentabel. Die Frage ist dann, ob es auch eine besondere, jenen anderen Unterscheidungen zwar nicht gleichartige und analoge, aber von ihnen doch unabhängige, selbständige und als solche ohne weiteres einleuchtende Unterscheidung als einfaches Kriterium des Politischen gibt und worin sie besteht.

Die spezifisch politische Unterscheidung, auf welche sich die politischen Handlungen und Motive zurückführen lassen, ist die Unterscheidung von *Freund* und *Feind*. Sie gibt eine Begriffsbestimmung im Sinne eines Kriteriums, nicht als erschöpfende Definition oder Inhaltsangabe. Insofern sie nicht aus anderen Kriterien ableitbar ist, entspricht sie für das Politische den relativ selbständigen Kriterien anderer Gegensätze: Gut und Böse im Moralischen; Schön und Häßlich im Ästhetischen usw. Jedenfalls ist sie selbständig, nicht im Sinne eines eigenen neuen Sachgebietes, sondern in der Weise, daß sie weder auf einem jener anderen Gegensätze oder auf mehreren von ihnen begründet, noch auf sie zurückgeführt werden kann. Wenn der Gegensatz von Gut und Böse nicht ohne weiteres und einfach mit dem von Schön und Häßlich oder Nützlich und Schädlich identisch ist und nicht unmittelbar auf ihn reduziert werden darf, so darf der Gegensatz von Freund und Feind noch weniger mit einem jener anderen Gegensätze verwechselt oder vermengt werden. Die Unterscheidung von Freund und Feind hat den Sinn, den äußersten Intensitätsgrad einer Verbindung oder Trennung, einer Assoziation oder Dissoziation zu bezeichnen; sie kann theoretisch und praktisch bestehen, ohne daß gleichzeitig alle jene moralischen, ästhetischen, ökonomischen oder andern Unterscheidungen zur Anwendung kommen müßten. Der politische Feind braucht nicht moralisch böse, er braucht nicht ästhetisch häßlich zu sein; er muß nicht als wirtschaftlicher Konkurrent auftreten, und es kann vielleicht sogar vorteilhaft scheinen, mit ihm Geschäfte zu machen. Er ist eben der andere, der Fremde, und es genügt zu seinem Wesen, daß er in einem besonders intensiven Sinne existenziell etwas anderes und Fremdes ist, so daß im extremen Fall Konflikte mit ihm möglich sind, die weder durch eine im voraus getroffene generelle Normierung noch durch den Spruch eines »unbeteiligten« und daher »unparteiischen« Dritten entschieden werden können.

Die Möglichkeit richtigen Erkennens und Verstehens und damit auch die Befugnis mitzusprechen und zu urteilen ist hier nämlich nur durch das existenzielle Teilhaben und Teilnehmen gegeben. Den extremen Konfliktsfall können nur die Beteiligten selbst unter sich ausmachen; namentlich kann jeder von ihnen nur selbst entscheiden, ob das Anderssein des Fremden im konkret vorliegenden Konfliktsfalle die Negation der eigenen Art Existenz bedeutet und deshalb abgewehrt oder bekämpft wird, um die eigene, seinsmäßige Art von Leben zu bewahren. In der psychologischen Wirklichkeit wird der Feind leicht als böse und häßlich behandelt, weil jede, am meisten natürlich die politische als die stärkste und intensivste Unterscheidung und Gruppierung, alle verwertbaren anderen Unterscheidungen zur Unterstützung heranzieht. Das ändert nichts an der Selbständigkeit solcher Gegensätze. Infolgedessen gilt auch umgekehrt: Was moralisch Böse, ästhetisch Häßlich oder ökonomisch Schädlich ist, braucht deshalb noch nicht Feind zu sein; was moralisch Gut, ästhetisch Schön und ökonomisch Nützlich ist, wird noch nicht zum Freund in dem spezifischen d. h. politischen Sinn des Wortes. Die seinsmäßige Sachlichkeit und Selbständigkeit des Politischen zeigt sich schon in dieser Möglichkeit, einen derartig spezifischen Gegensatz wie Freund–Feind von anderen Unterscheidungen zu trennen und als etwas Selbständiges zu begreifen.

3.

Die Begriffe Freund und Feind sind in ihrem konkreten, existenziellen Sinn zu nehmen, nicht als Metaphern oder Symbole, nicht vermischt und abgeschwächt durch ökonomische, moralische und andere Vorstellungen, am wenigsten in einem privat-individualistischen Sinne psychologisch als Ausdruck privater Gefühle und Tendenzen. Sie sind keine normativen und keine »rein geistigen« Gegensätze. Der Liberalismus hat in einem für ihn typischen [...] Dilemma von Geist und Ökonomik den Feind von der Geschäftsseite her in einen Konkurrenten, von der Geistseite her in einen

Diskussionsgegner aufzulösen versucht. Im Bereich des Ökonomischen gibt es allerdings keine Feinde, sondern nur Konkurrenten, in einer restlos moralisierten und ethisierten Welt vielleicht nur noch Diskussionsgegner. Ob man es aber für verwerflich hält oder nicht und vielleicht einen atavistischen Rest barbarischer Zeiten darin findet, daß die Völker sich immer noch wirklich nach Freund und Feind gruppieren, oder hofft, die Unterscheidung werde eines Tages von der Erde verschwinden, ob es vielleicht gut und richtig ist, aus erzieherischen Gründen zu fingieren, daß es überhaupt keine Feinde mehr gibt, alles das kommt hier nicht in Betracht. Hier handelt es sich nicht um Fiktionen und Normativitäten, sondern um die seinsmäßige Wirklichkeit und die reale Möglichkeit dieser Unterscheidung. Man kann jene Hoffnungen und erzieherischen Bestrebungen teilen oder nicht; daß die Völker sich nach dem Gegensatz von Freund und Feind gruppieren, daß dieser Gegensatz auch heute noch wirklich und für jedes politisch existierende Volk als reale Möglichkeit gegeben ist, kann man vernünftigerweise nicht leugnen.

Feind ist also nicht der Konkurrent oder der Gegner im allgemeinen. Feind ist auch nicht der private Gegner, den man unter Antipathiegefühlen haßt. Feind ist nur eine wenigstens eventuell, d. h. der realen Möglichkeit nach *kämpfende* Gesamtheit von Menschen, die einer ebensolchen Gesamtheit gegenübersteht. Feind ist nur der *öffentliche* Feind, weil alles, was auf eine solche Gesamtheit von Menschen, insbesondere auf ein ganzes Volk Bezug hat, dadurch *öffentlich* wird. Feind ist *hostis*, nicht *inimicus* im weiteren Sinne; πολέμιος, nicht ἐθρός (.). Die deutsche Sprache, wie auch andere Sprachen, unterscheidet nicht zwischen dem privaten und dem politischen »Feind«, so daß hier viele Mißverständnisse und Fälschungen möglich sind. Die vielzitierte Stelle »Liebet eure Feinde« (Matth. 5,44 Luk. 6,27) heißt »diligite *inimicos* vestros«, ἀγαπᾶτε τοὺς ἐχθροὺς ὑμῶν, und *nicht:* diligite *hostes* vestros; vom politischen Feind ist nicht die Rede. Auch ist in dem tausendjährigen Kampf zwischen Christentum und Islam niemals ein Christ auf den Gedanken gekommen, man müsse aus Liebe zu den Sarazenen oder den Türken Europa, statt es zu verteidigen, dem Islam ausliefern. Den Feind im politischen Sinne braucht man nicht persönlich zu hassen, und erst in der

Sphäre des Privaten hat es einen Sinn, seinen »Feind«, d. h. seinen Gegner, zu lieben. Jene Bibelstelle berührt den politischen Gegensatz noch viel weniger, als sie etwa die Gegensätze von Gut und Böse oder Schön und Häßlich aufheben will. Sie besagt vor allem nicht, daß man die Feinde seines Volkes lieben und gegen sein eigenes Volk unterstützen soll.

Der politische Gegensatz ist der intensivste und äußerste Gegensatz und jede konkrete Gegensätzlichkeit ist um so politischer, je mehr sie sich dem äußersten Punkte, der Freund-Feindgruppierung, nähert. *Innerhalb* des Staates als einer organisierten politischen Einheit, die als Ganzes für sich die Freund-Feindentscheidung trifft, außerdem *neben* den primär politischen Entscheidungen und im Schutz der getroffenen Entscheidung ergeben sich zahlreiche *sekundäre* Begriffe von »politisch«. Zunächst mit Hilfe der oben (.) behandelten Gleichsetzung von politisch und staatlich. Sie bewirkt es, daß man z. B. eine »staatspolitische« Haltung der parteipolitischen entgegenstellt, daß man von Religionspolitik, Schulpolitik, Kommunalpolitik, Sozialpolitik usw. des Staates selbst sprechen kann. Doch bleibt auch hier stets ein – durch die Existenz der alle Gegensätze umfassenden politischen Einheit des Staates allerdings relativierter – Gegensatz und Antagonismus innerhalb des Staates für den Begriff des Politischen konstitutiv (.). Schließlich entwickeln sich noch weiter abgeschwächte, bis zum *Parasitären* und Karikaturhaften entstellte Arten von »Politik«, in denen von der ursprünglichen Freund-Feindgruppierung nur noch irgendein antagonistisches Moment übriggeblieben ist, das sich in Taktiken und Praktiken aller Art, Konkurrenzen und Intrigen äußert und die sonderbarsten Geschäfte und Manipulationen als »Politik« bezeichnet. Daß aber in der Bezugnahme auf eine konkrete Gegensätzlichkeit das Wesen politischer Beziehungen enthalten ist, bringt der landläufige Sprachgebrauch selbst dort noch zum Ausdruck, wo das Bewußtsein des »Ernstfalles« ganz verlorenging.

An zwei ohne weiteres festzustellenden Phänomenen wird das alltäglich sichtbar. *Erstens* haben alle politischen Begriffe, Vorstellungen und Worte einen *polemischen* Sinn; sie haben eine konkrete Gegensätzlichkeit im Auge, sind an eine konkrete Situation gebunden, deren letzte Konsequenz eine (in Krieg oder Revolution sich äußernde) Freund-Feindgruppierung ist, und werden zu leeren und gespenstischen Abstraktionen, wenn diese Situation entfällt. Worte wie Staat, Republik (.), Gesellschaft, Klasse, ferner: Souveränität, Rechtsstaat, Absolutismus, Diktatur, Plan, neutraler oder totaler Staat usw. sind unverständlich, wenn man nicht weiß, wer in concreto durch ein solches Wort getroffen, bekämpft, negiert und widerlegt werden soll (.). Der polemische Charakter beherrscht vor allem auch den Sprachgebrauch des Wortes »politisch« selbst, gleichgültig, ob man den Gegner als »unpolitisch« (im Sinne von weltfremd, das Konkrete verfehlend) hinstellt, oder ob man ihn umgekehrt als »politisch« disqualifizieren und denunzieren will, um sich selbst als »unpolitisch« (im Sinne von rein sachlich, rein wissenschaftlich, rein moralisch, rein juristisch, rein ästhetisch, rein ökonomisch, oder auf Grund ähnlicher polemischer Reinheiten) über ihn zu erheben. *Zweitens:* In der Ausdrucksweise der innerstaatlichen Tagespolemik wird *»politisch«* heute oft gleichbedeutend mit *»parteipolitisch«* gebraucht; die unvermeidliche »Unsachlichkeit« aller politischen Entscheidungen, die nur der Reflex der allem politischen Verhalten immanenten Freund-Feindunterscheidung ist, äußert sich dann in den kümmerlichen Formen und Horizonten der parteipolitischen Stellenbesetzung und Pfründen-Politik, die daraus entstehende Forderung einer »Entpolitisierung« bedeutet nur Überwindung des *Partei*politischen usw. Die Gleichung: politisch = parteipolitisch ist möglich, wenn der Gedanke einer umfassenden, alle innerpolitischen Parteien und ihre Gegensätzlichkeiten relativierenden politischen Einheit (des »Staates«) seine Kraft verliert und infolgedessen die innerstaatlichen Gegensätze eine stärkere Intensität erhalten als der gemeinsame außenpolitische Gegensatz gegen einen anderen Staat. Wenn innerhalb eines Staates die parteipolitischen Gegensätze restlos »die« politischen Gegensätze geworden sind, so ist der äußerste Grad der »innerpolitischen« Reihe erreicht, d. h. die innerstaatlichen, nicht die außenpolitischen Freund- und Feindgruppierungen sind für die bewaffnete Auseinandersetzung maßgebend. Die reale Möglichkeit des Kampfes, die immer vorhanden sein muß, damit von Politik gesprochen werden kann, bezieht sich bei einem derartigen »Primat der Innenpolitik« konsequenterweise nicht mehr auf den

Krieg zwischen organisierten Völkereinheiten (Staaten oder Imperien), sondern auf den *Bürgerkrieg*.

Denn zum Begriff des Feindes gehört die im Bereich des Realen liegende Eventualität eines Kampfes. Bei diesem Wort ist von allen zufälligen, der geschichtlichen Entwicklung unterworfenen Änderungen der Kriegs- und Waffentechnik abzusehen. Krieg ist bewaffneter Kampf zwischen organisierten politischen Einheiten, Bürgerkrieg bewaffneter Kampf innerhalb einer (dadurch aber problematisch werdenden) organisierten Einheit. Das Wesentliche an dem Begriff der Waffe ist, daß es sich um ein Mittel physischer Tötung von Menschen handelt. Ebenso wie das Wort Feind, ist hier das Wort Kampf im Sinne einer seinsmäßigen Ursprünglichkeit zu verstehen. Es bedeutet nicht Konkurrenz, nicht den »rein geistigen« Kampf der Diskussion, nicht das symbolische »Ringen«, das schließlich jeder Mensch irgendwie immer vollführt, weil nun einmal das ganze menschliche Leben ein »Kampf« und jeder Mensch ein »Kämpfer« ist. Die Begriffe Freund, Feind und Kampf erhalten ihren realen Sinn dadurch, daß sie insbesondere auf die reale Möglichkeit der physischen Tötung Bezug haben und behalten. Der Krieg folgt aus der Feindschaft, denn diese ist seinsmäßige Negierung eines anderen Seins. Krieg ist nur die äußerste Realisierung der Feindschaft. Er braucht nichts Alltägliches, nichts Normales zu sein, auch nicht als etwas Ideales oder Wünschenswertes empfunden zu werden, wohl aber muß er als reale Möglichkeit vorhanden bleiben, solange der Begriff des Feindes seinen Sinn hat.

Es ist also keineswegs so, als wäre das politische Dasein nichts als blutiger Krieg und jede politische Handlung eine militärische Kampfhandlung, als würde ununterbrochen jedes Volk jedem anderen gegenüber fortwährend vor die Alternative Freund oder Feind gestellt, und könnte das politisch Richtige nicht gerade in der Vermeidung des Krieges liegen. Die hier gegebene Definition des Politischen ist weder bellizistisch oder militaristisch, noch imperialistisch, noch pazifistisch. Sie ist auch kein Versuch, den siegreichen Krieg oder die gelungene Revolution als »soziales Ideal« hinzustellen, denn Krieg oder Revolution sind weder etwas »Soziales« noch etwas »Ideales« (.). Der militärische Kampf selbst ist, für sich betrachtet, nicht die »Fortsetzung der Politik mit andern Mitteln«, wie das berühmte Wort von Clausewitz meistens unrichtig zitiert wird (.), sondern hat, als Krieg, seine eigenen, strategischen, taktischen und anderen Regeln und Gesichtspunkte, die aber sämtlich voraussetzen, daß die politische Entscheidung, wer der Feind ist, bereits vorliegt. Im Kriege treten sich die Gegner meistens offen als solche entgegen, normalerweise sogar durch eine »Uniform« gekennzeichnet, und die Unterscheidung von Freund und Feind ist deshalb kein politisches Problem mehr, das der kämpfende Soldat zu lösen hätte. Darauf beruht die Richtigkeit des Satzes, den ein englischer Diplomat ausgesprochen hat: der Politiker sei für den Kampf besser geschult als der Soldat, weil der Politiker sein ganzes Leben kämpfe, der Soldat aber nur ausnahmsweise. Der Krieg ist durchaus nicht Ziel und Zweck oder gar Inhalt der Politik, wohl aber ist er die als reale Möglichkeit immer vorhandene *Voraussetzung*, die das menschliche Handeln und Denken in eigenartiger Weise bestimmt und dadurch ein spezifisch politisches Verhalten bewirkt.

Darum bedeutet das Kriterium der Freund- und Feindunterscheidung auch keineswegs, daß ein bestimmtes Volk ewig der Freund oder Feind eines bestimmten anderen sein müßte, oder daß eine Neutralität nicht möglich oder nicht politisch sinnvoll sein könnte. Nur steht der Begriff der Neutralität, wie jeder politische Begriff, ebenfalls unter dieser letzten Voraussetzung einer realen Möglichkeit der Freund- und Feindgruppierung, und wenn es auf der Erde nur noch Neutralität gäbe, so wäre damit nicht nur der Krieg, sondern auch die Neutralität selbst zu Ende, ebenso wie es mit jeder Politik, auch einer Politik der Vermeidung des Kampfes, zu Ende ist, wenn die reale Möglichkeit von Kämpfen überhaupt entfällt. Maßgebend ist immer nur die Möglichkeit dieses entscheidenden Falles, des wirklichen Kampfes, und die Entscheidung darüber, ob dieser Fall gegeben ist oder nicht.

Daß dieser Fall nur ausnahmsweise eintritt, hebt seinen bestimmenden Charakter nicht auf, sondern begründet ihn erst. Wenn die Kriege heute nicht mehr so zahlreich und alltäglich sind wie früher, so haben sie doch in gleichem oder vielleicht noch stärkerem Maße an überwältigender totaler Wucht zugenommen, wie sie an zahlenmäßiger Häufigkeit und Alltäglichkeit abgenommen haben. Auch heute noch ist der Kriegsfall der »Ernstfall«. Man kann sagen, daß hier, wie auch sonst, gerade der Ausnahmefall eine besonders entscheidende und den Kern der Dinge enthüllende Bedeutung hat. Denn erst im wirklichen Kampf zeigt sich die äußerste Konsequenz der politischen Gruppierung von Freund und Feind. Von dieser extremsten Möglichkeit her gewinnt das Leben der Menschen seine spezifisch *politische* Spannung.

Eine Welt, in der die Möglichkeit eines solchen Kampfes restlos beseitigt und verschwunden ist, ein endgültig pazifizierter Erdball, wäre eine Welt ohne die Unterscheidung von Freund und Feind und infolgedessen eine Welt ohne Politik. Es könnte in ihr mancherlei vielleicht sehr interessante Gegensätze und Kontraste geben, Konkurrenzen und Intrigen aller Art, aber sinnvollerweise keinen Gegensatz, auf Grund dessen von Menschen das Opfer ihres Lebens verlangt werden könnte und Menschen ermächtigt werden, Blut zu vergießen und andere Menschen zu töten. Auch hier kommt es für die Begriffsbestimmung des Politischen nicht darauf an, ob man eine derartige Welt ohne Politik als Idealzustand herbeiwünscht. Das Phänomen des Politischen läßt sich nur durch die Bezugnahme auf die reale Möglichkeit der Freund- und Feindgruppierung begreifen, gleichgültig, was für die religiöse, moralische, ästhetische, ökonomische Bewertung des Politischen daraus folgt.

Der Krieg als das extremste politische Mittel offenbart die jeder politischen Vorstellung zugrunde liegende Möglichkeit dieser Unterscheidung von Freund und Feind und ist deshalb nur so lange sinnvoll, als diese Unterscheidung in der Menschheit real vorhanden oder wenigstens real möglich ist. Dagegen wäre ein aus »rein« religiösen, »rein« moralischen, »rein« juristischen oder »rein« ökonomischen Motiven geführter Krieg sinnwidrig. Aus den spezifischen Gegensätzen dieser Gebiete menschlichen Lebens läßt sich die Freund- und Feindgruppierung und deshalb auch ein Krieg nicht ableiten. Ein Krieg braucht weder etwas Frommes, noch etwas moralisch Gutes, noch etwas Rentables zu sein; heute ist er wahrscheinlich nichts von alledem. Diese einfache Erkenntnis wird meistens dadurch verwirrt, daß religiöse, moralische und andere Gegensätze sich zu politischen Gegensätzen steigern und die entscheidende Kampfgruppierung nach Freund oder Feind herbeiführen können. Kommt es aber zu dieser Kampfgruppierung, so ist der maßgebende Gegensatz nicht mehr rein religiös, moralisch oder ökonomisch, sondern politisch. Die Frage ist dann immer nur, ob eine solche Freund- und Feindgruppierung als reale Möglichkeit oder Wirklichkeit vorhanden ist oder nicht, gleichgültig, welche menschlichen Motive stark genug sind, sie zu bewirken.

Nichts kann dieser Konsequenz des Politischen entgehen. Würde die pazifistische Gegnerschaft gegen den Krieg so stark, daß sie die Pazifisten gegen die Nicht-Pazifisten in den Krieg treiben könnte, in einen »Krieg gegen den Krieg«, so wäre damit bewiesen, daß sie wirklich politische Kraft hat, weil sie stark genug ist, die Menschen nach Freund und Feind zu gruppieren. Ist der Wille, den Krieg zu verhindern, so stark, daß er den Krieg selbst nicht mehr scheut, so ist er eben ein politisches Motiv geworden, d. h. er bejaht, wenn auch nur als extreme Eventualität, den Krieg und sogar den Sinn des Krieges. Gegenwärtig scheint das eine besonders aussichtsreiche Art der Rechtfertigung von Kriegen zu sein. Der Krieg spielt sich dann in der Form des jeweils »endgültig letzten Krieges der Menschheit« ab. Solche Kriege sind notwendigerweise besonders intensive und unmenschliche Kriege, weil sie, *über das Politische hinausgehend*, den Feind gleichzeitig in moralischen und anderen Kategorien herabsetzen und zum unmenschlichen Scheusal machen müssen, das nicht nur abgewehrt, sondern definitiv *vernichtet* werden muß, *also nicht mehr nur ein in seine Grenzen zurückzuweisender Feind* ist. An der Möglichkeit solcher Kriege zeigt sich aber besonders deutlich, daß der Krieg als reale Möglichkeit heute noch vorhanden ist, worauf es für die Unterscheidung von Freund und Feind und für die Erkenntnis des Politischen allein ankommt.

[...]
[1932]

Das Ende des Politischen

Natürlich ist die politische »Allmacht« ein weit mehr als politisches Faktum. Ob es überhaupt jemals »nur politische« Fakten gegeben hat, mag dahingestellt bleiben. Heute jedenfalls gibt es sie nicht. Und der *Glaube, heute,* im »Zeitalter des Schrankenlosen« *könnte man Tatsachen als »rein politische«, gar als »rein taktische« behandeln;* man könnte sich bei deren Diskussion darauf beschränken, sich innerhalb der Schranken dieses angeblich von anderen Provinzen schön säuberlich geschiedenen Kompetenzgebietes des »Politischen« aufzuhalten, dieser Glaube ist nicht nur beschränkt, vielmehr *definiert* er geradezu *die Beschränktheit von heute.* Und diese Beschränktheit von heute ist um so verhängnisvoller, als sie nicht sosehr einen intellektuellen Defekt darstellt, sondern – was viel fataler ist – einen der *Phantasie,* ja einen totalen: also einen *charakterlichen Defekt.* – Wenn Spitzenmänner der heutigen Politik ihren Spezialstolz dareinsetzen, diesen Defekt öffentlich auszustellen, ja biedermännisch mit ihm zu protzen, so vermutlich deshalb, weil sie (in unserem Spezialsinne) zu »beschränkt« sind, um sich von dem Umfang und den Folgen ihrer Beschränktheit ein Bild zu machen. *Die Größe einer Stupidität ist stets proportional zu der Größe der nicht-gesehenen Konsequenzen. Und die heute nicht gesehenen Konsequenzen sind, wie gesagt, grenzenlos.*

In anderen Worten: Zum Wesen der schrankenlosen Macht, deren Eigentümer wir, beziehungsweise unsere Staaten nun geworden sind, gehört es, daß sie auch die Schranken des Kompetenzgebietes »Politik« durchbricht. *Nicht nur Atome pulverisiert die Tatsache der Kernspaltung, sondern auch die Wände der Kompetenzgebiete.* Es gibt keine mit der Anwendung der »Allmacht«, also der atomaren Monstra, zusammenhängende Maßnahme, es gibt sogar keine atomare Drohung, die nicht automatisch mehr als politisch wäre; womit nicht nur gesagt ist, daß jede Maßnahme ein bißchen »unsauber« sei (also, aus ihrem Flußbett tretend, fremde Gebiete ein wenig überflute), sondern daß ihr Einbruch in fremde, und zwar in alle fremden Gebiete wesensmäßig zu ihr gehört; daß sie sich durch ihren Effekt grundsätzlich überall einmischt und über alles, sogar das »Sein oder Nichtsein«, verfügt. Daher dürfte man sogar (wenn man das Infernalische der Provinz des Theologischen zurechnen darf) formulieren: Es gibt keinen mit den atomaren Monstern zusammenhängenden Schritt, der nicht ins Theologische überspränge. Ins Theologische, weil die mögliche Auslöschung der Menschheit (wenn diese sich überhaupt klassifizieren läßt) nur als apokalyptische Aktion, also mit theologischen Analogien klassifiziert werden kann. Als nur theologisch klassifizierbares Ereignis hat sie natürlich mit dem, was man früher naiv als »politische Schritte« bezeichnet hatte, nichts mehr zu tun.

Nichts ist unsinniger als der heutige Usus, den Umkreis des Problems »rein taktisch« abzuschreiten; der Gedanke, das Maßlose oder die Drohung mit dem Maßlosen zu verwenden für kleine Anmaßungen oder für Partialziele; die Hoffnung darauf, die atomare Situation, obwohl sie selbst *das* Spielfeld ist, auf dem die Steine der politischen und taktischen Verhandlung und Befriedigung mit aller Behutsamkeit gesetzt werden müßten, selbst als Stein im Spielfeld der Politik bewegen zu können – dieser Argumentations- und Aktionsstil, der fast überall herrscht, bei den Fürsprechern atomarer Aufrüstung aber durchweg, bezeugt nicht nur bestürzende intellektuelle Beschränktheit, sondern er ist empörend, weil der Gedanke, Unendliches für endliche Ziele einsetzen zu können, eben kein primär intellektueller Defekt ist, sondern ein moralischer. Fast noch entsetzlicher als das Bewußtsein von der Existenz des maßlosen Gerätes ist der Gedanke an die Beschränkten und Mittelmäßigen, die es wagen, über das Gerät nicht nur zu reden, sondern über dessen Sein und dessen Verwendung zu entscheiden; das Bewußtsein also, daß wir in der Hand von Mediokren liegen, die Gott vertreten.

Gerade *da* es Mediokre sind, die über das Gerät verfügen, ist die immer wieder geäußerte Hoffnung darauf, daß die Eigentümer der Bomben durch die Größe der Bedrohung, die sie in der Hand halten, automatisch selbst eingeschüchtert werden würden, ganz und gar unberechtigt. Machtpsychologisch ist diese Hoffnung naiv. Was zutrifft, ist vielmehr das Gegenteil. Nicht nur deshalb, weil jede Waffe durch ihren Besitz bereits »trigger happy« macht; sondern weil es eine Regel gibt, die, wenn sie ausgesprochen würde (bisher ist sie niemals ausgesprochen worden) geradezu das Gegenteil von dem besagt, was dieses Beruhigungsargument uns weismachen will. Diese Regel könnte man als die der »*akkumulierenden Hemmungslosigkeit bei akkumulierender Macht*« bezeichnen. Sie besagt, daß Hemmungen davor, von Macht Gebrauch zu machen, um so geringer werden, je größer die Macht ist, die man in Händen hält. Dieses Gesetz wurzelt in der bereits erwähnten Tatsache des »Prometheischen Gefälles«: also darin, daß wir als »Vorstellende« dem, was wir selbst herstellen und »anstellen« können, nicht gewachsen sind; daß Effekte um so mehr an Vorstellbarkeit einbüßen, je größer sie werden; daß man zum Beispiel weniger Hemmungen hat, hundert Menschen pauschal zu liquidieren, als einen einzigen umzubringen.

Aber auch diese Überlegung ist noch unzulänglich, sie ist gewissermaßen noch zu optimistisch. Erstens weil Atombomben ja bereits geworfen worden *sind*; was man gerne vergißt. Zweitens aber, weil als Eigentümer der Geräte Instanzen oder Männer vorausgesetzt werden, die im konventionellen Sinne nicht schlecht sind. Daß diese Voraussetzung immer gemacht werden darf, dafür spricht natürlich garnichts. Vielmehr ist es natürlich durchaus möglich, daß einmal irgendwo ein ausgesprochener Verbrecher über »Atomwaffen« verfügt und seiner herostratischen Versuchung nicht widerstehen kann. Es gibt nichts Unvernünftigeres als auf Vernunft zu spekulieren.

[1972]

DOLF STERNBERGER
[Die gute Politik]

Noch immer ist die Frage nicht beantwortet, welches die wahre Politik sei. Es ist eine falsche Frage. Eine wahre Politik kann es nicht geben, nur eine gute. Besser ausgedrückt: der wahre Begriff von Politik ist der Begriff der guten Politik. Welcher der drei Begriffe, die sich uns präsentiert haben [die Politologie im Anschluß an Aristoteles, die Dämonologie im Anschluß an Machiavelli, die Eschatologie im Anschluß an Augustinus, Anm. d. Hrsg.], diesem Erfordernis entspricht, ist längst entschieden. Das politisch Gute kann nur dasjenige sein, welches den Menschen möglich und welches den

Menschen zuträglich ist. Menschenmöglich ist zwar auch das Unmenschliche, ja das Teuflische [das Dämonische, Anm. d. Hrsg.], das haben wir erfahren und wir tun gut daran, fortan mit den inhumanen Möglichkeiten der Humanität zu rechnen, in der geschehenden Geschichte wie in der philosophischen Theorie. Doch sind diese Möglichkeiten den Menschen gewiß nicht zuträglich. Zuträglich scheint ihnen indessen die Aufhebung der Konflikte, die Abschaffung des Streites zwischen Mächten, Interessen und Doktrinen, die Befreiung vom ›gesellschaftlichen Antagonismus‹, der absolute Friede [das Eschaton, Anm. d. Hrsg.]. Von ihm aber müssen wir bekennen, daß er den Menschen nicht möglich ist.

Daß in solchen Bemerkungen eine gewisse philosophische Voraussetzung gemacht wird, kann ich nicht ableugnen. Es wird eine Anthropologie vorausgesetzt, eine Einsicht in die ›Conditio humana‹, in die Lage und Beschaffenheit der Menschen überhaupt. Jede solche Lehre fußt auf der Wahrnehmung der elementaren Gleichheit der Menschen hinsichtlich ihrer Lage, mag sie als natürliche oder als Schöpfungsgleichheit begriffen werden. Sie fußt darauf, und sie fordert sie zugleich. Weder die dämonologische noch die eschatologische Politik in irgendeiner ihrer Spielarten will die Menschengleichheit anerkennen, die eine, weil sie den oder die Herrschenden von ihr ausnehmen, die andere, weil sie die Guten und die Bösen auseinanderhalten und unterschiedlich behandeln will. Einzig die Politologik ist imstande, unsere philosophische Voraussetzung zu akzeptieren, indem sie nämlich die Menschen in Bürger zu verwandeln vermag oder als Bürger aufzufassen verlangt und das heißt als Gleiche. Das ist einer der Gründe, weswegen bürgerliche Politik den Menschen ebenso möglich wie zuträglich, weswegen sie also gute Politik ist.

Es gibt noch andere Gründe. Vielleicht sind die anderen Gründe auch Konsequenzen aus dem einen und fundamentalen Grund, der soeben angegeben worden ist. Eine dieser Konsequenzen ist die Fähigkeit des politologischen Systems, auch andersgeartete Kräfte unter gewissen Voraussetzungen in sich einzubürgern. Der Verfassungsstaat gibt davon handgreifliches Zeugnis: überall jedenfalls im westlichen Europa sind auf der Basis seiner Grundrechtsgarantien im Gewebe seiner Institutionen und auch gemäß seinen Spielregeln – denn diese drei Dinge sind es, die eine authentische Verfassung ausmachen – politische Parteien tätig, von welchen einige eschatologisch, einige sogar ›machiavellistisch‹ gefärbt sind. Jene findet man eher auf der Linken, diese allenfalls auf der Rechten. Ich will nicht sagen, daß mit Hilfe dieser Begriffe die Parteien-Spektren aller westeuropäischen Länder, auch nicht, daß sie in irgendeinem Land vollständig definiert werden könnten. Aber auf einige Länder trifft diese Charakterisierung in einigen Zügen sicherlich zu. Stets und überall wird diese Fähigkeit des Verfassungsstaats freilich mit einem höheren oder niederen Grad von Gefährdung erkauft. Im Grunde hängt der glückliche Ausgang, hängt also die Bewahrung des Verfassungsfriedens und der Lebenstüchtigkeit des Ganzen davon ab, daß die Kooperationsbereitschaft dieser Parteien ihre ›ideologischen‹ Ansprüche übertrifft. Diese Chance wächst im Falle der eschatologischen, also zumal der sozialistischen Parteien in dem Maß, als ihre Zukunftserwartungen sich abkühlen, ihre Geduld erlahmt, und als sie – über die bloß eben notwendige Koexistenz hinaus – sich mit den anderen zu arrangieren beginnen, mögen diese auch ›bürgerlich‹ sein. Solcher Eingewöhnung der ›Heiligen‹ in den ›Erdenstaat‹ kann dieser seinerseits, kann also das politologische System durch die Kraft der Freiheit fördernd entgegenkommen. Andererseits darf der Verfassungsstaat keinen Augenblick vergessen, selbst Treue zu fordern. Nur wenn er sich seines eigenen Wesens bewußt ist, können solche Einbürgerungen glücken. Es ist aber allein ihm eigentümlich, daß sie überhaupt möglich sind. Ein reziprokes Verhältnis zu den anderen Systemen gibt es in diesem Punkt nicht.

Es bleibt die Frage, ob ein vergleichbarer Friede der Begriffe – oder vielmehr der Kräfte und Mächte, welche die Begriffe repräsentieren – auch im internationalen Feld und Maßstab Aussicht habe. Der Zweite Weltkrieg endigte mit der totalen Niederlage und Desavouierung jenes Faktors, der mit dem Namen ›Hitler‹ bezeichnet ist. (Die dämonologische Macht wird zuletzt immer zugrunde gehen, nicht wegen jener »außerordentlichen Bösartigkeit des Geschickes«, die Machiavelli für Borgias Scheitern verantwortlich gemacht hat, sondern wegen der notwendigen Unvollständigkeit des Kalküls, der ihr Handeln leitet.) Die west-östliche Allianz, die vom Angreifer erzwungen war, blieb und bleibt noch immer eine höchst eigentümliche historische Tatsache. Die große

Vormacht des Sozialismus fand sich darin verbunden mit den führenden ›kapitalistischen‹ Staaten und zumal mit der Vormacht des ›Imperialismus‹. Es war keineswegs derjenige ›imperialistische‹ Krieg geworden, worin sich die Bösen wechselseitig zugrunde richten, und wovon einzig die Guten den Vorteil haben sollen. Die Weissagung war verwirrt, wo nicht widerlegt, und so geriet schon darum die Sowjetunion in die Rolle und Position einer Macht unter Mächten und eines Staates unter Staaten, ihr Außenseitertum, ihre Einzigartigkeit als ›Gottesstaat‹ in der Fremde erlitt eine tiefe Einbuße. Sie trat zuerst hervor als eine der Vereinten Nationen, Mitbegründerin des Weltvereins souveräner Staats-Subjekte, dessen Satzung dem konstitutionellen Muster folgte, ein kühner Entwurf, in der Praxis seither an Schwäche leidend, dennoch als Erinnerung des Möglichen stets präsent, auch aus dem weltpolitischen Hintergrund leise wirksam.

Der Ertrag des Stalinschen Verhandelns war allerdings beträchtlich, das Partei-Imperium dehnte sich nach Westen bis in die Mitte des europäischen Kontinents aus. Was weiter geschah, ist jedermann im Gedächtnis: Der Eiserne Vorhang ging nieder, der kalte Krieg begann, beiderseits wurden militärische Pakt-Systeme aufgebaut; doch hat der kalte Krieg bisher nicht zu einem totalen, nicht zum dritten Weltkrieg geführt, wie bedeutende Diagnostiker vor fünfundzwanzig Jahren für möglich hielten; der verdeckte Kampf um Positionen, zumal außerhalb Europas, dauert an, nicht weniger der Wettlauf von Rüstungen, aber die Politik der wechselseitigen Bewachung – die mit Verlusten und Gewinnen auf beiden Seiten einherging und einhergeht – ist aus der Phase des Kalten Kriegs in diejenige eines kalten Friedens übergegangen, der den Namen ›Entspannung‹ trägt. Ein technologischer Wettstreit (zumal in der Raumfahrt) kann eher als eine verbindende, zivilisierende Institution der ›Verfassung‹ des ost-westlichen Gesamtsystems gelten denn als ein Symptom der Feindschaft. Die Verhandlungen über Begrenzungen im Aufbau der gegenseitigen Droh-Potentiale haben ein Milieu des Miteinanderhandelns geschaffen, mag es auch die meiste Zeit sich als ein verbissenes Dauer-Handgemenge darstellen. [...]

Kurz, die vormaligen Alliierten stehen, ingesamt betrachtet, in einer ganz eigentümlichen Anordnung zueinander, zugleich als potentielle strategische Feinde, als ökonomisch-technologische Konkurrenten, als diplomatische Gegner in dritten Regionen und als Verhandlungspartner in Angelegenheiten von vitalem solidarischem Interesse bei fast gleich starker Bremswirkung des gegenseitigen Argwohns. Augenblicksweise meint man geradezu den Schimmer nicht zwar der Konfliktlösung, wohl aber einer verfassungsartigen Verfestigung wahrzunehmen, worin Spannung und Entspannung einander ablösen oder auch die Waage halten; die Luft ist vom Geräusch einer öffentlichen Diskussion erfüllt, die ›ideologischen‹ Attacken in ost-westlicher Richtung sind zuzeiten nur noch schwach zu vernehmen, weit schwächer jedenfalls als im innersozialistischen Glaubensstreit.

Eine Versöhnung ist unter den Begriffen nicht denkbar, unter den weltpolitischen Mächten nicht in Sicht. Was die Theorie anlangt, sind wir verurteilt, im Widerstreit des Unvereinbaren fortzudenken und fortzuexistieren. Die Konstellation der Mächte scheint Hoffnung auf einen Modus vivendi von der paradoxen Art zu lassen, die ich soeben zu beschreiben versucht habe. Er stellt gleichsam das Minimum einer ›Einbürgerung‹ auch des fremden Faktors dar, und sie ist ebenso denkbar wie historisch möglich deswegen, weil die Polis, wie Aristoteles sagt, nach ihrem Wesen eine Vielheit ist. Die Politologik kennt kein Gesetz der Geschichte. Sie setzt dem Heilsverlangen und der Heilsbehauptung nichts entgegen als den stetigen Versuch, den Streit zu regeln. Wir befinden uns inmitten eines geschichtlichen Experiments.

[1978]

Niklas Luhmann
Staat und Politik

[...]
Ein Blick auf Staatswissenschaft, Staatslehre, Staatstheorie, politische Wissenschaft zeigt die Begriffe Staat und Politik in einer Gemengelage, die schwer zu entwirren ist. Der alte Begriff des Politischen, der durch die Differenz zum Hause bestimmt war und annähernd mit dem des »Zivilen« übereinkam (ja im 17. Jahrhun-

dert zunächst auch entsprechend erweitert wurde [.]), ist aufgegeben. Politisches hat, wenn nicht begrifflich, so doch umgangssprachlich, einen Bezug auf den Staat genommen. Im Staat und auf den Staat konzentriert nach heutigem Verständnis sich die Politik. Die damit notwendige, weil zentrale, Klärung des Staatsbegriffes hat sich jedoch nicht erreichen lassen. Nach wie vor begnügt sich die Staatslehre mit der Trias Staatsvolk, Staatsgebiet, Staatsgewalt, ohne nach der Einheit dieser Dreifaltigkeit auch nur zu fragen. Das Fehlen einer genuin »trinitarischen« Einheitskonzeption zementiert zugleich den »Rechtsstaat«; es ist ein verborgener Hinweis darauf, daß der Einheitsbegriff der Selbstbeschreibung des politischen Systems bei einem anderen Funktionssystem ausgeliehen werden muß, nämlich beim Rechtssystem. Er liegt im Begriff der juristischen Person.

Der Politikbegriff wird dadurch immer wieder ermutigt, sich vom Staatsbegriff zu lösen, ohne daß geklärt wäre, wohin er dann treibt. Die funktionale Definition der Politik als Herstellung kollektiv bindender Entscheidungen für das Gesellschaftssystem dürfte derzeit das einzige solide Angebot sein; aber es bleibt umstritten, teils weil es zu weit, teils weil es zu eng gefaßt ist.

Dieses Geflecht von politisch-staatlicher Begrifflichkeit läßt sich auflösen, wenn man die vorstehend skizzierte Theorie selbstreferentieller Systeme zu Grunde legt. Man sieht dann rasch, daß die auf den Staatsbegriff konzentrierte Semantik eine Selbstbeschreibung des politischen Systems ermöglicht. Staat – das ist dann kein unmittelbar zugänglicher Sachverhalt, kein Weltausschnitt, nicht das Volk in Form, nicht eine Menge von Menschen, die in näher anzugebenden Beziehungen (so z. B. im 18. Jahrhundert: öffentliche, im Unterschied zu privaten Beziehungen, seit 1800 eher Staatsangehörigkeit, Gewaltunterworfenheit etc.) zueinander stehen. Der *Staat*, das ist die *Formel für die Selbstbeschreibung des politischen Systems der Gesellschaft.*

Von »Selbstbeschreibung« kann bei sozialen Systemen nur mit Bezug auf Kommunikation die Rede sein. Der Staat hat seine Realität mithin nicht, wie bei Max Weber (.) im Bewußtsein des Einzelmenschen, der den Sinn seines Handelns am Staat orientiert; sondern ein politisches System beschreibt sich selbst als Staat, wenn Kommunikationen, die diese Formel verwenden, als verstehbar eingeschätzt und verstanden werden (was immer konkret im Bewußtsein des Einzelnen dabei abläuft). Eine Kommunikation, die sich auf den Staat bezieht, will nicht nur Bewußtsein erzeugen: sie will weitere Kommunikationen dirigieren, und nur daraus ergibt sich der Bedarf für Synthese durch Kollektivbegriffe.

Die Selbstbeschreibung des politischen Systems als Staat ermöglicht eine semantische Überhöhung des politischen Mediums Macht. Als Staatsgewalt gefaßt, kann diese Macht sich als notwendig legitimieren, während alle politischen Aktivitäten gerade dadurch politisch relevant sind, daß auch anders entschieden werden könnte. Über den Staatsbegriff kann also die Politik mit Sinn aufgeladen werden und zugleich in ihrem Gebrauch limitiert werden: Sie ist mehr und auch weniger als »bloße Politik«.

Aus diesem Grunde liegt im Begriff des Staates keineswegs eine erschöpfende (wenn auch vereinfachende) Definition des Politischen. Politik wird nicht als *Staat*, sondern in *Beziehung auf den Staat* bestimmt. Das Politische ist immer auch am Staat, aber nie nur am Staat orientiert. Dieser Unterschied hat seinen Grund nicht zuletzt im Universalismus, den das ausdifferenzierte Funktionssystem für Politik mit allen Funktionssystemen teilt. Politisches Nichthandeln ist politisch ebenso relevant wie politisches Handeln. Nur Handeln und Nichthandeln zusammen bilden das vollständige Universum des Politischen, das jederzeit die Frage zuläßt, warum bestimmte Themen politisch nicht aufgegriffen worden sind. Oder anders gesagt: Kein Politiker kann sich durch Nichthandeln seiner Funktion entziehen. Das Gegenteil gilt für den Staat. Wenn keine staatlich bindenden Entscheidungen getroffen worden sind oder wenn es rechtlich nicht möglich ist, bestimmte Entscheidungen zu treffen, ist damit nicht einfach nur eine andere Form staatlichen Entscheidens realisiert, sondern es liegt ganz einfach keine staatliche Entscheidung vor, und die Konsequenzen müssen politisch (aber eben nicht staatlich) verantwortet werden.

Nach diesen Klarstellungen kann man feststellen, daß die Differenz von Politik und Staat der Überführung von Universalismus der Funktionsrelevanz in Selbstbeschränkung des Systems dient. Nichts anderes besagt es, wenn man die Funktion der Politik als

Ermöglichung und Herstellung von kollektiv bindenden Entscheidungen angibt.

Dies allgemeine theoretische Konzept läßt zunächst eine historische Auswertung zu. Der Bedarf für eine besondere Staats-Semantik wird danach mit der Entwicklungsgeschichte des Gesellschaftssystems und mit der Ausdifferenzierung eines universalistisch-funktionsbezogenen Teilsystems für Politik zusammenhängen. Das stimmt mit der heute allgemein akzeptierten Auffassung überein, daß der Staatsbegriff erst seit der zweiten Hälfte des 18. Jahrhunderts eine auf den politischen Bereich bezogene Fassung annimmt (.) und erst nach und nach die heutige Bedeutung einer rechtsfähigen Kollektivperson annimmt, der Handlungen mit Folgewirkung zugerechnet werden können.

[...]
[1984]

Politiker

OSWALD SPENGLER
[Der Staatsmann]

Wie man Politik *macht*? – Der geborene Staatsmann ist vor allem
Kenner, Kenner der Menschen, Lagen, Dinge. Er hat den »Blick«,
der ohne Zögern, unbestechlich den Kreis des Möglichen umfaßt.
Der Pferdekenner prüft mit *einem* Blick die Haltung des Tieres
und weiß, welche Aussichten es im Rennen besitzt. Der Spieler
wirft einen Blick auf den Gegner und kennt den nächsten Zug. Das
Richtige tun, ohne es zu »wissen«, die sichere Hand, die den Zügel
unmerklich kürzer faßt oder fallen läßt – es ist das Gegenteil von
der Begabung des theoretischen Menschen. Der geheime Takt alles Werdens ist in ihm und in den geschichtlichen Dingen ein und
derselbe. Sie ahnen einander; sie sind für einander da. Der Tatsa-
chenmensch kommt nie in Gefahr, Gefühls- und Programmpolitik
zu treiben. Er glaubt nicht an die großen Worte. Er hat die Frage
des Pilatus beständig auf den Lippen. Wahrheiten – der geborne
Staatsmann steht jenseits von wahr und falsch. Er verwechselt die
Logik der Ereignisse nicht mit der Logik der Systeme. »Wahrheiten« – oder »Irrtürmer«, was hier dasselbe ist – kommen für ihn
nur als geistige Strömungen in Betracht, hinsichtlich ihrer *Wirkung*, deren Stärke, Dauer und Richtung er überblickt und für das
Schicksal der von ihm gelenkten Macht in seine Rechnung stellt.
Er hat Überzeugungen, die ihm teuer sind, gewiß, aber als Privat-
mann; kein Politiker von Rang hat sich, solange er handelte, von
ihnen abhängig gefühlt. »Der Handelnde ist immer gewissenlos; es
hat niemand Gewissen, als der Betrachtende« (Goethe). Das gilt
von Sulla und Robespierre so gut wie von Bismarck und Pitt. Die
großen Päpste und englischen Parteiführer haben, solange sie die

Dinge zu meistern hatten, keine andern Grundsätze befolgt als die Eroberer und Empörer aller Zeiten. Man leite aus den *Handlungen* Innocenz' III., der die Kirche beinahe zur Weltherrschaft geführt hat, die Grundregeln ab und man erhält einen Katechismus des Erfolges, der das äußerste Gegenteil aller religiösen Moral darstellt, ohne den es aber keine Kirche, keine englischen Kolonien, keine amerikanischen Vermögen, keine siegreiche Revolution und endlich weder einen Staat, noch eine Partei, noch überhaupt ein Volk in erträglicher Lage geben würde. Das *Leben*, nicht der Einzelne ist gewissenlos.

Deshalb gilt es die Zeit verstehen, *für die* man geboren ist. Wer ihre geheimsten Mächte nicht ahnt und begreift, wer nicht in sich selbst etwas Verwandtes fühlt, das ihn vorwärts drängt auf einer Bahn, die sich mit Begriffen nicht umschreiben läßt, wer an die Oberfläche, die öffentliche Meinung, die großen Worte und Ideale des Tages glaubt, ist ihren Ereignissen nicht gewachsen. Sie haben ihn, nicht er sie in der Gewalt. Nicht zurückblicken und den Maßstab aus der Vergangenheit holen! Noch weniger zur Seite auf irgendein System! Es gibt in Zeiten wie der heutigen oder der des Gracchus zwei Arten von verhängnisvollem Idealismus, den reaktionären und den demokratischen. Der eine glaubt an die Umkehrbarkeit der Geschichte, der zweite an ein Ziel in ihr. Aber für den notwendigen Mißerfolg, mit dem beide die Nation belasten, über deren Schicksal sie Macht besitzen, ist es gleichgültig, ob man sie einer Erinnerung opfert oder einem Begriff. Der echte Staatsmann ist die Geschichte in Person, ihr Gerichtetsein als Einzelwille, ihre organische Logik als Charakter.

Der Staatsmann von Rang sollte aber auch Erzieher in einem großen Sinne sein, nicht Vertreter einer Moral oder Doktrin, sondern vorbildlich in seinem Tun.(.) Es ist eine bekannte Tatsache, daß keine neue Religion den Stil des Daseins je verändert hat. Sie durchdrang das Wachsein, den *geistigen* Menschen, sie warf neues Licht auf eine jenseitige Welt, sie schuf unermeßliches Glück durch die Kraft des Sichbescheidens, des Entsagens und des Duldens bis zum Tode; über die Mächte des Lebens besaß sie keine Gewalt. Schöpferisch im Lebendigen, nicht bildend, sondern züchtend, den Typus ganzer Stände und Völker verwandelnd wirkt nur die große Persönlichkeit, das »es«, die Rasse in ihr, die in ihr gebundene kosmische Kraft. Nicht *die* Wahrheit, *das* Gute, *das* Erhabene, sondern *der* Römer, *der* Puritaner, *der* Preuße ist eine Tatsache. Ehrgefühl, Pflichtgefühl, Disziplin, Entschlossenheit – das lernt man nicht aus Büchern. Es wird im strömenden Dasein *geweckt* durch ein lebendiges Vorbild. Deshalb war Friedrich Wilhelm I. einer der größten Erzieher aller Zeiten, dessen persönliche rassebildende Haltung aus der Folge von Generationen nicht wieder verschwindet. Es unterscheidet den echten Staatsmann von dem Nurpolitiker, dem Spieler aus Freude am Spiel, dem Glücksjäger auf den Höhen der Geschichte, dem Habgierigen und Rangsüchtigen, dem Schulmeister eines Ideals, daß er Opfer fordern darf und sie erhält, weil sein Gefühl, für die Zeit und Nation notwendig zu sein, von Tausenden geteilt wird, sie bis ins Innerste umgestaltet und zu Taten befähigt, denen sie sonst nicht gewachsen wären.(.)

Das Höchste aber ist nicht handeln sondern *befehlen können*. Erst damit wächst der Einzelne über sich selbst hinaus und wird zum Mittelpunkt einer tätigen *Welt*. Es gibt eine Art des Befehlens, die das Gehorchen zu einer stolzen, freien und vornehmen Gewohnheit macht und die z. B. Napoleon *nicht* besaß. Ein Rest von subalterner Gesinnung hat ihn verhindert, Männer und nicht Zubehöre einer Registratur zu erziehen, durch Persönlichkeiten und nicht durch Verordnungen zu herrschen; und weil er sich auf diesen feinsten Takt des Befehlens nicht verstand und deshalb alles wirklich Entscheidende selbst zu tun hatte, ist er am Mißverhältnis zwischen den Aufgaben seiner Stellung und den Grenzen menschlicher Leistungsfähigkeit langsam zugrunde gegangen. Wer aber diese höchste und letzte Gabe vollkommensten Menschentums besitzt wie Cäsar oder Friedrich der Große, der empfängt am Abend einer Schlacht, wenn die Operationen dem gewollten Ende zueilen und mit dem Sieg der Feldzug sich entscheidet, oder in einer Stunde, wo mit der letzten Unterschrift eine Epoche der Geschichte beschlossen wird, ein wunderbares Gefühl von Macht, das dem Wahrheitsmenschen für immer verschlossen bleibt. Es gibt Augenblicke, und sie bezeichnen die Höhepunkte kosmischer Strömungen, in denen ein Einzelner sich mit dem Schicksal und der Weltmitte identisch weiß und seine Persönlichkeit beinahe als Hülle empfindet, in welche die Geschichte der Zukunft sich zu kleiden im Begriff ist.

Die erste Aufgabe ist: selbst etwas zu machen; die zweite, unscheinbarer, aber schwerer und größer in ihrer Fernwirkung: *eine Tradition zu schaffen,* andere dahin zu bringen, daß sie das eigne Werk fortsetzen, dessen Takt und Geist; einen Strom einheitlicher Tätigkeit zu entfesseln, der des ersten Führers nicht mehr bedarf, um in Form zu bleiben. Damit wächst der Staatsmann zu etwas empor, das die Antike wohl als Gottheit bezeichnet hätte. Er wird zum Schöpfer eines neuen Lebens, zum *geistigen* Ahnherrn einer jungen Rasse. Er selbst als Wesen entschwindet nach wenig Jahren aus diesem Strom. Aber eine von ihm ins Dasein gerufene Minderheit, ein anderes Wesen von seltsamster Art, tritt an seine Stelle, und zwar für unabsehbare Zeit. Dies kosmische Etwas, diese Seele einer herrschenden Schicht kann ein Einzelner erzeugen und als Erbe hinterlassen, und das ist es, was in aller Geschichte die Wirkungen von Dauer hervorgebracht hat. Der große Staatsmann ist selten. Ob er kommt, ob er zur Geltung kommt, zu früh, zu spät – das alles ist Zufall. Die großen Einzelnen zerstören oft mehr, als sie aufgebaut haben – durch die Lücke, die ihr Tod im Strom des Geschehens läßt. Aber eine Tradition schaffen, heißt den Zufall ausschalten. Eine Tradition züchtet einen hohen Durchschnitt, mit dem die Zukunft sicher rechnen darf, keinen Cäsar, aber einen Senat, keinen Napoleon, aber ein unvergleichliches Offizierkorps. Eine starke Tradition zieht von allen Seiten die Talente an und erzielt mit kleinen Begabungen große Erfolge. Das beweisen die Malerschulen in Italien und Holland nicht weniger wie das preußische Heer und die Diplomatie der römischen Kurie. Es war eine große Schwäche Bismarcks im Vergleich zu Friedrich Wilhelm I., daß er zwar zu handeln, aber keine Tradition zu bilden verstand, daß er neben dem Offizierkorps Moltkes keine entsprechende Rasse von Politikern schuf, die sich mit seinem Staat und dessen neuen Aufgaben identisch fühlte, die fortgesetzt bedeutende Menschen von unten aufnahm und ihrem Takt des Handelns für immer einverleibte. Geschieht das nicht, so bleibt statt einer regierenden Schicht aus einem Guß eine Sammlung von Köpfen, die dem Unvorhergesehenen hilflos gegenübersteht. Glückt es aber, *so entsteht ein »souveränes« Volk* in dem einzigen Sinne, der eines Volkes würdig und in der Tatsachenwelt möglich ist: eine sich selbst ergänzende hochgezüchtete Minderheit mit sicherer, in langer Erfahrung gereifter Tradition, die jede Begabung in ihren Bann zieht und ausnützt und sich eben deshalb mit dem von ihr regierten Rest der Nation in Einklang befindet. Eine solche Minderheit wird langsam zur echten Rasse, selbst wenn sie einmal Partei gewesen war, und sie entscheidet mit der Sicherheit des Blutes, nicht des Verstandes. Eben deshalb aber geschieht in ihr alles »von selbst«; sie bedarf des Genies nicht mehr. Das bedeutet, wenn man so sagen darf, den Ersatz *des großen Politikers durch die große Politik*.

Aber was ist Politik? – Die Kunst des Möglichen; das ist ein altes Wort und mit ihm ist beinahe alles gesagt. Der Gärtner kann eine Pflanze aus dem Samen ziehen oder ihren Stamm veredeln. Er kann die in ihr verborgenen Anlagen, ihren Wuchs und ihre Tracht, ihre Blüten und Früchte zur Entfaltung bringen oder verkümmern lassen. Von seinem Blick für das Mögliche und also Notwendige hängt ihre Vollkommenheit, ihre Kraft, ihr ganzes Schicksal ab. Aber die Grundgestalt und Richtung ihres Daseins, dessen Stufen, Geschwindigkeit und Dauer, das »Gesetz, nach dem sie angetreten«, stehen *nicht* in seiner Gewalt. Sie muß es erfüllen oder sie verdirbt, und dasselbe gilt von der ungeheuren Pflanze »Kultur« und den in ihre politische Formenwelt gebannten Daseinsströmungen menschlicher Geschlechter. Der große Staatsmann ist der Gärtner eines Volkes.

[...]

Der Einfluß, den selbst ein Staatsmann von ungewöhnlich starker Stellung auf die politischen *Methoden* besitzt, ist sehr gering, und es gehört zum Range des Staatsmannes, daß er sich darüber nicht täuscht. Seine Aufgabe ist es, mit und in der vorliegenden geschichtlichen Form zu arbeiten; nur der Theoretiker begeistert sich daran, idealere Formen zu erfinden. Zum politischen »in Form sein« gehört aber die unbedingte *Beherrschung der modernsten Mittel*. Hier gibt es keine Wahl. Die Mittel und Methoden sind durch die Zeit gegeben und gehören zur inneren Form einer Zeit. Wer sich in ihnen vergreift, wer seinem Geschmack und Gefühl Macht über seinen Takt gestattet, verliert die Tatsachen aus der Hand. Die Gefahr einer Aristokratie ist es, konservativ in den Mitteln zu sein; die Gefahr der Demokratie ist die Verwechslung der Formel mit der Form. Die Mittel der Gegenwart sind noch auf Jahre hinaus die parlamentarischen: Wahlen und Presse. Man kann über sie denken, wie man will, sie verehren oder verachten, aber man muß sie *beherrschen*. Bach und Mozart *beherrschten* die musikalischen Mittel ihrer Zeit. Das ist das Kennzeichen jeder Art von Meisterschaft. Mit der Staatskunst steht es nicht anders. Aber die allgemein sichtbare Außenform ist allerdings nicht die, auf welche es ankommt, sondern nur deren Verkleidung. Deshalb läßt sie sich ändern, ohne daß am Wesen des Geschehens etwas geändert wird, auf Begriffe und in Verfassungstexte bringen, ohne die Wirklichkeit auch nur zu berühren, und der Ehrgeiz aller Revolutionäre erschöpft sich darin, sich in dieses Spiel von Rechten, Grundsätzen und Freiheiten an der geschichtlichen Oberfläche zu mischen. Der Staatsmann weiß, daß die Ausdehnung eines Wahlrechts ganz unwesentlich ist gegenüber der athenischen oder römischen, jakobinischen, amerikanischen und nun auch deutschen Technik, Wahlen *zu machen*. Wie die englische Verfassung lautet, ist gleichgültig gegenüber der Tatsache, daß ihre Anwendung von einer kleinen Schicht vornehmer Familien beherrscht wird, so daß Eduard VII. ein Minister seines Ministeriums war. Und was die moderne Presse betrifft, so mag der Schwärmer zufrieden sein, wenn sie verfassungsmäßig »frei« ist; der Kenner fragt nur danach, wem sie zur Verfügung steht.

[…]

[1923]

KARL JASPERS
[Politiker]

[…]

Ich fürchte mich, ungerecht zu werden. Wem es in seinem Berufe als Professor der Philosophie durch den Willen des Staates vergönnt und aufgegeben ist, lebenwährend mit den großen Menschen der Jahrtausende umzugehen, der großen Denker nicht nur, sondern der Großen überhaupt, der hat sich an einen intimen Umgang mit Menschen gewöhnt, der nicht der alltägliche ist. Man erfährt den Ernst ihrer Entschlüsse und Taten, ihre Vorstellungen und Glaubensantriebe. Dieser Umgang sollte zwar durch Erziehung für alle zur Selbstverständlichkeit werden, und wir sollten mithelfen, daß er es werden kann. Aber noch ist er nicht da, kann man ihn nicht überall erwarten.

Trotz der Gefahr der Ungerechtigkeit muß das schlimme Bild charakterisiert werden, wie es sich zeigt, wenn man im geschichtlichen Raum unter der Geltung hoher Maßstäbe vergleicht. Diese Politiker scheinen heute wie die der zwanziger Jahre (mit wenigen Ausnahmen) unsichere und ungewisse Gestalten zu sein. Ihre Gebärde täuscht. Sie möchten, was sie nicht können. Sie stehen nicht aufrecht, wenn es wirklich ernst wird. Es ist, als ob dann die Maske fiele, als die sich ihr anständiges Dasein erweist, nicht eigentlich, weil sie böse wären, sondern weil im Tiefsten eine Nichtigkeit wohnt, die das Unbegreifliche möglich macht. Anders ausgedrückt: Man findet unter ihnen nicht viele eigentliche »Männer«. Ein Mann, damit meine ich einen Menschen, der es wagen kann, offen zu sein, der glaubwürdig spricht, sich nicht entzieht, nicht ausweicht, – der einfach und überzeugend wirkt, – der zu sich und seiner Sache steht, – der unter der Macht einer großen Sache, mit ihr identisch, ohne Eitelkeit, aber mit hohem Ehrgeiz, jene Zuverlässigkeit gewinnt, die noch angesichts der Katastrophe standhält, – der sichere Urteilskraft auch im Augenblick der Gefahr hat, – der Mut hat in hoher Besonnenheit, – der die Angst der Freiheit kennt, – der keine unnoblen Mittel anwendet. Er weiß, was er will. Er wird nicht ratlos. Er steht freien Hauptes unter dem Himmel und fest auf der Erde. Er erblickt die weitesten Horizonte und handelt im Nächsten, Gegenwärtigen. Seine Rede ist klar und einfach, und in ihr ist er selbst. Er sagt immer dasselbe, das in der Undeutlichkeit der Realität alles zusammenhält, aber selber nicht geradezu aussagbar ist, sondern durch die Denkungsart und die Urteilskraft sich in jeder Lage neu bezeugt. Mit ihm kann jeder, der er selbst, das heißt frei ist, reden und sich verstehen. Er sagt es, wenn er nicht weiß. Er erkennt, wo er geirrt hat, gibt es zu und korrigiert. Er kennt sein Maß; er überschätzt nicht seine Kräfte. Er kann verzichten, aber er ist seiner gewiß im Rahmen dessen, was er kann und auf sich nimmt. Er läßt sich nicht vergöttern, sondern will überzeugen. Er ist frei und will, daß jeder frei sei. Er erzieht durch den hohen Anspruch seines Daseins an den andern Menschen, daß auch dieser er selbst und frei sei. Er scheitert, wo diesem Anspruch nicht genügt wird. Er hat keine Gebärde persönlicher Größe, setzt sich nicht in Positur. Und bleibt ein begrenzter Mensch. Vielleicht war von dieser Art, ein Mann zu sein, Kennedy, vielleicht Churchill. So meinten wir es zu spüren, als sie lebten. Sie gaben uns Vertrauen.

Unter den Politikern des Bundestages sind gewiß viele treffliche Leute. Man sieht einige nicht ohne Sympathie, einige andere mit Empörung. Aber weder Sympathien noch Antipathien gelten hier. Die Politiker sind anders zu messen. Sie sind in einen Raum getreten, wo es mit der Wohlanständigkeit nicht getan ist. Hier weht die Luft der großen Politik. Sie stehen in den Stürmen der Geschichte. Sie sind verantwortlich für den Gang der Dinge, nicht nur verwaltend im Kleinen der Ordnungen, sondern im Großen, das alle diese Ordnungen und das tägliche Verhalten in ihnen mitbedingt. Was getan wird, ist nicht nur die Gegenwart des Lebens, deren jeder sich freuen möchte und soll, sondern zugleich die Vorbereitung auf die großen Augenblicke der Weltgeschichte. Als was dann die Bundesrepublik dasteht, was sie kann, wie sie sich verhält, was die wirkliche Kraft ihrer Bevölkerung ist im klaren Willen, wofür sie kämpft, das ist nicht allein vorbereitet, sondern vorweggenommen in den Entscheidungen und Entschlüssen von Jahren und Jahrzehnten. Die Gegenwart ist nicht nur diese, sondern trägt, was kommt. Der Augenblick ist nicht bloß der vergängliche Moment, sondern birgt in sich die Geschichte.

Sehen wir die Parlamentarier in diesem ihnen zukommenden Licht, dann sprechen noch andere Forderungen als die im privaten Leben. Hier »wächst der Mensch mit seinen höhern Zwecken«. Da wird keine psychologische Entschuldigung, kein Verstehen der Menschlichkeiten zugelassen. Hier ist ein anderer Ernst und eine neue tödliche Schuld, wenn er versäumt wird.

Dieses Bewußtsein ihrer hohen Bedeutung ist in jener Sitzung des Bundestages wiederholt angedeutet und gewiß auch vielen gegenwärtig gewesen. Wir haben gesehen, wie es aussah, wie es sich kundgab, wie es eine erschreckende Selbsttäuschung war.

[...]

Und doch: Trotz allem können diese Bundestagsdebatten ergreifen. Man mag sie bloßstellen, wie ich es getan habe! Es wühlt ein Geist im Grunde. Die Parlamentarier sind erregt. Sie spüren in

Augenblicken das Außerordentliche, aber zugleich fürchten sie es und möchten es unwirksam machen.

Da aber der Geist aus dem Grunde sie nicht wirklich ergreift, können die Parlamentarier nicht zu dem Kampf auf dem hohen Niveau kommen, auf dem es klar würde, wie tief und folgenreich die Gesinnungsgegensätze sind, in denen Mächte sich begegnen. Da erst würde große, gehaltvolle, schöpferische Politik wirklich werden. Jetzt ist es anders. Ein Zeichen des tiefen Niveaus ist der Umgang miteinander. Entweder behandelt man einander als Kollegen, die in bester Absicht ihre Meinungen und Entscheidungen aus ihrem tadellosen reinen Willen entspringen lassen, oder man behandelt einander mit allen Listen, als austauschbare Figuren, die man überrumpelt, nutzt (und verhält sich sogar öffentlich nach dem Prinzip: Pack schlägt sich, Pack verträgt sich). Beide Gegensätze gehören zusammen.

Es könnte anders sein. Statt nicht vom Gewissen zu sprechen, könnte aus dem Gewissen ins Gewissen gesprochen werden, ohne das Wort »Gewissen« zu gebrauchen. Auf sein Gewissen sich zu berufen, ist eine Anmaßung. Man hat Tatsachen und Gründe vorzutragen. Damit kann man zwar täuschen und leere zufällige Meinungen bringen, aber auch wirklich aus dem Gewissen denken und dadurch das Gewissen des Anderen erreichen.

[...]
[1966]

JEAN-PAUL SARTRE, PHILIPPE GAVI, PIERRE VICTOR
[Der neue Politiker]

[...]

VICTOR: Ist es möglich, daß es eine neue Art des Politikers gibt? Diese Frage möchte ich Sartre stellen.

SARTRE: Ob sie immer aufrichtig sind, weiß ich nicht; aber ist das politische Denken des Politikers immer sein ganzes Denken? Oder, wenn du so willst: Der Politiker muß sich über alles Gedanken gemacht haben, aber muß er auch die Gesamtheit dessen, was er denkt, in Diskussionen preisgeben? Das frage ich euch.

GAVI: Du triffst die Entscheidung für die anderen, daß es richtig ist, über dieses Problem zu schweigen, weil... das ist es doch, was du zynisch nennst...

SARTRE: Zyniker ist für mich jemand, der ein Gefühl für die Totalität hat, die er nicht auslotet. Er hält sich dabei an die Totalität, von der er glaubt, daß sie von den Leuten diskutiert werden kann. Er hat also zwei Gesichtspunkte – oder glaubt sie zu haben –, und darin liegt für mich der Zynismus des Politikers.

VICTOR: Ist dieser Zynismus unvermeidlich?

SARTRE: Ja, weil ich den Politiker nicht sonderlich schätze *(Gelächter)*.

VICTOR: Was willst du damit sagen?

SARTRE: Ich will damit sagen, daß ich den auf die Politik spezialisierten Menschen nicht sonderlich schätze. Ich glaube, er ist bereits gespalten, was nicht heißt, daß ich ihn für entbehrlich hielte. Im Augenblick ist er unentbehrlich. Angenommen, es gäbe einen wahren, wirklichen Sozialismus, dann würde der Begriff des Politikers verschwinden, da dann *jeder* Politiker wäre. Der Politiker als solcher ist den Massen, den eigentlichen Teilhabern der Demokratie, nicht überlegen. Er ist ein Verstümmelter. Er ist der Mann, der von einem Zustand zu einem besseren Zustand hinüberführt. Ich betrachte Männer wie Lenin oder auch Stalin – um dir entgegenzukommen *(Gelächter)* – als Vermittler; das ist ihr Hauptcharakteristikum. In einer klassenlosen Gesellschaft dürfte diese Kategorie von Menschen, wie ich annehme, überflüssig sein. Ich denke, dann wird jeder Vermittler des Ganzen werden. Und dann kannst du nicht mehr sagen, daß der Demokrat, nämlich irgendein Arbeiter, irgendein Arbeitender, sich spezialisiert, wenn er sich politisch betätigt. Wenn der Demokrat sich politisch betätigt, dann ist das eine Tätigkeit unter anderen, die angesehen wird wie alle seine Tätigkeiten. Aber einen Politiker gibt es dann nicht mehr.

VICTOR: Ich protestiere. Du setzt eine bestimmte Beziehung voraus zwischen dem Intellektuellen, der sich nicht als Politiker definiert und dem Politiker als einem auf die Politik spezialisierten Menschen, einem Menschen des Überbaus. Du verewigst dein Verhältnis zur KP. Und ich glaube, genau das ist die alte Politik, und ich will, daß Schluß gemacht wird mit der alten Politik, damit, daß der kritische Intellektuelle oder der Arbeiter die besondere

Aufgabe der »Politik« einer besonderen Kategorie von Menschen delegiert. Der militante Politiker seinerseits muß diese Form der Isolierung der Spezialisierung ablegen. Denn bei der Entwicklung der Revolution in Frankreich geht es auch um diese Trennung und Spezialisierung. In der klassenlosen Gesellschaft macht jeder Politik, also – in gewisser Weise – keine Politik mehr. Man wird sich jede Politik versagen...

SARTRE: Man wird sie sich nicht versagen. Es wird keine Politik mehr geben...

VICTOR: Aber die klassenlose Gesellschaft liegt für uns in unbestimmter Zukunft, und damit auch die Abschaffung der Politik. Inzwischen müssen wir die Vermittlung der Politik einer besonderen Kategorie von Menschen überlassen. Ich glaube, das gibt das alte strategische Schema wieder: Über lange Zeit hin bereitet man die Bedingungen für die Revolution vor, und dann kommt der Moment, der Moment der Krise, wo die Dinge sich in einem Aufstand entladen: Das ist die Revolution. Und danach: der Sozialismus, das Ende des Staates. Ich glaube, dieses Schema hat endgültig versagt. Die klassenlose Gesellschaft, das Ende des Staates, werden in den gegenwärtigen Kämpfen vorbereitet, was nicht heißen soll, daß in jedem punktuellen Kampf alle Bedingungen der klassenlosen Gesellschaft schon vereint sein können. Bei der Rollenverteilung zwischen dem Politiker und dem Intellektuellen zu unterscheiden, also ich finde, das ist geradezu eine Sünde *(Gelächter)*...

SARTRE: Ich finde nicht. Wenn der Politiker nicht alles sagen kann, dann gilt das für die Periode, in der er als Mittler existiert. In einer Zeit dagegen, in der er alles sagen könnte, wird der Politiker verschwinden, wird es ihn gar nicht mehr geben.

[...]
[1973]

II. Ausgangspunkte

Einleitung

Fast jede politische Theorie oder ausführliche Einlassung zu politischen Fragen bezieht – explizit oder implizit – Stellung zu der Frage, was der Mensch sei, sie äußert sich zu seinem Wesen, seiner Rolle und Gestalt, seinen Aufgaben und seiner Zukunft. Was an gesellschaftlichen Perspektiven für erreichbar oder unerreichbar gehalten wird, hängt zumeist auch davon ab, was dem Lebewesen Mensch zugetraut wird. Insofern ist die in der Anthropologie, der Soziologie und der Psychologie geführte Debatte über das Wesen des Menschen zentraler Bestandteil des politischen Denkens im 20. Jahrhundert, ja, sie ist mithin einer seiner Ausgangspunkte. So hat Sigmund Freud etwa seine Zweifel daran, daß das kommunistische Experiment in der Sowjetunion zu einem erfolgreichen Abschluß geführt werden könne, damit begründet, daß die Aggressionsneigung des Menschen zu stark und zu stabil sei, um gänzlich zum Verschwinden gebracht zu werden. Wohl sei mit dem Wegfall des Privateigentums der menschlichen Aggression eines ihrer wichtigsten Objekte entzogen – offensichtlich beurteilt Freud die Politik der Bolschewiki durch die Perspektive von Platons ›Politeia‹ und der dort entwickelten Begründung der Gütergemeinschaft –, aber der Aggressionstrieb sei zu tief in der menschlichen Natur verankert, als daß er durch den Entzug eines seiner Objekte zum Verschwinden gebracht werden könnte.

Die exzentrische Stellung des Menschen in der Welt, so Helmuth Plessner, hat diesen dazu verurteilt, unausgesetzt Artefakte hervorzubringen, die ihn im Gleichgewicht halten. Der Mensch kann nur zur Ruhe kommen, wenn er sich künstlich stabilisiert; von Natur ist er dazu verurteilt, ein Apostat der Natur zu sein. Auf Staat und Gesellschaft bezogen heißt das, daß sich das Verhältnis der Menschen untereinander nicht von selbst einpendelt, sondern von außen *festgelegt werden muß. Plessner verabschiedet also mit Hilfe anthropologischer Argumente die Idee einer sich selbst regulierenden Gesellschaft und begründet so die Unaufhebbarkeit eines gesellschaftlich ausdifferenzierten Staates, der eine unruhige, fragile Gesellschaft von außen stabilisiert. In eine ähnliche Richtung argumentiert auch* Arnold Gehlen: *Was den Menschen vom Tier unterscheidet, ist seine unzureichende Angepaßtheit an die Umwelt, die u. a. in der Unspezialisiertheit der körperlichen Ausstattung des Menschen ihren Ausdruck findet. Doch gerade dieses Spezialisierungsdefizit ist die Grundlage der menschlichen Weltoffenheit: Der Mensch kann überall leben – aber um leben zu können, muß er sich entlasten, indem er seine Offenheit artifiziell reduziert. Diese Reduzierung von Optionen, die beim Tier von Natur gegeben ist, muß der Mensch selbst vornehmen. Daß er, im Unterschied zum Tier, freilich über Art, Umfang und Intensität dieser Reduktion selbst entscheidet, begründet seine Freiheit.*

Nicht nach dem Menschen »als solchem«, wie Plessner und Gehlen, sondern nach dem Individuum und seiner sozialen Position fragt Max Horkheimer, *der davon ausgeht, daß generelle anthropologische Aussagen unergiebig und wohl auch irreführend sind; statt dessen muß jede Diskussion über den Menschen im Hinblick auf seine konkrete sozio-ökonomische Situation geführt werden. Horkheimer zeigt, wie die Entstehung des Individuums als des sich in seiner Besonderheit und Einzigartigkeit wissenden und wollenden Menschen gebunden ist an die sozio-ökonomischen Bedingungen des Konkurrenzkapitalismus; dagegen hat der Übergang vom Konkurrenz- zum Monopolkapitalismus die sozialen Bedingungen für die Herausbildung von Individualität stark beeinträchtigt, wenn nicht gänzlich zerstört. Dennoch sieht Horkheimer im Festhalten am Ideal des Individuums nicht bloß eine verzweifelte Attitüde zurückgebliebener Geister, sondern begreift sie als schlagenden Protest gegen eine Wirklichkeit, die dem Menschen keinen Platz als Individuum läßt. Nicht die in die Zukunft weisende Klasse, sondern das an der Vergangenheit orientierte Individuum wird hier zum Träger der Kritik an einer schlechten Wirklichkeit. Horkheimers Erwartungen sind bescheiden und skeptisch: Von der Abschaffung der Klassengesellschaft ist bei ihm nicht mehr die Rede, ebensowenig von der Arbeiterklasse, nur noch vom hinhaltenden*

Widerstand singulärer Individuen gegen eine Entwicklung, von der nichts Gutes zu erwarten ist.

Der Gefährdung bzw. Auslöschung des Individuums gilt auch das Interesse von Le Bon, Riesman und Marcuse. Gustave Le Bon *beschäftigt sich mit den politischen Folgen, die der Anbruch des Massenzeitalters und die damit verbundene Persönlichkeitsveränderung der Menschen, etwa der Individualitätsverlust, nach sich ziehen. Le Bon spricht von einem Schwinden der Selbstkontrolle, des Kalküls, der Zurückhaltung und Berechnung im Verhalten der Menschen, konzediert aber auch, daß Menschen, die allein eher resigniert und verzagt sind, in der Masse zu großen Taten fähig werden. Ähnliche Diagnosen finden sich auch bei* David Riesman, *der Überflußbewußtsein, Konsumtionszwang, Abhängigkeit von Peer-Groups sowie politische Orientierung an Interessenverbänden, wie er sie in den USA am Ende der 40er Jahre vielfältig beobachtet hat, als Indikatoren dafür ansieht, daß die Innenleitung des Menschen, Voraussetzung einer selbstbewußten Individualität, die erst möglich geworden ist durch die allmähliche Überwindung der ehedem dominierenden Traditionsorientierungen, zunehmend durch Außensteuerung ersetzt wird.* Herbert Marcuse *hat diese Diagnose in kapitalismuskritischer Absicht präzisiert: Ein überbordendes Angebot von Konsumgütern erzeugt den Eindruck von Triebbefriedigung und vermittelt entsprechende Glücksgefühle; so vergrößert sich die Akzeptanz der bestehenden Gesellschaft, und die zunächst durchaus vorhandenen Potentiale zur Veränderung dieser Gesellschaft schwinden dahin. Damit vermag Marcuse zugleich zu erklären, warum die Marxsche Prognose tiefgreifender revolutionärer Veränderungen im 20. Jahrhundert sich allenfalls im Anschluß an verheerende Kriege, nicht aber aus der kapitalistischen Entwicklung selbst heraus, wie Marx dies vorausgesagt hatte, bewahrheitet hat.*

Den Abschluß des Abschnitts über das Menschenbild im politischen Denken des 20. Jahrhunderts bilden Typisierungen und Definitionen sozio-ökonomischer und politischer Charaktere, stärker sozio-ökonomisch orientiert bei Werner Sombart *und* Vilfredo Pareto, *eher politisch-philosophisch bei* Georg Lukács *und* Rolf Schroers. *Mit Hilfe dieser Typisierungen und Definitionen, die allgemeine Aussagen zumeist in binären Kontrastierungen zu konkretisieren versuchen, sollen politische wie sozio-ökonomi-*

sche Entwicklungen erklärt, politische Gleichgewichtsvoraussetzungen umschrieben sowie zukünftige Prozesse prognostiziert werden, wobei durchweg eine gewisse Reduzierung und Simplifizierung der gesellschaftlichen Entwicklung dafür in Kauf genommen werden, daß hier spezifizierte und doch generelle Aussagen möglich sind.

Weiterführende Literatur

Helmut König, Zivilisation und Leidenschaft. Die Masse im bürgerlichen Zeitalter, Reinbek b. Hamburg (Rowohlt)

Wolf Lepenies/Helmut Nolte, Kritik der Anthropologie, München 1971 (Carl Hanser)

Serge Moscovici, Das Zeitalter der Massen. Eine historische Abhandlung über die Massenpsychologie. Nachwort C. F. Graumann, dt. von M. Sommer, Frankfurt/M. 1986 (Fischer-Taschenbuch)

Der Mensch

Sigmund Freud
[»Der Mensch ist des Menschen Wolf«]

Das gern verleugnete Stück Wirklichkeit hinter alledem ist, daß der Mensch nicht ein sanftes, liebebedürftiges Wesen ist, das sich höchstens, wenn angegriffen, auch zu verteidigen vermag, sondern daß er zu seinen Triebbegabungen auch einen mächtigen Anteil von Aggressionsneigung rechnen darf. Infolgedessen ist ihm der Nächste nicht nur möglicher Helfer und Sexualobjekt, sondern auch eine Versuchung, seine Aggression an ihm zu befriedigen, seine Arbeitskraft ohne Entschädigung auszunützen, ihn ohne seine Einwilligung sexuell zu gebrauchen, sich in den Besitz seiner Habe zu setzen, ihn zu demütigen, ihm Schmerzen zu bereiten, zu martern und zu töten. *Homo homini lupus* ([»Der Mensch ist des Menschen Wolf«, nach Plautus, *Asinaria* II, 4, 88.]); wer hat nach allen Erfahrungen des Lebens und der Geschichte den Mut, diesen Satz zu bestreiten? Diese grausame Aggression wartet in der Regel eine Provokation ab oder stellt sich in den Dienst einer anderen Absicht, deren Ziel auch mit milderen Mitteln zu erreichen wäre. Unter ihr günstigen Umständen, wenn die seelischen Gegenkräfte, die sie sonst hemmen, weggefallen sind, äußert sie sich auch spontan, enthüllt den Menschen als wilde Bestie, der die Schonung der eigenen Art fremd ist. Wer die Greuel der Völkerwanderung, der Einbrüche der Hunnen, der sogenannten Mongolen unter Dschengis Khan und Timurlenk, der Eroberung Jerusalems durch die frommen Kreuzfahrer, ja selbst noch die Schrecken des letzten Weltkriegs in seine Erinnerung ruft, wird sich vor der Tatsächlichkeit dieser Auffassung demütig beugen müssen.

Die Existenz dieser Aggressionsneigung, die wir bei uns selbst verspüren können, beim anderen mit Recht voraussetzen, ist das Moment, das unser Verhältnis zum Nächsten stört und die Kultur zu ihrem Aufwand [an Energie] nötigt. Infolge dieser primären Feindseligkeit der Menschen gegeneinander ist die Kulturgesellschaft beständig vom Zerfall bedroht. Das Interesse der Arbeitsgemeinschaft würde sie nicht zusammenhalten, triebhafte Leidenschaften sind stärker als vernünftige Interessen. Die Kultur muß alles aufbieten, um den Aggressionstrieben der Menschen Schranken zu setzen, ihre Äußerungen durch psychische Reaktionsbildungen niederzuhalten. Daher also das Aufgebot von Methoden, die die Menschen zu Identifizierungen und zielgehemmten Liebesbeziehungen antreiben sollen, daher die Einschränkung des Sexuallebens und daher auch das Idealgebot, den Nächsten so zu lieben wie sich selbst, das sich wirklich dadurch rechtfertigt, daß nichts anderes der ursprünglichen menschlichen Natur so sehr zuwiderläuft. Durch alle ihre Mühen hat diese Kulturbestrebung bisher nicht sehr viel erreicht. Die gröbsten Ausschreitungen der brutalen Gewalt hofft sie zu verhüten, indem sie sich selbst das Recht beilegt, an den Verbrechern Gewalt zu üben, aber die vorsichtigeren und feineren Äußerungen der menschlichen Aggression vermag das Gesetz nicht zu erfassen. Jeder von uns kommt dahin, die Erwartungen, die er in der Jugend an seine Mitmenschen geknüpft, als Illusionen fallenzulassen, und kann erfahren, wie sehr ihm das Leben durch deren Übelwollen erschwert und schmerzhaft gemacht wird. Dabei wäre es ein Unrecht, der Kultur vorzuwerfen, daß sie Streit und Wettkampf aus den menschlichen Betätigungen ausschließen will. Diese sind sicherlich unentbehrlich, aber Gegnerschaft ist nicht notwendig Feindschaft, wird nur zum Anlaß für sie mißbraucht.

Die Kommunisten glauben den Weg zur Erlösung vom Übel gefunden zu haben. Der Mensch ist eindeutig gut, seinem Nächsten wohlgesinnt, aber die Einrichtung des privaten Eigentums hat seine Natur verdorben. Besitz an privaten Gütern gibt dem einen die Macht und damit die Versuchung, den Nächsten zu mißhandeln; der vom Besitz Ausgeschlossene muß sich in Feindseligkeit gegen den Unterdrücker auflehnen. Wenn man das Privateigentum aufhebt, alle Güter gemeinsam macht und alle Menschen an deren Genuß teilnehmen läßt, werden Übelwollen und Feindseligkeit unter den Menschen verschwinden. Da alle Bedürfnisse befriedigt sind, wird keiner Grund haben, in dem anderen seinen Feind zu sehen; der notwendigen Arbeit werden sich alle bereitwillig unterziehen. Ich habe nichts mit der wirtschaftlichen Kritik des kommunistischen Systems zu tun, ich kann nicht untersuchen, ob die Abschaffung des privaten Eigentums zweckdienlich und vorteilhaft ist (Wer in seinen eigenen jungen Jahren das Elend der Armut verkostet, die Gleichgiltigkeit und den Hochmut der Besitzenden erfahren hat, sollte vor dem Verdacht geschützt sein, daß er kein Verständnis und kein Wohlwollen für die Bestrebungen hat, die Besitzungleichheit der Menschen und was sich aus ihr ableitet, zu bekämpfen. Freilich, wenn sich dieser Kampf auf die abstrakte Gerechtigkeitsforderung der Gleichheit aller Menschen berufen will, liegt der Einwand zu nahe, daß die Natur durch die höchst ungleichmäßige körperliche Ausstattung und geistige Begabung der Einzelnen Ungerechtigkeiten eingesetzt hat, gegen die es keine Abhilfe gibt.). Aber seine psychologische Voraussetzung vermag ich als haltlose Illusion zu erkennen. Mit der Aufhebung des Privateigentums entzieht man der menschlichen Aggressionslust eines ihrer Werkzeuge, gewiß ein starkes und gewiß nicht das stärkste. An den Unterschieden von Macht und Einfluß, welche die Aggression für ihre Absichten mißbraucht, daran hat man nichts geändert, auch an ihrem Wesen nicht. Sie ist nicht durch das Eigentum geschaffen worden, herrschte fast uneingeschränkt in Urzeiten, als das Eigentum noch sehr armselig war, zeigt sich bereits in der Kinderstube, kaum daß das Eigentum seine anale Urform aufgegeben hat, bildet den Bodensatz aller zärtlichen und Liebesbeziehungen unter den Menschen, vielleicht mit alleiniger Ausnahme der einer Mutter zu ihrem männlichen Kind (.). Räumt man das persönliche Anrecht auf dingliche Güter weg, so bleibt noch das Vorrecht aus sexuellen Beziehungen, das die Quelle der stärksten Mißgunst und der heftigsten Feindseligkeit unter den sonst gleichgestellten Menschen werden muß. Hebt man auch dieses auf durch die völlige Befreiung des Sexuallebens, beseitigt also die Familie, die Keimzelle der Kultur, so läßt sich zwar nicht vorhersehen, welche neuen Wege die Kulturentwicklung einschlagen kann, aber eines darf man erwarten, daß der unzerstörbare Zug der menschlichen Natur ihr auch dorthin folgen wird.

Es wird den Menschen offenbar nicht leicht, auf die Befriedigung dieser ihrer Aggressionsneigung zu verzichten; sie fühlen sich nicht wohl dabei. Der Vorteil eines kleineren Kulturkreises, daß er dem Trieb einen Ausweg an der Befeindung der Außenstehenden gestattet, ist nicht geringzuschätzen. Es ist immer möglich, eine größere Menge von Menschen in Liebe aneinander zu binden, wenn nur andere für die Äußerung der Aggression übrigbleiben. Ich habe mich einmal mit dem Phänomen beschäftigt, daß gerade benachbarte und einander auch sonst nahestehende Gemeinschaften sich gegenseitig befehden und verspotten, so Spanier und Portugiesen, Nord- und Süddeutsche, Engländer und Schotten usw.(.). Ich gab ihm den Namen »Narzißmus der kleinen Differenzen«, der nicht viel zur Erklärung beiträgt. Man erkennt nun darin eine bequeme und relativ harmlose Befriedigung der Aggressionsneigung, durch die den Mitgliedern der Gemeinschaft das Zusammenhalten erleichtert wird. Das überallhin versprengte Volk der Juden hat sich in dieser Weise anerkennenswerte Verdienste um die Kulturen seiner Wirtsvölker erworben; leider haben alle Judengemetzel des Mittelalters nicht ausgereicht, dieses Zeitalter friedlicher und sicherer für seine christlichen Genossen zu gestalten. Nachdem der Apostel Paulus die allgemeine Menschenliebe zum Fundament seiner christlichen Gemeinde gemacht hatte, war die äußerste Intoleranz des Christentums gegen die draußen Verbliebenen eine unvermeidliche Folge geworden; den Römern, die ihr staatliches Gemeinwesen nicht auf die Liebe begründet hatten, war religiöse Unduldsamkeit fremd gewesen, obwohl die Religion bei ihnen Sache des Staates und der Staat von Religion durchtränkt war. Es war auch kein unverständlicher Zufall, daß der Traum einer germanischen Weltherrschaft zu seiner Ergänzung den Antisemitismus aufrief, und man erkennt es als begreiflich, daß der Versuch, eine neue kommunistische Kultur in Rußland aufzurichten, in der Verfolgung der Bourgeois seine psychologische Unterstützung findet. Man fragt sich nur besorgt, was die Sowjets anfangen werden, nachdem sie ihre Bourgeois ausgerottet haben.

[...]
[1927]

[Die Exzentrizität des Menschen und ihre politischen Folgen]

[...]

Als exzentrisch organisiertes Wesen muß er [der Mensch, Anm. d. Hrsg.] sich zu dem, was er *schon ist, erst machen*. Nur so erfüllt er die ihm mit seiner vitalen Daseinsform aufgezwungene Weise, im Zentrum seiner Positionalität – nicht einfach aufzugeben, wie das Tier, das aus seiner Mitte heraus lebt, auf seine Mitte alles bezieht, sondern zu stehen und so von seiner Gestelltheit zugleich zu wissen. Dieser Daseinsmodus des in seiner Gestelltheit Stehens ist nur als *Vollzug* vom Zentrum der Gestelltheit aus möglich. Eine derartige Weise zu sein ist nur als Realisierung durchführbar. Der Mensch lebt nur, indem er ein Leben führt. Mensch sein ist die »Abhebung« des Lebendigseins vom Sein und der Vollzug dieser Abhebung, kraft dessen die Schicht der Lebendigkeit als quasi selbständige Sphäre erscheint, die bei Pflanze und Tier unselbständiges Moment des Seins, seine Eigenschaft bleibt (auch da noch, wo sie die organisierende, konstituierende Form für einen Seinstypus des Lebens bildet, nämlich für das Tier). Infolgedessen lebt der Mensch weder einfach das zu Ende, was er ist, er lebt sich nicht aus (das Wort in seiner Unmittelbarkeit radikal verstanden), noch macht er sich nur zu dem, was er ist. Seine Existenz ist von der Art, daß sie zwar diese Unterscheidung an ihr erzwingt, zugleich aber über sie hinaus liegt. Für die Philosophie erklärt sich diese »Querlage« des Menschen aus der exzentrischen Positionsform, aber damit ist ihr nicht geholfen. Wer in ihr ist, steht in dem Aspekt einer absoluten Antinomie: sich zu dem erst machen zu müssen, was er schon ist, das Leben zu führen, welches er lebt.

In sehr verschiedener Form und Wertbetonung ist dieses Grundgesetz der eigenen Existenz den Menschen zum Bewußtsein gekommen, immer aber mischt sich in das Wissen darum der Schmerz um die unerreichbare Natürlichkeit der anderen Lebewesen. Ihre Instinktsicherheit ist seiner Freiheit und Voraussicht verloren gegangen. Sie existieren direkt, ohne von sich und den Dingen zu wissen, sie sehen nicht ihre Nacktheit – und der himmlische Vater ernährt sie doch. Dem Menschen dagegen ist mit dem Wissen die Direktheit verloren gegangen, er sieht seine Nacktheit, schämt sich seiner Blöße und muß daher auf Umwegen über künstliche Dinge leben.

Diese Ansicht, oft auch in mythischer Form geprägt, gibt einer tiefen Erkenntnis Ausdruck. Weil dem Menschen durch seinen Existenztyp aufgezwungen ist, das Leben zu führen, welches er lebt, d. h. zu machen, was er ist – eben weil er nur ist, wenn er vollzieht – braucht er ein Komplement nichtnatürlicher, nichtgewachsener Art. Darum ist er von Natur, aus Gründen seiner Existenzform *künstlich*. Als exzentrisches Wesen nicht im Gleichgewicht, ortlos, zeitlos im Nichts stehend, konstitutiv heimatlos, muß er »etwas werden« und sich das Gleichgewicht – schaffen. Und er schafft es nur mit Hilfe der außernatürlichen Dinge, die aus seinem Schaffen entspringen, *wenn* die Ergebnisse dieses schöpferischen Machens ein eigenes Gewicht bekommen. Anders ausgedrückt: er schafft es nur, wenn die Ergebnisse seines Tuns sich von dieser ihrer Herkunft kraft eigenen inneren Gewichtes loslösen, auf Grund dessen der Mensch anerkennen muß, daß nicht er ihr Urheber gewesen ist, sondern sie nur *bei Gelegenheit* seines Tuns verwirklicht worden sind. Erhalten die Ergebnisse menschlichen Tuns nicht das Eigengewicht und die Ablösbarkeit vom Prozeß ihrer Entstehung, so ist der letzte Sinn, die Herstellung des Gleichgewichts: die Existenz gleichsam in einer zweiten Natur, die Ruhelage in einer zweiten Naivität nicht erreicht. Der Mensch will heraus aus der unerträglichen Exzentrizität seines Wesens, er will die Hälftenhaftigkeit der eigenen Lebensform kompensieren und das kann er nur mit Dingen erreichen, die schwer genug sind, um dem Gewicht seiner Existenz die Waage zu halten.

[…]

Nicht Hypertrophie des Trieblebens oder Selbststeigerungstendenz des Lebens in Gestalt von »Wille zur Macht, zum Mehr- oder Obensein« nach Nietzsche, Simmel, Adler, nicht Überkompensation oder Sublimierung auf Grund von Verdrängung ist die wahre Ursache der Kultivierung, jede ist selbst erst eine Folge der vorgegebenen Lebensform, die allein das Menschliche am Menschen ausmacht. Daß der Mensch mit seinen natürlichen Mitteln seine Triebe nicht befriedigen kann, daß er nicht zur Ruhe kommt in dem, daß er ist, und mehr sein will, als er ist und daß er ist, daß er gelten will und zur Irrealisierung in künstlichen Formen des Handelns, in Gebräuchen und Sitten unwiderstehlich hingezogen wird, hat seinen letzten Grund nicht im Trieb, im Willen und in der Verdrängung, sondern in der exzentrischen Lebensstruktur, im Formtypus der Existenz selber. Die konstitutive Gleichgewichtslosigkeit seiner besonderen Positionalitätsart – und nicht erst die Störung eines ursprünglich normal, harmonisch gewesenen und wieder harmonisch werden könnenden Lebenssystems ist der »Anlaß« zur Kultur.

Existentiell bedürftig, hälftenhaft, nackt ist dem Menschen die Künstlichkeit wesensentsprechender Ausdruck seiner Natur. Sie ist der mit der Exzentrizität gesetzte Umweg zu einem zweiten Vaterland, in dem er Heimat und absolute Verwurzelung findet. Ortlos, zeitlos, ins Nichts gestellt schafft sich die exzentrische Lebensform ihren Boden. Nur sofern sie ihn schafft, hat sie ihn, wird sie von ihm getragen. Künstlichkeit im Handeln, Denken und Träumen ist das innere Mittel, wodurch der Mensch als lebendiges Naturwesen mit sich in Einklang steht. Mit der erzwungenen Unterbrechung durch gemachte Zwischenglieder hebt sich der Lebenskreis des Menschen, dem er als selbständiger Organismus von Bedürfnissen und Trieben auf Tod und Leben eingeschmiedet ist, in eine die Natur überlagernde Sphäre und schließt sich dort in der Freiheit. Der Mensch lebt also nur, wenn er ein Leben führt. So bricht ihm immer wieder unter den Händen das Leben seiner eigenen Existenz in Natur und Geist, in Gebundenheit und Freiheit, in *Sein* und *Sollen* auseinander. Dieser Gegensatz besteht. Naturgesetz tritt gegen Sittengesetz, Pflicht kämpft mit Neigung, der Konflikt ist die Mitte seiner Existenz, wie sie sich dem Menschen unter dem Aspekt seines Lebens notwendig darstellt. Er muß tun, um zu sein. Aber die vis a tergo, die aus seinen Trieben und Bedürfnissen auf ihn einwirkt, reicht nicht aus, um den Menschen in der ganzen Fülle seiner Existenz in Bewegung zu halten. Eine vis a fronte ist nötig, eine Macht im Modus des Sollens erst entspricht der exzentrischen Struktur. Sie ist der spezifische Appell an die *Freiheit* als das Stehen im Zentrum der Positionalität und das Movens für den geistigen Menschen, für das Glied einer Mitwelt.

Durch die Exzentrizität seiner Positionsform ist der Mensch ein Lebewesen, das Anforderungen an sich stellt. So »ist« er nicht einfach und lebt dahin, sondern *gilt* etwas und als etwas. Er ist von Natur sittsam, ein sich im Modus der Aufforderung selbst bändigender, domestizierender Organismus. Er kann ohne Sitte und Bindung an irreale Normen, die ihr eigenes Gewicht haben, um Anerkennung zu verlangen (deren sie für sich selber nicht bedürfen), nicht existieren. So wird ihm der Wesenstatbestand seiner Positionalität zum sogenannten *Gewissen*, zum Quellpunkt der Sittlichkeit und konkreten Moral. Und zugleich wird sie ihm zur Zensur, d. h. zur Hemmung, an der sich der Konflikt mit seiner daran sich abspaltenden »niederen« Natur, mit seinen Trieben und Neigungen immer von Neuem entzündet.

[...]

Und das zweite Argument vom Willen zur Macht, vom Trieb zum Mehrsein? Auch in der Fassung Nietzsches und des Pragmatismus reicht es nicht aus, die Irrealisierung menschlichen Tuns zu begründen. Herrschaftstendenzen zeigen alle gesellt lebenden Tiere. Beim Menschen muß also noch etwas besonderes hinzukommen. Die einen sagen, es sei die Intelligenz, die anderen führen es auf die hypertrophe Triebentwicklung (vielleicht – unter dem Einfluß der Intelligenz und des Gehirns – als eine durch sein Übergewicht notwendig gewordene kompensatorische Hypertrophie) zurück. Aber die Intelligenz muß sich schon von der tierischen Intelligenz qualitativ unterscheiden, um die Produktion geistiger Waffen und vor allem solcher geistigen Dinge, die keine Waffen und Werkzeuge sind, begreiflich zu machen. Köhlers Experimente haben es zum mindesten wahrscheinlich gemacht, daß hochentwickelten Tieren eine primitive Produktion von Werkzeugen gelingt, wenn die Hindernisse stark genug sind, den normalen Verlauf der trieberfüllenden Reaktion zu unterbinden. Zugleich haben sie gezeigt, wo die Grenze tierischer und menschlicher Werkzeugproduktion liegt: das Tier weiß nicht, *was* es tut. Es behält wohl die Handlung mit künstlichen Hilfsmitteln im Gedächtnis und kann sie i. A. reproduzieren, aber es merkt nicht den mit dem Handlungsergebnis geschaffenen Sachverhalt. Die Ablösbarkeit dieser im sichtbaren Ergebnis steckenden unsichtbaren Sache oder Möglichkeit geht ihm nicht auf. Ergo nützt alle Tendenz zur Macht über die Artgenossen – und wenn man richtigerweise statt Macht als etwas Geistigem Herrschaft setzt – Tendenz zum Herrschen gar nichts zur Erklärung des Kulturursprungs, es sei denn, daß die spezifisch menschliche Intelligenz bereits vorausgesetzt wird.

Daß gerade der Mensch zum Apostaten der Natur, zum Unruhestifter, Geltungsbedürftigen, Leistungswesen wird und in ihm die Selbststeigerungstendenz des Lebens in Form des Machttriebes Orgien zu feiern scheint, darf nicht zum Fundament des Ursprungs der Kultivierung gemacht, sondern muß selbst als Symptom der exzentrischen Positionalität begriffen werden. Sie erzwingt den Anschein des Willens zur Macht, ist ihm vorgegeben. Denn der Mensch muß tun, um zu leben. Der Vollzugzwang, in seiner Exzentrizität begründet, wirkt sich natürlich nicht mit Einem Schlage aus. Ihm genügt nicht Eine Tat, sondern allein die Rastlosigkeit unablässigen Tuns. Infolgedessen entsteht der Anschein (und wohl auch sekundär die psychische Tendenz als ein Reflex dieser Zwangslage) eines dauernden Überbietens des bereits Getanen, das natürlich so ohne weiteres nicht gleich wieder verschwindet. Die getanen Leistungen reichern sich dementsprechend beständig an, die neue Tat übertürmt die bisherigen Taten.

Um sich ins Gleichgewicht erst zu bringen und nicht um es zu verlassen, wird der Mensch das dauernd nach Neuem strebende Wesen, sucht er die Überbietung, den ewigen Prozeß. Die Übersteigerung – fälschlich als eine Selbststeigerungstendenz des Lebens verabsolutiert – ist das notgedrungen diese Form annehmende Mittel der Kompensation seiner Halbheit, Gleichgewichtslosigkeit, Nacktheit. Mit der Arbeit sucht der Mensch sich nur das zu verschaffen, was die Natur ihm schuldig bleibt, weil sie ihm die höchste Organisationsform verliehen hat.

[...]

Die der Formung und Äußerung solidarischen Fühlens und Verhaltens, der konkreten Gemeinschaft vorgelagerte *Vertretenheit* und *Ersetztheit* jedes Einzelnen durch jeden Anderen in Form des Wir bildet den Hintergrund, von dem sich der Einzelne als Individualität abhebt. Er ist ja im Grunde dasselbe wie der Andere, er steht, wo der Andere steht, und der Andere nimmt seinen Platz ein. Deshalb *kann* der Andere in außenweltlicher und innenweltlicher Wirklichkeit die Position innehaben, die jeder Mensch in seinem absoluten Hier besitzt, oder – »er hätte auch der Andere werden können«. An seiner wirklichen Ersetzbarkeit und Vertretbarkeit hat der einzelne Mensch Gewähr und Gewißheit der Zufälligkeit seines Seins oder seiner Individualität.

Sie ist der Grund seines Stolzes und seiner Schamhaftigkeit. Selbst die faktische Unersetzlichkeit seiner eigenen Lebenssubstanz, in der er sich von allen unterscheidet, wiegt die Ersetztheit im Wir, die Ersetzbarkeit durch jeden Anderen, mit dem er zusammenkommt, nicht auf. Deshalb muß sich der Mensch in aller seiner Kostbarkeit schämen. Die Nichtigkeit seiner Existenz, ihre restlose Durchdringlichkeit und das Wissen darum, daß wir im Grunde alle dieselben sind, weil wir, jeder für sich, Individuen und so voneinander verschieden sind, bildet den Grund der Schamhaftigkeit (und erst sekundär das Objekt einer metaphysischen Beschämung und den Beginn der Demut). Sie bildet ihn freilich indirekt und vermittelt durch die innere Wirklichkeit seelischen Seins. Ihm erwächst dadurch jene Zweideutigkeit, die den Menschen zwischen dem Drang nach Offenbarung und Geltung und dem Drang nach Verhaltenheit hin und her reißt. Diese Zweideutigkeit ist eines der Grundmotive sozialer Organisation. Denn von Natur, aus seinem Wesen kann der Mensch kein klares Verhältnis zu seinem Mitmenschen finden. Er muß klare Verhältnisse schaffen. Ohne willkürliche Festlegung einer Ordnung, ohne Vergewaltigung des Lebens führt er kein Leben. Die These von den »Grenzen der Gemeinschaft«, die heute freilich bei manchen Soziologen und Sozialpolitikern einem ressentimentalen Unverständnis begegnet, erhält hier ihre letzte Begründung (.).

Natürlich zieht die Gesellschaftlichkeit (in einem weiteren Sinne als bei Tönnies) daraus nicht allein ihre Berechtigung und ihre Notwendigkeit. Künstlichkeit und Indirektheit der menschlichen Existenz wirken hierbei entscheidend mit. Wenn dem Menschen selbst eine rein gemeinschaftliche Lebensform (wieder in weiterem Sinne als bei Tönnies) erträglich schiene, so könnte er sie nicht verwirklichen. Aber die soziale Realisierung *soll* nicht in dieser Richtung gehen, da die Respektierung des Anderen um der Ursprungsgemeinschaft der Mitwelt willen Distanz und Verdecktheit gebietet. An dieser Ursprungsgemeinschaft hat eben die Gesellschaft ihre Grenzen. So gibt es ein unverlierbares Recht der Menschen auf Revolution, wenn die Formen der Gesellschaftlichkeit ihren eigenen Sinn selbst zunichte machen, und Revolution vollzieht sich, wenn der utopische Gedanke von der endgültigen Vernichtbarkeit aller Gesellschaftlichkeit Macht gewinnt. Trotzdem ist er nur das Mittel der Erneuerung der Gesellschaft. – Das ist keine Theorie der Restauration und keine Apologie des ängstlichen Bürgertums, sondern die Erkenntnis eines Wesensgesetzes, dem der Mensch in jeder möglichen sozialen Mode unterliegt; die Formulierung des Wesensgesetzes sozialer Realisierung, welche sich eines Werturteils über bestimmte soziale und politische Ideenbildungen vollkommen enthält. –

[...]
[1928]

Arnold Gehlen
[Ein entlastungsbedürftiges Mängelwesen]

[...]
Der Mensch ist das handelnde Wesen. Er ist in einem noch näher zu bestimmenden Sinne nicht »festgestellt«, d. h. er ist sich selbst noch Aufgabe – er ist, kann man auch sagen: das stellungnehmende Wesen. Die Akte seines Stellungnehmens nach außen nennen wir Handlungen, und gerade insofern er sich selbst noch Aufgabe ist, nimmt er auch zu sich selbst Stellung und »macht sich zu etwas«. Es ist dies nicht Luxus, der auch unterbleiben könnte, sondern das »Unfertigsein« gehört zu seinen physischen Bedingungen, zu seiner Natur, und in dieser Hinsicht ist er ein Wesen der *Zucht*: Selbstzucht, Erziehung, Züchtung als In-Form-Kommen und In-Form-Bleiben gehört zu den Existenzbedingungen eines nicht festgestellten Wesens. Sofern der Mensch auf sich selbst gestellt eine solche lebensnotwendige Aufgabe auch verpassen kann, ist er das gefährdete oder »riskierte« Wesen, mit einer konstitutionellen Chance, zu verunglücken. Der Mensch ist schließlich *vorsehend*. Er ist – ein Prometheus – angewiesen auf das Entfernte, auf das Nichtgegenwärtige in Raum und Zeit, er lebt – im Gegensatz zum Tier – für die Zukunft und nicht in der Gegenwart. Es gehört diese Bestimmung zu den Umständen einer handelnden Existenz, und was am Men-

schen im eigentlichen Sinne menschliches Bewußtsein ist, muß von hier aus verstanden werden. Überhaupt sind diese jetzt gegebenen Bestimmungen, die für alles Folgende genau festgehalten werden müssen, nur Entfaltungen der Grundbestimmung: der Handlung. Hält man daran fest, so gewinnt man eine Vielzahl von Einzelaussagen über den Menschen, die sich alle gegenseitig erläutern und aufeinander hinweisen, alle als Entwicklungen der Grundanschauung: des Naturentwurfs eines handelnden Wesens.

Soviel ich sehe, ist ein in dieser Richtung zielender Ansatz zuerst im Deutschland der klassischen Zeit angedeutet und vorentworfen worden, aber nicht zur Entwicklung gelangt. Und zwar sind es Schiller und Herder, bei denen sich eine solche Auffassung findet: »Bei dem Tiere und der Pflanze«, sagt Schiller in »Über Anmut und Würde«, »gibt die Natur nicht bloß die Bestimmung an, sondern führt sie auch allein aus. Dem Menschen aber gibt sie bloß die Bestimmung und überläßt ihm selbst die Erfüllung derselben... der Mensch allein hat als Person unter allen bekannten Wesen das Vorrecht, in den Ring der Notwendigkeit, der für bloße Naturwesen unzerreißbar ist, durch seinen Willen zu greifen und eine ganz frische Reihe von Erscheinungen in sich selbst anzufangen (dies ist eine Kantische Definition der Freiheit, Vf.). Der Akt, durch den er dieses wirkt, heißt vorzugsweise eine *Handlung*.« Herder – auf den ich nachher ausführlich zurückkomme – sagt: »nicht mehr eine unfehlbare Maschine in den Händen der Natur, wird er sich selbst Zweck und Ziel der Bearbeitung.« Das sind Einsichten hohen Wertes in das Problem des »nicht festgestellten Tieres«, des Wesens, das sich selbst Aufgabe ist, aber sie kamen in der Philosophie der Zeit nicht zur Entfaltung, weil deren sonstige philosophische Einstellung notwendig zur alten Auffassung des Menschen als Geistwesen führte, die insofern zu eng ist, als in ihr gerade die erwähnten Bestimmungen nicht ohne weiteres liegen.

Es ist nun vor allem diese hier in ersten Zügen beschriebene Wesensbestimmung, welche es erlaubt, die physisch-morphologische Sonderstellung des Menschen mit zu umfassen. Das ist von außerordentlicher Wichtigkeit. Nur von dem Gedanken eines handelnden, nicht festgestellten Wesens her bekommt man die Physis des Menschen überhaupt in den Blick, und niemals läßt die Definition als »Geistwesen« allein einen Zusammenhang gerade dieser

Leibesbeschaffenheit mit dem, was man unter Vernunft oder Geist zu verstehen pflegt, sichtbar werden. Morphologisch ist nämlich der Mensch im Gegensatz zu allen höheren Säugern hauptsächlich durch *Mängel* bestimmt, die jeweils im exakt biologischen Sinne als Unangepaßtheiten, Unspezialisiertheiten, als Primitivismen, d. h. als Unentwickeltes zu bezeichnen sind: also wesentlich negativ. Es fehlt das Haarkleid und damit der natürliche Witterungsschutz; es fehlen natürliche Angriffsorgane, aber auch eine zur Flucht geeignete Körperbildung; der Mensch wird von den meisten Tieren an Schärfe der Sinne übertroffen, er hat einen geradezu lebensgefährlichen Mangel an echten Instinkten und er unterliegt während der ganzen Säuglings- und Kinderzeit einer ganz unvergleichlich langfristigen Schutzbedürftigkeit. Mit anderen Worten: innerhalb *natürlicher*, urwüchsiger Bedingungen würde er als bodenlebend inmitten der gewandtesten Fluchttiere und der gefährlichsten Raubtiere schon längst ausgerottet sein.

Die Tendenz der Naturentwicklung geht nämlich dahin, organisch hochspezialisierte Formen in ihre je ganz bestimmten Umwelten einzupassen, also die unübersehbar mannigfaltigen in der Natur zustande kommenden »Milieus« als Lebensräume für darin eingepaßte Lebewesen auszunutzen. Die flachen Ränder tropischer Gewässer wie die ozeanische Tiefsee, die kahlen Abhänge nördlicher Alpengebirge wie das Unterholz lichter Mischwälder sind ebenso *spezifische* Umwelten für spezialisierte, nur darin lebensfähige Tiere, wie die Haut der Warmblüter für die Parasiten, und so in unzähligen, je besonderen Fällen. Der Mensch dagegen hat, morphologisch gesehen, so gut wie keine Spezialisierungen. Er besteht aus einer Reihe von Unspezialisiertheiten, die unter entwicklungsbiologischem Gesichtspunkt als Primitivismen erscheinen: sein Gebiß z. B. hat eine primitive Lückenlosigkeit und eine Unbestimmtheit der Struktur, die es weder zu einem Pflanzenfresser- noch zu einem Fleischfressergebiß, d. h. Raubtiergebiß machen. Gegenüber den Großaffen, die hochspezialisierte Baumtiere mit überentwickelten Armen für Hangelkletterei sind, die Kletterfuß, Haarkleid und gewaltigen Eckzahn haben, ist der Mensch als Naturwesen gesehen hoffnungslos unangepaßt. Er ist von einer einzigartigen, im ersten Teil näher zu durchforschenden biologischen Mittellosigkeit, und er vergütet diesen Mangel allein durch seine *Arbeitsfähigkeit* oder Handlungsgabe, d. h. durch Hände und Intelligenz; eben deshalb ist er aufgerichtet, »umsichtig«, mit freigelegten Händen.

Es ist wieder, wie ich nachher zeigen werde, Herder, welcher diese Einsicht in einer dem geringeren Fachwissen seiner Zeit entsprechenden Vagheit doch im wesentlichen entschieden erfaßt hat. Aber auch Kant hatte 1784 in der kleinen Schrift »Idee zu einer allgemeinen Geschichte in weltbürgerlicher Absicht« eine ähnliche Intuition. Die Natur, sagt er dort, tut nichts überflüssig, und indem sie dem Menschen Vernunft und »Freiheit des Willens« gab, verweigerte sie ihm Instinkte und Versorgung durch »anerschaffene Kenntnis«. »Er sollte vielmehr alles aus sich selbst herausbringen. Die Erfindung seiner Nahrungsmittel, seiner Bedeckung, seiner äußeren Sicherheit und Verteidigung (wozu sie ihm weder die Hörner des Stiers, noch die Klauen des Löwen, noch das Gebiß des Hundes, sondern bloß Hände gab), alle Ergötzlichkeit, die das Leben angenehm machen kann, selbst seine Einsicht und Klugheit, und sogar die Gutartigkeit seines Willens sollten gänzlich sein eigen Werk sein (!). Sie scheint sich hier in ihrer größten Sparsamkeit selbst gefallen zu haben, und ihre tierische Ausstattung so knapp, so genau auf das höchste Bedürfnis einer anfänglichen Existenz abgemessen zu haben, als wolle sie: der Mensch sollte, wenn er sich aus der größten Rohigkeit dereinst zur größten Geschicklichkeit, innerer Vollkommenheit der Denkungsart und – so viel es auf Erden möglich ist – dadurch zur Glückseligkeit emporgearbeitet haben würde, hiervon das Verdienst ganz allein haben und es sich selber nur verdanken dürfen.« In diesen wichtigen Sätzen ist die Bestimmung des Menschen organisch mittellos, instinktlos und auf sich selbst gestellt zu sein, sich »hervorarbeiten« zu müssen und als »sein eigenes Werk« die Existenz als Aufgabe in sich selbst zu finden – zugleich Waage und Gewicht, wie Herder einmal sagt – sehr genial erkannt, und nur die Einengung dieser Aufgabe auf die »Erwerbung vernünftiger Moralität« zeitbedingt.

[...]

Die Resultate der neueren Biologie geben uns die Möglichkeit, die exponierte und riskierte Konstitution des Menschen in einen weiteren Zusammenhang zu stellen. Die »Umwelt« der meisten Tiere, und gerade der höheren Säuger ist das nicht auswechselbare

Milieu, an das der spezialisierte Organbau des Tieres angepaßt ist, innerhalb dessen wieder die ebenso artspezifischen, angeborenen Instinktbewegungen arbeiten. Spezialisierter Organbau und Umwelt sind also Begriffe, die sich gegenseitig voraussetzen. Wenn nun der Mensch *Welt* hat, nämlich eine deutliche Nichteingegrenztheit des Wahrnehmbaren auf die Bedingungen des biologischen Sichhaltens, so bedeutet auch dies zunächst eine negative Tatsache. Der Mensch ist weltoffen heißt: er *entbehrt* der tierischen Einpassung in ein Ausschnitt-Milieu. Die ungemeine Reiz- oder Eindrucksoffenheit gegenüber Wahrnehmungen, die keine angeborene Signalfunktion haben, stellt zweifellos eine erhebliche Belastung dar, die in sehr besonderen Akten bewältigt werden muß. Die physische Unspezialisiertheit des Menschen, seine organische Mittellosigkeit sowie der erstaunliche Mangel an echten Instinkten bilden also unter sich einen Zusammenhang, zu dem die »Weltoffenheit« (M. Scheler) oder, was dasselbe ist, die Umweltenthebung den Gegenbegriff bilden. Umgekehrt entsprechen beim Tier die Organspezialisierung, das Instinktrepertoire und die Umweltfesselung einander. Es ist das anthropologisch entscheidend wichtig. Wir haben damit einen Strukturbegriff des Menschen, der *nicht* auf dem Merkmal des Verstandes, Geistes usw. allein beruht, und bewegen uns also von nun an jenseits der oben erwähnten Alternative, entweder einen nur graduellen Unterschied zwischen dem Menschen und den ihm nächststehenden höheren Tieren annehmen, oder den Wesensunterschied bloß in den Geist setzen zu müssen. Wir haben jetzt dagegen den »Entwurf« eines organisch mangelhaften, *deswegen* weltoffenen, d. h. in keinem *bestimmten* Ausschnitt-Milieu *natürlich* lebensfähigen Wesens, und verstehen jetzt auch, was es mit den gegebenen Bestimmungen auf sich hat, der Mensch sei »nicht festgestellt« oder »sich selbst noch Aufgabe«: Es muß die bloße Existenzfähigkeit eines solchen Wesens fraglich sein, und die bare Lebensfristung ein Problem, das zu lösen der Mensch allein auf sich selbst gestellt ist, und wozu er die Möglichkeiten aus sich selbst herauszuholen hat. Das wäre also das handelnde Wesen. Da der Mensch lebensfähig ist, müssen die Bedingungen zur Lösung dieses Problems in ihm liegen, und wenn bei ihm schon die Existenz eine Aufgabe und schwierige Leistung ist, so muß diese Leistung durch die *gesamte*

Struktur des Menschen hindurch nachweisbar sein. Alle seine besonderen menschlichen Fähigkeiten sind also auf die Frage zu beziehen: Wie ist ein so monströses Wesen lebensfähig, und damit ist das Recht der biologischen Fragestellung gesichert. Eine biologische Betrachtung des Menschen besteht also nicht darin, seine Physis mit der des Schimpansen zu vergleichen, sondern besteht in der Beantwortung der Frage: wie ist dieses mit jedem Tier wesentlich unvergleichbare Wesen lebensfähig?

Denn schon die Weltoffenheit ist, von daher gesehen, grundsätzlich eine *Belastung*. Der Mensch unterliegt einer durchaus untierischen *Reizüberflutung*, der »unzweckmäßigen« Fülle einströmender Eindrücke, die er also irgendwie zu bewältigen hat. Ihm steht nicht eine Umwelt instinktiv nahegebrachter Bedeutungsverteilung gegenüber, sondern eine Welt – richtig negativ ausgedrückt: ein *Überraschungsfeld* unvorhersehbarer Struktur, das erst in »Vorsicht« und »Vorsehung« durchgearbeitet, d. h. erfahren werden muß. Schon hier liegt eine Aufgabe physischer und lebenswichtiger Dringlichkeit: aus eigenen Mitteln und eigentätig muß der Mensch *sich entlasten, d. h. die Mängelbedingungen seiner Existenz eigentätig in Chancen seiner Lebensfristung umarbeiten.*

[...]
[1940]

Das gesellschaftliche Wesen

MAX HORKHEIMER
Aufstieg und Niedergang des Individuums

[...]

In der Ära des freien Unternehmens, der sogenannten Ära des Individualismus, war die Individualität fast gänzlich der selbsterhaltenden Vernunft untergeordnet. In dieser Ära schien die Idee der Individualität den metaphysischen Prunk abzuwerfen und bloß zu einer Synthese der materiellen Interessen des Individuums zu werden. Daß sie dadurch nicht davor bewahrt blieb, von Ideologen als Vorwand benutzt zu werden, bedarf keines Beweises. Der Individualismus ist der innerste Kern der Theorie und Praxis des bürgerlichen Liberalismus, der das Fortschreiten der Gesellschaft in der automatischen Wechselwirkung der divergierenden Interessen auf einem freien Markt sieht. Das Individuum konnte sich als ein gesellschaftliches Wesen nur erhalten, wenn es seine langfristigen Interessen auf Kosten der ephemeren, unmittelbaren Vergnügungen verfolgte. Die durch die asketische Disziplin des Christentums hervorgebrachten Qualitäten der Individualität wurden dadurch gestärkt. Das bürgerliche Individuum sah sich nicht notwendig im Gegensatz zum Kollektiv, sondern glaubte – oder wurde gelehrt zu glauben –, es gehöre einer Gesellschaft an, die den höchsten Grad von Harmonie einzig durch die unbeschränkte Konkurrenz individueller Interessen erreichen könne.

Man kann sagen, daß der Liberalismus sich als Förderer einer Utopie verstanden hat, die verwirklicht war und nicht viel mehr brauchte als das Glätten einiger störender Unebenheiten. Diese Unebenheiten waren nicht dem liberalistischen Prinzip zur Last zu legen, sondern den bedauerlichen nichtliberalistischen Hindernissen, die seinen völligen Erfolg aufhielten. Das Prinzip des Liberalismus hat zur Konformität geführt vermittels des nivellierenden Prinzips von Handel und Austausch, das die liberalistische Gesellschaft zusammenhielt. Die Monade, ein Symbol des siebzehnten Jahrhunderts für das atomistische ökonomische Individuum der bürgerlichen Gesellschaft, wurde zum sozialen Typus. All die Monaden, so isoliert sie auch durch Gräben des Eigennutzes waren, glichen sich jedoch einander bei der Verfolgung eben dieses Eigennutzes immer mehr an. In unserem Zeitalter der großen ökonomischen Verbände und der Massenkultur legt das Prinzip der Konformität seinen individualistischen Schleier ab, wird offen verkündet und in den Rang eines Ideals per se erhoben. In seinen Anfängen war der Liberalismus durch eine Vielzahl unabhängiger Unternehmer charakterisiert, die sich um ihr Eigentum kümmerten und es gegen antagonistische soziale Kräfte verteidigten. Die Bewegungen auf dem Markt und die allgemeine Entwicklungstendenz der Produktion beruhten auf den ökonomischen Erfordernissen ihrer Unternehmen. Kaufmann und Fabrikant mußten gleichermaßen auf alle wirtschaftlichen und politischen Eventualitäten vorbereitet sein. Dieses Bedürfnis regte sie an, aus der Vergangenheit zu lernen, was sie konnten, und Pläne für die Zukunft zu schmieden. Sie mußten selbst denken, und obgleich die vielgepriesene Unabhängigkeit ihres Denkens in gewissem Maß nichts als ein Schein war, hatte es Objektivität genug, den Interessen der Gesellschaft in einer gegebenen Form und Periode zu dienen. Die bürgerliche Gesellschaft von Eigentümern, besonders jene, die als Mittelsmänner im Handel wirkten, und bestimmte Typen von Fabrikanten, mußten das unabhängige Denken fördern, selbst wenn es von ihren besonderen Interessen abweichen mochte. Das Unternehmen selbst, von dem man erwartete, es werde in der Familie weiter vererbt, gab den Erwägungen des Geschäftsmannes einen Horizont, der weit über die Spanne seines eigenen Lebens hinausreichte. Seine Individualität war die eines vorausschauenden Menschen, der stolz auf sich und sein Geschlecht war, überzeugt davon, daß Gemeinschaft und Staat auf ihm und anderen seinesgleichen beruhten, die alle erklärtermaßen vom Ansporn des materiellen Gewinns beseelt waren. Sein Sinn dafür, daß den Herausforderungen einer Erwerbswelt Genüge zu tun sei, drückte sich in seinem starken und dabei nüchternen Ich aus, das Interessen durchsetzte, die über seine unmittelbaren Bedürfnisse hinausgingen.

Im gegenwärtigen Zeitalter der Großindustrie ist der unabhängige Unternehmer nicht mehr typisch. Der einfache Mann findet es immer schwerer, für seine Erben zu planen oder auch nur für seine eigene ferne Zukunft. Das heutige Individuum mag mehr Möglichkeiten haben als seine Vorfahren, aber seine konkreten Aussichten haben eine immer kürzer werdende Dauer. Die Zukunft tritt nicht mehr so bestimmt in seine Transaktionen ein. Es empfindet, daß es nicht gänzlich verloren ist, wenn es seine Tüchtigkeit bewahrt und sich an seine Firma, seinen Verband oder seine Gewerkschaft hält. So tendiert das individuelle Subjekt der Vernunft dazu, zu einem eingeschrumpften Ich zu werden, dem Gefangenen einer dahinschwindenden Gegenwart, das den Gebrauch der intellektuellen Funktionen vergißt, durch die es einst imstande war, seine Stellung in der Wirklichkeit zu überschreiten. Diese Funktionen werden jetzt durch die großen ökonomischen und gesellschaftlichen Kräfte der Ära übernommen. Die Zukunft des Individuums hängt immer weniger von seiner eigenen Voraussicht ab und immer mehr von den nationalen und internationalen Kämpfen zwischen den Machtkolossen. Die Individualität verliert ihre ökonomische Basis.

Es gibt noch einige Widerstandskräfte im Menschen. Es spricht gegen den sozialen Pessimismus, daß trotz des fortwährenden Anstürmens der kollektiven Schemata der Geist der Humanität noch lebendig ist, wo nicht im Individuum als einem Glied gesellschaftlicher Gruppen, so doch im Individuum, sofern es allein gelassen wird. Aber die Einwirkung der bestehenden Verhältnisse auf das Leben des Durchschnittsmenschen ist derart, daß der oben erwähnte unterwürfige Typ in überwältigendem Maße zum vorherrschenden geworden ist. Von Kindesbeinen an wird das Individuum zu der Ansicht gebracht, daß es nur einen Weg gibt, mit dieser Welt auszukommen – den, seine Hoffnung auf höchste Selbstverwirklichung aufzugeben. Das kann es einzig durch Nachahmung erreichen. Es entspricht fortgesetzt dem, was es um sich herum wahrnimmt, nicht nur bewußt, sondern mit seinem ganzen Sein, indem es mit den Zügen und Verhaltensweisen wetteifert, die durch all die Kollektive repräsentiert werden, in die es verstrickt ist – seine

Spielgruppe, seine Klassenkameraden, seine Sportsriege und all die anderen Gruppen, die, wie ausgeführt, eine striktere Konformität erzwingen, eine radikalere Unterwerfung durch völlige Assimilation, als irgendein Vater oder Lehrer im neunzehnten Jahrhundert fordern konnte. Indem es das Echo seiner Umgebung ist, sie wiederholt, nachahmt, indem es sich all den mächtigen Gruppen anpaßt, zu denen es letztlich gehört, indem es sich von einem menschlichen Wesen in ein Glied von Organisationen verwandelt, indem es seine Möglichkeiten zugunsten der Bereitwilligkeit, solchen Organisationen zu genügen und in ihnen Einfluß zu erlangen, aufopfert, gelingt es ihm zu überleben. Es ist ein Überleben, das durch das älteste biologische Mittel des Überlebens zustande kommt, nämlich durch Mimikry.

[...]

Der Einwand, daß das Individuum trotz allem nicht gänzlich in den neuen unpersönlichen Institutionen verschwindet, daß der Individualismus in der modernen Gesellschaft so ungehemmt und zügellos ist wie je zuvor, scheint am wesentlichen Punkt vorbeizugehen. Der Einwand enthält ein Körnchen Wahrheit, nämlich die Erwägung, daß der Mensch immer noch besser ist als die Welt, in der er lebt. Und doch scheint sein Leben einem Schema zu folgen, das in jeden Fragebogen paßt, den auszufüllen er aufgefordert wird. Seine geistige Existenz wird erschöpft in den Meinungsumfragen. Besonders die sogenannten Größen von heute, die Idole der Massen, sind keine echten Individuen; sie sind einfach Geschöpfe ihrer eigenen Reklame, Vergrößerungen ihrer eigenen Photographien, Funktionen gesellschaftlicher Prozesse. Der vollendete Übermensch, vor dem keiner mit größerer Sorge gewarnt hat als Nietzsche selbst, ist eine Projektion der unterdrückten Massen, eher King Kong als Cesare Borgia (.). Der hypnotische Bann, den solche falschen Übermenschen wie Hitler ausgeübt haben, leitet sich weniger aus dem her, was sie denken, sagen oder tun, als aus ihrem Gebaren. Es führte den Menschen, die, ihrer Spontaneität durch industrielle Bearbeitung beraubt, belehrt werden müssen, wie man Freunde gewinnt und Menschen beeinflußt, eine Art des Verhaltens vor.

Die beschriebenen Tendenzen haben bereits zur größten Katastrophe in der europäischen Geschichte geführt. Einige der Ursachen waren spezifisch europäisch. Andere sind zurückzuführen auf tiefe Veränderungen im Charakter des Menschen unter dem Einfluß internationaler Entwicklungstendenzen. Niemand kann mit Sicherheit voraussagen, daß diesen zerstörerischen Tendenzen in absehbarer Zeit Einhalt geboten wird. Jedoch nimmt das Bewußtsein davon zu, daß der auf dem Individuum lastende unerträgliche Druck nicht unvermeidlich ist. Es ist zu hoffen, daß die Menschen zu der Einsicht kommen, daß er nicht unmittelbar den rein technischen Erfordernissen der Produktion entspringt, sondern der gesellschaftlichen Struktur. In der Tat bezeugt eigentlich schon die wachsende Unterdrückung in vielen Teilen der Welt die Angst vor der drohenden Möglichkeit einer Veränderung auf der Basis der gegenwärtigen Entwicklung der Produktivkräfte. Die industrielle Disziplin, der technische Fortschritt und die wissenschaftliche Aufklärung, gerade die ökonomischen und kulturellen Prozesse, die die Auslöschung der Individualität bewirken, versprechen – obgleich die Anzeichen gegenwärtig schwach genug sind – ein neues Zeitalter einzuleiten, in dem die Individualität als Element in einer weniger ideologischen und humaneren Daseinsform neu erstehen kann.

Der Faschismus benutzte terroristische Methoden bei seinem Bemühen, bewußte menschliche Wesen auf soziale Atome zu reduzieren, weil er fürchtete, daß die stets zunehmende Desillusionierung hinsichtlich aller Ideologien, den Menschen den Weg ebnen könnte, ihre eigenen höchsten Möglichkeiten und die der Gesellschaft zu verwirklichen; und in der Tat haben sozialer Druck und politischer Terror den tief menschlichen Widerstand gegen die Irrationalität in einigen Fällen abgeschwächt – ein Widerstand, der stets den Kern wahrer Individualität ausmacht.

Die wirklichen Individuen unserer Zeit sind die Märtyrer, die durch Höllen des Leidens und der Erniedrigung gegangen sind bei ihrem Widerstand gegen Unterwerfung und Unterdrückung, nicht die aufgeblähten Persönlichkeiten der Massenkultur, die konventionellen Würdenträger. Diese unbesungenen Helden setzten bewußt ihre Existenz als Individuen der terroristischen Vernichtung aus, die andere unbewußt durch den gesellschaftlichen Prozeß erleiden. Die namenlosen Märtyrer der Konzentrationslager sind die Symbole einer Menschheit, die danach strebt, geboren zu werden. Aufgabe der Philosophie ist es, was sie getan haben, in eine Sprache zu übersetzen, die gehört wird, wenn auch ihre vergänglichen Stimmen durch die Tyrannei zum Schweigen gebracht wurden.

[1947]

GUSTAVE LE BON
[Der Mensch in der Masse]

Das Auftreten besonderer Charaktereigentümlichkeiten der Masse wird durch verschiedene Ursachen bestimmt. Die erste dieser Ursachen besteht darin, daß der einzelne in der Masse schon durch die Tatsache der Menge ein Gefühl unüberwindlicher Macht erlangt, welches ihm gestattet, Trieben zu frönen, die er für sich allein notwendig gezügelt hätte. Er wird ihnen um so eher nachgeben, als durch die Namenlosigkeit und demnach auch Unverantwortlichkeit der Masse das Verantwortungsgefühl, das die einzelnen stets zurückhält, völlig verschwindet.

Eine zweite Ursache, die geistige Übertragung (contagion mentale), bewirkt gleichfalls das Erscheinen der besonderen Wesenszüge der Masse und zugleich ihre Richtung. Die Übertragung ist leicht festzustellen, aber noch nicht zu erklären; man muß sie den Erscheinungen hypnotischer Art zuordnen, mit denen wir uns sogleich beschäftigen werden. In der Masse ist jedes Gefühl, jede Handlung übertragbar, und zwar in so hohem Grade, daß der einzelne sehr leicht seine persönlichen Wünsche den Gesamtwünschen opfert. Diese Fähigkeit ist seiner eigentlichen Natur durchaus entgegengesetzt, und nur als Bestandteil einer Masse ist der Mensch dazu fähig.

Noch eine dritte, und zwar die wichtigste Ursache, ruft in den zur Masse vereinigten einzelnen besondere Eigenschaften hervor, welche denen der alleinstehenden einzelnen völlig widersprechen: Ich rede von der Beeinflußbarkeit (suggestibilité), von der die obenerwähnte geistige Übertragung übrigens nur eine Wirkung ist.

Um diese Erscheinung zu verstehen, müssen wir uns gewisse

neue Entdeckungen der Physiologie vergegenwärtigen. Wir wissen heute, daß ein Mensch in einen Zustand versetzt werden kann, der ihn seiner bewußten Persönlichkeit beraubt und ihn allen Einflüssen des Hypnotiseurs, der ihm sein Bewußtsein genommen hat, gehorchen und Handlungen begehen läßt, die zu seinem Charakter und seinen Gewohnheiten in schärfstem Gegensatz stehen. Sorgfältige Beobachtungen scheinen nun zu beweisen, daß ein einzelner, der lange Zeit im Schoße einer wirkenden Masse eingebettet war, sich alsbald – durch Ausströmungen, die von ihr ausgehen, oder sonst eine noch unbekannte Ursache – in einem besonderen Zustand befindet, der sich sehr der Verzauberung nähert, die den Hypnotisierten unter dem Einfluß des Hypnotiseurs überkommt. Da das Verstandesleben des Hypnotisierten lahmgelegt ist, wird er der Sklave seiner unbewußten Kräfte, die der Hypnotiseur nach seinem Belieben lenkt. Die bewußte Persönlichkeit ist völlig ausgelöscht, Wille und Unterscheidungsvermögen fehlen, alle Gefühle und Gedanken sind in die Sinne verlegt, die durch den Hypnotiseur beeinflußt werden.

Ungefähr in diesem Zustand befindet sich der einzelne als Glied einer Masse. Er ist sich seiner Handlungen nicht mehr bewußt. Während bei ihm, wie beim Hypnotisierten, gewisse Fähigkeiten aufgehoben sind, können andere auf einen Zustand höchster Überspannung getrieben werden. Unter dem Einfluß einer Suggestion wird er sich mit unwiderstehlichem Ungestüm auf gewisse Taten werfen. Und dies Ungestüm ist in den Massen noch unwiderstehlicher als bei den Hypnotisierten, weil die für alle einzelnen gleiche Suggestion durch Gegenseitigkeit wächst. Die einzelnen in einer Masse, die eine hinreichend starke Persönlichkeit haben, um dem Einfluß zu widerstehen, sind in zu geringer Anzahl vorhanden, und der Strom reißt sie mit. Höchstens können sie vermittels eines anderen Einflusses eine Ablenkung versuchen. Ein glücklicher Ausdruck, ein im rechten Augenblick angewandter bildlicher Vergleich hat oft die Massen von den blutigsten Taten abgehalten.

Die Hauptmerkmale des einzelnen in der Masse sind also: Schwinden der bewußten Persönlichkeit, Vorherrschaft des unbewußten Wesens, Leitung der Gedanken und Gefühle durch Beeinflussung und Übertragung in der gleichen Richtung, Neigung zur unverzüglichen Verwirklichung der eingeflößten Ideen. Der einzelne ist nicht mehr er selbst, er ist ein Automat geworden, dessen Betrieb sein Wille nicht mehr in der Gewalt hat.

Allein durch die Tatsache, Glied einer Masse zu sein, steigt der Mensch also mehrere Stufen von der Leiter der Kultur hinab. Als einzelner war er vielleicht ein gebildetes Individuum, in der Masse ist er ein Triebwesen, also ein Barbar. Er hat die Unberechenbarkeit, die Heftigkeit, die Wildheit, aber auch die Begeisterung und den Heldenmut ursprünglicher Wesen, denen er auch durch die Leichtigkeit ähnelt, mit der er sich von Worten und Vorstellungen beeinflussen und zu Handlungen verführen läßt, die seine augenscheinlichsten Interessen verletzen. In der Masse gleicht der einzelne einem Sandkorn in einem Haufen anderer Sandkörner, das der Wind nach Belieben emporwirbelt.

Aus diesem Grunde sprechen Schwurgerichte Urteile aus, die jeder Geschworene als einzelner mißbilligen würde, Parlamente nehmen Gesetze und Vorlagen an, die jedes Mitglied einzeln ablehnen würde. Einzeln genommen waren die Männer des Konvents aufgeklärte Bürger mit friedlichen Gewohnheiten. Zur Masse vereinigt zauderten sie nicht, unter dem Einfluß einiger Führer die offenbar unschuldigsten Menschen aufs Schafott zu schicken, brachen unter Außerachtlassung ihres eignen Vorteils deren Unverletzlichkeit und verringerten ihre Schar.

Nicht nur in seinen Handlungen weicht das Glied der Masse von seinem normalen Ich ab. Schon bevor es jede Unabhängigkeit einbüßte, haben sich seine Gedanken und Gefühle umgeformt, und zwar so, daß der Geizige zum Verschwender, der Zweifler zum Gläubigen, der Ehrenmann zum Verbrecher, der Hasenfuß zum Helden wird. Der Verzicht auf alle seine verbrieften Vorrechte, den der Adel in einem Augenblick der Begeisterung in der berühmten Nacht vom 4. August 1789 leistete, wäre sicherlich von seinen Mitgliedern als einzelnen niemals angenommen worden.

Aus den vorstehenden Beobachtungen ist zu schließen, daß die Masse dem alleinstehenden Menschen intellektuell stets untergeordnet ist. Hinsichtlich der Gefühle aber und der durch sie bewirkten Handlungen kann sie unter Umständen besser oder schlechter sein. Es hängt alles von der Art des Einflusses ab, unter dem die Masse steht. Das haben die Schriftsteller, die die Masse nur vom kriminellen Gesichtspunkt studiert haben, vollständig verkannt.

Gewiß ist die Masse oft verbrecherisch, oft aber auch heldenhaft. Man bringt sie leicht dazu, sich für den Triumph eines Glaubens oder einer Idee in den Tod schicken zu lassen, begeistert sie für Ruhm und Ehre, daß sie sich, wie im Zeitalter der Kreuzzüge, fast ohne Brot und Wasser zur Befreiung des göttlichen Grabes von den Ungläubigen oder wie im Jahre 1793 zur Verteidigung des vaterländischen Bodens fortreißen läßt. Gewiß ein unbewußtes Heldentum, aber durch solche Heldentaten vollzieht sich die Geschichte. Wollte man nur die mit kalter Überlegung ausgeführten Großtaten auf das Aktivkonto der Völker schreiben, so würden in den Weltannalen nur wenige verzeichnet sein.

[1895]

David Riesman
[Der außen-geleitete Mensch]

[...]
Wie bereits erwähnt, wird der traditions-geleitete Mensch sich wohl kaum als eigenständige Persönlichkeit bewußt. Noch weniger wird es ihm einfallen, daß er sein eigenes Schicksal im Sinne persönlicher, lebenslänglich gehegter Ziele beeinflussen oder daß das Schicksal seiner Kinder sich unabhängig von der Familie gestalten könnte. Er hat sich seelisch noch nicht genügend von sich selbst, seiner Familie oder Gruppe distanziert (oder ist deshalb viel zu unmittelbar er selbst), um so denken zu können. In der Phase der Bevölkerungswelle kommt es dem Menschen jedoch zum Bewußtsein, daß er sein eigenes Leben selbst beeinflussen kann, und er sieht nun auch seine Kinder als Individuen, die ihre eigene Laufbahn einschlagen. Auch sind die Kinder bei der einsetzenden Landflucht und später mit dem Verbot der Kinderarbeit keine eindeutigen wirtschaftlichen Aktivposten mehr. Und mit der zunehmenden Rationalisierung der Verhaltensweisen werden religiöse und magische Anschauungen über menschliche Fruchtbarkeit – Anschauungen, die in der vorangegangenen Phase der Bevölkerungskurve in den kulturellen Zusammenhang aufgenommen wurden, da sie die Fortpflanzung sicherstellten – durch »ratio-

nale« und individualisierte Anschauungen ersetzt. Ebenso wie die schnelle Ansammlung von produktivem Kapital voraussetzt, daß die Menschen von der »protestantischen Ethik« (wie Max Weber eines der hier unter dem Begriff »Innen-Lenkung« zusammengefaßten Merkmale bezeichnete) erfüllt sein müssen, so macht auch die sinkende Geburtenziffer einen tiefgreifenden Wandel der Wertsetzungen erforderlich, der aller Wahrscheinlichkeit nach so tief geht, daß er in der Charakterstruktur fundiert sein muß.

Wenn sich die Geburtenziffer der rückläufigen Sterblichkeitsziffer angleicht, dann tritt die Gesellschaft in die Epoche der beginnenden Bevölkerungsschrumpfung ein. Immer weniger Menschen sind in der Landwirtschaft oder in der Grundstoffindustrie beschäftigt – selbst in der industriellen Güterproduktion nimmt die Beschäftigungsziffer relativ ab. Der Arbeitstag ist kurz, er ermöglicht außerdem materiellen Überfluß und Freizeit. Aber die Menschen zahlen für diese Wandlungen – denn hier wie überall werden die gelösten Probleme durch neue, ungelöste ersetzt –: Sie befinden sich nun in einer zentralisierten und bürokratisierten Gesellschaft und in einer durch den (von der Industrialisierung her noch beschleunigten) Kontakt mit anderen Rassen, Nationen und Kulturen zusammengeschrumpften und durcheinander gewirbelten Welt. Beharrlichkeit und Unternehmungsgeist, wie sie der innengeleitete Mensch besaß, sind unter diesen neuen Gegebenheiten in geringerem Maße erforderlich, dagegen wächst der Umfang, in dem anstelle der materiellen Bedingungen nun *die anderen Menschen* zum Problem werden. Menschen verschiedenster Klassen- und Gesellschaftszugehörigkeit kommen jetzt miteinander in Berührung und stellen sich aufeinander ein, wodurch der Einfluß der noch aus dem Stadium des hohen Bevölkerungsumsatzes überlebenden Traditionen, nachdem er bereits durch den unaufhaltsamen Verlauf der Industrialisierung gewaltsam erschüttert wurde, noch mehr abgeschwächt wird. Die Steuerung des Verhaltens durch den Kreiselkompaß ist jetzt zu starr, und ein neuer psychologischer Mechanismus muß gefunden werden.

Auch muß jetzt das Sparbedürfnis und das dauernde »Knappheits-Bewußtsein« vieler innen-geleiteter Menschen, die in der Epoche der Kapitalansammlung, die mit der Bevölkerungswelle auftrat, eine Form der sozialen Anpassung darstellten, einem Ver-

brauchsbedürfnis und dauernden »Überfluß-Bewußtsein« weichen, durch die der Mensch zum verschwenderischen Luxus und
Verbrauch seiner Freizeit und des Produktionsüberschusses fähig
wird. Wenn die Menschen ihre Überproduktion nicht in Kriegen
zerstören wollen (was jedoch noch immer hohe Kapitalinvestitio-
nen erfordert), müssen sie lernen, sich jener Güter zu erfreuen
und sich selbst in deren Dienst zu stellen, die viele Arbeitskräfte
binden, aber wenig Kapital erfordern, etwa wie Dichtung und Philosophie. (.) In der Tat ist in der Phase der beginnenden Bevölkerungsschrumpfung die Bevölkerungskurve stark mit unprodukti-
ven Verbrauchern besetzt, also der wachsenden Anzahl von alten
Menschen und der rückläufigen Anzahl von jungen, noch unaus-
gebildeten, und diesen muß einerseits wirtschaftlich Gelegenheit
gegeben werden, an dem Überfluß teilzunehmen, andererseits
müssen sie die hierfür erforderliche Charakterstruktur besitzen.

Wird nun heute bereits zugestanden, daß diese Notwendigkeit
nach einem neuen Gefüge der Charaktereigenschaften besteht?
Für Amerika möchte ich diese Frage auf Grund meiner Beobachtungen bejahen.

[...]

Will man unsere sozialen Charaktertypen den verschiedenen sozialen Schichten zuordnen, kann man sagen, daß die Innen-Lenkung den Charaktertypus des »alten« Mittelstandes darstellt – es
ist der Bankier, der Händler, der kleine Unternehmer, der Inge-
nieur usw. –, während die Außen-Lenkung zum typischen Charak-
termerkmal des »neuen« Mittelstandes wird – personifiziert durch
den Bürokraten, den kaufmännischen Angestellten usw. Viele der
mit dem jüngsten Aufstieg des »neuen« Mittelstandes zusammenhängenden wirtschaftlichen Faktoren sind uns bekannt. James
Burnham, Colin Clark, Peter Drucker und andere haben sie eingehend geschildert. Während die Anzahl der in der Urproduktion
und der Grundstoffindustrie – Landwirtschaft, Schwerindustrie,
Güterverkehr – Beschäftigten und ihr prozentualer Anteil an der
Gesamtzahl der arbeitenden Bevölkerung sinkt, steigt die Anzahl
und der Prozentsatz der Büroangestellten und der öffentlichen
und privaten Dienstleistungsberufe. Des Lesens und Schreibens
kundig, gebildet und mit den lebensnotwendigen Gütern durch
eine sich immer weiter verbessernde Land- und Maschinenwirt-

schaft versorgt, wenden sich die Menschen in erhöhtem Maße dem »tertiären« Bereich der Wirtschaft zu. Das Luxus-Gewerbe und andere Arten der öffentlichen und privaten Dienstleistungen florieren auf Grund der Bedürfnisse der Gesamtbevölkerung, während ähnliche Einrichtungen in früheren Zeiten den »höfischen« Kreisen vorbehalten waren.

Dem Konsum von Bildung, Freizeit, Luxus und öffentlichen und privaten Dienstleistungen entspricht die Steigerung des Konsums von Wort und Bild durch die neuen Massen-Kommunikationsmittel. In der Phase der Bevölkerungswelle begann die Verbreitung des Wortes von städtischen Brennpunkten aus, in der Phase der beginnenden Bevölkerungsschrumpfung wird dieser Fluß zum reißenden Strom. Dieser Prozeß vollzieht sich in allen industrialisierten Ländern, wobei sich allerdings durch tiefliegende nationale und Klassenunterschiede, verbunden mit unterschiedlichen literarischen und rhetorischen Überlieferungen, gewisse Abstufungen ergeben. Die Verbindung mit der Außenwelt und mit dem eigenen Ich wird in zunehmendem Maße durch das Medium der Massen-Kommunikationsmittel hergestellt. Die politischen Ereignisse werden für die außen-geleiteten Typen durch ein Nachrichten-Prisma gebrochen, was zur Folge hat, daß von den Ereignissen gewöhnlich nur noch einzelne Strahlen aufgenommen und diese nun personalisiert bzw. pseudo-personalisiert werden. Der innen-geleitete Typ dagegen, der in unserer Epoche ja noch weiter existiert, pflegt den ganzen Nachrichtenstrom in einem Brennglas zu vereinen und dann moralisch zu verarbeiten.

Viele Menschen sehen sich durch diese Entwicklung gezwungen, neue Wege zum Erfolg einzuschlagen und ihr Verhalten noch mehr zu »sozialisieren«, um zu Erfolg und besserer Anpassung an den Ehepartner und an andere Menschen zu gelangen. Mit diesen Wandlungen gehen ähnliche in der Familienstruktur und den Methoden der Kindererziehung einher. In den großstädtischen Kleinfamilien – vor allem mit der Verbreitung der »verständnisvollen« Kindererziehung auf immer weitere Schichten der Bevölkerung – lockern sich die alten Formen der Disziplin. Im Zusammenhang mit den neuen Verhaltensweisen gelangt jetzt die Gruppe der Zeitgenossen, »Kameraden« und »Kollegen« (peer-group) zu großer Bedeutung, und die Eltern sehen in dem Vergehen gegen innere

Wertsetzungen einen geringeren Fehler, als wenn das Kind unbeliebt oder nicht in der Lage ist, mit den anderen Kindern gut auszukommen. Der Druck, den die Schule und diese Gruppe ausüben, wird darüber hinaus noch verstärkt und findet sein Fortkommen – in einer Art und Weise, deren paradoxe Erscheinungsform ich später noch erörtern werde – durch die Massen-Kommunikationsmittel: Film, Radio, Kitschliteratur, ja, durch fast alle Arten gegenwärtiger Unterhaltungsmittel. Der unter diesen Bedingungen auftretende Charaktertyp soll hier als außen-geleitet bezeichnet werden. [...] *Das gemeinsame Merkmal der außen-geleiteten Menschen besteht darin, daß das Verhalten des einzelnen durch die Zeitgenossen gesteuert wird; entweder von denjenigen, die er persönlich kennt, oder von jenen anderen, mit denen er indirekt durch Freunde oder durch die Massen-Unterhaltungsmittel bekannt ist. Diese Steuerungsquelle ist selbstverständlich auch hier »verinnerlicht«, und zwar insofern, als das Abhängigkeitsgefühl von dieser dem Kind frühzeitig eingepflanzt wird. Die von dem außen-geleiteten Menschen angestrebten Ziele verändern sich jeweils mit der sich verändernden Steuerung durch die von außen empfangenen Signale. Unverändert bleibt lediglich diese Einstellung selbst und die genaue Beachtung, die den von den anderen abgegebenen Signalen gezollt wird.* Indem der Mensch auf diese Weise ständig in engem Kontakt mit den anderen verbleibt, entwickelt er eine weitgehende Verhaltenskonformität, aber nicht wie der traditions-geleitete Mensch durch Zucht und vorgeschriebene Verhaltensregeln, sondern durch die außergewöhnliche Empfangs- und Folgebereitschaft, die er für die Handlungen und Wünsche der anderen aufbringt.

Es kommt selbstverständlich sehr darauf an, wer diese »anderen« sind: ob sie zum engeren Kreis des Individuums oder zu einem »höheren« Kreis gehören, oder ob es die anonymen Stimmen der Massen-Kommunikationsmittel sind; auch ob das Individuum Feindschaft aus zufälligen Bekanntschaften oder nur von jenen, »auf die es ankommt«, fürchtet. Aber das Bedürfnis nach Anerkennung und Lenkung durch andere – und zwar vorzugsweise durch seine Zeitgenossen und nicht durch seine Vorfahren – überschreitet bei weitem das begründete Maß, in dem sich die Menschen zu allen Zeiten um das Urteil der anderen gekümmert haben. Während jeder Mensch die Zuneigung einiger seiner Mitmenschen zu gewissen Zeiten wünscht und braucht, macht nur der moderne außen-geleitete Mensch diese zu seiner eigentlichen Steuerungsquelle und zum Zentrum seiner Empfangs- und Folgebereitschaft. (.)

[...]

Vergleich der drei Typen. Um die strukturellen Unterschiede der drei Typen zu verdeutlichen, stellen wir einmal die verschiedenen Arten der emotionalen Sanktion oder Kontrolle der einzelnen Typen einander gegenüber.

Der traditions-geleitete Mensch steht der Kultur wie einer einheitlichen Macht gegenüber, auch wenn ihm diese durch jene spezifische kleine Gruppe von Menschen, mit denen er in täglichem Kontakt steht, nahegebracht wird. Diese erwartet von ihm nicht, daß er sich zu einer bestimmten Persönlichkeit entwickelt, sondern lediglich, daß er sich in der allgemein anerkannten Art und Weise verhalte. Demzufolge wird die Sanktion für sein Verhalten die *Furcht vor Schande* darstellen.

Der innen-geleitete Mensch, der frühzeitig einen seelischen Kreiselkompaß in sich aufnimmt, mit dem er, wenn er einmal von seinen Eltern in Gang gesetzt ist, später auch Signale von anderen, seinen Eltern entsprechenden Autoritäten aufnehmen kann, geht nicht ganz so unabhängig durch sein Leben, wie es scheinen mag, denn er gehorcht diesem nach innen verlegten Steuerungsorgan. Weicht er von seinem Kurs ab, entweder als Antwort auf seine eigenen inneren Impulse oder auf die schwankenden Stimmen seiner Mitmenschen, so wird ihn dies mit *Schuldgefühl* erfüllen.

Da dem innen-geleiteten Menschen die Richtung, die er im Leben einzuschlagen hat, in der privaten Sphäre des Elternhauses von wenigen Leitbildern gewiesen wird und da statt einzelner Verhaltensregeln Prinzipien verinnerlicht werden, kann er ein hohes Maß an charakterlicher Stabilität entwickeln. Besonders dann, wenn es sich ergibt, daß seine Mitmenschen ebenfalls mit Kreiselkompassen ausgerüstet sind, die bei gleicher Drehzahl auch in die gleiche Richtung weisen. Aber selbst dann, wenn die Achtung und Anerkennung durch die Gesellschaft ausbleibt, braucht der innen-geleitete Mensch nicht zu schwanken, wie es sich z. B. bei dem aufrechten, in der Abgeschiedenheit der Tropen geführten Leben des Stock-Engländers zeigt.

Im Gegensatz zu diesem Typ lernt der außen-geleitete Mensch, Signale von einem sehr viel weiteren als dem durch seine Eltern abgesteckten Kreis aufzunehmen. Die Familie stellt nicht mehr jene eng miteinander verbundene Einheit dar, mit der er sich identifiziert, sondern lediglich einen Teil einer weiterreichenden sozialen Umgebung, an die er sich frühzeitig gebunden fühlt. In dieser Hinsicht ähnelt der außen-geleitete dem traditions-geleiteten Menschen, denn beide leben in einem Gruppenmilieu und beiden fehlt die Fähigkeit des innen-geleiteten Menschen, seinen Weg allein zu gehen. Doch ist dieses Gruppenmilieu in beiden Fällen grundverschieden. Der außen-geleitete Mensch ist »Weltbürger«. Die Grenzen zwischen dem Bekannten und dem Fremden, die in der auf Traditions-Lenkung beruhenden Gesellschaft klar markiert sind, sind für ihn gefallen. Indem die Familie fortwährend Fremdes und Neues in sich aufnimmt, gestaltet sie sich selbst ständig um und macht auf diese Weise aus dem Fremden etwas Bekanntes. Während sich der innen-geleitete Mensch kraft seiner verhältnismäßigen Unempfindlichkeit anderen gegenüber »in der Fremde zu Hause fühlen« konnte, ist der außen-geleitete Mensch in gewissem Sinne überall und nirgends zu Hause; schnell verschafft er sich vertraulichen, wenn auch oft nur oberflächlichen Umgang und kann mit jedermann leicht verkehren.

Der traditions-geleitete Mensch empfängt seine Signale auch von anderen, aber sie erreichen ihn in kulturell geprägter Einförmigkeit; es bedarf keines komplizierten Empfangsapparates, um sie aufzufangen. Der außen-geleitete Mensch dagegen muß in der Lage sein, Signale von nah und fern zu empfangen, es gibt viele Sender und häufigen Programmwechsel. So ist es nicht erforderlich, einen Kodex von Verhaltensregeln, sondern jenes hochempfindliche Gerät, womit er diese Nachrichten empfangen und gelegentlich an ihrer Verbreitung teilnehmen kann, zu verinnerlichen. Gegenüber Kontrollen durch Schuld oder Furcht vor Schande, wenngleich diese selbstverständlich weiter existieren, besteht ein wesentlicher Beweggrund für den außen-geleiteten Menschen in einer *diffusen Angst*. Der Kontrollmechanismus wirkt jetzt nicht in der Art des Kreiselkompasses, sondern wie eine Radar-Anlage. (.)

[...]

[1950]

104

Der eindimensionale Mensch

[...]

Es ist oft festgestellt worden, daß die fortgeschrittene industrielle Zivilisation mit einem höheren Grad an sexueller Freiheit operiert – in dem Sinne »operiert«, daß letztere ein Marktwert und ein Faktor gesellschaftlicher *mores* wird. Ohne daß er aufhört, ein Arbeitsinstrument zu sein, wird es dem Körper gestattet, seine sexuellen Züge in der alltäglichen Arbeitswelt und in den Arbeitsbeziehungen zur Schau zu stellen. Darin besteht eine der einzigartigen Leistungen der Industriegesellschaft – ermöglicht durch die Abnahme von schmutziger und schwerer körperlicher Arbeit; dadurch, daß billige, attraktive Kleidung, Kosmetik und Körperhygiene vorhanden sind; durch die Erfordernisse der Anzeigenindustrie usw. »Sexy« Büro- und Ladenmädchen, der ansprechende, virile Juniorchef und der Verkäufer sind höchst marktgängige Waren, und der Besitz geeigneter Mätressen – einmal das Vorrecht von Königen, Fürsten und Lords – erleichtert die Karriere selbst der weniger hochstehenden Ränge in der Geschäftswelt.

Der sich künstlerisch gebende Funktionalismus befördert diesen Trend. Geschäfte und Büros gewähren Einblick durch riesige Glasfenster und stellen ihr Personal aus; im Innern zeigen sich hohe Kassenschalter und undurchsichtige Scheidewände. Die Zerstörung der Privatsphäre in Appartementhäusern und Vorstadtheimen hebt die Schranken auf, die das Individuum früher vom öffentlichen Dasein trennten, und stellt die attraktiven Qualitäten anderer Ehefrauen und Ehemänner leichter zur Schau.

Diese Sozialisierung widerspricht der Enterotisierung der Umwelt nicht, sondern ergänzt sie. Das Sexuelle wird in die Arbeitsbeziehungen und die Werbetätigkeit eingegliedert und so (kontrollierter) Befriedigung zugänglich gemacht. Technischer Fortschritt und ein bequemeres Leben gestatten, die libidinösen Komponenten in den Bereich von Warenproduktion und -austausch systematisch aufzunehmen. Aber wie kontrolliert die Mobilisierung der Triebenergie auch sein mag (sie läuft mitunter auf ein wissenschaftliches Management der Libido hinaus), wie sehr sie auch als Stütze des Status quo dienen mag – sie verschafft den manipulierten Individuen auch einen Genuß, ganz wie es Spaß macht, im Motorboot davonzurasen, einen elektrischen Rasenmäher zu schieben, ein Auto auf Touren zu bringen.

Auf diese Mobilisierung und Verwaltung der Libido mag die freiwillige Unterwürfigkeit, das Fehlen von Terror und die prästabilisierte Harmonie zwischen individuellen und gesellschaftlich erforderlichen Bedürfnissen, Zielen und Bestrebungen in hohem Maße zurückzuführen sein. Die technische und politische Bewältigung der transzendierenden Faktoren im menschlichen Dasein, die für die fortgeschrittene industrielle Zivilisation so charakteristisch ist, setzt sich hier in der Triebsphäre durch: Befriedigung auf eine Weise, die Unterwerfung hervorbringt und die Rationalität des Protestes schwächt.

Die Reichweite gesellschaftlich statthafter und wünschenswerter Befriedigung nimmt erheblich zu; aber auf dem Wege dieser Befriedigung wird das Lustprinzip reduziert – seiner Ansprüche beraubt, die mit der bestehenden Gesellschaft unvereinbar sind. Derart angepaßt, erzeugt Lust Unterwerfung.

Im Gegensatz zu den Vergnügungen der angepaßten Entsublimierung bewahrt die Sublimierung das Bewußtsein der Versagungen, die die repressive Gesellschaft dem Individuum auferlegt, und hält damit an dem Bedürfnis nach Befreiung fest. Freilich wird alle Sublimierung durch die Macht der Gesellschaft erzwungen, aber das unglückliche Bewußtsein dieser Macht durchbricht bereits die Entfremdung. Freilich nimmt alle Sublimierung die gesellschaftliche Schranke der Triebbefriedigung hin, aber sie überschreitet diese Schranke auch.

Indem das Über-Ich das Unbewußte zensiert und dem Individuum ein Gewissen einimpft, zensiert es auch den Zensor, weil das entwickelte Gewissen den verbotenen bösen Akt nicht nur im Individuum selbst, sondern auch in seiner Gesellschaft registriert. Umgekehrt bewirkt der Verlust des Gewissens infolge zufriedenstellender Freiheiten, die eine unfreie Gesellschaft gewährt, ein *glückliches Bewußtsein* (happy consciousness), was die Hinnahme der Untaten dieser·Gesellschaft erleichtert. Er ist ein Zeichen schwindender Autonomie und Einsicht. Sublimierung erfordert ein hohes Maß an Autonomie und Einsicht; sie vermittelt zwischen Bewußtem und Unbewußtem, zwischen primären und sekundären Vorgängen, zwischen Intellekt und Trieb, Versagung und Rebellion. In ihren vollendetsten Weisen, wie im Kunstwerk, wird Sublimierung zur Erkenntniskraft, welche die Unterdrückung besiegt, indem sie sich ihr beugt.

Im Licht der Erkenntnisfunktion dieser Weise von Sublimierung enthüllt die in der fortgeschrittenen Industriegesellschaft um sich greifende Entsublimierung ihre wahrhaft konformistische Funktion. Diese Befreiung der Sexualität (und Aggressivität) befreit die Triebe weitgehend von dem Unglück und Unbehagen, welche die repressive Gewalt der bestehenden Welt der Befriedigung erhellen. Freilich gibt es Unglück, das durchdringt, und das glückliche Bewußtsein ist brüchig genug – eine dünne Oberfläche über Angst, Frustration und Ekel. Dieses Unglück gibt sich leicht politischer Mobilisierung her; ohne Raum zu bewußter Entwicklung, kann es zum Triebreservoir für eine neue faschistische Weise zu leben und zu sterben werden. Aber es gibt viele Wege, auf denen das unter dem glücklichen Bewußtsein schwelende Unglück in eine Quelle von Stärke und Zusammenhalt für die gesellschaftliche Ordnung verwandelt werden kann. Die Konflikte des unglücklichen Individuums scheinen jetzt einer Heilung weitaus zugänglicher als jene, die Freuds »Unbehagen in der Kultur« bewirkten, und sie scheinen unter dem Aspekt der »neurotischen Persönlichkeit unserer Zeit« (K. Horney) angemessener bestimmt als unter dem des ewigen Kampfes zwischen Eros und Thanatos.

Die Weise, in der kontrollierte Entsublimierung die Triebrevolte gegen das bestehende Realitätsprinzip schwächen kann, läßt sich erhellen an dem Gegensatz zwischen der Darstellung der Sexualität in der klassischen und romantischen Literatur und in unserer Gegenwartsliteratur. Wählt man unter den vielen Werken, die ihrer ganzen Substanz und inneren Form nach vom erotischen Engagement bestimmt sind, solche wesentlich verschiedenen Beispiele aus wie Racines *Phädra*, Goethes *Wahlverwandtschaften*, Baudelaires *Blumen des Bösen*, Tolstois *Anna Karenina*, so erscheint die Sexualität übereinstimmend in hochsublimierter, »vermittelter«, reflektierter Form – aber in dieser Form ist sie absolut, kompromißlos, bedingungslos. Der Herrschaftsbereich des Eros ist seit Anbeginn ebenso der des Thanatos. Erfüllung ist Zerstörung, nicht in einem moralischen oder soziologischen, sondern in einem ontologischen Sinne. Sie ist jenseits von Gut und Böse, jenseits gesellschaftlicher Moral und bleibt so jenseits der Reichweite des bestehenden Realitätsprinzips, das von diesem Eros abgelehnt und gesprengt wird.

Demgegenüber greift entsublimierte Sexualität bei O'Neills Alkoholikern und den Losgelassenen Faulkners um sich, in der *Endstation Sehnsucht* und unter dem *Heißen Blechdach*, in *Lolita*, in all den Geschichten von Orgien in Hollywood und New York und den Abenteuern vorstädtischer Hausfrauen. Das ist unendlich realistischer, gewagter, hemmungsloser. Es ist fester Bestandteil der Gesellschaft, in der es sich ereignet, aber nirgendwo ihre Negation. Was geschieht, ist sicherlich wild und obszön, männlich und deftig, ganz unmoralisch – und eben deshalb völlig harmlos.

Befreit von der sublimierten Form, die gerade das Zeichen ihrer unversöhnlichen Träume war – eine Form, die im Stil, in der Sprache sich ausprägt, in der die Geschichte erzählt wird –, verwandelt Sexualität sich in ein Vehikel der Bestseller der Unterdrückung. Von keiner der »sexy« Frauen in der zeitgenössischen Literatur ließe sich sagen, was Balzac von der Hure Esther sagt: daß sie von einer Zartheit war, die nur in der Unendlichkeit blüht. Diese Gesellschaft verwandelt alles, was sie berührt, in eine potentielle Quelle von Fortschritt *und* Ausbeutung, von schwerer Arbeit *und* Befriedigung, von Freiheit *und* Unterdrückung. Die Sexualität bildet keine Ausnahme.

[...]
[1964]

108

Typisierungen und Definitionen

Werner Sombart
[Unternehmer- und Bürgernaturen]

In jedem vollkommenen Bourgeois wohnen, wie wir wissen, zwei Seelen: eine Unternehmerseele und eine Bürgerseele, die beide vereinigt erst den kapitalistischen Geist bilden. Danach möchte ich auch in der Bourgeoisnatur zwei verschiedene Naturen unterscheiden: die Unternehmernatur und die Bürgernatur; das heißt also, um es noch einmal zu wiederholen: die Gesamtheit der Anlagen, der seelischen Dispositionen zum Unternehmer einerseits, zum Bürger andererseits.

1. Unternehmernaturen

Um seine Funktionen, die wir kennen, erfolgreich ausüben zu können, muß der kapitalistische Unternehmer, wenn wir seine geistige Veranlagung ins Auge fassen, gescheit, klug und geistvoll sein (wie ich die verschiedenen Dispositionen schlagwortmäßig bezeichnen möchte).

Gescheit: also rasch in der Auffassung, scharf im Urteil, nachhaltig im Denken und mit dem sicheren »Sinn für das Wesentliche« ausgestattet, der ihn befähigt, den καιρός, also den richtigen Augenblick, zu erkennen.

Über eine große »Beweglichkeit des Geistes« muß namentlich der Spekulant verfügen, der gleichsam die leichte Kavallerie bildet neben der schweren Reiterei, die andere Typen des Unternehmertums stellen: *vivacité d'esprit et de corps* wird uns am großen Gründer immer wieder gerühmt. Rasche Orientierungsfähigkeit inmitten komplizierter Markverhältnisse muß er haben, wie der Vorposten, der in einer Schlacht Aufklärungsdienste verrichten soll.

[...]

Klug: also befähigt, »menschenkundig« und »weltkundig« zu werden. Sicher in der Beurteilung, sicher in der Behandlung von Menschen; sicher in der Bewertung etwelcher Sachlage; vertraut vor allem mit den Schwächen und Fehlern seiner Umgebung. Immer wieder wird uns diese Geisteseigenschaft als hervorstechender Zug großer Geschäftsleute genannt. Geschmeidigkeit einerseits, suggestive Kraft andererseits muß vor allem der Verhändler besitzen.

Geistvoll: also reich an »Ideen«, an »Einfällen«, reich an einer besonderen Art von Phantasie, die *Wundt* die kombinatorische nennt (im Gegensatz zur intuitiven Phantasie etwa des Künstlers).

Einer reichen Ausstattung mit den Gaben des »Intellekts« muß entsprechen eine Fülle von »Lebenskraft«, »Lebensenergien« oder wie wir sonst diese Veranlagung nennen wollen, von der wir nur soviel wissen, daß sie die notwendige Voraussetzung allen »unternehmerhaften« Gebarens ist: daß sie die Lust an der Unternehmung, die Taten*lust* schafft und dann für die Durchführung des Unternehmens sorgt, indem sie die nötige Taten*kraft* dem Menschen zur Verfügung stellt. Es muß etwas Forderndes in dem Wesen sein, etwas, das hinaustreibt, das die träge Ruhe auf der Ofenbank zur Qual werden läßt. Und etwas Starkknochiges – mit dem Beil Zugehauenes –, etwas Starknerviges. Wir haben deutlich das Bild eines Menschen vor Augen, den wir »unternehmend« nennen. Alle jene Unternehmereigenschaften, die wir kennen gelernt haben als notwendige Bedingungen eines Erfolges: die Entschlossenheit, die Stetigkeit, die Ausdauer, die Rastlosigkeit, die Zielstrebigkeit, die Zähigkeit, der Wagemut, die Kühnheit: alle wurzeln sie in einer starken Lebenskraft, in einer überdurchschnittlichen Lebendigkeit oder »Vitalität«, wie wir zu sagen gewohnt sind.

Eher ein Hemmnis für ihr Wirken ist dagegen eine starke Entwicklung der gemütlichen Anlagen, die eine starke Betonung der Gefühlswerte zu erzeugen pflegt. Unternehmernaturen, können wir also zusammenfassend sagen, sind Menschen mit einer ausgesprochenen intellektuell-voluntaristischen Begabung, die sie in übernormaler Stärke besitzen müssen, um Großes zu leisten, und einem verkümmerten Gefühls- und Gemütsleben (ganz trivial).

Man wird ihr Bild noch deutlicher sich vor Augen stellen können, wenn man sie mit anderen Naturen kontrastiert.

Man hat den kapitalistischen Unternehmer, namentlich wo er als Organisator Geniales leistet, wohl mit dem Künstler verglichen. Das scheint mir aber ganz und gar verkehrt. Sie beide stellen scharfumschriebene Gegensätze dar. Wenn man sie miteinander in Parallele brachte, so wies man vor allem darauf hin, daß beide über ein großes Maß von »Phantasie« verfügen mußten, um Hervorragendes zu leisten. Aber selbst hier ist – wie wir schon feststellen konnten – ihre Begabung nicht dieselbe: die Arten von »Phantasie«, die im einen und im andern Falle in Frage kommen, sind nicht dieselben Geistesäußerungen.

In allem anderen Wesen aber scheinen mir kapitalistische Unternehmer und Künstler aus ganz verschiedenen Quellen ihre Seelen zu tränken. Jene sind zweckstrebig, diese zweckfeind; jene intellektuell-voluntaristisch, diese gemütsvoll; jene hart, diese weich und zart; jene weltkundig, diese weltenfremd; jene haben die Augen nach außen, diese nach innen gerichtet; jene kennen darum *die* Menschen, diese *den* Menschen.

Ebensowenig verwandt wie mit den Künstlern sind unsere Unternehmernaturen verwandt mit Handwerkern, Rentnern, Ästheten, Gelehrten, Genießern, Ethikern und Ähnlichem.

Wohingegen sie viele Züge gemeinsam mit Feldherren und Staatsmännern haben, die beide, zumal die Staatsmänner, letzten Endes ja auch Eroberer, Organisatoren und Händler sind. Während einzelne Begabungen des kapitalistischen Wirtschaftssubjektes sich wiederfinden in dem Wirken des Schachspielers und des genialen Arztes. Die Kunst der Diagnose befähigt nicht nur, Kranke zu heilen, sondern ebensosehr glückliche Geschäfte an der Börse zum Abschluß zu bringen.

2. Bürgernaturen

Daß auch der Bürger im Blute steckt, daß ein Mensch von Natur ein »Bürger« ist oder doch dazu neigt, es zu werden: das empfinden wir auf das deutlichste. Wir schmecken ganz deutlich die Wesenheit der Bürgernatur, wir kennen das eigentümliche Aroma dieser Menschengattung ganz genau. Und doch ist es unendlich schwer, ja: ist es bei dem heutigen Stande der Forschung vielleicht unmöglich, die besonderen »Anlagen«, die Grundzüge der Seele im einzelnen zu bezeichnen, die einen Menschen zum Bürger bestimmen. Wir werden uns daher damit begnügen müssen, die eigentümliche Bürgernatur etwas genauer zu umschreiben und sie vor allem in einen Gegensatz zu stellen zu anders grundgefügten Naturen.

Es scheint fast, als ob der Unterschied zwischen dem Bürger und dem Nichtbürger einen ganz tiefen Wesensunterschied zweier menschlichen Typen ausdrücke, die wir in verschiedenen Betrachtungen doch immer als die beiden Grundtypen der Menschen überhaupt (oder wenigstens des europäischen Menschen) wiederfinden. Die Menschen sind nämlich, wie man es vielleicht ausdrücken könnte, entweder hinausgebende oder hereinnehmende, verschwenderische oder haushälterische Menschen in ihrem ganzen Gebaren. Der Grundzug der Menschen ist – ein Gegensatz, den die Alten schon kannten und den die Scholastiker zu entscheidender Bedeutung erheben – *luxuria* oder *avaritia*: sie sind gleichgültig gegen die inneren und äußeren Güter und geben sie im Gefühl des eigenen Reichtums – sorg*los* – weg, oder sie halten haus damit, hüten und pflegen sie – sorg*sam* – und wachen über Einnahme und Ausgabe von Geist, Kraft, Gut und Geld. Ich versuche hiermit wohl denselben Gegensatz zu treffen, den *Bergson* mit den Bezeichnungen des *homme ouvert* und *homme clos* ausdrücken will.

Diese beiden Grundtypen: die hinausgebenden und hereinnehmenden Menschen, die seigneurialen und die bürgerlichen Naturen (denn es versteht sich von selbst, daß ich den einen Grundtyp in der Bürgernatur wiederfinde) stehen sich nun in jeder Lebenslage als scharfe Gegensätze gegenüber. Sie bewerten die Welt und das Leben verschieden: jene haben als oberste Werte subjektive, persönliche; diese objektive, sachliche; jene sind geborene Genußmenschen, diese geborene Pflichtmenschen; jene Einzelmenschen, diese Herdenmenschen; jene Persönlichkeitsmenschen, diese Sachmenschen; jene Ästhetiker, diese Ethiker. Wie Blumen, die ihren Duft nutzlos in die Welt verstreuen, jene; wie heilsame Kräuter und eßbare Pilze diese. Welche gegensätzliche Veranlagung dann auch in der grundverschiedenen Bewertung der einzelnen Beschäftigungen und der Gesamttätigkeit des Menschen ihren Ausdruck findet: die einen lassen nur diejenige Tätigkeit als vornehm und würdig gelten, die den Menschen als Persönlichkeit vornehm und würdig werden läßt; die anderen erklären alle Beschäftigungen für gleichwertig, wofern sie nur dem allgemeinen Besten zugute kommen, das heißt »nützlich« sind. *Eine unendlich wichtige Unterschiedlichkeit der Lebensbetrachtung, die Kulturwelten voneinander trennt,* je nachdem die eine oder andere Auffassung vorherrscht. Die Alten werteten persönlich, wir Bürger sachlich. In wundervoll zugespitzter Form drückt *Cicero* seine Auffassung in den Worten aus: *»nicht wieviel einer nützt, sondern was einer ist, fällt ins Gewicht«* (.).

Aber der Gegensätzlichkeiten gibt es immer noch mehr. Während die Unbürger lebend, schauend, bedenkend durch die Welt gehen, müssen die Bürger ordnen, erziehen, unterweisen. Jene träumen, diese rechnen. Der kleine Rockefeller galt schon als Kind für einen gewiegten Rechner. Mit seinem Vater – einem Arzt in Cleveland – machte er regelrechte Geschäfte. »Seit frühester Kindheit«, erzählt er selbst in seinen Memoiren, »führte ich ein kleines Buch (ich nannte es ›Kontobuch‹ und habe es bis heute aufgehoben), in das ich regelmäßig meine Einnahmen und Ausgaben eintrug.« Das mußte im Blute stecken. Keine Macht der Erde hätte den jungen Byron oder den jungen Anselm Feuerbach dazu vermocht, ein solches Kontobuch zu führen und – aufzuheben.

Jene singen und klingen; diese sind tonlos: in der Wesenheit selbst, aber auch in der Äußerung; jene sind farbig, diese farblos.

Künstler (der Veranlagung, nicht dem Berufe nach): die einen; Beamte: die anderen. Auf Seide gearbeitet jene – auf Wolle diese.

Wilhelm Meister und sein Freund Werner: jener redet wie einer, »der Königreiche verschenkt«; dieser, »wie es einer Person geziemt, die eine Stecknadel aufhebt«. Tasso und Antonio.

[...]

[1923]

VILFREDO PARETO
[Rentiers und Spekulanten]

Mit diesen Begriffen werden die Dinge, auf die sie sich beziehen, keineswegs gut bezeichnet; ich verwende sie nur, weil es keine besseren gibt, bitte aber den Leser, sich nicht auf sie zu fixieren und seine Aufmerksamkeit ausschließlich auf die Dinge zu richten.

Unter einem abstrakten und wissenschaftlichen Aspekt kann man zwischen dem »Sparer«, der allein von den Zinsen seiner Ersparnisse lebt, und dem »Unternehmer« unterscheiden, der auf dem Markt sowohl Spargelder und andere Kapitalien ausleiht als auch die Arbeit der Arbeiter anmietet. Das wären die beiden Kategorien, auf die wir unser Augenmerk richten.

Wir wollen zwei Typen unter einem konkreten Gesichtspunkt betrachten:

1. Individuen, deren einzige oder hauptsächliche Einnahmequelle Zinsen aus Staatspapieren, aus Obligationen von Handels- und Industriegesellschaften, feste Löhne, Renten usw. sind.

2. Individuen, deren einzige oder wichtigste Einnahmen aus Aktien von Handels- oder Industriegesellschaften, direkter Unternehmertätigkeit in Handel und Industrie, Börsengeschäften, Mieten von in aufstrebenden Städten gelegenen Häusern, Spekulationen mit landwirtschaftlichem oder städtischem Grund und Boden stammen, letztlich aus allem, was seinem Wesen nach Veränderungen unterliegt und von der Geschicklichkeit der Person abhängig ist, die sich damit beschäftigt. Das sind nochmals unsere zwei Kategorien.

Man hat sie von jeher gekannt, aber ihrer gesellschaftlichen Bedeutung nicht genügend Beachtung geschenkt.

Die erste Kategorie ist großenteils konservativ, steht Neuem, das sie stets ein wenig fürchtet, feindlich gegenüber, ist patriotisch und nationalistisch. Die zweite Kategorie hingegen ist Neuerungen gegenüber aufgeschlossen, entfaltet überall rege Betriebsamkeit, um gute Geschäfte zu machen, ist internationalistisch, weil sie überall Gelegenheit findet, ihre Industrie zu betreiben, und weil das Geld im Grunde genommen kein Vaterland hat. In der ersten Kategorie befinden sich die »Verwurzelten«, in der zweiten die »Entwurzelten«.

Die Literatur hat uns die extremen Vertreter der beiden Kategorien zur Genüge beschrieben. Auf der einen Seite den Kleinbürger, Krämer, Kleineigentümer, der mit seinem Dorf verwachsen ist wie die Auster mit dem Felsen, der engstirnig ist und hartnäckige Vorurteile hat. Auf der anderen Seite den Kosmopoliten, der sich überall zu Hause fühlt, der aufgeschlossen ist und die Vorurteile ironisch belächelt: sowohl die religiösen Überzeugungen als auch die Idee des Vaterlands, und der die Menschen meistens nur nach der Höhe ihres Vermögens oder dem Grad ihres Einflusses beurteilt.

Die extremen Typen sind selten, die in der Mitte liegenden alltäglich, und unter den Fehlern, über die sich die Literaten mit schwungvoller Feder auslassen, befinden sich Qualitäten, die für die Gesellschaft von großer Bedeutung sind.

Die erste Kategorie ist das, was den Nationen Stabilität verleiht; das ist der Ballast der Schiffe. Die zweite Kategorie ist das, was ihnen die Bewegung, den Fortschritt gibt; das ist das Segelwerk, das das Schiff in Bewegung setzt.

[...]

Es ist wichtig, sich zu überlegen, in welcher Weise die beiden Kategorien, von denen wir gesprochen haben, die Gesamtheit einer Bevölkerung konstituieren.

Die ökonomisch und politisch am höchsten entwickelten Länder sind diejenigen, in denen die beiden Kategorien in einem gewissen Verhältnis zueinander stehen. Das war einer der Hauptgründe für den Sieg Roms über Karthago, wo die zweite Kategorie ein außergewöhnliches Übergewicht gewonnen hatte; das war einer der Gründe für die Stärke Englands zur Zeit von Napoleon I., als einerseits die der Fuchsjagd frönenden Landadligen ihm die Stabilität sicherten, die die erste Kategorie gibt, und andererseits seine Industriellen und Kaufleute ihm den Reichtum und den wirtschaftlichen Fortschritt verschafften, den die zweite Kategorie gibt; das ist der Grund für die Größe Preußendeutschlands, wo die Junker die Rolle des englischen Landadels spielen, und die Industriellen und Kaufleute den vergleichbaren Kategorien der anderen Länder in nichts nachstehen.

Wenn eine der Kategorien zu starkes Gewicht erlangt, gereicht es dem Land zum Nachteil; auf politischem Gebiet, wenn die zweite Kategorie überwiegt, auf wirtschaftlichem, wenn es die erste Kategorie ist. Im 19. Jahrhundert hat sich die zweite Kategorie in Europa und Amerika gewaltig entwickelt, was zu dem glänzenden wirtschaftlichen Fortschritt dieses Jahrhunderts geführt hat.

Die ganze Erdoberfläche wird mit Eisenbahnnetzen überzogen, immer mehr Schiffe befahren die Meere, die Fabriken schießen aus dem Boden, Afrika, dessen Inneres zu Beginn des 19. Jahrhunderts fast unbekannt war, öffnet sich der Zivilisation, Asien erwacht aus jahrhundertelangem Schlaf. Der Reichtum wächst in riesigen Ausmaßen.

Man kann ohne Zögern anerkennen, daß all dies der zweiten Kategorie zu verdanken ist. Die wirtschaftliche Dynamik, die sie der Welt aufgeprägt hat, zwingt jeden, seine Energie und seine Kapitalien so nutzbringend wie möglich einzusetzen. Das Ansteigen der Lebenskosten, der Steuern, des Luxus, trifft die Zurückbleibenden mit unerbittlicher Härte. Derjenige, der vor einigen Jahren wohlhabend war und sich einem friedlichen, sanften Schlaf überlassen hatte, wacht heute verarmt auf. Alles hat sich vorwärtsbewegt, während er stagnierte.

Dies wäre vollkommen, wenn nicht ein Schatten das Bild verdunkeln würde. Die zweite Kategorie ist, wenn man zahlreiche individuelle Ausnahmen außer acht läßt, feige, wie es im Mittelalter die Juden und Wucherer waren. Ihre Waffe ist das Gold und nicht das Eisen. Sie versteht sich auf die List, aber nicht auf den Kampf. An einer Stelle vertrieben, kommt sie an der anderen wieder hervor, ohne jemals der Gefahr ins Auge zu sehen. Ihr Reichtum nimmt zu, während ihre Energie schwindet. Durch den wirtschaftlichen Materialismus ausgezehrt, kommt ihr der Idealismus der Gefühle immer mehr abhanden.

In Frankreich wurde das Zweite Kaiserreich von den großen Massen der zweiten Kategorie getragen. Man möge sich nur an das Fieber des Eisenbahnbaus erinnern, man denke an die Großindustriellen, denen die offizielle Bewerbung zugesprochen wurde, man vergesse nicht die Umgestaltung von Paris und den Goldregen, der dadurch den Grundstücksspekulanten, Bauunternehmern, und ihrem ganzen Gefolge von Sub-Unternehmern, Vorarbeitern, Arbeitern, Kleinhändlern usw. zufloß, dann wird man leicht den mächtigen Einfluß dieser zweiten Kategorie erkennen.

Gänzlich durch ihre Spekulationen in Anspruch genommen, ließ sie den gekrönten Träumer gewähren. Dieser führte den Krimkrieg, den Italienkrieg, den Krieg in Mexiko und scheiterte an dem deutsch-französischen Krieg. Er wurde von Repräsentanten der ersten Kategorie besiegt. Es war die Unterstützung durch die preußischen Junker, die es Wilhelm I. ermöglicht hatte, mit Hilfe des Junkers Bismarck geradewegs auf sein Ziel zuzugehen, von dem dänischen Krieg über Sadowa bis Sedan. Heute ist Deutschland reicher als damals. Wir wissen nicht, ob es zu derart großen Anstrengungen noch fähig wäre.

Die italienische Revolution war ausschließlich das Werk der zweiten Kategorie. Das Leben unter den alten Regierungen war schön und sorgenfrei. Wer vor 1859 in der Toscana lebte, hat wirklich die Freuden des Daseins genossen. Die Revolution kam und brachte das Fieber der wirtschaftlichen Aktivität. Die Spekulanten jeder Art und jeder Größe fanden glänzende Gelegenheiten, sich zu bereichern. Zunächst bemächtigte sich der Staat des Kirchenbesitzes und verkaufte ihn. Welch ein Glück für die Gerissenen und die Geschickten! Sie bekamen große Ländereien fast geschenkt. Dann wurden überall die staatlichen und kommunalen Steuern übermäßig erhöht. Während man unter den alten Regierungen fast nichts bezahlte, zahlte man unter der neuen gewaltige Beträge.

[...]

Eines der erstaunlichsten Phänomene unserer Zeit ist eine ständig wachsende Aufrüstung, die die zivilisierten Völker betreiben, ohne sich jemals zu bekriegen. Sie bereiten den Krieg immer vor, aber nie kommt es soweit.

Die Spekulanten und Unternehmer haben ein Interesse daran, daß für die Rüstung so viel wie möglich ausgegeben wird, weil diese Ausgaben durch ihre Vermittlung getätigt werden. Den Krieg fürchten sie allerdings, weil er das Zentrum der politischen Macht verlagern kann. Ein siegreicher General könnte, gestützt auf seine Armee, durchaus versucht sein, ihre Macht zu beschneiden. Napoleon I. überwachte die Armeelieferanten sorgfältig, die zu seiner Zeit einen beträchtlichen Teil der zweiten Kategorie ausmachten, und man sagt, daß das einer der Gründe für die Opposition war, auf die er gegen Ende seiner Herrschaft stieß.

Es ist ebenfalls bemerkenswert, daß dieselben Leute, die immer größere Summen für die Rüstung beschließen, auf der anderen Seite den militärischen Geist zerstören wollen. Man könnte sagen, daß es ihr Ziel ist, möglichst viele Kanonen und Panzerkreuzer und möglichst wenige Matrosen und Soldaten zu haben.

Es ist wahrscheinlich, daß die Macht der Leute der zweiten Kategorie nicht zu erschüttern sein wird, solange es nur darum gehen wird, mit den Mitteln der Geschicklichkeit und List zu kämpfen. Aber es gibt eine Klippe, an der ihre Macht zerschellen könnte: die der brutalen Gewalt.

Genau dies geschah in Rom. In den Komitien waren und blieben die Politiker dominierend; besiegt wurden sie zunächst von den Legionen des Cäsar, dann von denen des Augustus.

[...]

[1911]

GEORG LUKÁCS

[Bourgeoisie und Proletariat]

Bourgeoisie und Proletariat sind die einzigen, reinen Klassen der bürgerlichen Gesellschaft; d. h. nur ihr Dasein und ihre Weiterentwicklung beruht ausschließlich auf der Entwicklung des modernen Produktionsprozesses und nur von ihren Existenzbedingungen aus ist ein Plan zur Organisation der ganzen Gesellschaft überhaupt *vorstellbar*. Das Schwankende oder für die Entwicklung Unfruchtbare in der Haltung der anderen Klassen (Kleinbürger, Bauer) beruht darauf, daß ihr Dasein nicht ausschließlich auf ihre Stellung im kapitalistischen Produktionsprozeß begründet, sondern mit Überresten der ständischen Gesellschaft unlösbar verknüpft ist. Sie versuchen demzufolge die kapitalistische Entwicklung nicht zu fördern oder über sich selbst hinauszutreiben, sondern überhaupt rückgängig zu machen, oder wenigstens nicht zur vollen Entfaltung gelangen zu lassen. Ihr Klasseninteresse ist deshalb nur auf *Symptome der Entwicklung*, nicht auf die Entwicklung selbst, nur auf Teilerscheinungen in der Gesellschaft, nicht auf den Aufbau der ganzen Gesellschaft gerichtet.

Diese Bewußtseinsfrage kann als Art der Zielsetzung und des Handelns erscheinen, wie z. B. im Kleinbürgertum, das wenigstens teilweise in der kapitalistischen Großstadt lebend, den Einflüssen des Kapitalismus in allen seinen Lebensäußerungen unmittelbar unterworfen, an der *Tatsache* des Klassenkampfes zwischen Bourgeoisie und Proletariat unmöglich ganz achtlos vorbeigehen kann. Es wird aber als »Übergangsklasse, worin die Interessen zweier Klassen sich zugleich abstumpfen... sich über den Klassengegensatz überhaupt erhaben« (MEW 8, 144) fühlen. Und dementsprechend wird es Wege suchen, »nicht um zwei Extreme, Kapital und Lohnarbeit, beide aufzuheben, sondern um diesen Gegensatz abzuschwächen und in Harmonie zu verwandeln« (ebd., 141). Es wird also in allen schicksalhaften Entscheidungen der Gesellschaft vorbeihandeln und abwechselnd für beide Richtungen des Klassenkampfes, aber immer unbewußt, kämpfen müssen. Seine eigenen Ziele, die eben ausschließlich in seinem Bewußtsein existieren, müssen dabei immer ausgehöhltere, vom gesellschaftlichen Handeln immer losgelöstere, rein »ideologische« Formen werden. Nur solange diese Zielsetzungen mit den realen ökonomischen Klasseninteressen des Kapitalismus zusammenfallen, wie bei der Abschaffung der Ständeschichtungen der Französischen Revolution, kann das Kleinbürgertum eine geschichtlich aktive Rolle spielen. Ist diese ihre Mission erfüllt, so erhalten ihre – formell größtenteils gleichbleibenden – Äußerungen immer mehr ein von der wirklichen Entwicklung losgetrenntes, karikaturhaftes Wesen (der Jakobinismus der Montagne 48–51). Diese Beziehungslosigkeit zur Gesellschaft als Totalität kann aber auch auf den inneren Aufbau, auf die Organisationsmöglichkeit der Klasse zurückwirken. Dies zeigt sich am klarsten in der Entwicklung der Bauern. »Die Parzellenbauern«, sagt Marx (ebd., 198), »bilden eine ungeheure Masse, deren Glieder in gleicher Situation leben, aber ohne in mannigfache Beziehung zueinander zu treten. Ihre Produktionsweise isoliert sie voneinander, statt sie in wechselseitigen Verkehr zu bringen... Jede einzelne Bauernfamilie... gewinnt so ihr Lebensmaterial mehr im Austausch mit der Natur, als im Verkehr mit der Gesellschaft... Insofern Millionen von Familien unter ökonomischen Existenzbedingungen leben, die ihre Lebensweise, ihre Interessen, und ihre Bildung von denen der anderen Klassen trennen und ihnen feindlich gegenüberstellen, bilden sie eine Klasse. Insofern nur ein lokaler Zusammenhang unter den Parzellenbauern besteht, die Dieselbigkeit ihrer Interessen keine Gemeinsamkeit, keine nationale Verbindung und keine politische Organisation unter ihnen erzeugt, bilden sie keine Klasse.« Darum sind *äußere* Umwälzungen wie Krieg, Revolution in der Stadt usw. notwendig, um diese Massen überhaupt zur einheitlichen Bewegung zu bringen, und auch dann sind sie außerstande, diese Bewegung unter eigenen Parolen selbst zu organisieren und ihr eine ihren eigenen Interessen gemäße positive Richtung zu geben. Es wird hier von der Lage der anderen kämpfenden Klassen, von der Bewußtseinshöhe der sie führenden Parteien abhängen, ob diese Bewegungen eine fortschrittliche (Französische Revolution von 1789, russische von 1917) oder reaktionäre (Napoleons Staatsstreich) Bedeutung erlangen. Darum ist auch die *ideologische* Form, die das »Klassenbewußtsein« der Bauern erhält, eine inhaltlich wechselvollere als die der anderen Klassen; sie ist nämlich immer eine erborgte. Darum können Parteien, die sich teilweise oder ganz auf dieses »Klassenbewußtsein« gründen, gerade in kritischen Lagen niemals einen festen und sicheren Rückhalt bekommen (die S. R. in 1917 bis 1918). Darum ist es möglich, daß Bauernbewegungen unter den entgegengesetzten ideologischen Flaggen ausgekämpft werden können. Es ist z. B. sehr bezeichnend, sowohl für den Anarchismus als Theorie wie für das »Klassenbewußtsein« der Bauern, daß einige konterrevolutionäre Aufstände und Bauernkämpfe von mittleren und reichen Bauern Rußlands an diese Gesellschaftsauffassung als Zielsetzung den ideologischen Anschluß gefunden haben. So kann bei diesen Klassen (wenn sie im streng marxistischen Sinne überhaupt Klassen genannt werden dürfen) nicht eigentlich vom Klassenbewußtsein gesprochen werden: ein volles Bewußtsein ihrer Lage würde ihnen die Hoffnungslosigkeit ihrer partikularen Bestrebungen der Notwendigkeit der Entwicklung gegenüber enthüllen. Bewußtsein und Interessen stehen hier demzufolge im Verhältnis eines *kontradiktorischen Gegensatzes* zueinander. Und da Klassenbewußtsein als ein Zurechnungsproblem der Klasseninteressen bestimmt wurde, macht dies auch die Unmöglichkeit seiner Entwicklung in der unmittelbar gegebenen, geschichtlichen Wirklichkeit philosophisch verständlich.

Klassenbewußtsein und Klasseninteresse stehen auch bei der Bourgeoisie im Verhältnis des Gegensatzes, des Widerspruches zueinander. Nur ist dieser Widerspruch *kein kontradiktorischer, sondern ein dialektischer.*

Der Unterschied der beiden Gegensätze läßt sich kurz auch so aussprechen: während bei den übrigen Klassen ihre Lage im Produktionsprozeß und die daraus folgenden Interessen das Entstehen eines Klassenbewußtseins überhaupt verhindern müssen, treiben diese Momente bei der Bourgeoisie zur Entwicklung des Klassenbewußtseins, nur daß dieses – von vornherein und seinem Wesen nach – mit dem tragischen Fluch behaftet ist, auf dem Höhepunkt seiner Entfaltung mit sich selbst in einen unlösbaren Widerspruch zu geraten und demzufolge sich selbst aufzuheben. Diese tragische Lage der Bourgeoisie spiegelt sich geschichtlich darin, daß sie ihren Vorgänger, den Feudalismus, noch nicht niedergerungen hat, als der neue Feind, das Proletariat, schon erschienen ist; ihre politische Erscheinungsform war, daß die Bekämpfung der ständischen Organisation der Gesellschaft im Namen einer »Freiheit« geleistet wurde, die im Moment des Sieges zu einer neuen Unterdrückung verwandelt werden mußte; soziologisch zeigt sich der Widerspruch darin, daß die Bourgeoisie, obwohl ihre Gesellschaftsform erst den Klassenkampf rein in Erscheinung treten ließ, obwohl sie zuerst ihn als Tatsache geschichtlich fixiert hat, doch theoretisch wie praktisch alles daran setzen muß, die Tatsache des Klassenkampfes aus dem gesellschaftlichen Bewußtsein verschwinden zu lassen; ideologisch betrachtet, erblicken wir denselben Zwiespalt, wenn die Entfaltung der Bourgeoisie einerseits der Individualität eine früher nie dagewesene Bedeutung verleiht, andererseits aber durch die ökonomischen Bedingungen dieses Individualismus, durch die Verdinglichung, welche die Warenproduktion schafft, jede Individualität aufhebt. All diese Widersprüche, deren Reihe durch diese Beispiele keineswegs erschöpft ist, vielmehr ins Unendliche fortgesetzt werden könnte, sind nur ein Widerschein der tiefstgehenden Widersprüche des Kapitalismus selbst, wie sie sich im Bewußtsein der bürgerlichen Klasse, ihrer Lage im Gesamtprozeß der Produktion entsprechend, spiegeln. Diese Widersprüche treten deshalb im Klassenbewußtsein der Bourgeoisie als dialektische Widersprüche und nicht einfach als glatte Unfähigkeit, die Widersprüche der eigenen Gesellschaftsordnung zu begreifen, auf. Denn der Kapitalismus ist einerseits die erste Produktionsordnung, die der Tendenz nach die ganze Gesellschaft ökonomisch vollständig durchdringt (.), so daß die Bourgeoisie demzufolge befähigt sein müßte, von diesem zentralen Punkte aus ein (zugerechnetes) Bewußtsein über die Gesamtheit des Produktionsprozesses zu besitzen. Andererseits jedoch machen die Stellung, die die Kapitalistenklasse in der Produktion einnimmt, die Interessen, die ihr Handeln bestimmen, es ihr trotzdem unmöglich, ihre eigene Produktionsordnung – selbst theoretisch – zu beherrschen. Die Gründe hierfür sind sehr vielfältig. Erstens ist für den Kapitalismus nur scheinbar die Produktion der zentrale Punkt des Klassenbewußtseins und deshalb nur scheinbar der theoretische Augenpunkt des Begreifens. Marx (MEW 13, 267) hebt schon über Ricardo hervor, daß er, dem »vorgeworfen wird, er hätte nur die Produktion im Auge«, »ausschließlich die Distribution als Gegenstand der Ökonomie bestimmt«. Und die ausführliche Analyse des konkreten Realisierungsprozesses des Kapitals zeigt bei jeder einzelnen Frage, daß das Interesse des Kapitalisten, der ja Waren und nicht Güter hervorbringt, notwendig an (vom Standpunkt der Produktion) sekundären Fragen haften bleiben muß; daß er im – für ihn ausschlaggebenden – Verwertungsprozeß befangen, einen Augenpunkt zur Betrachtung der ökonomischen Phänomene haben muß, von dem aus die wichtigsten Phänomene überhaupt unwahrnehmbar werden (MEW 25, 147, 324, 335). Diese Unangemessenheit steigert sich noch dadurch, daß im Kapitalverhältnis selbst das individuelle und das gesellschaftliche Prinzip, also die Funktion des Kapitals als Privateigentum und seine objektiv-ökonomische Funktion in unauflösbarem dialektischen Widerstreit miteinander stehen. »Das Kapital ist«, sagt das Kommunistische Manifest, »keine persönliche, es ist eine gesellschaftliche Macht.« Aber eine gesellschaftliche Macht, deren Bewegungen von den – die gesellschaftliche Funktion ihrer Tätigkeit nicht überblickenden und um sie notwendig unbekümmerten – Einzelinteressen der Kapitalbesitzer gelenkt werden, so daß das gesellschaftliche Prinzip, die gesellschaftliche Funktion des Kapitals sich nur über ihre Köpfe hinweg, durch ihren Willen hindurch, ihnen selbst unbewußt durchsetzen kann. [...] Diese

Sachlage ist eines der entscheidensten Bestimmungsmomente für das Klassenbewußtsein der Bourgeoisie: die Bourgeoisie handelt zwar in der objektiv-ökonomischen Entwicklung der Gesellschaft als Klasse, sie kann aber der Entwicklung dieses Prozesses, den sie selbst vollführt, nur als eines ihrer äußerlichen, objektiv-gesetzmäßigen, an ihr selbst geschehenden Vorganges bewußt werden. Das bürgerliche Denken betrachtet das ökonomische Leben stets und wesensnotwendig vom Standpunkt des Einzelkapitalisten, von wo aus dieses scharfe Gegenüberstehen des Einzelnen und des übermächtigen, überpersönlichen »Naturgesetzes«, das alles Gesellschaftliche bewegt, sich von selbst ergibt (.). Daraus folgt nicht nur der Widerstreit von Einzelinteresse und Klasseninteresse im Konfliktfall (der allerdings in herrschenden Klassen selten so schroff zu werden pflegt wie in der Bourgeoisie), sondern auch die prinzipielle Unmöglichkeit, die von der Entwicklung der kapitalistischen Produktion notwendig entspringenden Probleme theoretisch und praktisch zu bewältigen. [...]

So werden die objektiven Schranken der kapitalistischen Produktion zu Schranken des Klassenbewußtseins der Bourgeoisie. Da aber im Gegensatz zu den naturhaft-»konservativen« älteren Herrschaftsformen, die die Produktionsformen weiter Schichten der von ihnen Beherrschten unangetastet lassen (.), die darum überwiegend traditionell und nicht revolutionierend wirken, der Kapitalismus eine revolutionierende Produktionsform par excellence ist, *äußert sich dieses Unbewußtbleibenmüssen der objektiven ökonomischen Schranke des Systems als innerer, als dialektischer Widerspruch im Klassenbewußtsein.* D. h., das Klassenbewußtsein der Bourgeoisie ist *formell* auf ökonomische Bewußtheit eingestellt. Ja, der höchste Grad der Unbewußtheit, die krasseste Form des »falschen Bewußtseins« manifestiert sich stets in der Steigerung des Scheines des bewußtseinsmäßigen Beherrschens der ökonomischen Phänomene. Vom Standpunkt der Beziehung des Bewußtseins zu der Gesamtheit der gesellschaftlichen Erscheinungen drückt sich dieser Widerspruch als der *unaufhebbare Gegensatz von Ideologie und ökonomischer Grundlage* aus. Die Dialektik dieses Klassenbewußtseins beruht auf dem unaufhebbaren Gegensatz von (kapitalistischem) Individuum, von Individuum nach dem Schema des Einzelkapitalisten, und von »naturgesetzlich«-notwendiger, d. h. von Bewußtsein prinzipiell nicht beherrschbarer Entwicklung; sie bringt damit Theorie und Praxis in unüberbrückbaren Gegensatz zueinander. In einer Weise jedoch, die keine ruhende Dualität zuläßt, sondern ständig auf die Vereinheitlichung der auseinandergerissenen Prinzipien zustrebt, die ein Hin- und Hergeworfensein zwischen »falscher« Verknüpfung und ihrem katastrophalen Zerreißen immer erneut hervorbringt.

Dieser innere dialektische Selbstwiderspruch im Klassenbewußtsein der Bourgeoisie steigert sich noch dadurch, daß die objektive Schranke der kapitalistischen Produktionsordnung nicht im Zustand der bloßen Negativität verharrt, nicht nur »naturgesetzlich« die vom Bewußtsein unfaßbaren Krisen ins Leben ruft, sondern eine eigene bewußte und handelnde geschichtliche Gestalt erhält: das Proletariat. [...]

So einfach indessen die Beziehung von Klassenbewußtsein und Klassenlage für das Proletariat dem Wesen der Sache nach ist, so große Hindernisse stellen sich der Verwirklichung dieses Bewußtseins in der Wirklichkeit entgegen. Hier kommt in erster Reihe der Mangel an Einheit innerhalb des Bewußtseins selbst in Betracht. Obwohl nämlich die Gesellschaft an sich etwas streng Einheitliches vorstellt und ihr Entwicklungsprozeß ebenfalls ein einheitlicher Prozeß ist, so sind beide für das Bewußtsein des Menschen, insbesondere für den Menschen, der in die kapitalistische Verdinglichung der Beziehungen als in eine natürliche Umwelt hineingeboren wurde, nicht als Einheit, sondern als Vielheit von voneinander selbständigen Dingen und Kräften gegeben. Die auffälligste und folgenschwerste Zerspaltung des proletarischen Klassenbewußtseins zeigt sich in der Trennung des wirtschaftlichen Kampfes vom politischen. Marx (MEW 4, 182) hat wiederholt auf die Unzulässigkeit dieser Trennung hingewiesen und gezeigt, wie es im Wesen eines jeden wirtschaftlichen Kampfes liegt, ins Politische umzuschlagen (und umgekehrt), und doch war es unmöglich, diese Auffassung selbst aus der Theorie des Proletariats auszumerzen. Der Grund für diese Abirrung des Klassenbewußtseins von sich selbst ist in dem dialektischen Zwiespalt zwischen einzelner Zielsetzung und Endziel, letzten Endes also in dem dialektischen Zwiespalt der proletarischen Revolution begründet.

Denn die Klassen, die in früheren Gesellschaften zur Herrschaft

berufen und darum zur Durchführung von siegreichen Revolutionen fähig waren, standen eben wegen der Unangemessenheit ihres Klassenbewußtseins zu der objektiven ökonomischen Struktur, also wegen ihrer Unbewußtheit über ihre eigene Funktion im gesellschaftlichen Entwicklungsprozeß *subjektiv* vor einer leichteren Aufgabe. Sie mußten nur ihre *unmittelbaren* Interessen mit der Gewalt, die ihnen zur Verfügung stand, durchsetzen, der gesellschaftliche Sinn ihrer Handlungen blieb ihnen selbst verborgen und der »List der Vernunft« des Entwicklungsprozesses überlassen. Da aber das Proletariat von der Geschichte vor die Aufgabe *einer bewußten Umwandlung der Gesellschaft* gestellt ist, muß in seinem Klassenbewußtsein der dialektische Widerspruch des unmittelbaren Interesses zum Endziel, des einzelnen Momentes zum Ganzen entstehen. Denn das einzelne Moment des Prozesses, die konkrete Lage mit ihren konkreten Forderungen ist ihrem Wesen nach der gegenwärtigen, der kapitalistischen Gesellschaft immanent, steht unter ihren Gesetzen, ist ihrer ökonomischen Struktur unterworfen. Erst durch seine Einfügung in die Gesamtanschauung des Prozesses, durch seine Beziehung auf das Endziel weist es konkret und bewußt über die kapitalistische Gesellschaft hinaus, wird es revolutionär. Das bedeutet aber subjektiv, für das Klassenbewußtsein des Proletariats, daß die dialektische Beziehung von unmittelbarem Interesse und objektivem Einwirken auf das Ganze der Gesellschaft *in das Bewußtsein des Proletariats* selbst verlegt ist; statt sich – wie bei jeder früheren Klasse – jenseits des (zugerechneten) Bewußtseins als rein objektiver Prozeß abzuspielen. Der revolutionäre Sieg des Proletariats ist also nicht wie bei früheren Klassen *die unmittelbare Verwirklichung des gesellschaftlich gegebenen Seins der Klasse,* sondern wie dies schon der junge Marx erkannt und scharf hervorgehoben hat: *ihre Selbstaufhebung.* [...]
[1922]

125

[Gewalthaber und Partisanen]

[...]

Der Partisan verbreitet nicht nur Grauen, sondern ist wirksam gefährlich. Sein Ungehorsam schreitet zur Tat, die, indem sie gegen die herrschende Ordnung gerichtet ist, alle Ordnung aufhebt. Er behauptet eine unterdrückte Legitimität. Terrorisiert, antwortet er mit Terror. Selber ungerecht, kämpft er gegen den ungerechten Feind seinen absoluten Kampf und wird absolut bekämpft. Illegal streitet er für sein Recht gegen den Usurpator. So macht er die herrschende Ordnung als usurpatorische kenntlich.

Die bestrittene Herrschaft bekämpft den Widerstand als verbrecherisch. Sie ist nicht nur für die Aufrechterhaltung der Ordnung verantwortlich, sondern sie verteidigt ihr Recht, diese Verantwortung zu tragen. Denn der Partisan bekämpft nicht die Ordnung als solche, sondern die aus dem usurpatorischen Anspruch abgeleitete Ordnung. Er bricht nicht ein Gesetz, sondern er will an die Macht.

Usurpation, die den Widerstand herausfordert, erscheint in den Formen der Fremdherrschaft, der Diktatur, heute als Bündnis von Technik und politischer Ideologie, und ist jedenfalls im Besitz der Macht. Der Partisan findet sich mit seiner Ohnmacht nicht ab. Er kann den offenen Kampf nicht wagen, er kämpft aus dem Untergrund für eine Legitimation, die der Untergrund nicht hat.

Dem so ungleichen Kampf wäre nicht weiter nachzudenken, gäbe es nicht die erstaunliche Wirksamkeit des Partisanen, die sich oft genug durchzusetzen weiß, und sei es nur durch die Gefährlichkeit einer einzelnen, konkreten Tat. Der entschlossene Einzelkämpfer hat reale Chancen für jede konkrete Aktion, wenn auch nicht für den allgemeinen Erfolg. Der ist aber vielleicht gar nicht so wichtig. Wichtiger ist es, dem Usurpator zu bezeugen, daß er auf einen Widerstand stößt, der seine Herrschaft nicht hinnimmt. Der einzelne Widerstandskämpfer hat sich, wenn er zur Aktion schreitet, schon von der usurpatorischen Herrschaft befreit und zeigt das.

Worauf beruft er sich für seinen Kampf gegen die herrschende Gewalt, die ja kraft ihrer Herrschaft alles Recht für sich in Anspruch nimmt? Durch die Tat bezeugt er, daß es etwas Zwingenderes für ihn gibt, als den Anspruch der etablierten Herrschaft; er setzt sein Leben dafür zum Pfand. Er hat keine Macht, keine andere Bürgschaft als diese Bereitschaft zum Selbstopfer. Die Legitimation zum Widerstand, auf die er sich etwa beruft und für die er das Recht vom Unterdrücker einfordert, ist ja gerade die, die der Unterdrücker nicht anerkennt. Sie äußert sich in der partisanischen Aktion negativ gegen den Unterdrücker. Aber was ist sie selber? Sie wird ja behauptet, weil sie nicht gilt, also geltend gemacht werden soll.

Die Frage wäre mit einiger Sicherheit zu beantworten, ließe sich aus dem Erfolg des Widerstandes auf seine Entstehung, auf seine Gründe und den Verlauf der Aktionen schließen. Das Ergebnis spräche für die Absicht; aber offensichtlich verwirrt sich jede ursprüngliche Orientierung des Widerstandes im Augenblick des Erfolges. Es gibt eine Unzahl von Motiven, die während des Kampfes vorgebracht werden. Aber sie zerfallen auf eigenartige Weise mit dem Fall des Feindes. Nur der Gegner ist konkret, und kein Nachher.

Akzidentielle Programme, Forderungen, Prinzipien scheinen mehr die aggressive Entschlossenheit zu formulieren, als den eigentlichen Impuls des Widerstandes, der sich durch die Tat verwirklicht, aber selber ungreifbar bleibt. Das spricht für seinen gefährlich elementaren Charakter; für eine Unbedingtheit, die nicht zu manipulieren ist und gegen die auch kein Argument verschlägt. Sie tritt mit der Tat den Beweis an und zieht sich nicht auf eine Innerlichkeit zurück, die im übrigen den Dingen ihren Lauf läßt.

Der Partisan behauptet seine Zuständigkeit. Er fühlt sich als der wahre Herr, dem das Recht streitig gemacht wird. Es gehört zu seiner Autorität, daß er sich im Recht weiß, ohne den Drang zu empfinden, sein Recht zu rechtfertigen. Wohl aber zeigt er, daß er sein Recht will. Da es nicht anerkannt ist, kann sich der einzelne Partisan für dieses Recht nur auf die Gewißheit berufen, die ihm sein Gewissen gibt. Sie ermächtigt ihn, dem Unrecht zu wehren.

Das kann aber keine Privatsache sein; im Gewissen fühlt der Einzelne sich überpersönlich gebunden. Es leitet seinen Anspruch ab von Gott und damit von einem irdischer Autorität übergeordnetem Gehorsam; es leitet seinen Anspruch von der Art und der

Heimat ab, von der Zuständigkeit des Geborenen, von der Wirklichkeit der Person. Das alles wird erst welthaltig, wo es sich verwirklicht, und leidet Einbuße, wo die Verwirklichung unterdrückt wird. Die auf Gewissen, Art und Heimat gegründete Welt ist aber keine private, sondern eine historische Formation. Sie will als Welt erhalten und verteidigt sein. Wenn wir den Partisan als Widerstandskämpfer verstehen, dann gilt sein Kampf der Behauptung seiner Welt gegen deren Zerstörer. Das unterscheidet ihn von anderen illegalen Kämpfern.

[...]

Fremdherrschaft ist die augenscheinlichste Form der Unterdrückung. Der Fremdherr ist ortsfremd, artfremd, spricht mit fremder Zunge, denkt auf fremde, von anderer Tradition geprägte Weise, verehrt wohl auch fremde Götter. Er hat das Land erobert, und das ist der Titel seines Rechts. Die moderne Abscheu vor solcher Eroberung darf nicht darin beirren, deren historische Legitimation anzuerkennen, wie wenig sie heute noch gelten soll.

Der Fremdherr bewahrt seinen durch die Eroberung erstrittenen Rechtstitel durch Anwesenheit. Seine Autorität verfügt die Ordnung, der sich alles unterzuordnen hat. Sprachlich gehören Ort und Ordnung deutlich zusammen. Die Hoheitsrechte hat der, der das Land beherrscht. Die völkerrechtliche Regel, nach der Herrschaft dem zukommt, der kraft seiner mächtigen Anwesenheit die Ordnung garantiert, ist Grundlage aller Militärgerichtsbarkeit in besetzten Ländern. Sie grenzt die Feindseligkeiten auf den Kampf der regulären Truppen ein, die ihrerseits nach Kriegsrecht handeln und behandelt werden. Nur so ist die Befriedung besetzter Gebiete möglich und damit endlich Friede überhaupt.

Der widersetzliche Besiegte wird zum Partisan. Er handelt völkerrechtswidrig durch illegale Aktionen im besetzten Gebiet, durch Bruch des Waffenstillstandes, schließlich durch Bruch der Friedensordnung. Er will gegen die Entscheidung der Waffen sein autonomes Recht behaupten. Das führt zur unendlichen Verlängerung des Kriegszustandes. Um des Friedens willen, mit dem der Partisan seinen Frieden nicht machen will, wird er für vogelfrei erklärt.

Der Partisan begründet sein Recht gegen den fremden Gewalthaber mit seiner Ansässigkeit und deren Geschichte und ausgeprägter Eigenart. Das soll mit der Unterwerfung nicht zum Ende kommen und eine freie Zukunft haben. Gerade die Zukunft wird durch den Usurpator bedroht, wenn er seine Missionierung, Sprachen- und Siedlungspolitik betreibt, wie in allen Fällen, wo er auf dauernde Eroberung aus ist. Es bedarf keines Blickes auf die beiden Amerika; schon der europäische Sprachatlas liefert hinreichend Belege dafür, was tatsächlich auf dem Spiel steht. Wo nichts mehr bezeugt wird, werden die alten Strukturen hinfällig. Generationen besorgen die tiefere Landnahme mit der Geburt immer neuer Menschen. Es gibt keine Indianer, die Anspruch auf Cap Canaveral oder die Fabriken von Chicago erheben könnten. Ausrottung ist ein sicherer Schutz vor Partisanen. Wenn der Partisan also aggressiv den Frieden stört, so ist das doch ein Friede, der ihn töten will.

Der bodenständige Partisanenkampf gegen rechtlose Diktatur und Fremdherrschaft hatte im zweiten Weltkrieg seinen Höhepunkt. Mit dem Warschauer Aufstand der Polen wurde er exemplarisch, wie andererseits mit der verzweifelten deutschen Aktion vom 20. Juli 1944, an der nicht zufällig die geschichtliche Elite Deutschlands einen so bedeutenden Anteil hatte; sie verkörperte den Geist der Nation.

Doch wurde die innere Lage des Widerstandes zunehmend komplizierter. Neue Kräfte spielten in das Spannungsfeld hinein: die Technik und die Ideologien, die zuvor nur zu revolutionären Reibungen geführt hatten. Jetzt wurde eine tiefere Auflösung der überkommenen Ordnungen sichtbar, als nur die durch kriegerische Grenzüberschreitungen und durch den Wechsel von Besatzungsmächten bewirkte. Einmal umgriff der Krieg faktisch den ganzen Planeten, zum anderen schuf er früher undenkbare Fronten durch alle Fronten hindurch. Der Hauptsieger war der, der zuerst dies neue System von Fronten begriff. Sie wurden ideologisch formiert.

Gerade für den illegalen Kampf der Partisanen wurde die ideologisch-revolutionäre Einwirkung schicksalhaft. Sie ist unablösbar von der spezifischen Geschichte dieses Kampfes in diesem Zeitraum, denn auch der revolutionäre Aufstand, der sich mit dem partisanischen verbündete, veränderte seinen Charakter. Es entstand die Landschaft des Verrates, wie Margret Boveri es treffend benannt hat. Aber hinter der ideologischen Verwirrung taucht schon die Frage auf, ob nicht auch sie nur die letzte Verkleidung einer endgültigen Anonymität ist, die mit der totalen Technokratie heraufzieht. Der Partisan, als der illegale Kämpfer für autonome Selbstverwirklichung, bedarf der neuen Feindorientierung. Daß etwas Neues eingetreten ist, mag man negativ daraus ersehen, daß der Autonomieanspruch ehemals kolonialer Gebiete als solcher auf keinen nennenswerten Widerspruch stieß. Relativ leicht entwickelten sich aus partisanischen Kämpfen um die Selbstbestimmung neue Staaten. In diesen Kämpfen unserer Tage ist zwar Landschaft gegenwärtig, rührt sich nationale Leidenschaft im Urwald und in Asien, auf dem Balkan und der Insel Cuba. Doch schon der hier umkämpfte Nationalbegriff wirkt als ideologische Entleihung und hat wohl nur selten archaischere Wirklichkeit. Die ihm zugesprochene Legitimität dient als Werkzeug fundamental anderer Interessen. Die Partisanen kämpfen für unsichtbare Fronten gegen uneigentliche Feinde, was nicht hindert, daß ihnen ihr Feind immer der konkrete ist. Dafür sorgt schon seine Aktion.

[...]

[1961]

III. Prinzipien und Normen

Einleitung

Freiheit, Gleichheit, Brüderlichkeit – unter diesen Leitideen waren die Revolutionäre des Jahres 1789 angetreten, um eine auf rechtlicher und politischer Ungleichheit begründete Ordnung zu stürzen, die keine Freiheit, sondern nur Freiheiten im Sinne von an Personen, Gruppen und Korporationen gebundenen Suspensionen sonst geltender Pflichten, also Privilegien, kannte. In ihrer Wendung gegen die Herrschaft der Privilegien gingen Freiheit und Gleichheit Hand in Hand. Die Ideen der Französischen Revolution haben auch das politische Denken des 20. Jahrhunderts geprägt, inzwischen freilich modifiziert, verfeinert und bereichert um die Erfahrungen, die man seitdem bei dem Bemühen um die Realisierung dieser Ideen gemacht hatte, gekennzeichnet aber auch durch einen fast gleichlangen Kampf gegen diese Ideen. An die Stelle der Brüderlichkeit war dabei, wesentlich beeinflußt durch die sich in der zweiten Hälfte des 19. Jahrhunderts formierende Arbeiterbewegung, die Solidarität getreten, und bemerkenswert ist sicherlich auch, daß nach der Realisierung rechtlicher und politischer Gleichheit bei der Frage nach der Ausdehnung von Gleichheitsprinzipien auf den Sozialbereich vielerorts an die Stelle des Gleichheits- der Gerechtigkeitsbegriff als Leitidee getreten ist. Dazu kam, nicht zuletzt unter dem Eindruck der im 19. Jahrhundert geführten Debatte über die kulturelle und gesellschaftliche Unverzichtbarkeit des Krieges zum Zwecke der kulturellen Entwicklung und politischen Zusammenfassung der Energien, sodann der allgemeinen Kriegsbegeisterung in Europa bei Ausbruch des Ersten Weltkrieges, dessen verheerenden Folgen sowie seiner literarischen Verarbeitung, die Diskussion um die Möglichkeit, vor allem aber um die Wünschbarkeit eines ewigen Friedens, der mehr sein sollte als nur Zwischenzeit zweier aufeinanderfolgender Kriege. Max Scheler hat dabei Gesin-

nungsmilitarismus und Pazifismus einander gegenübergestellt, wobei er den Gesinnungs- von einem Instrumentalmilitarismus abgegrenzt hat. Im Unterschied zum Instrumentalmilitarismus, der im Krieg ein politisches Werkzeug sieht, betrachtet der Gesinnungsmilitarismus den Krieg als einen Wert an sich, der ob seiner Hilfestellung bei der vitalen, gesellschaftlichen und politischen Entwicklung der Menschheit unverzichtbar sei. Die Argumente dieser Gesinnungsmilitaristen, die im Wilhelminismus, vor allem aber in der Weimarer Republik auf das politische Denken großen Einfluß hatten (sie finden sich übrigens nicht nur in Deutschland, sondern ebenso in England, Frankreich und Italien), werden von Scheler prägnant zusammengefaßt und dann im einzelnen kritisiert und widerlegt. Dabei geht es Scheler ausdrücklich nicht um den Nachweis der Möglichkeit *des ewigen Friedens, sondern nur um den seiner* Wünschbarkeit, *denn genau dem hatte der Gesinnungsmilitarismus widersprochen, während der Instrumentalmilitarismus – bis heute – eher an der Frage der Möglichkeit eines solchen Friedens kritisch ansetzt.*

Bei seinem Versuch, Gerechtigkeit als Basisnorm gesellschaftlichen Lebens zu begründen, knüpft John Rawls *an die Vertragstheorien des 17. und 18. Jahrhunderts an. Dabei wird den Menschen die Aufgabe übertragen, sich in freier Verhandlung über die Rechte, die Pflichten und die Art der Verteilung kollektiver Güter in einer neu zu begründenden Gesellschaft zu verständigen, wobei als Zusatzbedingung zu beachten ist, daß keiner der Teilnehmer weiß, welche soziale Position er selbst in dieser zukünftigen Gesellschaft einnehmen wird. Diese Konstruktion hat zur Folge, daß alle, von denen durchweg unterstellt wird, daß sie in ihrer Verhandlungsführung an der Maximierung ihres eigenen Nutzens orientiert sind, großes Interesse daran haben, die Situation des am schlechtesten Gestellten in dieser Gesellschaft zu optimieren, insofern sie der »worst case« ihrer eigenen Positionierung ist. – Stärker in die parteipolitischen Kontroversen des 20. Jahrhunderts eingebunden ist* Albert Camus' *Nachweis, daß Freiheit und Gerechtigkeit untrennbar miteinander verbunden sind. Camus wendet sich damit gegen eine vor allem in Kreisen der Kommunisten verbreitete Argumentation, wonach die Verwirklichung der (politischen) Freiheit zurückstehen solle, bis die (soziale) Gerechtigkeit realisiert worden sei. Dagegen insistiert Camus darauf, daß der Schutz der Freiheit gerade nicht* den Herrschenden und Reichen, sondern vielmehr den Unterdrückten und Armen anvertraut sei, da sie von deren Verwirklichung auch den größten Vorteil hätten: Ohne Freiheit nämlich könne auch die Gerechtigkeit nicht realisiert werden.

Mit der Bedeutung von Solidarität in der modernen Welt beschäftigen sich Karl Jaspers und Rolf Schroers, wobei Solidarität bei beiden nicht für die Verbrüderung der Vielen gegen herrschende Eliten steht, sondern eher ein aristokratisches Ideal bezeichnet, mit dem sich die Wenigen von der Masse abgrenzen: Bei Jaspers sind dies die selbständigen Menschen, deren Solidarität eine höhere Verbindlichkeit schafft, als sie durch Verabredung oder Vertrag gestiftet werden kann; bei Schroers sind es die Partisanen (Schroers bezieht sich auch auf die Verschwörer des 20. Juli 1944), die sich im Kampf der Gefahr des Todes preisgeben, um die durch Fügsamkeit bedrohte Würde des Lebens zurückzugewinnen.

Weiterführende Literatur

Lucian Kern / Hans-Peter Müller (Hrsg.), Gerechtigkeit – Diskurs oder Macht? Die neuen Ansätze der Vertragstheorie, Opladen 1986 (Westdeutscher Verlag)

Jörg Paul Müller, Demokratische Gerechtigkeit. Eine Studie zur Legitimität rechtlicher und politischer Ordnung, München 1993 (dtv)

Herfried Münkler, Gewalt und Ordnung. Das Bild des Krieges im politischen Denken, Frankfurt / M. 1992 (Fischer Taschenbuch)

MAX SCHELER
[Die Idee des Friedens]

[...]

I. Meine These: *Der Ewige Friede ist ein unbedingter positiver Wert* und darum auch »soll« er idealiter sein. Der Krieg und die militärischen, kriegerischen Lebensformen liegen keineswegs »im Wesen der Menschennatur«. Ewiger Friede ist überhaupt in der Menschengeschichte *möglich*.

Es hat besonders im Deutschland des 19. Jahrhunderts eine große Anzahl von hervorragenden Denkern und Menschen gegeben, die schon den positiven Wert der Idee des Ewigen Friedens bestritten haben (»Gesinnungsmilitarismus«): im Gegensatz zu unserem gewaltigen Kant, der diesen Wert unbedingt bejahte, z. B. ausgesprochen Friedrich Hegel, Heinrich von Treitschke, Friedrich Nietzsche, um von Geringeren zu schweigen. Aber viel wichtiger als dies ist es, daß – ich darf mich wohl der Worte bedienen – der beste Kern des alten preußischen Offizierkorps in seiner Majorität schon diese Frage verneint hat. Ich führe hier nur die Worte eines Mannes an, der zu den auch menschlich edelsten Verkörperungen des Geistes dieses Offizierkorps gehörte, die Worte Moltkes: »Der Ewige Friede ist ein Traum, und nicht einmal ein schöner.« Ich habe die Denk- und Wertungsart, die sich in dieser Verneinung des Wertes des Ewigen Friedens verrät, in älteren Schriften als »Gesinnungsmilitarismus« bezeichnet und das genau abgewogen, was für sie und was gegen sie spricht. »Instrumentalmilitarismus« dagegen ist diejenige Denkart, die den Wert des Krieges und der militärischen Formen nicht »an sich«, sondern als realpolitisches »Instrument« für politische Zwecke in begrenzten Zeitläufen der Geschichte bejaht. Ich habe gezeigt, daß Gesinnungsmilitarismus mit größter politischer Friedfertigkeit verbunden sein kann, gerade *weil* die militärischen Lebensformen an sich geschätzt werden, und manche Mißverständnisse des Auslandes unserer Rüstungen und unseres Gebarens damit erklärt. An sich ist dies ursprünglich nur ein *Standesethos*, später, nach Verwandlung des feudalen Kriegers in den modernen Offizier, ein Berufsethos gewesen. Aber es wurde dann weitgehend zum Volksethos, besonders in höheren Schichten, ferner zu der politischen Formen übergeordneten Macht.

Doch wie begründet sich dieser Standpunkt? Es sind im wesentlichen vier Gründe:

1. Krieg »soll« sein *um Willen des heroischen Ideals.* Gäbe es keine Kriege mehr, so würden die Menschen einige ihrer edelsten Eigenschaften und Tugenden verlieren. So insbesondere alle Eigenschaften und Tugenden und Tüchtigkeiten, die sich an das »Bild des heroischen Menschen« knüpfen: Tapferkeit, Größe des Herzens, Opfersinn, Ehrgefühl, Ritterlichkeit, Großmut, Kühnheit, Todesverachtung usw.

2. Die Völker würden an *vitalen Gesamtwerten* abnehmen, verweichlichen, »matt« werden an Leib und Seele, in Gemächlichkeit erschlaffen, in Luxus und niedriger Nutzgier versinken. Der Krieg – die beliebte Wendung stammt von Hegel – sei das »Stahlbad der Völker«. Als die sogenannte Selektionstheorie Darwins aufkam – sehr charakteristisch ist dabei der plötzliche Wechsel der Gründe von solchen einer »idealistischen Philosophie« zu einer naturalistischen Lehre –, versuchte man den Krieg als ein unumgängliches Mittel der Hochzüchtung der menschlichen Gattung und bestimmter Führerrassen und -eliten zu erweisen, als »Völker- und Gruppenselektion«, indem man ihn dem Begriffe der »Naturzüchtung« und dem des »Kampfes ums Dasein« unterstellte.

3. Auch die »erzieherische Kraft der allgemeinen Dienstpflicht« für den einfachen Mann führte man ins Feld.

4. Ein weiteres Argument betrifft die Bedeutung des Krieges für die *Kultur.* Wir wissen aus der Ethnologie der Naturvölker, daß der Mensch einige tausend Jahre vor dem Beginne des politischen Zeitalters wesentlich friedlich in Ordnungen lebte, die noch keinen oder doch keinen dauernden Kriegshäuptling kannten, nur nach Blutsgemeinschaften geordnet (Großfamilie, Gens, Klan), von dem je Stammesältesten geführt, ohne Klassenscheidung – aber auch ohne höhere Kultur. Kultur, sagt man, könne nur auf Kosten des friedlichen Daseins sein. Und wir wissen, daß erst mit dem Anbruch des kriegerischen Gewaltstaates, d. h. zunächst dauernder Kriegshäuptlingsschaft, ferner mit einer durch pure Gewalt erwirkten Auflösung der alten Blutsautoritäten (Großfamilie) und der ebenso erwirkten Klassenscheidung, jede Art höherer Kultur begonnen hat, auch jede Art höherer Religion (Stifterreligion, Monotheismus). Krieg und Gewalt haben also auf alle Fälle erst

aller höheren Kultur den Weg gebahnt. Also, sagt man, ohne Krieg keine Kultur! Aber nicht nur dies: Krieg und Gewalt haben auch die großen Volks- und Reichskörper geschaffen, in denen sich die höchsten geistigsten Religionen und alle anderen Formen der Geisteskultur erst zu verbreiten vermochten – ich nenne hier nur den Zusammenhang zwischen römischem Imperium und Christentum wie der Verbreitung der antiken Kultur im asiatischen Osten und im Westen. Also, sagt man, *ohne Krieg auch kein höherer Kulturfortschritt!*

Der Krieg, sagt man, habe im Laufe der Geschichte die Menschen *mehr geeint als getrennt* – er sei »ein Teil von jener Kraft, die stets das Böse will, und stets das Gute schafft«. Nicht nur sei das gemeinsame Schicksal eines Volkes im Kriege der »stärkste Kitt« der Einheit eines Volkes, seine Kriegserinnerungen sein stärkster, es seelisch einender Mythos, seine Kriegshelden seine teuersten Vorbilder: es sei die kriegerische Gewalt auch der mächtigste dynamische *Einheitsbildner* geworden, der aus Stämmen Völker, aus Völkern Nationen und Reiche, aus Nationen noch umfassendere ganze »Kulturkreise« geschaffen habe, wie z. B. die Kulturkreiseinheiten der »romanisch-germanischen Völker«, der »abendländischen Kulturgemeinschaft«, wie sie nach dem Untergange des Römerreiches die Führung der Welt ergriff (corpus christianum). Also, schließt man, kann auch *nur* der Krieg das große Endwerk, die »geeinte Menschheit«, schaffen, und jeder vorzeitige »Ewige Frieden« würde die Menschheit erstarren lassen in ihrem ungeeinten Zustand, würde insbesondere junge, erst aufstrebende Völker dazu verurteilen, unentfaltet zu bleiben.

Das sind die wichtigsten, typischen Gründe, die der *»Gesinnungsmilitarismus«* anführt (»si vis pacem, para bellum«), d. h. die Anschauung, die dem Kriege einen für die Menschheit ganz unersetzlichen, dauernden, ja ewigen Wert zuschreibt, im Unterschiede zu »Instrumentalmilitarimus« und »Pazifismus«.

Sind diese und diese Art Gründe zureichend, die hell leuchtende Klarheit des Satzes, daß der Krieg überhaupt ceteris paribus ein Übel ist, ein in jedem Betracht »Nichtseinsollendes«, zu überwinden?

Ad 1. Völlig versagen die Gründen aus dem Felde des »heroischen Menschen«. Gewiß – der Krieg *kann* Gelegenheit geben, heroische Tugenden an den Tag zu legen. Aber das tut der Räuber auch, der mir droht: »Börse oder das Leben!« Alle Menschen, die grausam sind, böse und mächtig genug, um andere zu quälen, geben diesen Menschen Gelegenheit, »heroische« Tugenden an den Tag zu legen. Sollen wir darum die Fortdauer der ersteren wünschen? Und *Gelegenheit* zum Heroismus, ist das die *Ursache* des Heroismus? Daß dies nicht der Fall ist, zeigt die offenkundige Tatsache, daß Heroismus an den Krieg nicht gebunden ist. Ja, zunächst gibt es einen »*Friedensheroismus*«, der größer und tiefer ist als aller »Kriegsheroismus«: den Heroismus der Vertreter der Nichtgewalt, den Heroismus Buddhas, den Heroismus des christlichen und buddhistischen Mönchtums, den Heroismus der christlichen Märtyrer und aller Arten von Märtyrern, den persönlichen Heroismus auch der Kriegsdienstverweigerer unter einigen Sekten, die gewisse Sätze des Evangeliums (»Widerstehe nicht dem Übel«, oder »Wer das Schwert nimmt, soll durch das Schwert umkommen«) nach meiner Ansicht falsch auslegen, aber durch diesen Irrtum nicht weniger »heroisch« werden. Blicken wir auf das politische und sittliche Riesenwerk Gandhis, der Mohammedaner und Hindus geeinigt. Es gibt ferner den Heroismus der Arbeit, lebensgefährlicher Berufe, und es gibt den stillen, geräuschlosen »Heroismus« des täglichen Lebens, der ein widriges Dasein pflichtgemäß, ja schöpferisch erträgt. Was ganze Völker betrifft, so kann sie die Natur und der stete Kampf mit ihr ebenso zum »Heroismus« erziehen wie der Krieg, so die See das englische Volk, aber nicht minder die Arbeit in gemeinsamen Werken, z. B. die Nilüberschwemmung die Ägypter.

Und dazu tritt entscheidend hinzu: Der Krieg, je mehr er 1. sich vom Kampfe von Mann zu Mann bis zum modernen Maschinenkrieg ausgebildet hat, 2. vom Krieg von Standesheeren zu Volksheeren, in denen große Teile nur erzwungen die Waffen ergreifen – erzwungener Heroismus ist Widersinn –, 3. vom bloßen Schlachtenkriege zu einem Ganzen, das auch Wirtschaftskrieg, Finanzkrieg, Aushungerungskrieg, Ideenkrieg ist, dieser Krieg hat auch jene relative erzieherische Kraft für die sogenannten aktiven heldischen Tugenden längst verloren, die er einstmals haben mochte. Der amerikanische Philosoph William James, ein scharfer Gegner des utilistischen Pazifismus und des juristischen, auf die ich später zu sprechen komme, hat daher das pädagogische Problem gestellt: Wie können diese heroischen Tugenden der Menschheit *ohne* den Krieg erhalten bleiben? Was gibt es für Äquivalente des Krieges in dieser Hinsicht? Da der menschliche Heroismus nicht aus dem Kriege stammt, so braucht er auch nicht mit dem Kriege aus der Welt zu verschwinden.

Nun aber: Der »Held« überhaupt ist nicht das höchste Vorbild des Menschen: es ist der Gütige, der Heilige, das Genie des großen kraftvollen Herzens. Die Wirkungsbreite des Genies des Herzens ist am größten; auch die des »Genius« größer als die des »Helden«. Ja, selbst Friedrich der Große schrieb die Worte: »Der Name des Aristoteles wird öfter in den Schulen genannt als der des Alexander... Demnach wird, wenn Lehrer des menschlichen Geschlechts wie Sie nach Ruhm trachten, Ihre Erwartung erfüllt, während wir in unseren Hoffnungen uns oft getäuscht sehen, weil wir nur für unsere Zeitgenossen, Sie aber für alle Zeitalter arbeiten.« (Brief an Voltaire 1773.)

Ad 2. Auch die Verweichlichung einer unkriegerischen Menschheit schlägt nicht durch, überhaupt nicht der Gedanke, der Krieg und die militärischen Lebensformen kräftigten die Völker biologisch. Gute Hygiene, Leibesübungen und Sport, energischer Kampf gegen Gesellschafts- und Rassenerkrankungen, eine gesunde quantitative und qualitative Bevölkerungspolitik, Verbreitung eugenetischer Gesinnung (in Amerika eine Art Religion), energische Sozialpolitik bezüglich Wohnung, Siedlung, Arbeitszeit und -bedingungen und noch vieles derart – das, aber nicht der Krieg, ertüchtigt ein Volk. Der Krieg schaltet ja gerade die jüngeren, kräftigsten Jahrgänge aus der Fortpflanzung aus und läßt die biologisch Untüchtigeren zurück. Für das Heraufkommen des bürgerlich-kapitalistischen Zeitalters war es ein wesentlicher Grund, daß der hohe fränkische Adel Frankreichs und der edelste englische Adel in den Kriegen der Rose fiel und seine Güter an sogenannte Meiers übergingen, die erst diese Güter mit »kapitalistischer« Erwerbsgesinnung verwalteten. Ganz unsinnig ist der darwinistische Aufputz des Gesinnungsmilitarismus. Der Darwinismus selbst ist heute ganz fraglich, besonders die Rolle der Selektion. Der Daseinskampf hat im wesentlichen ruinös [...] auf die Evolution gewirkt. Diejenigen gemeinsamen Vorfahren des Menschen und des Anthropoiden wurden Affen, die ihm zu *sehr* ausgesetzt waren. Nur Vernichtung hätte biologische Bedeutung für ganze Völker, also nur der Vernichtungskrieg allererster historischer Phasen, nicht bloße Entmächtigung.

Ad 3. Die allgemeine Dienstpflicht ist eine welthistorische Sache von gestern (Französische Revolution). So hoch ihre erzieherische Macht ist, so könnte auch sie durch ein Arbeitsdienstjahr, Sport usw. ersetzt werden.

Ad 4. Richtig ist: Alle höhere Kultur ist in der Gefolgschaft des kriegerischen Staates erwachsen – und noch mehr: wir sehen auch keinen anderen Weg, auf dem sie hätte erwachsen *können*. Auch alle anderen Argumente *dieses* Punktes sind richtig (Schaffung der Reichskörper; »Gewalt erzog zur Arbeit« usw.). Aber der Schluß, daß das, was so geworden ist durch d. h. unter Geburtshilfe der kriegerischen Gewalt, auch nur fortdauern und sich spontan weiterbewegen könne, wenn diese Geburtshilfe immer neu eintrete, ist ein *grundfalscher Schluß*. Die einmal entbundenen spontanen Anlagen der Menschennatur schwingen von sich aus weiter; der Mensch hat z. B. längst einen »Arbeitsdrang« bekommen, und das gilt erst recht für die geistigen höheren Kräfte. Es gibt nicht nur einen Zweckwandel, sondern auch einen Quellenwandel in der Geschichte aller Zivilisation und Kultur. Die modernen Volkskriege gar haben fast nur Kultur zerstört, bei Siegern und Besiegten, und die Kulturkräfte geschwächt. Der letzte Krieg plus Revolution hat nur eine entsetzliche Unfreiheit des Geistes geschaffen, wie sie die letzten Jahrhunderte nicht kannten. Es gibt also nur einen *relativen* historischen Wert des Krieges für die Kultur. *Gegenrechnung:* die Vernichtung der antiken Kultur durch die einbrechenden Barbarenvölker; der Kultur der mexikanischen Inkas durch die spanischen Eroberer usw.

Ad 5. Was die »Einigungskraft« des Krieges, seine staats- und reichsbildnerische Wirksamkeit betrifft, so ist dieser historische Gedanke ohne Zweifel das stärkste, durchschlagendste Argument, das man für den relativen Wert des Krieges anführen kann. Das Römische Reich, das Deutsche Reich, das moderne Italien – ja, wenn sich eine gewisse neue »Einheit Europas« anbahnen sollte, die ich schon 1914 als die einzig mögliche Frucht des Sinnes dieses Krieges ansah, dazu Anfang einer »wahren Menschengeschichte« (= Universalgeschichte) –, sie sind Folgen des Krieges. Und doch ist auch dieser Gedanke selbst innerhalb der historischen Relativität mit erheblichen Einschränkungen zu versehen; noch weniger darf er für alle Zukunft als gültig angesehen werden. Das, was wir den »Staat« nennen, ist in der historischen Welt auf zwei verschiedene typische Weisen entstanden: entweder mehr aus der Erweiterung der Großfamilie und »genossenschaftlich«, oder mehr kraft militärischer Gewalt und Zertrümmerung der Großfamilie. Der zweite Typus ist im wesentlichen der abendländische, der erste findet sich vielfach in Asien (China, Indien, Japan) und bei sehr vielen Naturvölkern. Nur wo das zweite der Fall ist, äußert der Krieg auch in der Erweiterung der Staatsbereiche jene bildnerische Wirkung. China ist ohne nennenswerte Gewalt zu dem tausendjährigen großen Reiche geworden (Familie, Ahnenkult in China und Japan, das sich als erweiterte Familie fühlt). Alle Hochkulturen sind Mischkulturen aus Vater- und Mutterkultur. In Asien überwiegt das mutterrechtliche Element und die entsprechende Mentalität; hier ist das höchste menschliche Vorbild nicht der »Held«, sondern der »Weise«. Insofern ist das Gesetz von der Bedeutung des Krieges örtlich und auf bestimmte Völker und Kulturtypen beschränkt.

Der Krieg hat ferner große Kultureinheiten aufbauend nur da gewirkt, wo hinter dem siegenden Volke auch Ideen standen und eine hohe Geisteskultur zu verbreiten war. Einungen, die *nur* auf dem Schwerte beruhen, z. B. die gewaltigen Reiche mongolischer Fürsten, eines Dschingiskhan, Tamerlan – in der neuesten Zeit Napoleon, der schon hoch ausgeprägte eigentümliche Nationalkulturen vorfand –, sind so rasch zerfallen, als der Krieg sie zusammengeschmiedet. Gewalteinungen sind stets kurzlebig. Selbst für den durch Bismarck und den siegreichen Krieg 1870–71 geschaffenen deutschen Reichskörper gilt (so wenig diese Beispiele vergleichbar sind), daß diese Art Einigung zu einseitig auf dem Schwerte (»Blut und Eisen«) beruhte. Als diese Eisenklammern in Form der Hohenzollerndynastie und des Heeres entfernt waren, brachen Stämme, Parteien, Konfessionen, Bundesstaaten zwar nicht auseinander, aber es machte sich doch ein Grad der Auflockerung und der Partikularisierung bemerklich, wie er wahrscheinlich nicht stattgefunden hätte, wäre das Reich auf mehr genossenschaftliche

Weise und auf weniger einseitig militärische Weise zustande gekommen (Großdeutsches Problem). Also: Je mehr nur durch Krieg, nicht durch Krieg nur als Geburtshelfer einer schon vorhandenen sympathetischen genossenschaftlichen Einheitssehnsucht, die Einigungen erfolgten, desto weniger dauerhaft erwiesen sie sich. –

Auf der »menschlichen Natur« beruht der Krieg nicht. Wohl das *Machtstreben und der Kampf überhaupt*, nicht aber die besondere Art, die wir »Krieg« nennen. Das Machtstreben kann sich ausdrücken gegenüber Göttern, gegenüber eigenen Lebensvorgängen (Askesen), gegenüber Menschen (Herrschaftstrieb resp. Unterwerfungstrieb als Herrschaftstrieb der Schwachen), gegenüber der Natur, zunächst der organischen, dann der anorganischen Natur in Technik und Arbeit. Es gibt verschiedene Richtungsgesetze der Entwicklung: 1. von der Gewalt zur Macht: Ausrottungskrieg, Versklavung, Leibeigenschaft, Annexion und Kontribution; 2. von der Macht über Menschen (Herrschaft) zur Macht über Sachen; 3. von der Macht über organische Natur (Pflanze, Tier) zur Macht über anorganische Natur (Hochkapitalismus). Diese Richtungsgesetze gelten für das Verhalten des Staates nach innen wie außen, nur in anderen Stadienordnungen. Daß der Krieg nicht im »Wesen« der menschlichen Natur liegt, also Ewiger Friede nicht schon durch das Wesen des Menschen ausgeschlossen ist, beweist 1. die Tatsache, daß der Mensch jahrtausendelang ohne Krieg und Staat (= Herrschaft) auf der Erde lebte. Auch der Staat ist entstanden. 2. Die Richtungsschrittgesetze zeigen, daß der Ewige Friede wiederkehren, der Herrschaftsstaat in den Wohlfahrts- und Kulturstaat übergehen kann. Aber nicht ohne Untergang des Herrschaftsstaates selbst.

[...]

[1931]

Der Hauptgedanke der Theorie der Gerechtigkeit

[…]

Ich möchte eine Gerechtigkeitsvorstellung darlegen, die die bekannte Theorie des Gesellschaftsvertrages etwa von Locke, Rousseau und Kant (.) verallgemeinert und auf eine höhere Abstraktionsebene hebt. Dazu darf man sich den ursprünglichen Vertrag nicht so vorstellen, als ob er in eine bestimmte Gesellschaft eingeführt würde oder eine bestimmte Regierungsform errichtete. Der Leitgedanke ist vielmehr, daß sich die ursprüngliche Übereinkunft auf die Gerechtigkeitsgrundsätze für die gesellschaftliche Grundstruktur bezieht. Es sind diejenigen Grundsätze, die freie und vernünftige Menschen in ihrem eigenen Interesse in einer anfänglichen Situation der Gleichheit zur Bestimmung der Grundverhältnisse ihrer Verbindung annehmen würden. Ihnen haben sich alle weiteren Vereinbarungen anzupassen; sie bestimmen die möglichen Arten der gesellschaftlichen Zusammenarbeit und der Regierung. Diese Betrachtungsweise der Gerechtigkeitsgrundsätze nenne ich Theorie der Gerechtigkeit als Fairneß.

Wir wollen uns also vorstellen, daß diejenigen, die sich zu gesellschaftlicher Zusammenarbeit vereinigen wollen, in einem gemeinsamen Akt die Grundsätze wählen, nach denen Grundrechte und -pflichten und die Verteilung der gesellschaftlichen Güter bestimmt werden. Die Menschen sollen im voraus entscheiden, wie sie ihre Ansprüche gegeneinander regeln wollen und wie die Gründungsurkunde ihrer Gesellschaft aussehen soll. Ganz wie jeder Mensch durch vernünftige Überlegung entscheiden muß, was für ihn das Gute ist, d. h. das System der Ziele, die zu verfolgen für ihn vernünftig ist, so muß eine Gruppe von Menschen ein für allemal entscheiden, was ihnen als gerecht und ungerecht gelten soll. Die Entscheidung, die vernünftige Menschen in dieser theoretischen Situation der Freiheit und Gleichheit treffen würden, bestimmt die Grundsätze der Gerechtigkeit. (Wir nehmen für den Augenblick an, daß dieses Entscheidungsproblem eine Lösung hat.)

In der Theorie der Gerechtigkeit als Fairneß spielt die ursprüngliche Situation der Gleichheit dieselbe Rolle wie der Naturzustand in der herkömmlichen Theorie des Gesellschaftsvertrags. Dieser Urzustand wird natürlich nicht als ein wirklicher geschichtlicher Zustand vorgestellt, noch weniger als primitives Stadium der Kultur. Er wird als rein theoretische Situation aufgefaßt, die so beschaffen ist, daß sie zu einer bestimmten Gerechtigkeitsvorstellung führt (.) Zu den wesentlichen Eigenschaften dieser Situation gehört, daß niemand seine Stellung in der Gesellschaft kennt, seine Klasse oder seinen Status, ebensowenig sein Los bei der Verteilung natürlicher Gaben wie Intelligenz oder Körperkraft. Ich nehme sogar an, daß die Beteiligten ihre Vorstellung vom Guten und ihre besonderen psychologischen Neigungen nicht kennen. Die Grundsätze der Gerechtigkeit werden hinter einem Schleier des Nichtwissens festgelegt. Dies gewährleistet, daß dabei niemand durch die Zufälligkeiten der Natur oder der gesellschaftlichen Umstände bevorzugt oder benachteiligt wird. Da sich alle in der gleichen Lage befinden und niemand Grundsätze ausdenken kann, die ihn aufgrund seiner besonderen Verhältnisse bevorzugen, sind die Grundsätze der Gerechtigkeit das Ergebnis einer fairen Übereinkunft oder Verhandlung. Denn in Anbetracht der Symmetrie aller zwischenmenschlichen Beziehungen ist dieser Urzustand fair gegenüber den moralischen Subjekten, d. h. den vernünftigen Wesen mit eigenen Zielen und – das nehme ich an – der Fähigkeit zu einem Gerechtigkeitsgefühl. Den Urzustand könnte man den angemessenen Ausgangszustand nennen, und damit sind die in ihm getroffenen Grundvereinbarungen fair. Das rechtfertigt die Bezeichnung »Gerechtigkeit als Fairneß«: Sie drückt den Gedanken aus, daß die Grundsätze der Gerechtigkeit in einer fairen Ausgangssituation festgelegt werden. Sie will nicht besagen, die Begriffe der Gerechtigkeit und der Fairneß seien ein und dasselbe, ebensowenig wie der Ausdruck »Dichtung als Metapher« sagen will, Dichtung und Metapher seien dasselbe.

Die Gerechtigkeit als Fairneß beginnt, so sagte ich, mit der allgemeinsten Entscheidung, die Menschen überhaupt zusammen treffen können, nämlich mit der Wahl der ersten Grundsätze einer Gerechtigkeitsvorstellung, die für alle spätere Kritik und Veränderung von Institutionen maßgebend sein soll. Nachdem sie nun eine Gerechtigkeitsvorstellung festgelegt haben, können wir uns vorstellen, daß sie eine Verfassung, ein Gesetzgebungsverfahren und anderes wählen müssen, alles gemäß den anfänglich vereinbarten Gerechtigkeitsgrundsätzen. Unsere gesellschaftlichen Verhältnisse sind gerecht, wenn das ihnen zugrundeliegende allgemeine Regelsystem durch diese Abfolge fiktiver Vereinbarungen erzeugt worden ist. Nimmt man an, daß der Urzustand tatsächlich ein System von Grundsätzen bestimmt (daß also eine bestimmte Gerechtigkeitsvorstellung gewählt würde), dann gilt des weiteren: Wer in gesellschaftliche Institutionen eingebunden ist, die diesen Grundsätzen entsprechen, kann einem anderen Mitglied gegenüber behaupten, beide arbeiteten nach Regeln zusammen, auf die sie sich einigen würden, wenn sie freie und gleiche Menschen wären und in fairen Beziehungen zueinander stünden. Alle könnten von ihren Verhältnissen behaupten, sie erfüllten die Bedingungen, die man in einem Urzustand aufstellen würde, der weithin anerkannte und vernünftige Einschränkungen für die Wahl der Grundsätze enthält. Die allgemeine Anerkennung dieser Tatsache wäre die Grundlage für die allgemeine Anerkennung der entsprechenden Gerechtigkeitsgrundsätze. Natürlich kann keine Gesellschaft ein Plan der Zusammenarbeit sein, dem die Menschen im buchstäblichen Sinne freiwillig beitreten; jedermann findet sich bei seiner Geburt in einer bestimmten Position in einer bestimmten Gesellschaft, die seine Lebenschancen entscheidend beeinflußt. Doch eine Gesellschaft, die den Grundsätzen der Gerechtigkeit als Fairneß entspricht, kommt einem freiwilligen System noch am nächsten, denn sie entspricht den Grundsätzen, denen freie und gleiche Menschen unter fairen Bedingungen zustimmen würden. In diesem Sinne sind ihre Mitglieder autonom und die von ihnen anerkannten Pflichten selbstauferlegt.

Zur Gerechtigkeit als Fairneß gehört die Vorstellung, daß die Menschen im Urzustand vernünftig sind und keine aufeinander gerichteten Interessen haben. Das bedeutet nicht, daß sie Egoisten wären, die also nur ganz bestimmte Interessen hätten, etwa an Reichtum, Ansehen oder Macht. Sie werden aber so vorgestellt, daß sie kein Interesse an den Interessen anderer nehmen. Sie halten selbst ihre geistigen Ziele für möglicherweise entgegengesetzt wie etwa die Ziele der Angehörigen verschiedener Religionen. Ferner muß der Begriff der Vernünftigkeit im engstmöglichen Sinne verstanden werden, wie es in der Wirtschaftstheorie üblich ist: daß zu gegebenen Zielen die wirksamsten Mittel eingesetzt werden. [...]

Bei der Erarbeitung des Begriffs der Gerechtigkeit als Fairneß besteht eine Hauptaufgabe offenbar in der Bestimmung der Gerechtigkeitsgrundsätze, die im Urzustand gewählt würden. Dazu müssen wir diesen Zustand ausführlicher beschreiben und das vorliegende Entscheidungsproblem sorgfältig formulieren. Ich werde mich damit in den unmittelbar folgenden Kapiteln beschäftigen. Übrigens ist es eine offene Frage, ob bei einer Einigung auf die Grundsätze der Gerechtigkeit in einer Situation der Gleichheit das Nutzenprinzip (»Principle of utility«. Gemeint ist das Prinzip der *Maximierung der Summe oder des Durchschnittswerts* des Nutzens. [Anm. d. Übers.]) anerkannt würde. Auf den ersten Blick erscheint es kaum als naheliegend, daß Menschen, die sich als Gleiche sehen und ihre Ansprüche gegeneinander geltend machen können, sich auf einen Grundsatz einigen sollten, der einigen geringere Lebenschancen auferlegt, nur weil die Summe der Vorteile für die anderen größer ist. Da jeder seine Interessen – die Möglichkeit, seiner Vorstellung vom Guten nachzugehen – schützen möchte, gibt es für niemanden einen Grund, sich selbst mit einem dauernden Verlust zufriedenzugeben, um insgesamt mehr Befriedigung hervorzubringen. Ohne starke und beständige altruistische Motive würde kein vernünftiger Mensch eine Grundstruktur akzeptieren, nur weil sie die Summe der Annehmlichkeiten für alle zusammengenommen erhöht – ohne Rücksicht auf ihre dauernden Wirkungen auf seine eigenen Grundrechte und Interessen. Das Nutzenprinzip scheint also unvereinbar zu sein mit der Vorstellung gesellschaftlicher Zusammenarbeit zwischen Gleichen zum gegenseitigen Vorteil, mit dem Gedanken der Gegenseitigkeit, der im Begriff einer wohlgeordneten Gesellschaft enthalten ist. Diese Auffassung werde ich jedenfalls vertreten.

Ich behaupte, daß die Menschen im Urzustand zwei ganz andere Grundsätze wählen würden: einmal die Gleichheit der Grundrechte und -pflichten; zum anderen den Grundsatz, daß soziale und wirtschaftliche Ungleichheiten, etwa verschiedener Reichtum oder verschiedene Macht, nur dann gerecht sind, wenn sich aus ihnen Vorteile für jedermann ergeben, insbesondere für die schwächsten Mitglieder der Gesellschaft. Nach diesen Grundsätzen kann man Institutionen nicht damit rechtfertigen, daß den Unbilden einiger ein größerer Gesamtnutzen gegenüberstehe. Es ist vielleicht zweckmäßig, aber nicht gerecht, daß einige weniger haben, damit es anderen besser geht. Es ist aber nichts Ungerechtes an den größeren Vorteilen weniger, falls es dadurch auch den nicht so Begünstigten besser geht. Die intuitive Vorstellung ist die, daß jedermanns Wohlergehen von der Zusammenarbeit abhängt, ohne die niemand ein befriedigendes Leben hätte, und daß daher die Verteilung der Güter jeden, auch den weniger Begünstigten, geneigt machen sollte, bereitwillig mitzuarbeiten. Die beiden soeben erwähnten Grundsätze dürften eine faire Grundlage dafür sein, daß die Begabteren oder sozial besser Gestellten – was beides nicht als Verdienst angesehen werden kann – auf die bereitwillige Mitarbeit anderer rechnen können, sofern eine funktionierende Regelung eine notwendige Bedingung für das Wohlergehen aller ist. (.) [...]

Die Gerechtigkeit als Fairneß ist ein Beispiel für das, was ich Gesellschaftsvertragstheorie nenne. Man könnte nun gegen den Ausdruck »Vertrag« oder ähnliche Ausdrücke Einwände erheben, doch ich halte ihn für ganz brauchbar. Viele Wörter haben irreführende Nebenbedeutungen, die zunächst Verwirrung stiften können. Die Ausdrücke »Nutzen« und »Utilitarismus« machen gewiß keine Ausnahme. Auch sie wecken unpassende Assoziationen, die sich böswillige Kritiker zunutze gemacht haben; doch wer sich mit der utilitaristischen Lehre beschäftigen möchte, für den sind sie eindeutig. Gleiches dürfte für den Ausdruck »Vertrag« in Theorien der Moral gelten. Wenn man ihn richtig verstehen will, muß man sich, wie ich schon sagte, vor Augen halten, daß er mit einer gewissen Abstraktion verbunden ist. Insbesondere soll ja die entsprechende Vereinbarung nicht in eine bestehende Gesellschaft eingebracht werden oder auf die Einführung einer bestimmten Regierungsform hinauslaufen, sondern auf die Festlegung bestimmter moralischer Grundsätze. Darüber hinaus sind die Vorgänge, von denen die Rede ist, rein theoretisch: Die Vertragstheorie behauptet, daß bestimmte Grundsätze in einer wohldefinierten Ausgangssituation akzeptiert würden.

Die Rede vom Vertrag hat den Vorzug, daran zu erinnern, daß man Gerechtigkeitsgrundsätze als Grundsätze auffassen kann, die von vernünftigen Menschen gewählt würden, wodurch sich Gerechtigkeitsvorstellungen erklären und rechtfertigen lassen. Die Theorie der Gerechtigkeit ist – vielleicht der wichtigste – Teil der Theorie der rationalen Entscheidung. Weiterhin beziehen sich Gerechtigkeitsgrundsätze auf konkurrierende Ansprüche auf die Früchte der gesellschaftlichen Zusammenarbeit; sie haben mit den Beziehungen zwischen mehreren Menschen oder Gruppen zu tun. Das Wort »Vertrag« weist auf diese Vielheit hin, ebenso auf die Bedingung, daß die Verteilung der Güter nach Grundsätzen erfolgen muß, die für alle Beteiligten annehmbar sind. Die Rede vom Vertrag deutet auch auf die Bedingung hin, daß die Gerechtigkeitsgrundsätze allgemein bekannt sein sollen. Erwachsen diese also aus einer Übereinkunft, so kennen die Bürger die Grundsätze, denen die anderen folgen. Gerade die Vertragstheorien betonen die Öffentlichkeit der politischen Grundsätze. Und schließlich: Die Vertragstheorie hat eine lange Tradition. Betont man die Verbindung zu dieser Denkrichtung, so fördert das die Bestimmtheit der Gedanken und entspricht einer natürlichen Pietät. Die Verwendung des Ausdrucks »Vertrag« hat also verschiedene Vorteile. Bei entsprechender Umsicht sollte er nicht irreführen.

[...]

[1971]

ALBERT CAMUS
[Freiheit und Gerechtigkeit]

[...] Bei uns in Westeuropa, zum Beispiel, steht die Freiheit offiziell hoch im Kurs. Nur gemahnt sie mich unwillkürlich an jene arme Verwandte, der wir in gewissen bürgerlichen Familien begegnen. Die Verwandte ist verwitwet, sie hat ihren naturgegebenen Beschützer verloren. Also hat man sie aufgenommen, ihr ein Dachstübchen zugewiesen und ihr Zutritt zur Küche gewährt. Zuweilen zeigt man sie sonntags in Gesellschaft vor, um zu beweisen, daß man der Tugendhaftigkeit nicht entbehrt und kein Unmensch ist. Aber im übrigen, und insbesondere bei feierlichen Gelegenheiten, ist sie gebeten, die Klappe zu halten. Und wenn ein zerstreuter Polizist sie auch ein bißchen in dunklen Ecken vergewaltigt, macht man kein Aufhebens davon; sie ist noch ganz andere Dinge gewöhnt, vor allem vom Hausherrn, und schließlich lohnt es sich nicht, deswegen Scherereien mit der Obrigkeit zu kriegen. Im Osten ist man da allerdings offener vorgegangen. Man hat ein für allemal mit der armen Verwandten abgerechnet und sie in einen Wandschrank hinter Schloß und Riegel gesetzt. Es heißt, in ungefähr einem halben Jahrhundert werde man sie wieder hervorholen, sobald die ideale Gesellschaft endgültig eingerichtet sei. Dann sollen ihr zu Ehren Feste gefeiert werden. Aber meiner Ansicht nach wird sie dann ein bißchen von Motten zerfressen sein, und ich fürchte sehr, daß man sie nicht mehr wird verwenden können. Wenn wir noch hinzufügen, daß diese beiden Auffassungen der Freiheit – Wandschrank und Küche – beschlossen haben, sich gegeneinander durchzusetzen, so daß sie gezwungen sind, in all dem Trubel die arme Verwandte noch straffer an der Kandare zu halten, dann verstehen wir mühelos, warum unsere Geschichte viel eher die Geschichte der Sklaverei ist als die der Freiheit und warum die Welt, in der wir leben, so aussieht, wie sie uns dargestellt wurde, wie sie uns jeden Morgen aus der Zeitung in die Augen springt und somit unsere Tage und Wochen zu einem einzigen Tag der Empörung und des Ekels macht.

Am einfachsten und demzufolge verlockendsten ist es, die Regierungen oder irgendwelche dunklen Mächte für diese häßlichen Manieren verantwortlich zu machen. Es stimmt freilich, daß sie schuldig sind, und zwar auf eine so undurchdringliche und altvererbte Weise schuldig, daß die Ursprünge nicht mehr entwirrt werden können. Aber sie sind nicht allein verantwortlich. Denn, nicht wahr, wenn die Freiheit immer nur die Regierungen als Zieheltern gehabt hätte, steckte sie aller Wahrscheinlichkeit nach heute noch in den Kinderschuhen oder wäre unwiderruflich unter einem Grabstein mit der Inschrift ›Ein Engel im Himmel‹ begraben. Die Gesellschaft des Kapitals und der Ausbeutung wurde meines Wissens nie beauftragt, für Freiheit und Gerechtigkeit zu sorgen. Die Polizeistaaten sind nie in den Verdacht gekommen, in den Kellern, wo sie ihre Kunden befragen, rechtswissenschaftliche Hochschulkurse abzuhalten. Wenn sie also unterdrücken oder ausbeuten, gehorchen sie nur ihrem Daseinszweck, und wer immer ihnen unkontrolliertes Verfügungsrecht über die Freiheit einräumt, darf sich nicht wundern, sie alsogleich entehrt zu sehen. Wenn die Freiheit heute erniedrigt oder in Fesseln gelegt wird, dann nicht, weil ihre Feinde Verrat geübt hätten, sondern gerade eben, weil sie ihren naturgegebenen Beschützer verloren hat. Ja, die Freiheit ist Witwe; aber wir müssen der Wahrheit zuliebe hinzufügen: Sie ist unser aller Witwe.

Die Freiheit ist Sache der Unterdrückten, und ihre Beschützer stammten zu allen Zeiten aus unterdrückten Völkern. Im Europa der Feudalherren haben die Gemeinden das Salz der Freiheit bewahrt; die Bewohner von Dörfern und Städten haben ihr 1789 zu einem flüchtigen Sieg verholfen; vom 19. Jahrhundert an haben die Arbeiterbewegungen die ehrenvolle doppelte Verantwortung für Freiheit und Gerechtigkeit übernommen, und es wäre ihnen nie im Traum eingefallen, sie als unvereinbar zu bezeichnen. Die Hand- und Kopfarbeiter haben der Freiheit einen Körper verliehen und ihr Wachstum auf Erden gefördert, bis sie zum eigentlichen Prinzip unseres Denkens wurde, zur unentbehrlichen Luft, die wir selbstverständlich atmen, bis zum Augenblick, da wir uns auf den Tod krank fühlen, weil sie uns fehlt. Und wenn sie heute in so weiten Teilen der Welt ins Hintertreffen gerät, erklärt sich dies zweifellos aus dem Umstand, daß die Bestrebungen der Versklavung nie zynischer und besser gerüstet waren, daß aber andererseits ihre eigentlichen Verteidiger sich aus Müdigkeit, aus Verzweiflung oder aus einer falschen Vorstellung von Strategie und Zweckdienlichkeit von ihr abgekehrt haben. Ja, das entscheidende Ereignis des 20. Jahrhunderts bestand darin, daß die revolutionäre Bewegung die Werte der Freiheit aufgab, daß der Sozialismus der Freiheit immer weiter vor dem Sozialismus des Cäsarentums und des Militärs zurückwich. Im gleichen Augenblick verschwand eine gewisse Hoffnung aus der Welt, und für jeden freien Menschen begann Einsamkeit.

Als sich im Anschluß an Marx das Gerücht zu verbreiten begann, die Freiheit sei eine bürgerliche Schaukel, war in dieser Formulierung nur ein Wort falsch gestellt, aber diese falsche Wortstellung müssen wir noch heute in den Umwälzungen des Jahrhunderts teuer bezahlen. Denn es hätte einfach heißen müssen, die bürgerliche Freiheit sei eine Schaukel, nicht aber jede Freiheit.

Man hätte im Gegenteil sagen müssen, die bürgerliche Freiheit sei keine Freiheit oder bestenfalls noch keine Freiheit, aber es gebe Freiheiten zu erobern und auf immer zu bewahren. Es stimmt allerdings, daß es für einen Mann, der den ganzen Tag an die Drehbank gefesselt ist und sich abends mit seiner Familie in einen einzigen Raum zusammengepfercht sieht, keine mögliche Freiheit gibt. Aber das bricht den Stab über eine Klasse, eine Gesellschaft und die Knechtschaft, auf der sie gründet, nicht über die Freiheit selbst, der auch der Ärmste unter uns nicht entraten kann. Denn selbst wenn die Gesellschaft sich mit einem Schlag verwandeln und jedermann anständige, behagliche Lebensbedingungen bieten sollte, aber der Freiheit ermangelte, wäre sie noch immer eine Barbarei. Und wenn die bürgerliche Gesellschaft von der Freiheit redet, ohne sie in die Tat umzusetzen, heißt das dann, daß auch die Arbeitergesellschaft darauf verzichten soll, sie zu üben, um sich lediglich zu rühmen, sie nicht im Munde zu führen? Indessen griff die Verwirrung um sich, und innerhalb der revolutionären Bewegung wurde die Freiheit allmählich verurteilt, weil die bürgerliche Gesellschaft einen betrügerischen Gebrauch von ihr machte. Ausgehend von einem guten, gesunden Mißtrauen gegenüber aller Art Prostitution, zu der die Freiheit von der bürgerlichen Gesellschaft gezwungen wurde, ist man schließlich der Freiheit selbst gegenüber mißtrauisch geworden. Im besten Fall hat man sie ans Ende der Zeiten verwiesen und alle Welt gebeten, bis dahin nicht mehr von ihr zu sprechen. Man versicherte, zunächst müsse Gerechtigkeit geschaffen werden, als könnten Sklaven jemals hoffen, Gerechtigkeit zu erlangen. Wortkräftige Intellektuelle verkündeten dem Arbeiter, sein einziges Problem sei das Brot und nicht die Freiheit, als wüßte der Arbeiter nicht, daß sein Brot auch von der Freiheit abhängt. Und gewiß war angesichts der beharrlichen Ungerechtigkeit der bürgerlichen Gesellschaft die Versuchung groß, eine so überspitzte Haltung einzunehmen. Genau besehen findet sich vielleicht kein einziger unter uns, der ihr nicht in Tat oder Gedanken einmal nachgegeben hätte. Aber die Geschichte ist weitergegangen, und was wir gesehen haben, muß uns jetzt zum Nachdenken bewegen. Die Revolution der Arbeiter hat 1917 gesiegt, und damals erhob sich wirklich die Morgenröte der echten Freiheit und die gewaltigste Hoffnung, die diese Welt je gekannt hat. Aber diese eingekreiste, von innen wie von außen bedrohte Revolution schuf sich Waffen, eine Polizei. Sie trat das Erbe einer Formel und einer Doktrin an, die ihr die Freiheit unseligerweise verdächtig erscheinen ließen, und so erschöpfte sich ihr Schwung nach und nach, während die Polizei immer stärker wurde, bis die gewaltigste Hoffnung der Welt in der tüchtigsten Diktatur der Welt verknöcherte. Die falsche Freiheit der bürgerlichen Gesellschaft fühlt sich dabei kein bißchen weniger wohl. Was in den Prozessen von Moskau und anderswo, was in den Lagern der Revolution getötet wurde, was ermordet wird, wenn zum Beispiel ein Eisenbahner in Ungarn wegen beruflicher Fahrlässigkeit erschossen wird, ist nicht etwa die bürgerliche Freiheit, sondern die Freiheit von 1917. Die bürgerliche Freiheit kann ihrerseits zur selben Zeit mit ihrer ganzen Bauernfängerei weitermachen. Die Prozesse, die Entartungen der revolutionären Gesellschaft liefern ihr ein gutes Gewissen und Argumente.

Was schließlich die Welt kennzeichnet, in der wir leben, ist gerade diese zynische Dialektik, die der Verknechtung die Ungerechtigkeit entgegenhält und die eine durch die andere verschärft. Wenn man Franco, den Freund von Goebbels und Himmler, zur Hochburg der Kultur Zutritt gewährt, Franco, dem wahren Sieger des Zweiten Weltkriegs, und jemand Einspruch erhebt und versichert, daß die in der Charta der Vereinten Nationen niedergelegten Menschenrechte tagtäglich in Francos Gefängnissen verhöhnt werden, erhält er die ganz ernsthafte Antwort, auch Polen sei Mitglied der Vereinten Nationen, und was die Achtung vor den öffentlichen Freiheiten angehe, hätten beide Länder sich gegenseitig nichts vorzuwerfen. Ein stumpfsinniges Argument, fürwahr! Wenn Ihnen das Unglück zugestoßen ist, Ihre ältere Tochter mit einem Feldwebel des afrikanischen Strafbataillons zu verheiraten, ist das kein Grund, die jüngere mit einem Inspektor der Sittenpolizei zu verehelichen: Ein räudiges Schaf in der Familie ist genug. Indessen ist das stumpfsinnige Argument wirksam, das beweist man uns alle Tage. Wenn jemand auf die Kolonialsklaven hinweist und nach Gerechtigkeit schreit, hält man ihm die Insassen russischer Konzentrationslager entgegen und umgekehrt. Und wenn jemand gegen die Ermordung des Historikers Kalandra protestiert, der in Prag der Opposition angehörte, so wirft man ihm zwei oder drei amerikanische Neger an den Kopf. In dieser widerlichen gegenseitigen Übersteigerung bleibt nur eines sich immer gleich: das Opfer, stets dasselbe. Ein einziges Gut wird unablässig vergewaltigt oder prostituiert: die Freiheit; und dann wird man gewahr, daß zugleich mit ihr überall auch die Gerechtigkeit in den Kot getreten wird.

Wie soll man diesen Höllenkreis durchbrechen? Es ist klar, daß dies nur geschehen kann, indem wir von dieser Stunde an, in uns und rings um uns, den Wert der Freiheit erneuern und nie wieder darein willigen, daß sie – und wäre es vorübergehend – geopfert oder von unserer Forderung nach Gerechtigkeit getrennt wird. Für uns alle kann heute nur eine einzige Parole gelten: In nichts nachgeben, was die Gerechtigkeit betrifft, und auf nichts verzichten, was die Freiheit angeht. Insbesondere sind die paar demokratischen Freiheiten, deren wir noch teilhaftig bleiben, keine leeren Illusionen, die wir uns widerspruchslos rauben lassen dürfen. Sie stellen genau das dar, was uns von den großen revolutionären Eroberungen der letzten zwei Jahrhunderte verbleibt. Sie sind keineswegs die Verneinung der echten Freiheit, wie so viele listige Demagogen uns dies aufschwatzen wollen. Es gibt keine Idealfreiheit, die uns eines Tages mit einem Schlag geschenkt würde, so wie man am Ende seines Lebens seine Rente bezieht. Die Freiheiten müssen erkämpft werden, eine nach der anderen, und die uns verbleibenden sind Etappen, unzureichende, gewiß, aber doch Etappen auf dem Weg zu einer greifbaren Befreiung. Wenn wir einwilligen, sie abschaffen zu lassen, bringt uns das keinen Schritt vorwärts. Im Gegenteil, es ist ein Rückschritt, ein Rückzug, und eines Tages werden wir den Weg von neuem gehen müssen, aber dieser neue Kampf wird wiederum den Schweiß und das Blut der Menschen kosten.

[...]
[1953]

Solidarität

Wo Menschen wie Staub durcheinander gewirbelt werden, ist Wirklichkeit mit Gewißheit dort, wo Freunde echte Freunde sind in der faktischen Kommunikation ihres Offenbarwerdens und der Solidarität persönlicher Treue.

Aus der Einsamkeit befreit nicht die Welt, sondern das Selbstsein, das sich dem Anderen verbindet. Unsichtbare Wirklichkeit des Wesentlichen ist diese *Zusammengehörigkeit der Selbstseienden*. Da es kein objektives Kriterium des verläßlichen Selbstseins gibt, könnte dieses nicht direkt zu Machtgruppen gesammelt werden. Es gibt, wie man gesagt hat, »keinen Trust der anständigen Leute«. Das ist ihre Schwäche; denn ihre Stärke kann nur in der Unsichtbarkeit bestehen. Es gibt die in keinem Vertrag zu fixierende Bindung, welche stärker ist als nationale, staatliche, parteiliche und soziale Gemeinschaft oder als die Rasse. Nie unmittelbar, wird sie erst in ihren Folgen sichtbar.

Das Beste, was heute geschenkt werden kann, ist diese *Nähe selbstseiender Menschen*. Sie sind sich die Garantie, daß ein Sein ist. In der Welt sind die Gestalten, die als Wirklichkeit mich berührt haben, nicht die Vorübergehenden, die nur gesellig waren, sondern die mir Bleibenden, welche mich zu mir brachten. Wir haben kein Pantheon mehr, aber den Raum der Erinnerung wahrer Menschen, denen wir danken, was wir sind. Es sind uns nicht zuerst entscheidend die nur historisch bekannten Großen, sondern diese in dem Maße, in welchem sie gleichsam wiedererkannt wurden in denen, die uns als Lebende wirklich waren. Diese sind für uns jeweils im sicheren Wissen ihrer Nähe, bleiben ohne Anspruch nach außen, ohne Vergötterung und Propaganda. Sie kommen nicht schon vor unter dem, was öffentlich allgemein und gültig ist, und tragen doch den rechten Gang der Dinge.

Wahrer Adel ist nicht in einem isolierten Wesen. Er ist in der Verbundenheit der eigenständigen Menschen. Sie kennen die Verpflichtung, stets auszuschauen nacheinander, sich zu fördern, wo sie sich begegnen, und bereit zu sein zur Kommunikation, wartend ohne Zudringlichkeit. Ohne Verabredung kennen sie eine Treue des Zusammenhaltens, die stärker ist als Verabredung. Diese Solidarität erstreckt sich noch auf den Feind, wenn Selbstsein mit Selbstsein zu echter Gegnerschaft kommt. Es verwirklicht sich, was etwa in politischen Parteien quer durch alle Trennungen die Solidarität der Besten sein könnte, die sich spürt, auch wenn es nicht zum Ausdruck kommt, weil kein Anlaß ist oder weil die Möglichkeit durch Situationen verbaut ist.

Die Solidarität dieser Menschen hat sich *zu scheiden* von den überall geschehenden faktischen Bevorzugungen aus Sympathie und Antipathie; von der eigentümlichen Anziehungskraft, die alle Mediokrität aufeinander ausübt, weil sie sich wohlfühlt im Ausbleiben hoher Ansprüche; von dem lahmen aber stetig und still wirkenden Zusammenhalten der Vielen gegen die Wenigen. Während alle diese sich sicher fühlen durch die Masse, in der sie sich begegnen und daraus sie ihr Recht ableiten, ist die Solidarität der Selbstseienden zwar unendlich gewisser in der persönlichen Verläßlichkeit bis in die unobjektivierbaren Ausläufer des Verhaltens, aber unsicher in der Welt durch die Schwäche ihrer geringen Zahl und die Ungewißheit des Sichtreffens. Die anderen haben Dutzende von Menschen zu Freunden, die keine sind, diese sind wohl glücklich, wenn sie Einen haben.

Adel der selbstseienden Geister ist *zerstreut* in der Welt. Wer in ihn eintritt, erwählt sich nicht durch Beurteilung, sondern durch Verwirklichung seines eigenen Seins. Die Einheit dieser Zerstreutheit ist wie eine unsichtbare Kirche eines *corpus mysticum* in der anonymen Kette der Freunde, von der hier und dort ein Glied durch Objektivität seines Tuns anderem, vielleicht fernem Selbstsein sichtbar wird. In diesem *gestaltlosen Geisterreich* finden sich jeweils Einzelne, die sich in gegenwärtiger Nähe entzünden durch die Strenge ihrer Kommunikation. Sie sind jeweils der Ursprung des höchsten Aufschwungs, der jetzt in der Welt möglich ist. Nur sie gestalten eigentlich Menschen.

[1930]

ROLF SCHROERS
Illegale Solidarität

[...]

Die Ausnahmesituation, in der sich der Illegale befindet, die er zugleich selber schafft, erzwingt eine eigene, unvergleichliche Solidarität. Zwar haben mehr oder weniger gemeinsame Motive den Zusammenschluß zur Aktion bewirkt; doch die Aktion schafft ein Mehr, sie stiftet die eigentümlich bittere, harte und ekstatische Moral der Bande. In der und durch die Aktion entfallen letzte Zweifel dadurch, daß die Aktion als solche umschweiflos präzis ist. Was nicht in das Ereignis eingeht, ist schon darum überflüssig und wird abgetan. Der Glaube, von dem Lawrence spricht, kommt unmittelbar aus dem Erlebnis der bedrohten Gemeinschaft der Täter; er wird in der Aktion durch Taten formuliert, die jede erdenkliche konkrete Bestimmtheit haben. Die Intellektuellen, die dem modernen Partisanentum eine merkwürdige geistige Intensität gegeben haben, erfuhren im Widerstand die Faszination des Bestimmten. Sie erfuhren es dadurch, daß sie auf Bestimmtes stießen. Gegen die tödliche Kugel verschlägt kein Argument außer dem einen, ihr tödlich zuvorzukommen. Der Beweis durch die Tat schien nach allen Beweisen, die sich zur geistigen Vergeblichkeit des 19. Jahrhunderts summieren, der allein noch gültige, allein würdige. Er trägt der schlichten Tatsache Rechnung, daß zu bezahlen ist. Daß die Rechnung, die hier zu begleichen war, nur durch Blut eine mystische Deckung fand, ist die Entdeckung der partisanischen Intelligenz. Der Tod war dreckig geworden, seitdem er nicht mehr die Unverwundbarkeit der Menschen bezeugte; er war als Beweis dieser Unverwundbarkeit neu zu bestätigen. Keine Argumente, sondern der Mensch selber wurde dadurch wieder triftig und auf ungeheuerliche Weise kostbar, gerade weil er das physische Leben nicht als letzten Wert fristen wollte, sondern preisgab.

Die Größe der – materialistischen – Folgerichtigkeit der Philosophie Ernst Blochs liegt darin, daß seine utopistische Rationalität die irdische Unsterblichkeit des Menschen als systemgegeben verlangt. Er weiß, daß der Tod das Argument schlechthin ist, jeden Fortschrittsgedanken, der das Vorläufige für sich kassiert, zu widerlegen. Fortschritt muß auf einen endgültigen Zustand abzielen, der als Zustand unsterblich ist und den unsterblichen Menschen nicht als Gattung nur, sondern einzeln tatsächlich verlangt. Bloch hat damit die geheime Rechnung aufgedeckt, die uns in der banalen Form neuzeitlicher Versicherungssucht überall begegnet, die Evelyn Waugh am modernen Beerdigungswesen abschmeckte, die den perfekten Humanismus, der kein Blut sehen kann, motiviert, die den Leib mit Frischzellen aufarbeitet. Die den Tod zu einem peinlichen Versehen der Natur macht, das zu entkräften ist.

Der Feind des Partisanen hat die Bestimmtheit des Todes. Er bringt den Widerstand auf die Formel der Sterblichkeit. Aber wenn auch der getötete Feind erledigt ist, der getötete Partisan ist eben das nicht. Er ist vielmehr bestätigt. Er nimmt die Herausforderung auf Leben und Tod an, um schon mit dieser Annahme die Herausforderung als nichtig zu widerlegen. Die Solidarität der Bande lebt aus dem Mysterium, das die Herausforderung als nichtig erkennt. Die Bandenmoral – so sehr sie auf die Bewältigung der konkreten Situation bezogen ist, und weil sie in der unausweichlichen Situation so wirklich wird – betreibt die grausame Disziplin dieses Mysteriums und ist anders nicht zu verstehen.

Der illegale Widerstand gegen die herrschende Gewalt setzt ja voraus, daß dem Partisan die Würdelosigkeit des fügsamen Lebens bewußt und entsetzlich wird, so daß er dieses fügsame Leben lieber aufgibt, als sich zu ihm als einer letzten Lebensmöglichkeit zu fügen. Dadurch, daß er sich dem Tode preisgibt, gewinnt er die Würde der Person wieder, und damit alle Kostbarkeit, die das Leben verteidigungswert macht. Die Solidarität der Bande sichert die Unantastbarkeit dieser Würde als das Geheimnis eines jeden einzelnen, das niemals der Tod, aber dauernd die Lebensgier selber gefährdet. Der Abfall, den der Feind mit dem Druck und der Drohung seiner konzentrierten Gewalten erzwingen will, der dieser Würde Konzession ablistet, ist jeden Augenblick im Kern gegenwärtig.

In dem polnischen Film *Der Kanal* war dem Hauptmann der feige Schreiber gesellt, an dem die Solidarität der Bande zerbrach, weil er im Augenblick des Untergangs, als das Schicksal aller besiegelt war, ans Überleben dachte. Das war sein innerer Verrat, der den äußeren Verrat unmittelbar zeitigte. Der Hauptmann vollstreckte das eigenmächtige Todesurteil an ihm mit seiner Pistole:

In einem Augenblick, wo dieses Urteil nur noch die einsame Größe der Solidarität betraf, löste er den gleichsam transzendentalen Schuß aus, der aber konkret tötete. Schuld und Schuld sind unlösbar verschmolzen. Der Schuß des Hauptmanns tilgte den Verräter aus der Gemeinschaft, die der Untergang aller bestätigte; er sprach dem Schreiber die Eidfähigkeit ab. Das Urteil hatte keinen Nutzen mehr. Aber Erbarmen wäre eine Sünde wider den Geist der Solidarität gewesen. Der Verrat des Schreibers traf als Frevel die Glaubwürdigkeit, den Glauben selbst. Wer gegen das Leben sich für das Überleben entscheidet, ist abgefallen. Der polnische Film gab für diese Situation einen äußersten Moment. In der Realität des illegalen Kampfes und für seine ganze verzweifelte Dauer ist jeder Moment von solchem Abfall bedroht. Die Integrität des Widerstandes ist nicht im Verhältnis zum Feind, sondern im Verhältnis zum Mitverschworenen der schlimmsten Belastung ausgesetzt; sie reicht tiefer als der pragmatische Kalkül. Die partisanische Gerechtigkeit kann terroristisch verdorben sein.

[...]

[1961]

IV. Formen

Einleitung

Wie das Verhältnis zwischen Staat und Gesellschaft beschaffen sei, ist eine der zentralen, der meistdiskutierten, aber auch fast immer kontrovers diskutierten Fragen im politischen Denken des 20. Jahrhunderts. Ist der Staat eine der Gesellschaft gegenüber autonome Größe, die mit eigenen Zielsetzungen regulierend in die Gesellschaft eingreift, oder aber ist der Staat durch die Gesellschaft bestimmt und beherrscht, eine gesellschaftlich ausdifferenzierte Institution, versehen mit dem Auftrag, durch Interventionen von außen die Stabilität der Gesellschaft zu gewährleisten, dabei jedoch immer unter gesellschaftlicher Kontrolle verbleibend – einer Kontrolle, die für eine Reihe marxistischer Theoretiker so weit geht, daß sie im Staat einen Ausschuß der herrschenden Klasse gesehen haben. Wladimir Ilitsch Lenin *hat so argumentiert: Der Staat ist ein Produkt der Gesellschaft, das als eine scheinbar über der Gesellschaft stehende Macht von dieser abgespalten wurde, um ihre inneren Gegensätze entweder zu schlichten oder aber zu unterdrücken. So ist die Existenz des Staates Ausdruck der Unversöhnlichkeit der Klassengegensätze in der Gesellschaft, was für Lenin, darin ganz in der Marxschen Tradition stehend, aber auch heißt, daß mit dem Verschwinden der Klassengegensätze auch der Staat zum Verschwinden gebracht, d. h. wieder in die Gesellschaft zurückgenommen werden kann. Freilich – und das ist die Besonderheit der von Lenin entwickelten Auffassung – wird der Staat nicht von selber verschwinden, sondern muß durch eine Revolution umgestürzt und in die Hände der Revolutionäre gebracht werden.*

Auch Hermann Heller *konzediert, daß, was die Sphäre der Interessen anbetrifft, die Gesellschaft über den Staat (und mitunter auch das Recht) herrscht, aber die sozialdemokratische Position Hellers unterscheidet sich von der Lenins darin, daß Heller auch eine Herr-*

schaft des Staates über die Gesellschaft kennt, und zwar vermittels der Rechtsordnung. Ist für Lenin vorderhand Recht eine Kodifikation von Klasseninteressen, so entwickelt Heller die Rechtsidee von der doppelten Grenze der Macht her: der Grenze des Könnens, jenseits derer die Ressourcen der Macht nicht hinreichen, den angestrebten Zweck durchzusetzen, und der Grenze des Dürfens: Recht entsteht, wo das Können der Macht unbeschadet der ihm eigenen Grenze auch um die Grenze des Dürfens weiß. Damit ist das Abhängigkeitsverhältnis des Rechts von der Gesellschaft nicht aufgehoben oder gar überwunden – es besteht fort, aber als ein wechselseitiges Spannungsverhältnis zwischen (staatlichem) Recht und (gesellschaftlicher) Macht, und welche Seite je das Übergewicht hat, ist nicht apriorisch ableitbar, sondern eine Frage der konkreten politischen Machtverhältnisse. Diese Machtverhältnisse treten auch in dem von Leo Trotzki geprägten Begriff der Doppelherrschaft in den Mittelpunkt der Betrachtung: Trotzki bezeichnet damit eine Situation, in der die revolutionäre Klasse bereits Teile der Macht im Staate erobert hat, der Staatsapparat sich aber noch in den Händen der alten Klasse befindet. Trotzki will diese Situation jedoch nicht durch einen Klassenkompromiß ins Gleichgewicht bringen und so stabilisieren (Otto Kirchheimer hat später die Konzeption des Klassenkompromisses zur Beschreibung der politischen Grundlage der Weimarer Republik verwendet), er will die Doppelherrschaft nicht in eine wie auch immer geartete Form der Gewaltenteilung überführen, sondern begreift sie als eine Durchgangsetappe der Revolution, hinter der jener Bürgerkrieg lauert, in dem die definitive Entscheidung über die Verteilung der Macht fallen muß.

Zu einer gänzlich anderen Beurteilung des Verhältnisses zwischen Staat und Gesellschaft ist – aus konservativer Sicht – Arnold Gehlen gekommen. Der Staat, so Gehlens Beschreibung der wohlfahrtsstaatlichen Entwicklung in der Bundesrepublik Deutschland, ist von der Gesellschaft überwältigt und in Dienst genommen worden, der Leviathan, jenes von Hobbes gewählte Symbol, das die Unüberwindlichkeit staatlicher Macht durch gesellschaftliche Kräfte versinnbildlichen sollte, ist zu einer Milchkuh geworden, die von den gesellschaftlichen Kräften je nach den politischen Mehrheitsverhältnissen gemolken werden kann. Der Staat, auf welchen Gehlen zurückblickt, ist jener Staat des Thomas Hobbes, in dem ein

Souverän nach eigenen Ziel- und Zwecksetzungen herrscht. – Nicht die Gesellschaft selbst, sondern die Politik ist es, die, wie Niklas Luhmann *zu zeigen versucht, den Staat überfordert; die Politik, so Luhmanns pointierte Formel, ist der Parasit der Bürokratie, insofern sie, im demokratischen Staat orientiert an den Bedürfnissen der Bevölkerung, den Staat zur Befriedigung dieser Bedürfnisse einsetzt, so das allgemeine Anspruchsniveau weiter steigert, den Staatsapparat mit immer neuen Forderungen konfrontiert und schließlich überfordert.*

Die Frage nach dem Verhältnis zwischen Staat und Gesellschaft ist kaum zu trennen von der nach der Verfaßtheit des »body politic«: Ist der politische Körper, wie eine der metaphorischen Charakterisierungen des politischen Gemeinwesens lautet, in der Lage, sich selbst zu organisieren, oder bedarf er zu seiner Fortexistenz der Regelung und Überwachung von außen? Diese auf den ersten Blick eher akademisch anmutende Frage konkretisiert sich in der politischen Alternative von Demokratie und Diktatur. Diese Alternative, die am Ende des 20. Jahrhunderts keine mehr ist bzw. viel von ihrer einstigen Brisanz verloren hat (allenfalls wird konzediert, daß sie in einigen Ländern der Dritten Welt noch eine gewisse Bedeutung hat), hat das politische Denken in Europa während der ersten Hälfte des Jahrhunderts bestimmt. Eine der Konkretionen dieser Alternative war die Diskussion über die Voraussetzungen der Entstehung und Stabilisierung einer Demokratie. So hat Rosa Luxemburg *entschiedene Zweifel an der These Eduard Bernsteins angemeldet, wonach die Demokratie eine unvermeidliche Etappe der modernen Gesellschaftsentwicklung darstelle. Kapitalistische und demokratische Entwicklung, so Luxemburg, liefen spätestens seit dem Entstehen der Arbeiterbewegung in Europa und den Anfängen der »Weltpolitik« (so der damals gebräuchliche Begriff für das, was später allgemein als Imperialismus bezeichnet worden ist) nicht mehr parallel; beides nämlich treibe das Großbürgertum, das im 19. Jahrhundert in Deutschland zweifellos der Träger der demokratischen Entwicklung gewesen sei, in die Arme der Reaktion. Auf lange Sicht sei darum nicht die Bourgeoisie, sondern nur das Proletariat ein zuverlässiger Träger der Demokratie. Deswegen auch gehörten Sozialismus und Demokratie unlöslich zusammen.*

Nicht nach Klassen und Parteien als politischen Trägern der De-

mokratisierung, sondern nach den sozialen Funktionsvorausset-
zungen der Demokratie fragt Hermann Heller. *Kann Demokratie*
nämlich definiert werden als Bestellung politischer Repräsentanten
durch das Volk, wobei die Parteien als Instanzen der Vermittlung
von Vielheit zu Einheit fungieren, so steht für Heller außer Frage –
und damit steht er ganz in der Tradition der klassischen Demokra-
tietheorie –, daß ein gewisses Maß an sozialer Homogenität vonnö-
ten ist, damit aus der Vielheit der unterschiedlichen sozialen Inter-
essen eine politische Einheit werden kann. Ausdrücklich heißt dies
für Heller jedoch nicht, daß Demokratie erst nach einer sozialisti-
schen Revolution, also erst als sozialistische Demokratie, möglich
ist, denn das geforderte Maß an sozialer Homogenität ist für ihn
nicht identisch mit der Überwindung einer antagonistischen Gesell-
schaftsstruktur, einer Gesellschaftsordnung also, in der Produk-
tionsmittelbesitzer und Lohnarbeiter einander in einem antagoni-
stischen Interessengegensatz gegenüberstehen. Was Heller jedoch
für unerläßlich ansieht, damit eine Demokratie auf Dauer funktio-
nieren kann, ist die Flankierung der durch den bürgerlichen
Rechtsstaat bereits herbeigeführten zivilen Homogenität durch
einen sozialen Ausgleich, der den Verdacht der Armen ausräumt,
die demokratische Ordnung sei bloß eine Verschleierung der Dik-
tatur der Reichen. .

   Dagegen hat Joseph Schumpeter *in seiner Demokratietheorie auf*
die Diskussion von sozialen Funktionsvoraussetzungen der Demo-
kratie verzichtet, implizit jedoch unterstellt, daß diese immer schon
gegeben sind. Demnach ist Demokratie eine Form der Entschei-
dungsfindung vermittels eines Konkurrenzkampfs um Stimmen.
Schumpeter begreift diese Konkurrenz um Stimmen in Analogie zur
kapitalistischen Konkurrenz um Märkte und erneuert so die Vorstel-
lung von einer parallelen Entwicklung des Kapitalismus und der
Demokratie, gegen die Rosa Luxemburg polemisiert hatte. Schum-
peter hat in seiner Definition den Demokratiebegriff entsubstanzia-
lisiert, wodurch das schwierige Problem der Ermittlung des Volks-
willens entfällt: An seine Stelle tritt der leicht zu ermittelnde Wille
der Mehrheit der Wähler, die sich für die eine oder andere der um die
Stimmen konkurrierenden Parteien entscheiden. Demgegenüber
hat Karl Jaspers *die damit einhergehende zunehmende Mediatisie-*
rung des Volkes durch die Parteien als Aushöhlung der Demokratie

kritisiert. Die Alternativen, die dem Wähler zur Entscheidung vorgelegt würden, seien durch die Parteien faktisch vorentschieden, der wirkliche Einfluß der Wähler also minimal. Was Schumpeter als großen Vorzug seiner Demokratiedefinition gepriesen hat, nämlich die Zuspitzung eines zur Entscheidung anstehenden Problems auf eine klare Alternative, deren zwei Möglichkeiten durch je eine Partei repräsentiert werden, wird von Jaspers als stillschweigende Liquidierung der Demokratie und ihre Ablösung durch eine Parteienoligarchie begriffen.

Nicht immer ist die Diktatur als Gegensatz zur Demokratie begriffen und dargestellt worden, was sie in ihren Anfängen als altrömisches Verfassungsinstitut ja auch keineswegs gewesen ist. An die ursprüngliche Funktion der Diktatur in der römischen Republik als befristete Außerkraftsetzung der magistratischen Ordnung mit dem Ziel der Sicherung ihrer Voraussetzungen sucht Carl Schmitt *anzuknüpfen, wenn er von der Diktatur sagt, sie ignoriere das Recht, um es zu verwirklichen. So bleibt die Diktatur als Ausnahme von der Norm finalistisch auf die Norm bezogen; der Gegensatz zwischen der zu verwirklichenden Norm und den Methoden ihrer Verwirklichung ist für Schmitt nicht unlösbar, sondern in funktionaler Subsumtion – jedenfalls bei der kommissarischen Diktatur – zu schlichten.* Hermann Heller *blieb gegenüber solchen Versuchen, die Diktatur als ein politisches Instrument salonfähig zu machen, skeptisch: Alle Diktatoren, so sein Einwand, behaupteten, sie wollten die Demokratie befördern (tatsächlich hat Carl Schmitt später den Unterschied zwischen einer Diktatur und einer Demokratie marginalisiert). Daß dies mit diktatorischen Methoden jedoch kaum möglich ist, zeigt Heller am Umgang mit der Korruption: Ihrem Anspruch nach ist die Diktatur nämlich ein Instrument der Korruptionsverhinderung, ja sogar der Beseitigung der in einer Demokratie, wie behauptet wird, immer wieder um sich greifenden Korruption – eine Behauptung, auf die sich bis heute Militärs bei ihren Staatsstreichen und Revolten stützen. Das mag kurzfristig gelegentlich sogar richtig sein, langfristig jedoch ist, wie Heller zeigt, die Demokratie als Methode der Korruptionsverhinderung der Diktatur deutlich überlegen, nicht zuletzt deswegen, weil in einer Demokratie die konkurrierenden Parteien an der wechselseitigen Aufdeckung von Korruptionsaffären interessiert sind, während der*

Diktator niemanden akzeptiert, der ihn kontrolliert, und jede öf-
fentliche Äußerung über um sich greifende Korruption im System
sofort unterdrückt. Pointiert formuliert gilt also die Paradoxie: Je
weniger von Korruption die Rede ist, desto größer ist sie, und umge-
kehrt: Je mehr über Korruption gesprochen wird, desto geringere
Chancen hat diese.

Dagegen haben sowohl Georges Sorel *als auch* Leo Trotzki *einen*
klaren Trennungsstrich zwischen bürgerlicher Demokratie und
Diktatur des Proletariats gezogen, wobei beide auf der Unumgäng-
lichkeit der Errichtung einer Diktatur des Proletariats bei dem Ver-
such einer revolutionären Umgestaltung der Gesellschaft durch die
Arbeiterklasse bestanden haben. Jede sozialistische Revolution, so
Sorel, führe zur Diktatur des Proletariats oder sie müsse sich selber
aufgeben; die Durchsetzung des sozialistischen Maximalpro-
gramms, so auch Trotzki, sei nur unter einer Diktatur des Proleta-
riats möglich, denn die ökonomischen Verteilungskonflikte steiger-
ten sich schnell zu einem Kampf um die Staatsmacht, und nur wenn
das Proletariat diese Staatsmacht in Händen halte, könne es auch
seine wirtschaftlichen Ziele durchsetzen. Karl Dietrich Bracher
hebt die Differenz der Diktaturen des 20. Jahrhunderts, des italie-
nischen Faschismus, des Nationalsozialismus in Deutschland so-
wie des Kommunismus in der Sowjetunion, gegenüber der klassi-
schen Despotie und Tyrannis hervor; Aspekte dieser Differenz sind
die plebiszitäre Akklamation, die Führung durch eine Partei unter
Berufung auf eine allgemeinverbindlich gemachte Ideologie sowie
der Anspruch des Diktators auf Unfehlbarkeit seiner Äußerungen
und Entschlüsse, worin die pseudoreligiöse Dimension der moder-
nen Diktaturen zum Ausdruck kommt.

Wie nun kann in einer Demokratie die wechselseitige Kontrolle
der Gewalten, der Gruppen und Parteien formalisiert und auf
Dauer gestellt werden? Fast alle politischen Theoretiker des
20. Jahrhunderts haben sich mit dieser Frage auseinandergesetzt.
Für Max Weber *steht das Parlament im Mittelpunkt der Überlegun-*
gen: Solange den Parlamentariern nur das Budgetrecht, d. h. die
Kontrolle der Staatsausgaben, zukomme, würden sie sich wesent-
lich mit einer ›negativen‹ Politik begnügen, d. h. sie beschieden sich
damit, Kontrollinstanz der herrschenden Bürokratie zu sein, streb-
ten aber selbst nicht nach Macht. Solch eine untergeordnete Rolle

hat der Reichstag im Kaiserreich gespielt – mit der Folge, daß er als Rekrutierungs- und Übungsplatz der Politiker ausfiel und statt dessen Beamte ohne politischen Instinkt regierten. Erst wenn die Regierung aus dem Parlament heraus gebildet wird, wenn es also im Parlament zu einem Wettkampf um die Macht kommt bzw. das Parlament zum Ort dieses Wettkampfes wird, wird es auch zu einem gestaltenden Faktor der Politik: Hier werden die politischen Führer rekrutiert und herangebildet.

Nicht die Auslese des politischen Führungspersonals, sondern das öffentliche Aushandeln richtiger Auffassungen durch den Austausch von Argumenten hat demgegenüber Carl Schmitt als das wesentliche Charakteristikum des Parlaments bezeichnet. Das Parlament ist dieser Auffassung zufolge der Träger der Vernunft; Öffentlichkeit der Debatte und die Bereitschaft, gegnerische Argumente zu berücksichtigen und sich gegebenenfalls durch sie auch umstimmen zu lassen, sind die Funktionsbedingungen dessen. Unter diesen Voraussetzungen fällt es Schmitt leicht nachzuweisen, daß die Parlamente inzwischen (in den 20er Jahren) ihren Ansprüchen nicht mehr genügen, also als Parlamente obsolet geworden sind und durch andere Formen politischer Entscheidungsfindung abgelöst werden müssen. Otto Kirchheimer, dessen Denken zeitweilig stark durch Schmitt geprägt war, hat diese Frage später nicht in historischer, sondern in demokratietheoretischer Perspektive behandelt, und zwar an der Rolle der Opposition. Dabei erweist sich aus seiner Sicht eine Kartellierung der Macht, durch welche die Opposition als Opposition tendenziell zum Verschwinden gebracht wird, indem man alle parlamentarischen Kräfte an der Ausübung der politischen Macht partizipieren läßt, als ebenso verhängnisvoll wie eine Opposition aus Prinzip, die allem widerspricht, weil die ohnehin keine Aussicht hat, an die Macht zu gelangen, und die in dieser Aussichtslosigkeit des Machterwerbs ihre Politik auch nicht daraufhin konzipiert, daß sie in die Lage kommen kann, diese Politik auch zu realisieren. Funktionell ist in Kirchheimers Sicht dagegen die klassische parlamentarische Opposition, die im Wettbewerb der Interessen und Ideen mit der amtierenden Regierung um die Macht konkurriert, d. h. ihre Oppositionsrolle als die einer Reserveregierung versteht.

Mit Fragen der innerparteilichen Demokratie beschäftigt sich Robert Michels, *der nachzuweisen versucht, daß sich innerhalb einer jeden Partei (sein Untersuchungsobjekt ist die deutsche Sozialdemokratie um die Jahrhundertwende) sehr bald Oligarchien herausbildeten, weil die aktivsten und tüchtigsten Elemente durch den Wettkampf mit anderen Parteien schnell an die Spitze gelangten und sich dort festsetzten; dabei verlören sie freilich bald ihre sozialistischen Ideale. So könnten wohl die Sozialisten, nie aber der Sozialismus siegen.*

Weiterführende Literatur

Klaus von Beyme, Parteien in westlichen Demokratien, München [2]*1984 (Piper)*

Karl Dietrich Bracher, Die deutsche Diktatur. Entstehung, Struktur, Folgen des Nationalsozialismus, Köln 1969 (Kiepenheuer und Witsch)

John Burnheim, Über Demokratie. Alternativen zum Parlamentarismus, dt. von Robin Cacket, Berlin 1987 (Wagenbach)

Kurt Lenk, Deutscher Konservatismus, Frankfurt/M. u. New York (Campus)

Wolfgang Luthardt/Alfons Söllner (Hrsg.), Verfassungsstaat, Souveränität, Pluralismus. Otto Kirchheimer zum Gedächtnis, Opladen 1989 (Westdeutscher Verlag)

Herfried Münkler (Hrsg.), Die Chancen der Freiheit. Grundprobleme der Demokratie, München 1992 (Piper)

Ulrich K. Preuß, Politische Verantwortung und Bürgerloyalität. Von den Grenzen der Verfassung und des Gehorsams in der Demokratie, Frankfurt/M. 1984 (S. Fischer)

Staat und Gesellschaft

HERMANN HELLER
Gesellschaft und Staat

[...]

Gesellschaftliche Machtverhältnisse. Die verschiedenen und in ihrer Wechselwirkung verschieden stark wirkenden vergesellschaftenden Kräfte einerseits sowie die natürlichen und geistig-sittlichen Verschiedenheiten der Gruppen und Individuen andererseits bewirken überaus mannigfaltig gegliederte gesellschaftliche Abhängigkeits- oder Machtverhältnisse. Geographisch-klimatisch begünstigte Völker beherrschen die weniger begünstigten, die von Natur aus Schwachen und Kranken sehen wir in Abhängigkeit von Stärkeren und Gesunden. Willenskraft, Begabung zur Herrschaft, geistige Bildung geben Völkern und Individuen Macht über andere. Natürliche Unterschiede werden außerordentlich verstärkt, aber auch bekämpft, durch gesellschaftliche Entwicklungen. Der Jahrtausende während Kampf der menschlichen Gesellschaft gegen die Natur hat jener ein Arsenal von gesellschaftlichen Waffen verschafft, welche sehr wohl geeignet sind, viele, wenn auch längst nicht alle natürlichen Unterschiede einerseits zu mildern, andererseits aber auch zu verstärken, ja sogar die natürliche Überlegenheit durch eine gesellschaftliche zu ersetzen. Die weitaus stärkste gesellschaftliche Macht verschafft der Besitz. Es war Lorenz von Stein, der es zum ersten Male in Deutschland aussprach: »Jede Abhängigkeit der einen Klasse von der anderen beruht auf dem Besitze.« (.) Sicherlich ist es wahr, »daß einzelne machtvolle Persönlichkeiten stets diesen Grundsatz für sich aufheben werden; allein der Regel nach wird der Besitz durch die Verschiedenheit seines Umfanges auch eine Verschiedenheit der individuellen Entwicklung bedingen«. So war es bereits in einer geburtsständischen Gesellschaftsordnung, und seitdem diese durch den Absolutismus und die liberal-demokratischen Revolutionen des Bürgertums so gut wie aufgelöst ist, ist die Besitzverteilung und die sie bedingende Wirtschaftsverfassung in noch weit höherem Maße zur Grundlage der gesellschaftlichen Machtverteilung geworden.

Entstehung von Recht und Staat. Wenn wir nun annehmen, daß eine ursprüngliche Besitzverteilung durch gewaltsame Landnahme erfolgt ist, und durch die günstigeren Entwicklungsbedingungen für diese Besitzer aus der ersten Gewalt sich allmählich ein Machtverhältnis, d. h. neben dem materiellen Besitz auch das geistige Vermögen zu gesellschaftlicher Leitung sich entwickelt hat, wie ist dann noch jemals eine Gegenwehr oder gar ein Mächtigerwerden der Wenigerbesitzenden und Beherrschten denkbar? Neben dem Nachlassen der natürlichen Lebenskraft der Herrschenden wird diese Wandlung durch die eigenen Daseinsbedingungen der gesellschaftlichen Macht bewirkt. Denn keine, sei es individuelle oder Gruppenmacht, steht allein in der Welt, keine ist autarkisch oder gar allmächtig. Wenn deshalb auch Gewalt als Herrschaft über tote Sachen, wenigstens der Idee nach, schrankenlos zu sein vermag, so muß jede gesellschaftliche Macht, als Herrschaft über menschliche Gefühle und Willen, wenn sie nicht zur Vernichtung der Menschen übergeht, also zur Gewalt wird, allein ihrer Selbsterhaltung wegen irgendeine Mindestgrenze haben in dem Fühlen und Wollen der von ihr Beherrschten, da sie ja in irgendeiner Weise von diesen mitgetragen ist. In jedem Machtverhältnis entspricht dem physischen *Können* des Mächtigen eine im Willen der Beherrschten verankerte, wenn auch noch so tiefe Grenze des *Dürfens* der Macht. Die Grenze dieses Dürfens wird zunächst abhängen von dem Grade innerer Verbundenheit von Herrscher und Beherrschtem, also von der Gnade des ersteren und der Gefolgschaft des letzteren. Aber selbst in diesem Falle, wo sich die beiden nicht gleichgültig sind, müssen sich auf die Dauer gewohnheitsmäßige Regeln des Zusammenwirkens der verschiedenen Willen, des Forderns und Gebens, ausbilden. Solche festen Regeln werden unumgänglich dort, wo eine gesellschaftliche Macht einer fremden, ihr gleichgeordneten Macht oder ihr innerlich fremden Unterworfenen gegenübertritt. In demselben Maße, als bei den an einem Machtverhältnis Beteiligten sich die Vorstellung einwurzelt, daß ihr physisches Können eine Grenze hat an ihrem Dürfen, entsteht das *Recht*. Es ist also einmal die Regel zweckmäßiger, d. h. möglichst reibungsloser Organisation der Macht nach innen und außen. Als solches muß es in jedem Machtverhältnis die Grundformen des Zusammenwirkens der Kräfte regeln, ist also die absolut notwendige Erscheinungsform einer jeden Macht. Weil aber jede gesellschaftliche Macht Ausdruck physischer und geistiger Kräfte ist und gerade auf der Entwicklung aller dieser sie bildenden Werte beruht, muß jedes Recht des Herrschenden zu einem Rechte des Beherrschten werden. Denn das Interesse der Macht steht in Wechselwirkung mit dem Interesse aller in diesem Machtverhältnis, sei es als untergeordnete, sei es als gleichgeordnete Beteiligten. Auch die Unterworfenen berufen sich auf das Recht und seine Logik; das Recht verselbständigt sich, und die herrschende Macht wird die Geister, die sie rief, nicht mehr los. Die Rechtsform der Demokratie, im 18. Jahrhundert vom Bürgertum als seinen eigenen Interessen dienend gefordert, wirkt in der Arbeiterbewegung auch gegen das bürgerliche Interesse weiter. Die Pflicht wird so zum Korrelat des Rechtes. Die Regelmäßigkeit der Befolgung von Recht und Pflicht hängt zunächst von dem regelmäßigen Eintritt eines Gleichklangs der Interessen ab, ist aber auch dann gegeben, wenn über widerstreitenden Interessen eine Macht die regelmäßige Befolgung überwacht; sie muß zu diesem Zwecke die Normen zum Ausdruck bringen und garantieren, nach welchen sich die Gebiete menschlicher Macht bestimmen sollen, und diese mächtigste Organisation der Gesellschaft ist der *Staat*. Das von ihm garantierte Recht wird deshalb weit regelmäßiger befolgt als das von keiner organisierten gesellschaftlichen Macht (immerhin aber von nichtorganisierten Mächten!) garantierte Völkerrecht.

Verhältnis von Recht und Staat zur Gesellschaft. Staat und Recht beseitigen keineswegs die gesellschaftlichen Abhängigkeitsverhältnisse, sie setzen ihnen nur Grenzen, die je nach den Epochen und Kulturkreisen sehr verschieden sind. Durch diese Grenzsetzung sanktionieren Staat und Recht geradezu die herrschenden Machtverhältnisse und sind ihnen dienstbar. Die Sklaverei war eine Rechtseinrichtung, und immer werden Eigentum, Schuld, Familie, Gemeinde und Staat in erster Linie als gesellschaftliche Machtverhältnisse und dann erst als Rechtseinrichtungen aufzufassen sein. Denn jeder Rechtsbegriff führt zunächst nur ein abstraktes Dasein. Damit der Staat zu lebendiger Wirkung komme, muß er durch lebendige Individuen als seine Organe handeln. Diese wirklichen Individuen sind aber alle von gesellschaftlichen Einflüssen bedingt, mehr oder weniger alle in die Machtkämpfe der Gesellschaft verstrickt und bringen ihr besonderes gesellschaftliches Fühlen, Wollen und Denken in die staatliche Gesetzgebung, Verwaltung und Rechtsprechung mit. Auch Staat und Recht sind eben gesellschaftliche Gebilde, haben keinen in der Transzendenz gelegenen archimedischen Punkt außer und über der Gesellschaft, und wir werden gezwungen, die *Herrschaft der Gesellschaft über Staat und Recht* zu erkennen. Das Wesen der Politik besteht nun darin, daß jede Gruppe (Partei, Klasse) im Staate dahin strebt, die Staatsgewalt zu erobern, d. h. ihre gesellschaftliche Macht in staatliches Recht umzusetzen. In diesem Belang besteht kein Unterschied zwischen Monarchie und Republik; auch der Monarch hat seine besonderen gesellschaftlichen Interessen und muß sich, um seine Macht zu erhalten, auf eine besondere gesellschaftliche Gruppe stützen. Daß es trotzdem falsch wäre, den modernen Staat einfach als ausbeuterisches Klasseninstrument zu bezeichnen, hat selbst Kautsky schon lange eingesehen. In seinen Erläuterungen zum Erfurter Programm der Sozialdemokratischen Partei sagt er: »Von den heute bestehenden gesellschaftlichen Organisationen gibt es nur *eine*, die den nötigen Umfang besitzt, daß man sie als Rahmen benützen könnte, um innerhalb derselben die sozialistische Genossenschaft zu entwickeln, das ist der *moderne Staat*.« (.)

Es liegt eben, wie schon angedeutet, im Wesen von Recht und Staat, daß sie, wie alles Geistige, zwar ihre Entwicklung dem Kampfe gesellschaftlicher Interessen verdanken, ihren göttlichen Funken aber damit erweisen, daß sie immer strebend sich bemühen, sich aus dieser Verhaftung mit Interessenkämpfen zu lösen, sich zu verselbständigen von einseitigen Ansprüchen, gerecht zu werden, d. h. Interessen ohne Ansehen des Übergewichts einer gesellschaftlichen Macht abzuwägen. Die zum Zweckmäßigkeitsgedanken hinzutretende Justitia wird mit der Binde um die Augen und der Waage in der Hand dargestellt. Und dieses Streben ist dem Staate um seinetwegen notwendig. Denn einzig und allein auf diesem Wege vermag er seine zentrale, ihn von allen anderen Gesellschaftsgebilden unterscheidende und nur ihm eigene Aufgabe der Erfüllung zu nähern: das Zusammenwirken der vielfältigen und sich bekämpfenden gesellschaftlichen Mächte auf einem bestimmten Erdgebiet einheitlich und planmäßig zur Ermöglichung der Kulturentfaltung zu leiten. So liegt im Staate als Rechtsordnung ein allerdings nur in der Unendlichkeit völlig zu erfüllendes Sollen, das mit dem Sein der gesellschaftlichen Macht des Staates und seinem positiven Rechte in dauernder Spannung lebt. Soweit in der positiven Staats- und Rechtsordnung der Gedanke der Zweckmäßigkeit und Gerechtigkeit herrschend und anerkannt ist, sehen wir auch eine *Herrschaft von Staat und Recht über die Gesellschaft*. Die heutige Rechtswissenschaft, die sich nur mit der logischen Systematisierung und Auslegung des positiven Rechtes befaßt, stellt die Vermutung auf, dieses zu einem juristisch-logischen System verselbständigte positive Recht sei stets gerechtes und zweckmäßiges Recht; sie vermag deshalb nur die Herrschaft von Staat und Recht über die Gesellschaft und nicht auch die Umkehrung dieses Verhältnisses zu sehen.

Widerspruch zwischen Recht und Macht. Alles Recht strebt nach Ausschaltung der Gewalt und nach einem möglichst reibungslosen Entfalten aller gesellschaftlichen Werte und Mächte. Es wird deshalb meistens und in groben Umrissen eine Spiegelung der allerdings in stetem Wandel begriffenen Machtverhältnisse sein, diese aber nie vollständig getreu abbilden können. Wird nun die Selbständigkeit des positiven Rechtes zum Gegensatz gegen die gesellschaftlichen Mächte, das positive Recht also nicht mehr als zweckmäßig und gerecht empfunden, so kann die auch sonst vorhandene Spannung zur Explosion werden: Der Widerspruch zwischen Recht und tatsächlichen Machtverhältnissen erzeugt die Revolution.

Der Rechtsbruch der Macht vermag dann neues verbindliches Recht zu schaffen, im Völkerrecht häufiger als im Staatsrecht, im Staatsrecht häufiger als im innerstaatlichen, am seltensten im Privatrecht. Hier ist die Weite der Spannung zwischen *Recht und Macht* am größten. Rechtsbildung und Rechtsdurchsetzung hängen nämlich ab von der Fülle und der gesellschaftlichen Kraft der den

beteiligten Gruppen (Staaten und Klassen) gemeinsamen Interessen und Wertvorstellungen. Je stärker diese Gemeinschaft, desto
umfangreicher die Rechtsbildung, desto sicherer auch die Bildung
derjenigen gesellschaftlichen Organe (Gerichte im Staat und zwischen Staaten, Völkerbund), welche die Rechtsanwendung über-
wachen.

[...]

[1924]

Wladimir Ilitsch Lenin
Klassengesellschaft und Staat

[...] Angesichts der unerhörten Verbreitung, die die Entstellun-
gen des Marxismus gefunden haben, besteht unsere Aufgabe in
erster Linie in der *Wiederherstellung* der wahren Marxschen Lehre
vom Staat. Dazu ist es nötig, eine ganze Reihe langer Zitate aus
den eigenen Werken von Marx und Engels anzuführen. Natürlich
werden die langen Zitate die Darstellung schwerfällig machen und
ihrer Gemeinverständlichkeit keineswegs förderlich sein. Es ist
aber ganz unmöglich, ohne sie auszukommen. [...]

Wir beginnen mit dem verbreitetsten Werk von Fr. Engels: »Der
Ursprung der Familie, des Privateigentums und des Staats«, das
1894 in Stuttgart bereits in sechster Auflage erschienen ist.

»Der Staat« – sagt Engels bei der Zusammenfassung seiner geschichtlichen Analyse – »ist also keineswegs eine der Gesellschaft
von außen aufgezwungene Macht; ebenso wenig ist er ›die Wirklichkeit der sittlichen Idee‹, ›das Bild und die Wirklichkeit der
Vernunft‹, wie Hegel behauptet. Er ist vielmehr ein Produkt der
Gesellschaft auf bestimmter Entwicklungsstufe; er ist das Einge-
ständnis, daß diese Gesellschaft sich in einen unlösbaren Widerspruch mit sich selbst verwickelt, sich in unversöhnliche Gegensätze gespalten hat, die zu bannen sie ohnmächtig ist. Damit aber
diese Gegensätze, Klassen mit widerstreitenden ökonomischen
Interessen, nicht sich und die Gesellschaft in fruchtlosem Kampf
verzehren, ist eine scheinbar über der Gesellschaft stehende
Macht nötig geworden, die den Konflikt dämpfen, innerhalb der

Schranken der ›Ordnung‹ halten soll; und diese, aus der Gesellschaft hervorgegangene, aber sich über sie stellende, sich ihr mehr und mehr entfremdende Macht ist der Staat.« (.)

Hier ist mit voller Klarheit der Grundgedanke des Marxismus über die historische Rolle und die Bedeutung des Staates zum Ausdruck gebracht. Der Staat ist das Produkt und die Äußerung der *Unversöhnlichkeit* der Klassengegensätze. Der Staat entsteht dort, dann und insofern, wo, wann und inwiefern die Klassengegensätze objektiv *nicht* versöhnt werden *können*. Und umgekehrt: Das Bestehen des Staates beweist, daß die Klassengegensätze unversöhnlich sind.

Gerade in diesem wichtigsten und grundlegenden Punkt beginnt die Entstellung des Marxismus, die in zwei Hauptrichtungen erfolgt.

Auf der einen Seite »verbessern« die bürgerlichen und besonders die kleinbürgerlichen Ideologen, die unter dem Druck unbestreitbarer historischer Tatsachen zugeben müssen, daß der Staat nur dort vorhanden ist, wo es Klassengegensätze und Klassenkampf gibt, Marx in der Weise, daß der Staat als Organ der Klassen*versöhnung* erscheint. Nach Marx hätte der Staat weder entstehen noch sich halten können, wenn eine Versöhnung der Klassen möglich wäre. Bei den kleinbürgerlichen und philiströsen Professoren und Publizisten dient – oft unter wohlwollenden Hinweisen auf Marx! – der Staat gerade zur Versöhnung der Klassen. Nach Marx ist der Staat ein Organ der Klassen*herrschaft*, ein Organ der *Unterdrückung* der einen Klasse durch die andere, er ist die Schaffung einer »Ordnung«, die diese Unterdrückung zum Gesetz erhebt und festigt, indem sie den Konflikt der Klassen dämpft. Nach Ansicht der kleinbürgerlichen Politiker ist die Ordnung gerade die Versöhnung der Klassen und nicht die Unterdrückung der einen Klasse durch die andere; den Konflikt dämpfen, heiße versöhnen und nicht den geknechteten Klassen bestimmte Kampfmittel und -methoden zum Sturz der Unterdrücker entziehen.

Alle Sozialrevolutionäre (S.-R.) und Menschewiki zum Beispiel sind während der Revolution von 1917, als sich gerade die Frage nach der Bedeutung und der Rolle des Staates in ihrer vollen Größe als Frage der sofortigen Aktion, und zwar der Massenaktion, praktisch erhob – sie alle sind mit einem Schlag und gänzlich zur kleinbürgerlichen Theorie der »Versöhnung« der Klassen durch den »Staat« hinabgerutscht. Die zahllosen Resolutionen und Artikel der Politiker dieser beiden Parteien sind durch und durch von dieser kleinbürgerlichen und philiströsen »Versöhnungs«theorie durchdrungen. Daß der Staat das Herrschaftsorgan einer bestimmten Klasse ist, die mit ihrem Antipoden (der ihr entgegengesetzten Klasse) *nicht* versöhnt werden *kann*, das vermag die kleinbürgerliche Demokratie nie zu begreifen. Im Verhältnis zum Staat tritt am anschaulichsten zutage, daß unsere Sozialrevolutionäre und Menschewiki gar keine Sozialisten sind (was wir Bolschewiki immer schon nachgewiesen haben), sondern kleinbürgerliche Demokraten mit einer fast-sozialistischen Phraseologie.

Auf der anderen Seite ist die »kautskyanische« Entstellung des Marxismus viel feiner. »Theoretisch« wird weder in Abrede gestellt, daß der Staat ein Organ der Klassenherrschaft ist, noch, daß die Klassengegensätze unversöhnlich sind. Folgendes wird aber außer acht gelassen oder vertuscht: Wenn der Staat das Produkt der Unversöhnlichkeit der Klassengegensätze ist, wenn er eine *über* der Gesellschaft stehende und »sich ihr *mehr und mehr entfremdende*« Macht ist, so ist es offensichtlich, daß die Befreiung der geknechteten Klasse nicht nur ohne gewaltsame Revolution, *sondern auch ohne Vernichtung* jenes Apparates der Staatsgewalt, den die herrschende Klasse geschaffen hat und in dem sich diese »Entfremdung« verkörpert, nicht möglich ist. Diese theoretisch von selbst einleuchtende Folgerung hat Marx, wie wir weiter unten sehen werden, mit der größten Bestimmtheit aufgrund einer konkreten historischen Analyse der Aufgaben der Revolution gezogen. Und gerade diese Folgerung hat Kautsky, wir werden das ausführlich in unseren weiteren Darlegungen nachweisen,... »vergessen« und entstellt.

[...]

Die Engelsschen Worte über das »Absterben« des Staates sind so bekannt, sie werden so oft zitiert, zeigen so ausgeprägt, worin der Witz der landläufigen Verfälschung des Marxismus zum Opportunismus besteht, daß es notwendig ist, sich eingehend mit ihnen zu befassen. Wir zitieren den ganzen Passus, dem sie entnommen sind:

»Das Proletariat ergreift die Staatsgewalt und verwandelt die

Produktionsmittel zunächst in Staatseigentum. Aber damit hebt es sich selbst als Proletariat, damit hebt es alle Klassenunterschiede und Klassengegensätze auf, und damit auch den Staat als Staat. Die bisherige, sich in Klassengegensätzen bewegende Gesellschaft hatte den Staat nötig, das heißt eine Organisation der jedesmaligen ausbeutenden Klasse zur Aufrechterhaltung ihrer äußern Produktionsbedingungen, also namentlich zur gewaltsamen Niederhaltung der ausgebeuteten Klasse in den durch die bestehende Produktionsweise gegebenen Bedingungen der Unterdrückung (Sklaverei, Leibeigenschaft oder Hörigkeit, Lohnarbeit). Der Staat war der offizielle Repräsentant der ganzen Gesellschaft, ihre Zusammenfassung in einer sichtbaren Körperschaft, aber er war dies nur, insofern er der Staat derjenigen Klasse war, welche der sklavenhaltenden Staatsbürger, im Mittelalter des Feudaladels, in unserer Zeit der Bourgeoisie. Indem er tatsächlich Repräsentant der ganzen Gesellschaft wird, macht er sich selbst überflüssig. Sobald es keine Gesellschaftsklasse mehr in der Unterdrückung zu halten gibt, sobald mit der Klassenherrschaft und dem in der bisherigen Anarchie der Produktion begründeten Kampf ums Einzeldasein auch die daraus entspringenden Kollisionen und Exzesse beseitigt sind, gibt es nichts mehr zu reprimieren, das eine besondere Repressionsgewalt, einen Staat, nötig machte. Der erste Akt, worin der Staat wirklich als Repräsentant der ganzen Gesellschaft auftritt – die Besitzergreifung der Produktionsmittel im Namen der Gesellschaft – ist zugleich sein letzter selbständiger Akt als Staat. Das Eingreifen einer Staatsgewalt in gesellschaftliche Verhältnisse wird auf einem Gebiete nach dem andern überflüssig und schläft dann von selbst ein. An die Stelle der Regierung über Personen tritt die Verwaltung von Sachen und die Leitung von Produktionsprozessen. Der Staat wird nicht ›abgeschafft‹, er *stirbt ab*. Hieran ist die Phrase vom ›freien Volksstaat‹ zu messen, also sowohl nach ihrer zeitweiligen agitatorischen Berechtigung, wie nach ihrer endgültigen wissenschaftlichen Unzulänglichkeit; hieran ebenfalls die Forderung der sogenannten Anarchisten, der Staat solle von heute auf morgen abgeschafft werden.« (»Herrn Eugen Dührings Umwälzung der Wissenschaft«, Berlin 1953, S. 347f.)

Man kann, ohne Gefahr, einen Irrtum zu begehen, sagen, daß von dieser überaus gedankenreichen Engelsschen Betrachtung nur das wirkliches Gemeingut des sozialistischen Denkens in den heutigen sozialistischen Parteien geworden ist, daß der Staat nach Marx »abstirbt« im Gegensatz zur anarchistischen Lehre von der »Abschaffung« des Staates. Den Marxismus so zurechtzustutzen, heißt ihn auf Opportunismus reduzieren, denn bei einer solchen »Auslegung« bleibt nur noch die dunkle Vorstellung von einer langsamen, gleichmäßigen, allmählichen Veränderung übrig, ohne Sprünge und Stürme, ohne Revolution. Das »Absterben« des Staates im landläufigen, allgemein verbreiteten Sinne, im Massensinne, wenn man so sagen darf, bedeutet zweifellos eine Vertuschung, wenn nicht gar eine Verneinung der Revolution.

Indessen ist eine solche »Auslegung« die gröbste, nur für die Bourgeoisie vorteilhafte Entstellung des Marxismus, die theoretisch auf der Außerachtlassung der wichtigsten Umstände und Erwägungen beruht, auf die etwa auch schon in der nämlichen, von uns vollständig zitierten, zusammenfassenden Betrachtung von Engels hingewiesen wird.

Erstens. Ganz zu Anfang dieser Betrachtung sagt Engels, daß das Proletariat, das die Staatsgewalt ergreift, »damit den Staat als Staat aufhebt«. Was das bedeutet, darüber nachzudenken, ist »nicht üblich«. Gewöhnlich wird dies entweder völlig ignoriert oder als eine Art »hegelianische« »Schwäche« von Engels angesehen. In Wirklichkeit ist in diesen Worten die Erfahrung einer der größten proletarischen Revolutionen, die Erfahrung der Pariser Kommune von 1871, kurz ausgedrückt, worüber an anderer Stelle ausführlicher gesprochen werden soll. In der Tat spricht Engels hier von einer »Aufhebung« des Staates der *Bourgeoisie* durch die proletarische Revolution, die Worte vom Absterben aber beziehen sich auf die Überreste des *proletarischen* Staatswesens *nach* der sozialistischen Revolution. Der bürgerliche Staat »stirbt« nach Engels nicht »ab«, sondern er wird vom Proletariat in der Revolution »*aufgehoben*«. Es stirbt nach dieser Revolution der proletarische Staat oder Halbstaat ab.

Zweitens. Der Staat ist »eine besondere Repressionsgewalt«. Engels gibt diese glänzende und in höchstem Maße tiefe Definition hier in vollkommener Klarheit. Aus ihr folgt aber, daß die »besondere Repressionsgewalt« der Bourgeoisie zur Unterdrückung des Proletariats, der Millionen Werktätiger durch eine Handvoll reicher Leute, ersetzt werden muß durch eine »besondere Repressionsgewalt« des Proletariats zur Unterdrückung der Bourgeoisie (Diktatur des Proletariats). Hierin besteht eben die »Aufhebung des Staates als Staat«. Hierin besteht eben der »Akt« der Besitzergreifung der Produktionsmittel im Namen der Gesellschaft. Und es ist ohne weiteres klar, daß eine *solche* Ablösung der einen (bürgerlichen) »besonderen Repressionsgewalt« durch eine andere (proletarische) »besondere Repressionsgewalt« unter keinen Umständen auf dem Wege des »Absterbens« erfolgen kann.

Drittens. Vom »Absterben« und – sogar noch plastischer und farbiger – vom »Einschlafen« spricht Engels ganz klar und bestimmt in bezug auf die Epoche *nach* der »Besitzergreifung der Produktionsmittel (durch den Staat) im Namen der Gesellschaft«, d. h. *nach* der sozialistischen Revolution. Wir alle wissen, daß die politische Form des »Staates« in dieser Zeit die vollkommenste Demokratie ist. Aber keinem der Opportunisten, die den Marxismus schamlos entstellen, kommt es in den Sinn, daß es sich hier also bei Engels um das »Einschlafen« und »Absterben« der *Demokratie* handelt. Das erscheint auf den ersten Blick sehr sonderbar. Aber »unverständlich« bleibt das nur dem, der nicht überlegt hat, daß die Demokratie *auch* ein Staat ist und daß somit auch die Demokratie verschwinden wird, sobald der Staat verschwunden sein wird. Den bürgerlichen Staat kann nur die Revolution »aufheben«. Der Staat überhaupt, d. h. die vollkommenste Demokratie, kann nur »absterben«.

Viertens. Nachdem Engels seine berühmte These: »Der Staat stirbt ab« aufgestellt hat, erläutert er sofort konkret, daß diese These sich sowohl gegen die Opportunisten als auch gegen die Anarchisten richtet. Dabei steht bei Engels an erster Stelle diejenige Folgerung aus der These vom »Absterben des Staates«, die gegen die Opportunisten gerichtet ist.

Man kann wetten, daß von 10000 Menschen, die vom »Absterben« des Staates gelesen oder gehört haben, 9990 überhaupt nicht wissen oder sich nicht entsinnen, daß Engels seine Schlußfolgerungen aus dieser These *nicht nur* gegen die Anarchisten gerichtet hat. Und von den übrigen zehn Menschen wissen neun sicherlich nicht, was ein »freier Volksstaat« ist und warum in dem Angriff auf diese Losung ein Angriff auf die Opportunisten enthalten ist. So wird

Geschichte geschrieben! So wird die große revolutionäre Lehre unmerklich dem herrschenden Pfahlbürgertum angepaßt. Die Folgerung gegen die Anarchisten wurde Tausende Male wiederholt, verflacht, möglichst versimpelt in die Köpfe eingehämmert und gewann die Festigkeit eines Vorurteils. Die Schlußfolgerung gegen die Opportunisten wurde aber vertuscht und »vergessen«!

Der »freie Volksstaat« war eine programmatische Forderung und landläufige Losung der deutschen Sozialdemokraten der siebziger Jahre. Irgendeinen politischen Inhalt, außer einer kleinbürgerlich schwülstigen Umschreibung des Begriffs Demokratie, hat diese Losung nicht. Soweit in ihr legal die demokratische Republik angedeutet wurde, war Engels bereit, »zeitweilig« die »Berechtigung« dieser Losung aus agitatorischen Gründen gelten zu lassen. Diese Losung war aber opportunistisch, denn sie brachte nicht nur eine Beschönigung der bürgerlichen Demokratie, sondern auch die Verkennung der sozialistischen Kritik jedweden Staates überhaupt zum Ausdruck. Wir sind für die demokratische Republik als die für das Proletariat unter dem Kapitalismus beste Staatsform, aber wir dürfen nicht vergessen, daß auch in der allerdemokratischsten bürgerlichen Republik Lohnsklaverei das Los des Volkes ist. Ferner. Jeder Staat ist »eine besondere Repressionsgewalt« gegen die unterdrückte Klasse. Daher ist *jeder* Staat *un*frei und *kein* Volksstaat. Marx und Engels haben das in den siebziger Jahren wiederholt ihren Parteigenossen auseinandergesetzt.

[…]
[1917]

Leo Trotzki
Doppelherrschaft

[…]
Die politische Mechanik der Revolution besteht in dem Übergang der Macht von der einen Klasse zur anderen. Die gewaltsame Umwälzung an sich kommt gewöhnlich innerhalb einer kurzen Frist zustande. Aber keine historische Klasse erhebt sich aus der unterdrückten Lage zur herrschenden mit einem Male, sozusagen über

Nacht, mag es auch die Nacht einer Revolution sein. Sie muß schon am Vorabend in bezug auf die offiziell herrschende Klasse eine höchst unabhängige Stellung eingenommen haben; mehr noch, sie muß die Hoffnungen der Zwischenklassen und -schichten, der mit dem Bestehenden Unzufriedenen, aber für eine selbständige Rolle Unfähigen, auf sich konzentriert haben. Die historische Vorbereitung einer Umwälzung führt in der vorrevolutionären Periode zu einer Situation, in der die Klasse, die das neue Gesellschaftssystem zu verwirklichen berufen ist, ohne bereits Herr im Lande zu sein, faktisch einen bedeutenden Teil der Staatsmacht in Händen hält, während der offizielle Staatsapparat noch im Besitz der alten Machthaber verbleibt. Dieses ist der Ausgangspunkt der Doppelherrschaft in einer jeden Revolution.

Doch das ist nicht ihre einzige Form. Falls die neue Klasse, die durch die Revolution, die sie nicht gewollt, an die Macht gestellt wird, eine alte, historisch verspätete Klasse ist; falls sie sich etwa vor ihrer offiziellen Krönung verbraucht hat; falls sie, zur Macht gekommen, ihren Widerpartner bereits hinreichend reif, den Arm nach dem Staatssteuer ausgestreckt, vorfindet – dann führt die politische Umwälzung zum Ersatz der einen Doppelherrschaft mit sehr schwankendem Gleichgewicht durch eine andere, mitunter noch weniger widerstandsfähige. Im Siege über die »Anarchie« der Doppelherrschaft besteht eben auf jeder neuen Etappe die Aufgabe der Revolution oder – der Konterrevolution.

Die Doppelherrschaft setzt die Teilung der Macht in gleiche Hälften oder überhaupt irgendein formales Gleichgewicht der beiden Mächte nicht nur nicht voraus, sondern schließt sie, allgemein gesprochen, völlig aus. Das ist keine konstitutionelle, sondern eine revolutionäre Tatsache. Sie beweist, daß die Störung des sozialen Gleichgewichts den Staatsüberbau bereits gespalten hat. Eine Doppelherrschaft entsteht dort, wo feindliche Klassen sich bereits ihrem Wesen nach miteinander nicht zu vereinbarende staatliche Organisationen stützen – eine im Ableben und eine im Entstehen begriffene –, die auf dem Gebiet der Staatsleitung einander auf jedem Schritt bedrängen. Der Teil der Macht, der hierbei jeder der kämpfenden Klassen zufällt, wird vom Kräfteverhältnis und dem Gang des Kampfes bestimmt.

Ein solcher Zustand kann seinem ganzen Wesen nach nicht beständig sein. Die Gesellschaft verlangt Konzentration der Macht und strebt in Gestalt der herrschenden Klasse, oder in diesem Falle der zwei halbherrschenden Klassen, unversöhnlich dahin. Die Spaltung der Macht kündet nichts anderes an als den Bürgerkrieg. Jedoch bevor sich die rivalisierenden Klassen und Parteien zu diesem entschließen, können sie, besonders wenn sie die Einmischung einer dritten Macht fürchten, gezwungen sein, das System der Doppelherrschaft ziemlich lange zu dulden und sogar gewissermaßen zu sanktionieren. Aber doch wird es unvermeidlich gesprengt werden. Der Bürgerkrieg verleiht der Doppelherrschaft einen augenfälligen, und zwar einen territorialen Ausdruck: Indem sich jede Macht einen befestigten Punkt schafft, führt sie den Kampf um das übrige Territorium, das nicht selten eine Doppelherrschaft in Form des aufeinanderfolgenden Einfalls der beiden kriegführenden Mächte erduldet, bis eine von ihnen sich endgültig festsetzt.

[…]

Worin besteht nun die Eigenart der Doppelherrschaft der Februarrevolution? Bei den Ereignissen des 17. und 18. Jahrhunderts bildete die Doppelherrschaft jedesmal eine natürliche Kampfetappe, die sich den Beteiligten durch das zeitliche Kräfteverhältnis aufdrängte, wobei jede der Parteien bestrebt war, die Doppelherrschaft durch die eigene Einzelherrschaft zu ersetzen. In der Revolution von 1917 sehen wir, wie die offizielle Demokratie die Doppelherrschaft bewußt und vorbedacht schafft und sich mit allen Kräften dagegen stemmt, die Macht allein zu übernehmen. Die Doppelherrschaft entsteht – so mag es auf den ersten Blick scheinen – nicht als Resultat des Kampfes der Klassen um die Macht, sondern als Resultat des freiwilligen »Abtretens« der Macht durch die eine Klasse an die andere. Insofern die russische »Demokratie« einen Ausweg aus der Doppelherrschaft suchte, sah sie ihn im eigenen Rücktritt von der Macht. Ebendieses nannten wir das Paradoxon der Februarrevolution.

Eine gewisse Analogie kann man eventuell in dem Verhalten der deutschen Bourgeoisie in bezug auf die Monarchie im Jahre 1848 finden. Doch ist diese Analogie nicht vollständig. Die deutsche Bourgeoisie wollte zwar um jeden Preis auf der Grundlage einer

Verständigung die Macht mit der Monarchie teilen, doch war sie nicht restlos im Besitze der Macht und wollte sie auch keinesfalls völlig der Monarchie abtreten. »Die preußische Bourgeoisie war nomineller Besitzer der Herrschaft, sie zweifelte keinen Augenblick, daß die Mächte des alten Staates ohne Hinterhalt sich ihr zu Gebote gestellt und in ebenso viele devote Ableger ihrer eigenen Allmacht verwandelt hätten« (Marx und Engels). Die russische Demokratie von 1917, die seit dem ersten Augenblick des Umsturzes die ganze Macht innehatte, strebte nicht einfach danach, sie mit der Bourgeoisie zu teilen, sondern dieser den Staat vollständig auszuliefern. Das könnte wohl bedeuten, daß die offizielle russische Demokratie im ersten Viertel des 20. Jahrhunderts Zeit gehabt hatte, sich politisch stärker zu zersetzen als die deutsche liberale Bourgeoisie der Mitte des 19. Es ist dies auch völlig gesetzmäßig, denn es bildet die Kehrseite jenes Aufstieges, den in diesen Jahrzehnten das Proletariat erlebte, das den Platz der Handwerker Cromwells und der Sansculotten Robespierres eingenommen hat.

Betrachtet man aber die Sache tiefer, so zeigt die Doppelherrschaft der Provisorischen Regierung und des Exekutivkomitees den Charakter einer bloßen Widerspiegelung. Prätendent auf die neue Macht konnte nur das Proletariat sein. Zaghaft sich auf die Arbeiter und Soldaten stützend, waren die Versöhnler gezwungen, der doppelten Buchführung der Zaren und der Propheten Beihilfe zu leisten. Die Doppelherrschaft der Liberalen und Demokraten spiegelte nur die vorläufig unterirdische Doppelherrschaft der Bourgeoisie und des Proletariats wider. Wenn die Bolschewiki die Versöhnler von der Spitze der Sowjets verdrängen werden – was nach einigen Monaten geschieht –, dann wird die unterirdische Doppelherrschaft nach außen dringen, und dies wird der Vorabend der Oktoberrevolution sein. Bis zu diesem Augenblick wird die Revolution in der Welt politischer Widerspiegelungen leben. Sich durch die Kannegießerei der sozialistischen Intelligenz brechend, verwandelte sich die Doppelherrschaft aus einer Etappe des Klassenkampfes in eine regulative Idee. Gerade das stellte sie ins Zentrum der theoretischen Diskussion. Nichts geht verloren. Der widerspiegelnde Charakter der Februar-Doppelherrschaft erlaubte uns, jene Etappen der Geschichte besser zu verstehen, in denen die Doppelherrschaft als vollblütige Episode im Kampfe zweier Regime hervortritt. So ermöglicht das reflektierte und kraftlose Licht des Mondes, wichtige Schlußfolgerungen über das Sonnenlicht zu machen.

[...]

[1931]

ARNOLD GEHLEN
[Vergesellschaftung des Staates]

[...]

Der Zeitpunkt, von dem an der Staat unter den Anprall der Gesellschaft geriet, fällt in England etwa mit der Wirksamkeit Lockes zusammen, in Frankreich mit der Erklärung der Menschen- und Bürgerrechte 1789, die vom Staat als »corps social« spricht, und die Lorenz v. Stein das erste Grundgesetz der neuen Gesellschaft nannte. Der Staat wird jetzt als demokratisches Gebilde oder monarchisch-demokratisches Mischgebilde die Neutralisierungsebene gesellschaftlicher Konflikte, und da die Armut nachdrängte, machte er zu seiner wesentlichen inneren Aufgabe die »Sozialpolitik«, d. h. die gesetzgeberische Temperierung des Gegensatzes von arm und reich. Die führende Figur war hier Napoleon III., dessen Bedeutung immer noch unterschätzt wird. Ein zeitgenössischer Beobachter, der sich auf das Jahr 1869 bezieht, sagte (G. Schneider, Pariser Briefe, 1872): »Es ist kein Zweifel, sein Ziel ist die revolutionäre Monarchie: gewählt durch das souveräne Volk, sorgsam für die kleinen Leute. Klar erkennt er die Bedeutung des vierten Standes und der socialen Frage. Der Prinz macht Ernst mit dem Wort: Die napoleonische Idee geht in die Hütten, nicht um den Armen die Erklärung der Menschenrechte zu bringen, sondern um den Hunger zu stillen und die Schmerzen zu lindern ... die Bedeutung des vierten Standes war niemals in der modernen Welt so gewaltig als unter dem zweiten Kaiserreiche ... es ist doch nichts Geringes, daß unter Anderem die Sparcassen binnen sieben Jahren von 2000 auf 4118 mit 534.233 Mitgliedern anwuchsen, daß eine Menge Krippen für die Arbeiterkinder, neue Hospitäler und Anstalten zur Verpflegung der Kranken im Hause, Asyle für die verstümmelten und genesenden Arbeiter, Handwerkercassen, unentgeltliche Bäder, wohlfeile Markthallen, Arbeiterwohnungen durch die Fürsorge der Regierung überall entstanden.« (9ff.)

Mit der ungemeinen Steigerung der Produktion seit der Mitte des 20. Jahrhunderts und der Gewöhnung an einen dauernd steigenden Lebensstandard wird allerdings der Staat zum Vollstrekkungsorgan dieser rein gesellschaftlichen Tendenzen, er hat in der Bundesrepublik, kurz gesagt, für die Konjunktur zu sorgen, und dies umso ausschließlicher, als eigentlich politische Zielsetzungen plausibler Art nicht möglich sind. Damit weicht die Autorität des Staates auf. Sie war in ihrem Kerngehalt politisch derart, daß Anweisungsbefugnisse entweder vom Staat hergeleitet wurden oder von ihm doch kontrolliert, so daß Einzelinteressen einer übergeordneten Bestimmung nachgeordnet waren – so jedenfalls in Europa. Doch ist hier aus objektiven Gründen das Staatsgebilde überall in Lockerung, soweit es dem westlichen Bereich zugehört, und zwar auch bei den Nationen, die zwei Weltkriege siegreich überstanden hatten. Denn seit Jahrzehnten sind Staat und Gesellschaft in einen Prozeß gegenseitiger Vermischung verwickelt, wobei die gesellschaftlichen Partikularinteressen, die immer organisiert sind, eine enorme Auswirkung auf das Ganze bekommen, wenn sie über die Gesetzgebung hinweg operieren und es verstehen, die Parlamentarier unter Druck zu setzen. Nach Forsthoff (Verfassung und Verfassungswirklichkeit der Bundesrepublik, Merkur 241, Mai 1968) trat bei uns die entscheidende Wende ein, »als unter der Herrschaft des Grundgesetzes nicht mehr das finanzielle Leistungsvermögen des Staates, sondern das Volumen des Bruttosozialproduktes zum Maßstab der sozialen Umverteilung – alles soziale Handeln des Staates ist Umverteilung – genommen wurde. Das bedeutete die Auslieferung der staatlichen Entschließungen an die Bedingungen des Wirtschaftens schlechthin. Und damit hat die Bundesrepublik nach der äußeren auch die innere Souveränität verloren: In welchem Sinne man sie noch als Staat bezeichnen will, ist eine Frage der Benennung.«

So nimmt der Leviathan mehr und mehr die Züge einer Milchkuh an, die Funktionen als Produktionshelfer, Sozialgesetzgeber und Auszahlungskasse treten in den Vordergrund, und man hat dem humanitär-eudaimonistischen Ethos die Tore so weit geöffnet, daß das eigentlich der Institution angemessene Dienst- und Pflichtethos aus der öffentlichen Sprache und aus den Kategorien der Massenmedien vollständig verschwunden ist und dort nur noch Gelächter auslöst. Vielmehr machen Beamte, um Weihnachtszuwendung zu bekommen, ohne Rücksicht auf die Interessen des Ganzen Bummelstreik. Wenn ein Staat zusammenbricht, verlieren Männer ihren Wert – auch diesen Zustand kann man Freiheit nennen. »Die weder dienen noch herrschen können, sind Bürger«, sagte Stefan George (E. Landmann, Gespräche mit St. G., 1963, 184) – Bourgeois sind also gerade diejenigen, die sich nicht dafür halten.

Das überwältigend hypertrophe humanitär-eudaimonistische Ethos würde riskante politische Zielsetzungen auch sofort moralisch denunzieren, wenn sie sichtbar würden, schon um »der Beschränkung auf das Wirtschaftliche eine Art moralischen Unterbaus zu geben« – von Werner Jaeger (Demosthenes, 1963, 54) gesagt unter Bezugnahme auf eine unter Xenophons Namen überlieferte Schrift »Über die Einkünfte«, die im Umkreis des politischen Resignationsprogramms des Isokrates entstand. So ist bei uns vom Staate in seiner alten Mission als Hüter der Sicherheit wenig übrig geblieben: manebat quaedam imago rei publicae (Tacitus).

[1969]

Niklas Luhmann
[Wohlfahrtsstaat und Bürokratie]

Während der Verfassungsstaat als ein Werk theoretischer Reflexion betrachtet werden kann, ist der Wohlfahrtsstaat ein Resultat evolutionärer Entwicklungen. Das soll nicht heißen: niemand habe ihn gewollt, er sei unbeabsichtigt entstanden. Er ist durch und durch das Ergebnis politischer Zielsetzungen, aber eben unreflektierter politischer Zielsetzungen. Die Staatssemantik wird fortgeschrieben, man spricht seit dem Zweiten Weltkrieg in zunehmendem Umfange von welfare state, aber der Begriff resumiert, obwohl nach wie vor zentral an »Staat« festgemacht, eher ein problemreiches Resultat von Politik als eine Gründungsmaxime. Mit der Schwerpunktverlagerung von Verfassungsstaat, Rechtsstaat und selbst Demokratie auf Wohlfahrtsstaat reagiert die Selbstbeschreibung des politischen Systems auf ein neuartiges Problemgefühl. Der Begriff faßt dies in der Funktion einer Selbstbeschreibung zur Einheit zusammen – aber zunächst ohne Führung durch Theorie.

[...]

Will man den Wohlfahrtsstaat in äußerster Verkürzung charakterisieren, so kann man von einer *Überforderung des Staates durch die Politik* sprechen. Schon in der Weimarer Zeit hatte man dem Staat pessimistische Diagnosen gestellt und von Krise des Staatsgedankens, von Scheinstaat, Ersatzstaat, Reststaat oder gar vom Ende des Staates gesprochen (.). Damals war die Problematik der nationalstaatlichen und die Durchsetzungsfähigkeit der demokratischen Politik das Problem. Im Wohlfahrtsstaat rücken ganz andere Fragen in den Vordergrund. Es scheint jetzt in der Logik der Politik selbst zu liegen, Situationen zu schaffen, die in ihren Folgen die Politik vor immer schwierigere Probleme stellt. Es könnte sein, daß der Staatsgedanke daran nicht unbeteiligt ist. Wir erinnern: der Staat ist nichts anderes als die Selbstbeschreibung des politischen Systems. Es geht demnach um eine laufende Selbstüberforderung des politischen Systems, die mit Hilfe einer bestimmten Selbstbeschreibung, eben mit der Focussierung auf Staat, organisiert wird.

Damit ist keineswegs gesagt, daß die Problematik des Wohlfahrtsstaates sich auf eine schlichte semantische Fehlleistung reduzieren ließe: eine neue Theorie, und der Spuk wäre vorbei! Erst recht geht es nicht um eine bloße Justierung der wissenschaftlichen (also: externen) Beobachtungsinstrumente, um eine bessere (und dann hilfreiche) Erforschung des Phänomens. Ein System hat in bezug auf seine eigene Selbstbeschreibung geringe Freiheitsgrade, es muß ja Selbstbeschreibung in dem Doppelsinne einer Beschreibung des Systems durch die eigenen Operationen sein (.). Die Selbstbeschreibung muß, anders und mit Bezug auf soziale Systeme formuliert, kommunikativ funktionieren. Sie setzt im politischen System ein organisatorisches und rechtliches Substrat voraus (so wie im Wirtschaftssystem Geldmünzen, Geldscheine, Banknoten und die entsprechenden Einrichtungen). Wir haben anhand der Geschichte der Staatssemantik einen Vorgang der Revolutionierung politischer Selbstbeschreibung nachzeichnen können. Dieser Vorgang verlief aber, zeitlich etwas versetzt, parallel zur Ausdifferenzierung des politischen Systems selbst. Er hat diese strukturelle Ausdifferenzierung begleitet, honoriert, mitgetragen. Und *in diesem Zusammenhang war auch Einfluß von Theorie* auf die neu zu schaffende Selbstbeschreibungssemantik möglich. Die strukturelle und semantische Evolution hatte es mit neuartigen Erscheinungen zu tun, und was zu beseitigen war, entstammte einem anderen Typus von Gesellschaft. Die heutige Situation ist damit nicht zu vergleichen. Sie ergibt sich daraus, daß die moderne Gesellschaft sich mit ihrer eigenen Realität konfrontiert findet, und entsprechend sind die Funktionsstellen für Selbstbeobachtung, Selbstbeschreibung und entsprechende Terminologien bereits besetzt. Die Rede vom Staat funktioniert – wenn man Regierungen auswechselt, für oder gegen Aufrüstung agiert, Parlamente wählt, Parteiprogramme entwirft, Mittel für Schulbau, Straßenbau, Jugendarbeit anfordert; und sie funktioniert auch dann, wenn bei all dem das Gefühl mitspielt, dies alles sei irgendwie falsch oder doch unzulänglich angelegt. Die Selbstbeschreibung Staat ist nicht nur in den Institutionen, sie ist auch in den Ansprüchen und Erwartungshaltungen etabliert. Sie fixiert den kommunikativ unerläßlichen Adressaten, und dies nicht ad hoc, sondern als Einheit für unzählige Operationen des gesamten Systems. Es ist vorerst nicht zu sehen, wie sie zu ersetzen wäre. Nach wie vor bleibt der Staatsbegriff deshalb der Bezugspunkt für eine Systematisierung politischer Ideen und Interessen; er könnte nur bewußter als solcher benutzt, zum Beispiel zur Darstellung der Einheit in der Vielfalt politischer Selbstaussagen einer politischen Richtung, einer Partei, eines Regierungsprogramms verwendet werden.

Was man unter diesen Umständen erwarten kann, ist eine allmähliche Änderung des Sinnes der Leitterminologie, die um den Staatsbegriff herum gebildet ist. Die Veränderungen an der Verweisungsstruktur des Staatssinnes ebenso wie die Veränderungen in der gesellschaftlichen Lage bilden sich evolutionär; sie können nur nachgezeichnet, nur nachbegriffen werden. Dabei findet sich die wissenschaftliche Beobachtung in einer gänzlich anderen Lage als vor zweihundert Jahren. Sie kann sich statt an Ideen an das Vorhandene halten; aber eben das macht ihr die Aufgabe schwer. Sie ist zudem an das politische Kommunikationsnetz nicht mehr angeschlossen. Auch zwischen Wissenschaftssystem und politischem System hat die Differenz zugenommen, und dieser Prozeß ist nicht zuletzt dadurch verstärkt worden, daß Wissenschaftler in einer für Politik nicht verständlichen, nicht zuordnungsfähigen Weise politisch agitieren (.).

Mit all den Unsicherheiten, die in dieser Lage getragen werden müssen, kann man gleichwohl versuchen, das Thema Staat und Politik weiterzuführen, und auch dabei mag der Gedanke hilfreich sein, daß der Staat nichts anderes ist als die Selbstbeschreibung des politischen Systems. Wir wollen dies mit einigen Thesen zur Lage versuchen, die je für sich wahr oder falsch sein können, unabhängig von der supertheoretischen Fassung, in deren Rahmen sie hier präsentiert werden.

1. Die gesellschaftliche und die politische Evolution hat hier, und das gilt wohl allgemein, nicht zu einer Gleichverteilung aller möglichen Diversität geführt. Sie hat vielmehr dominante Strukturen ausgebildet, die ihrerseits selektiv wirken auf Zweit- und Drittentwicklungen. Als dominante Form, besonders, aber nicht nur, im politischen Bereich, sieht man seit Weber und Michels die *bürokratische* Form der Erledigung von Geschäften. Im Verhältnis zur soziologischen Klassik muß jedoch die Theorie der Bürokratie auf eine andere Ebene der Begrifflichkeit umgesetzt werden. Es geht nicht um eine bestimmte *Typik* von Arbeit oder Mentalität oder Rollenverhalten, sondern um eine gewissermaßen »ökologische« *Relation* zwischen Verwaltung und Publikum (.). Das funktionale Äquivalent für die Wirtschaft ist der Markt, ebenfalls begriffen als Relation zwischen hochkomplexer Produktionsorganisation und relativ einfachem Verbrauch.

Eine solche Relation ist dominant in dem Sinne, daß andere Einrichtungen sich ankristallisieren können und von ihr abhängig werden. Man rechnet mit ihrer Existenz, ihrer Aktivierbarkeit, ihrem Funktionieren. So setzen Politiker fraglos voraus, daß eine Bürokratie existiert, die ihre Entscheidungen ausführt. Dominanz ist, anders gesagt, Ansatzpunkt für parasitäre Entwicklungen. Sie bedeutet nicht, und das muß gerade für das politische System besonders betont werden, daß die Möglichkeit einer zentralen Kontrolle, einer verantwortungsfähigen Herrschaft besteht. Im Gegenteil: auch die Herrschaftszentren sind Parasiten der Bürokratie; sie profitieren mit ihrer Politik, vor allem mit ihrer Politik der Versprechungen davon, daß Bürokratie als dominante Struktur existiert. »La domination écologique«, heißt es ganz allgemein bei Edgar Morin, »ne signifie pas domination« (.). Es gibt keine bürokratische Herrschaft – weder als Herrschaft über die Bürokratie, noch als Herrschaft mittels der Bürokratie, noch als Herrschaft der Bürokratie. Es gibt nur die bürokratisierte System/Umwelt-Beziehung und ihre Parasiten. Im Ergebnis kann es so zu einem riesigen, zentral nicht mehr kontrollierbaren Beschaffungs- und Erlaubniswesen (.) kommen, das als Gesamtheit dann »Staat« heißt. Bürokratie fungiert dann als Verbindungsnetz zwischen Zapfstellen, und die Erfahrung deutet darauf hin, daß dies Netz auch dann noch gehalten wird, wenn nichts wirklich mehr fließt.

Hat man diesen bürokratischen Komplex vor Augen, dann könnte man den Staat vielleicht definieren als *Regel der Transformation von Informationen in Programme*. Formal ist dieser Begriff allerdings noch zu weit gefaßt (.), er muß eingeschränkt werden auf den Bereich kollektiv bindenden Entscheidens, den Bereich der politischen Funktion. Man könnte hier auch an Kelsens juristischen Staatsbegriff denken, aber wir meinen nicht nur die Erzeugung der rechtlichen Geltung von Programmen, fassen also Kelsens juristischen und seinen soziologischen Staatsbegriff wieder zusammen (.).

Jedenfalls ist in der Umgangssprache (und auch in der Umgangssprache, die die Politik benutzt) diese Bürokratie gemeint, wenn von »Staat« die Rede ist. Als »Bürokratie« ist sie Gegenstand umfassender Kritik. Als Staat wird sie für notwendig gehalten. Als Bürokratie soll sie, wenn nicht abgeschafft, so doch möglichst reduziert werden. Als Staat ist sie gleichwohl Gegenstand immer neuer Bedürfnisse und Wünsche. Die Staatsterminologie dient somit als Schutz und Schirm der Bürokratie, sie ermöglicht die ständige Erneuerung einer positiven Bewertung des negativ Bewerteten. So ist es. Die Theorie der Selbstbeschreibung komplexer Systeme ermöglicht es zu fragen, ob es dabei bleiben muß.

2. Bürokratie ist das vielleicht auffälligste, aber bei weitem nicht das einzige Phänomen, das die neuere Strukturentwicklung des politischen Systems kennzeichnet. Die Demokratisierung der politischen Willensbildung und die aktive wie passive Inklusion der Gesamtbevölkerung in das politische System haben zu einer Umstellung von Abweichungsverhinderung auf Abweichungsverstärkung, von negativem feedback auf positiven feedback geführt. Der demokratische Staat orientiert sich an den Bedürfnissen der Bevölkerung und sucht, besonders bei institutionalisierter Konkurrenz um den Zugang zur Macht (redundancy of potential command), die Bedürfnisbefriedigung zu verbessern. Als Folge nehmen die Bedürfnisse selbst zu, die Anspruchsniveaus steigen und man erwartet schließlich vom »Staat« auch Leistungen, die technisch mit den Mitteln der Politik, mit kollektiv bindenden Entscheidungen, gar nicht zu erbringen sind.

Dieser Selbststeigerungsmechanismus kann nicht in sich selbst Maß und Grenzen finden. Er ist politisch nicht regulierbar. Ihm kann nur die Energiezufuhr abgeschnitten werden. Die Inhibierung muß, mit anderen Worten, auf einer anderen Realitätsebene einsetzen, und sie läuft, heute unübersehbar, über Begrenzung der Geldmittel. Die Dualität von Selbststeigerung und Inhibierung ist ein sehr allgemeines Prinzip des »pattern formation« (.). Typisch scheint auch zu sein, daß die Abweichungsverstärkung durch positiven feedback *spezifische* Bahnen sucht (zum Beispiel *bestimmte* Ansprüche betrifft), während die Limitierung durch *generell* knappe Ressourcen aufgezwungen wird. Damit ist aber noch nicht ausgemacht, unter welchen besonderen Bedingungen dies Zusammenspiel von Selbststeigerung und Inhibierung stabile Formen erzeugt (und wahrscheinlich wird die Theorie in dieser Frage der Sonderbedingungen weniger generalisierbar sein als in der hier angedeuteten allgemeinen Fassung).

3. Selbst wenn man nur die beiden vorstehend genannten Gesichtspunkte, Bürokratisierung und Selbstüberforderung in Betracht zieht (und die politische Evolution ließe sich vermutlich unter vielen anderen Aspekten näher beschreiben), kommen Zweifel auf, ob und wie weit die Staatssemantik noch in der Lage ist, dieser Entwicklung zu folgen und das Wesentliche zu fassen. Man kann, wenn man sich etwa an die Staatslehre von Hermann

Heller hält (.), eine Reduktion des Staatsbegriffs auf organisierte Entscheidungs- und Wirkungseinheit erkennen. Auch ist eine dieser Reduktion genau entsprechende Erweiterung des Politikbegriffs zu erkennen. Sie liegt insbesondere darin, daß von Politik nicht nur dann gesprochen wird, wenn es um Herrschaft über den Staat als Ganzen geht, sondern auch bei einer Inanspruchnahme von Staatsgewalt zur Realisierung von Teilzielen (.). Dies sind wichtige, aber bei weitem nicht ausreichende Konzessionen. Vor allem gerät bei der Reduktion auf die Staatsorganisation (die der umgangssprachlichen politischen Kommunikation durchaus entspricht) der Gesellschaftsbezug des politischen Systems aus dem Blick – was dann durch eine Wiedererneuerung der Wiedererneuerung des gesamtgesellschaftlichen Politikbegriffs durch Karl Marx beantwortet wird.

Weder in bezug auf die strukturellen noch in bezug auf die semantischen Veränderungen kann man eine geplante Entwicklung feststellen, obwohl Planung in der Entwicklung eine mehr oder weniger große Rolle spielt. Die Transformation des politischen Systems kommt durch Evolution zustande, sie ist sowohl von den jeweils erreichten Systemzuständen als auch von Zufällen abhängig, und die Zufallsabhängigkeit wird, darauf deutet viel hin, durch vermehrte Planung nicht vermindert, sondern vergrößert. Mehr Information bedeutet mehr interne Unordnung, mehr Probleme bei der Reproduktion einer Ordnung aus Ordnung und Unordnung, demzufolge erhöhter Entscheidungsbedarf und stärkere Inanspruchnahme all der klassischen Mechanismen, die für eine Kombination von Souveränität und Willkürkontrolle, Gewalt und Konsens, Zwang und Legitimation sorgen sollten. Und noch ist unklar, ob und wie der Verfassungsstaat dies aushalten kann.

[...]

[1984]

Demokratie

[Kapitalismus und Demokratie]

[...]

Nach Bernstein z. B. erscheint die Demokratie als eine unvermeidliche Stufe in der Entwicklung der modernen Gesellschaft, ja, die Demokratie ist ihm, ganz wie dem bürgerlichen Theoretiker der Liberalismus, das große Grundgesetz der geschichtlichen Entwicklung überhaupt, dessen Verwirklichung alle wirkenden Mächte des politischen Lebens dienen müssen. Das ist aber in dieser absoluten Form grundfalsch und nichts als eine kleinbürgerliche, und zwar oberflächliche Schablonisierung der Ergebnisse eines kleinen Zipfelchens der bürgerlichen Entwicklung, etwa der letzten 25 bis 30 Jahre. Sieht man sich die Entwicklung der Demokratie in der Geschichte und zugleich die politische Geschichte des Kapitalismus näher an, so kommt ein wesentlich anderes Resultat heraus.

Was das erstere betrifft, so finden wir die Demokratie in den verschiedensten Gesellschaftsformationen: in den ursprünglichen kommunistischen Gesellschaften, in den antiken Sklavenstaaten, in den mittelalterlichen städtischen Kommunen. Desgleichen begegnen wir dem Absolutismus und der konstitutionellen Monarchie in den verschiedensten wirtschaftlichen Zusammenhängen. Andererseits ruft der Kapitalismus in seinen Anfängen – als Warenproduktion – eine demokratische Verfassung in den städtischen Kommunen ins Leben; später, in seiner entwickelteren Form, als Manufaktur, findet er in der absoluten Monarchie seine entsprechende politische Form. Endlich als entfaltete industrielle Wirtschaft erzeugt er in Frankreich abwechselnd die demokratische

Republik (1793), die absolute Monarchie Napoleons I., die Adelsmonarchie der Restaurationszeit (1815 bis 1830), die bürgerliche konstitutionelle Monarchie des Louis Philippe, wieder die demokratische Republik, wieder die Monarchie Napoleons III., endlich zum drittenmal die Republik. In Deutschland ist die einzige wirkliche demokratische Einrichtung, das allgemeine Wahlrecht, nicht eine Errungenschaft des bürgerlichen Liberalismus, sondern ein Werkzeug der politischen Zusammenschweißung der Kleinstaaterei und hat bloß insofern eine Bedeutung in der Entwicklung der deutschen Bourgeoisie, die sich sonst mit einer halbfeudalen konstitutionellen Monarchie zufrieden gibt. In Rußland gedieh der Kapitalismus lange unter dem orientalischen Selbstherrschertum, ohne daß die Bourgeoisie Miene machte, sich nach der Demokratie zu sehnen. In Österreich ist das allgemeine Wahlrecht zum großen Teil als ein Rettungsgürtel für die auseinanderfallende *Monarchie* erschienen, [...]. In Belgien endlich steht die demokratische Errungenschaft der Arbeiterbewegung – das allgemeine Wahlrecht – in unzweifelhaftem Zusammenhang mit der Schwäche des Militarismus, also mit der besonderen geographisch-politischen Lage Belgiens, und vor allem ist sie eben ein nicht *durch* die Bourgeoisie, sondern *gegen* die Bourgeoisie erkämpftes »Stück Demokratie«.

Der ununterbrochene Aufstieg der Demokratie, der unserem Revisionismus wie dem bürgerlichen Freisinn als das große Grundgesetz der menschlichen und zum mindesten der modernen Geschichte erscheint, ist somit nach näherer Betrachtung ein Luftgebilde. Zwischen der kapitalistischen Entwicklung und der Demokratie läßt sich kein allgemeiner absoluter Zusammenhang konstruieren. Die politische Form ist jedesmal das Ergebnis der ganzen Summe politischer, innerer und äußerer, Faktoren und läßt in ihren Grenzen die ganze Stufenleiter von der absoluten Monarchie bis zur demokratischen Republik zu.

Wenn wir somit von einem allgemeinen geschichtlichen Gesetz der Entwicklung der Demokratie auch im Rahmen der modernen Gesellschaft absehen müssen und uns bloß an die gegenwärtige Phase der bürgerlichen Geschichte wenden, so sehen wir auch hier in der politischen Lage Faktoren, die nicht zur Verwirklichung des Bernsteinschen Schemas, sondern vielmehr gerade umgekehrt, zur Preisgabe der bisherigen Errungenschaften seitens der bürgerlichen Gesellschaft führen.

Einerseits haben die demokratischen Einrichtungen, was höchst wichtig ist, für die bürgerliche Entwicklung in hohem Maße ihre Rolle ausgespielt. Insofern sie zur Zusammenschweißung der Kleinstaaten und zur Herstellung moderner Großstaaten notwendig waren (Deutschland, Italien), sind sie entbehrlich geworden; die wirtschaftliche Entwicklung hat inzwischen eine innere organische Verwachsung herbeigeführt, und der Verband der politischen Demokratie kann insofern ohne Gefahr für den Organismus der bürgerlichen Gesellschaften abgenommen werden.

Dasselbe gilt in bezug auf die Umgestaltung der ganzen politisch-administrativen Staatsmaschine aus einem halb- oder ganzfeudalen in einen kapitalistischen Mechanismus. Diese Umgestaltung, die geschichtlich von der Demokratie unzertrennlich war, ist heute gleichfalls in so hohem Maße erreicht, daß die rein demokratischen Ingredienzien (Zutaten) des Staatswesens, das allgemeine Wahlrecht, die republikanische Staatsform, an sich ausscheiden könnten, ohne daß die Administration, das Finanzwesen, das Wehrwesen usw. in die vormärzlichen Formen zurückzufallen brauchten.

Ist auf diese Weise der Liberalismus für die bürgerliche Gesellschaft als solche wesentlich überflüssig, so andererseits in wichtigen Beziehungen direkt ein Hindernis geworden. Hier kommen zwei Faktoren in Betracht, die das gesamte politische Leben der heutigen Staaten geradezu beherrschen: die *Weltpolitik* und die Arbeiterbewegung – beides nur zwei verschiedene Seiten der gegenwärtigen Phase der kapitalistischen Entwicklung.

Die Ausbildung der Weltwirtschaft und die Verschärfung und Verallgemeinerung des Konkurrenzkampfes auf dem Weltmarkt haben den Militarismus und Marinismus als Werkzeuge der Weltpolitik zum tonangebenden Moment ebenso des äußeren wie des inneren Lebens der Großstaaten gemacht. Ist aber die Weltpolitik und der Militarismus eine *aufsteigende* Tendenz der heutigen Phase, so muß sich folgerichtig die bürgerliche Demokratie auf *absteigender* Linie bewegen. [...]

Treibt somit die auswärtige Politik die Bourgeoisie in die Arme der Reaktion, so nicht minder die innere Politik – die aufstrebende

Arbeiterklasse. Bernstein gibt dies selbst zu, indem er die sozial-demokratische »Freßlegende« (Unter »Freßlegende« versteht Bernstein »die Redensarten, die eine allgemeine, gleichzeitige und gewalttätige Expropriation unterstellen«), d. h. die sozialisti-schen Bestrebungen der Arbeiterklasse für die Fahnenflucht der liberalen Bourgeoisie verantwortlich macht. Er rät dem Proletariat im Anschluß daran, um den zu Tode erschrockenen Liberalismus wieder aus dem Mauseloch der Reaktion hervorzulocken, sein sozialistisches Endziel fallen zu lassen. Damit beweist er aber selbst am schlagendsten, indem er den Wegfall der sozialistischen Arbeiterbewegung zur Lebensbedingung und zur sozialen Voraus-setzung der bürgerlichen Demokratie heute macht, daß diese De-mokratie in gleichem Maße der inneren Entwicklungstendenz der heutigen Gesellschaft widerspricht, wie die sozialistische Arbei-terbewegung ein *direktes Produkt* dieser Tendenz ist.

Aber er beweist damit noch ein weiteres. Indem er den Verzicht auf das sozialistische Endziel seitens der Arbeiterklasse zur Vor-aussetzung und Bedingung des Wiederauflebens der bürgerlichen Demokratie macht, zeigt er selbst, wie wenig, umgekehrt die bür-gerliche Demokratie eine notwendige Voraussetzung und Bedin-gung der sozialistischen Bewegung und des sozialistischen Sieges sein kann. Hier schließt sich das Bernsteinsche Räsonnement zu einem fehlerhaften Kreis, wobei die letzte Schlußfolgerung seine erste Voraussetzung »frißt«.

Der Ausweg aus diesem Kreise ist ein sehr einfacher: aus der Tatsache, daß der bürgerliche Liberalismus vor Schreck vor der aufstrebenden Arbeiterbewegung und ihren Endzielen seine Seele ausgehaucht hat, folgt nur, daß die sozialistische Arbeiterbewegung eben heute die *einzige* Stütze der Demokratie ist und sein kann, und daß nicht die Schicksale der sozialistischen Bewegung an die bür-gerliche Demokratie, sondern umgekehrt die Schicksale der demo-kratischen Entwicklung an die sozialistische Bewegung gebunden sind. Daß die Demokratie nicht in dem Maße lebensfähig wird, als die Arbeiterklasse ihren Emanzipationskampf aufgibt, sondern umgekehrt, in dem Maße, als die sozialistische Bewegung stark genug wird, gegen die reaktionären Folgen der Weltpolitik und der bürgerlichen Fahnenflucht anzukämpfen. Daß, wer die Stärkung der Demokratie wünscht, auch Stärkung und nicht Schwächung der sozialistischen Bewegung wünschen muß, und daß mit dem Aufgeben der sozialistischen Bestrebungen ebenso die Arbeiterbewegung wie die Demokratie aufgegeben wird.

[...]

[1899]

HERMANN HELLER
Politische Demokratie und soziale Homogenität

[...]

Demokratie heißt Volksherrschaft. Soll der *demos kratein*, so muß er unter allen Umständen eine Entscheidungs- und Wirkungseinheit bilden, d. h. die Demokratie muß wie jede Herrschaftsform ein System von Willensvereinheitlichungen darstellen, für welches immer das Gesetz der kleinen Zahl gilt. Das Spezifikum der demokratischen Herrschaftsform besteht nun in der genossenschaftlichen Bestellung und in der magistratischen, nicht souveränen Stellung ihrer Repräsentanten. Ausnahmslos jeder demokratische Repräsentant ist immer vom Volke mittelbar oder unmittelbar sowohl zu berufen wie abzuberufen und bleibt, trotz der Selbständigkeit seiner repräsentativen Entscheidungsgewalt, juristisch durch eine rational gesetzte Ordnung an den Willen des Volkes gebunden. Nicht die soziologische oder möglicherweise sozialethische Bindung an das Volk ist für den demokratischen Repräsentanten charakteristisch. Eine solche besteht auch für den autokratischen Repräsentanten. Es gibt überhaupt keine Herrschaftsform, von der nicht Spinozas Wort gilt: *oboedientia facit imperantem.*(.) In der Demokratie allein aber ist diese Bindung außerdem eine juristische und mit wirkungsvollen Rechtssanktionen ausgestattet. Die Methoden der demokratischen Repräsentationsbestellung können sehr verschieden sein. Nicht nur die von der liberalen Demokratie ausgebildete direkte Wahl von Zentralinstanzen, auch die durch ein Rätesystem vermittelte Wahl kann, wenn es sich nicht um eine Bestellung einer bloß ökonomischen Interessenvertretung mit gebundenem Mandat handelt, eine Form demokratischer Repräsentantenauslese darstellen. Zahlreich sind auch die Möglichkeiten einer demokratischen Repräsentantenstellung. Neben dem Parlamentarismus und einem demokratischen Rätesystem ist auch die in amerikanischen Städten versuchte Form der Repräsentation demokratisch zu nennen, die unter Verzicht auf Parlament und Räte lediglich einen oder zwei Repräsentanten mit weitgehendsten Entscheidungsfunktionen auf jederzeitigen *recall* beruft.

Die Repräsentationsbestellung ist die wichtigste Phase in der Dynamik der politischen Einheitsbildung. Die gesamte Problematik der heutigen Demokratie besteht nun darin, daß sich demokratische Repräsentationsbestellung in juristischen Formen von unten nach oben vollziehen soll. Wie weit das Unten nach unten reicht, wer zum herrschenden Volke gehören soll, wer davon auf Grund von Alters- und Geschlechtsdifferenzen, auf Grund von Unterschieden in Bildung und Besitz ausgeschlossen wird, ist historischen Wandlungen unterworfen.

Erst die Einsicht in die Bedeutung der demokratischen Repräsentationsbestellung vermag auch die große, viel verkannte und viel geschmähte Bedeutung der politischen Parteien in der Demokratie erkennen zu lassen. Sie sind auch im Rätesystem unentbehrlich als spezifische Faktoren in jenem System von Willensvereinheitlichungen, das wir den demokratischen Staat nennen. Ohne ein solches System von Vermittlungen ist die Einheit in der Vielheit unvermittelter Gegensätze demokratisch nicht zu denken.

In der eben angedeuteten Problematik ist auch die Bedeutung der sozialen Homogenität für die Demokratie mitbeschlossen. Demokratie soll bewußte politische Einheitsbildung von unten nach oben sein, alle Repräsentation vom Gemeinschaftswillen juristisch abhängig bleiben. Das Volk als Vielheit soll sich selbst bewußt zum Volk als Einheit bilden. Ein bestimmtes Maß sozialer Homogenität muß gegeben sein, damit politische Einheitsbildung überhaupt möglich sein soll. Solange an die Existenz solcher Homogenität geglaubt und angenommen wird, es gäbe eine Möglichkeit, durch Diskussion mit dem Gegner zur politischen Einigung zu gelangen, solange kann auf die Unterdrückung durch physische Gewalt verzichtet, solange kann mit dem Gegner parliert werden. [...] Tatsächlich ist die geistesgeschichtliche Basis des Parlamentarismus nicht der Glaube an die öffentliche Diskussion als solche, sondern der Glaube an die Existenz einer gemeinsamen

Diskussionsgrundlage und damit die Möglichkeit eines *fair play* für den innerpolitischen Gegner, mit dem man sich unter Ausschaltung der nackten Gewalt einigen zu können meint. Erst dort, wo dieses Homogenitätsbewußtsein verschwindet, wird die bis dahin parlierende zur diktierenden Partei.

Von einer größeren oder geringeren sozialen Homogenität ist also die größere oder geringere Möglichkeit einer politischen Einheitsbildung, die Möglichkeit einer Repräsentationsbestellung und die größere oder geringere Festigkeit der Stellung der Repräsentanten abhängig. Es gibt einen gewissen Grad von sozialer Homogenität, ohne welchen eine demokratische Einheitsbildung überhaupt nicht mehr möglich ist. Eine solche hört dort auf, wo sich alle politisch relevanten Volksteile in der politischen Einheit in keiner Weise mehr wiedererkennen, wo sie sich mit den staatlichen Symbolen und Repräsentanten in keiner Weise mehr zu identifizieren vermögen. In diesem Augenblick ist die Einheit gespalten, sind Bürgerkrieg, Diktatur, Fremdherrschaft als Möglichkeiten gesetzt. Die schwere Geburt der kontinentalen Koalitionsregierungen, ihre kurze Dauer, sowie ihr Mangel an durchgreifender Wirkung sind die handgreiflichsten Symptome einer unzulänglichen sozialen Homogenität und damit höchst bedenkliche Krisenzeichen für unsere Demokratien.

[…]

Soziale Homogenität kann niemals Aufhebung der notwendig antagonistischen Gesellschaftsstruktur bedeuten. Die gegensatzfreie Friedensgemeinschaft, die herrschaftslose Gesellschaft können als prophetische Verheißungen sinnvoll sein. Als politisches Ziel ist solche Verdiesseitigung einer Gemeinschaft der Heiligen, [...] eine Denaturierung sowohl der religiösen wie der politischen Sphäre. Soziale Homogenität ist immer ein sozial-psychologischer Zustand, in welchem die stets vorhandenen Gegensätzlichkeiten und Interessenkämpfe gebunden erscheinen durch ein Wirbewußtsein und -gefühl, durch einen sich aktualisierenden Gemeinschaftswillen. Solche relative Angeglichenheit des gesellschaftlichen Bewußtseins kann ungeheure Spannungsgegensätze in sich verarbeiten, ungeheure religiöse, politische, ökonomische und sonstige Antagonismen verdauen. Wodurch dieses Wirbewußtsein erzeugt und zerstört wird, läßt sich nicht allgemeingültig sagen.

Alle Versuche, in einer einzigen Lebenssphäre den ewigen Demiurg dieses Bewußtseins zu finden, sind gescheitert und müssen scheitern. Richtig ist nur, daß sich in jeder Epoche eine Entsprechung zwischen sozialem Sein und Bewußtsein, also eine Gesellschaftsform erkennen läßt. Entscheidend auch für die soziale Homogenität wird jedesmal die Sphäre sein, in welcher das Bewußtsein der Epoche vorwiegend beheimatet ist.

[...]

In der Politik erhebt aber die furchtbare Frage ihr Medusenhaupt, wie sich die heutige, in diese ungeheuren Klassen- und Rassengegensätze hineingestellte Demokratie zu behaupten vermag. In viel höherem Grade als jeder anderen politischen Form ist ihre Existenz von dem Dasein einer sozialen Angeglichenheit abhängig. Man versteht es, wenn heute von links wie von rechts eine politische Einheitsbildung auf demokratischem Wege für unmöglich gehalten wird. Der Neo-Machiavellismus eines desillusionierten Bürgertums will im Geiste Vilfredo Paretos demokratische, nationale und sozialistische, kurz alle ›Ideologien‹ nur als *arcana imperii* benutzen, um sich im ewig gleichen ›Kreislauf der Eliten‹ diktatorisch an der Macht zu halten. Auch in Deutschland ist der Monarchismus, mindestens soweit die jüngere Generation in Frage kommt, lediglich eine Verhüllung für den ersehnten ›starken Mann‹, der handelt und nicht verhandelt, der die sozialpsychische Homogenität und politische Einheitsbildung, selbstverständlich unter Wahrung der bürgerlichen Position, erzwingt. Das Proletariat aber verzweifelt angesichts der gegebenen ökonomischen Disparität ebenfalls an den demokratischen Formen und hofft, für die Gegenwart oder eine nahe Zukunft, auf eine Erziehungsdiktatur zur Freiheit und Gleichheit. Trotz der augenblicklichen politischen Beruhigung, richtiger Ermüdung, fehlt die Voraussetzung der politischen Demokratie, ein Zustand sozialer Homogenität, in einem Maße, wie in keinem Zeitalter vorher.

Gewiß, die zivile Homogenität haben die letzten Jahrhunderte in Europa verwirklicht. Sklaven im Rechtssinne, Menschen, die über keine Rechts- und Handlungsfreiheit mehr verfügen und die in der antiken Demokratie als selbstverständlich ausgeschlossen vom Staate galten, gibt es heute nicht mehr. Jeder Mensch, nicht nur jeder Staatsbürger genießt den formal gleichen Schutz von

Person, Familie und Eigentum. Ebenso ist die formal-juristische politische Homogenität hergestellt: der formal gleiche Anteil an der Einheitsbildung und die formale gleiche Ämterfähigkeit jedem Staatsbürger garantiert. Gerade dieser »Fortschritt im Bewußtsein der Freiheit«, wie wir mit Hegel sagen können, ist es aber, der die demokratische Einheitsbildung heute bedroht.

Denn dieses Freiheitsbewußtsein ist einerseits soziales Ungleichheitsbewußtsein, andrerseits politisches Machtbewußtsein. Das letztere ist auf die Dauer mit Gewalt nicht zu unterdrücken, reicht aber vorläufig keineswegs aus, um eine selbständige Kulturführung und politische Einheitsbildung zu übernehmen. Die sozial-psychologische Angleichung des Bewußtseins ist andrerseits ohne eine grundsätzliche Veränderung des ökonomischen Seins und eine tiefgehende Revolutionierung des Bewußtseins nicht zu haben. Erträgt bis dahin die demokratische politische Form den zur Tatsache gewordenen sozialen Klassenkampf? An sich muß der auf ökonomischer Grundlage erwachsende Klassenkampf noch keineswegs die Demokratie sprengen. Erst wenn das Proletariat zu dem Glauben gelangt, daß die demokratische Gleichberechtigung seines übermächtigen Gegners den Klassenkampf in demokratischen Formen zur Aussichtslosigkeit verdammt, erst in diesem Augenblick wird es zur Diktatur greifen.

Von der Einsicht der herrschenden Klassen beziehungsweise der Geistigen in diesen Klassen hängt es wesentlich ab, ob jener Glaube im Proletariat sich durchsetzt. Sich und andere mit der Formalethik der Demokratie beruhigen zu wollen, ist zwecklos. Gewiß, die politische Demokratie will jedem Mitglied des Staates die gleiche Einwirkungsmöglichkeit auf die Gestaltung der politischen Einheit durch Repräsentationsbestellung gewähren. Die soziale Disparität kann aber *summum jus* zur *summa injuria* machen. Die radikalste formale Gleichheit wird ohne soziale Homogenität zur radikalsten Ungleichheit und die Formaldemokratie zur Diktatur der herrschenden Klasse.

Die ökonomische und zivilisatorische Überlegenheit gibt den Herrschenden genügende Mittel in die Hand, um durch direkte und indirekte Beeinflussung der öffentlichen Meinung die politische Demokratie in ihr reales Gegenteil zu verkehren. Durch finanzielle Beherrschung von Partei, Presse, Film und Literatur, gesellschaftliche Influenzierung von Schule und Hochschule, vermag sie, selbst ohne direkte Bestechung, es zu einer virtuosen Beeinflussung der bureaukratischen und Wahlmaschine zu bringen, so daß alle demokratische Form gewahrt und eine Diktatur dem Inhalt nach doch erreicht wird. Sie ist um so gefährlicher, weil anonym und unverantwortlich. Sie macht die politische Demokratie zur Fiktion, indem sie die Form der Repräsentationsbestellung wahrt und ihren Inhalt verfälscht.

Kommt dem Proletariat diese Diskrepanz zum Bewußtsein, weiß es außerdem, daß nicht nur alle Fabrikräder, sondern auch alle Staatsräder stillstehen, wenn sein starker Arm es will, dann wird es nur unter zwei Bedingungen die demokratische Form des Klassenkampfes respektieren: nämlich dann, wenn sie ihm irgendwelche Aussichten auf Erfolg gewährt und wenn es imstande ist, eine geistig-sittliche Fundierung und historische Notwendigkeit der gegenwärtigen Herrschaftssituation zu entdecken. Das hängt gewiß auch von dem Grad der Einsicht des Proletariats ab; in unvergleichlich höherem Maße aber von den geistig-sittlichen Fähigkeiten der Herrschenden und ihres Anhangs. Der Staatsmann, der nicht ehrlich bemüht ist, seine politischen Entscheidungen über Klassenvorurteile hinauszuheben, der Richter, der nicht dauernd bemüht ist, die Werturteile aller Klassen gegeneinander abzuwägen, um so einer Klassenjustiz zu entgehen, sie und alle anderen staatlichen Instanzen repräsentieren dann dem Proletarier den nackten Klassenstaat, der für ihn keinerlei Verpflichtungskraft hat, sondern als ein bloßes Unterdrückungsinstrument lediglich bekämpfenswert erscheint. In solcher Situation steht sich nicht nur das ökonomische Sein, sondern auch das geistig-sittliche Bewußtsein beider Klassen ohne Vermittlung unhomogen gegenüber. Der Bourgeois erscheint dem Proletarier nicht mehr als der Gleichartige; er setzt der Diktatur des bourgeoisen Klassenstaates sein Ideal der proletarischen Klassendiktatur entgegen.

[...]
[1928]

Eine andere Theorie der Demokratie

[…]

Es sei daran erinnert, daß unsere Hauptschwierigkeiten bei der klassischen Theorie [der Demokratie, Anm. d. Hrsg.] sich um die Behauptung gruppierten, daß »das Volk« eine feststehende und rationale Ansicht über jede einzelne Frage besitzt und daß es – in einer Demokratie – dieser Ansicht dadurch Wirkungskraft verleiht, daß es »Vertreter« wählt, die dafür sorgen, daß diese Ansicht ausgeführt wird. So wird die Wahl der Repräsentanten dem Hauptzweck der demokratischen Ordnung nachgeordnet, der darin besteht, der Wählerschaft die Macht des politischen Entscheides zu verleihen. Angenommen nun, wir vertauschen die Rollen dieser beiden Elemente und stellen den Entscheid von Fragen durch die Wählerschaft der Wahl jener Männer nach, die die Entscheidung zu treffen haben. Oder um es anders auszudrücken: Wir nehmen nun den Standpunkt ein, daß die Rolle des Volkes darin besteht, eine Regierung hervorzubringen oder sonst eine dazwischengeschobene Körperschaft, die ihrerseits eine nationale Exekutive (.) oder Regierung hervorbringt. Und wir definieren: Die demokratische Methode ist diejenige Ordnung der Institutionen zur Erreichung politischer Entscheidungen, bei welcher einzelne die Entscheidungsbefugnis vermittels eines Konkurrenzkampfs um die Stimmen des Volkes erwerben.

Die Verteidigung und Erklärung dieser Idee wird sehr bald zeigen, daß sie hinsichtlich der Wahrscheinlichkeit ihrer Prämissen und der Haltbarkeit ihrer Behauptungen die Theorie des demokratischen Prozesses beträchtlich verbessert.

Erstens gelangen wir in den Besitz eines leidlich brauchbaren Kriteriums, mit welchem demokratische Regierungen von andern unterschieden werden können. Wir haben gesehen, daß die klassische Theorie deswegen in Schwierigkeiten gerät, weil durch Regierungen, die nach keinem anerkannten Gebrauch des Begriffs »demokratisch« genannt werden können, sowohl dem Willen wie auch dem Wohl des Volkes gerade so gut oder sogar besser gedient werden kann und in vielen historischen Fällen auch gedient worden ist. Jetzt befinden wir uns aber in einer etwas besseren Lage, zum Teil darum, weil wir die Bedeutung des *modus procedendi* hervorzuheben entschlossen sind, dessen Vorhandensein oder Fehlen in den meisten Fällen leicht zu verifizieren ist (.).

Zum Beispiel erfüllt eine parlamentarische Monarchie wie die englische die Anforderungen der demokratischen Methode, weil der Monarch praktisch dazu gezwungen ist, die gleichen Männer in das Kabinett zu berufen, die das Parlament wählen würde. Eine »konstitutionelle« Monarchie besitzt nicht die Eigenschaften, um sie demokratisch nennen zu können, weil den Wählerschaften und Parlamenten – während sie alle andern Rechte mit den Wählerschaften und Parlamenten der parlamentarischen Monarchie gemein haben – doch die Befugnis fehlt, ihre Wünsche in bezug auf das regierende Komitee durchzusetzen: Die Kabinettsminister sind in diesem Falle Diener des Monarchen, dem Wesen wie auch dem Namen nach, und können im Prinzip von ihm ebenso gut entlassen wie ernannt werden. Solch eine Ordnung kann das Volk durchaus befriedigen. Die Wählerschaft kann diese Tatsache bestätigen dadurch, daß sie gegen jeden Vorschlag einer Abänderung stimmt. Der Monarch kann so populär sein, daß er jeden Mitbewerber um das höchste Amt zu schlagen vermag. Aber da kein Mechanismus vorhanden ist, um diese Konkurrenz wirksam zu gestalten, fällt dieser Fall nicht unter unsere Definition.

Zweitens läßt uns die in dieser Definition verkörperte Theorie allen wünschbaren Raum für eine angemessene Anerkennung der lebenswichtigen Tatsache der Führung. Die klassische Theorie hat das nicht getan, sondern hat, wie wir gesehen haben, der Wählerschaft ein völlig wirklichkeitsfremdes Ausmaß von Initiative beigelegt, was praktisch auf ein Ignorieren der Führung herauskam. Kollektive handeln jedoch beinahe ausschließlich dadurch, daß sie eine Führung akzeptieren – es ist dies der beherrschende Mechanismus praktisch jedes kollektiven Handelns, das mehr ist als bloßer Reflex. Behauptungen über das Funktionieren und die Resultate der demokratischen Methode, die dem Rechnung tragen, sind daher notwendig sehr viel wirklichkeitsnäher als Behauptungen, die es nicht tun. Sie werden nicht schon bei der Ausführung einer *volonté générale* Halt machen, sondern werden weitgehend zeigen, wie sie entsteht oder wie sie substituiert oder verfälscht wird. Was wir den »fabrizierten Willen« genannt haben, steht nun nicht mehr außerhalb der Theorie, ist keine Verirrung mehr, um deren Nichtvorhandensein wir den Himmel bitten; er gehört, wie es sein muß, in die Mitte unseres Gebäudes.

Drittens jedoch, soweit es überhaupt echte Willensäußerungen von Gruppen gibt – zum Beispiel den Willen der Arbeitslosen, Arbeitslosenunterstützung zu bekommen, oder den Willen anderer Gruppen, zu helfen – werden auch diese von unserer Theorie nicht vernachlässigt. Im Gegenteil vermögen wir ihnen nun gerade die Rolle zuzuweisen, die sie tatsächlich spielen. Solche Willensäußerungen setzen sich in der Regel nicht unmittelbar durch. Selbst wenn sie kräftig und bestimmt sind, bleiben sie oft während Jahrzehnten latent, bis sie von irgendeinem politischen Führer, der sie in politische Faktoren verwandelt, zum Leben erweckt werden. Dies tut er – oder sonst tun es seine Agenten für ihn –, indem er diese Willensäußerungen organisiert, indem er sie aufstachelt und indem er zuletzt geeignete Punkte in seine Werbeschriften aufnimmt. Die Wechselbeziehung zwischen Sonderinteressen und öffentlicher Meinung und die Art, in der sie die Form hervorbringen, die wir die politische Situation nennen, erscheinen von diesem Standpunkt aus in einem neuen und viel klareren Licht.

Viertens ist natürlich unsere Theorie ebenso wenig genau bestimmt, als es der Begriff des Konkurrenzkampfes um die Führung ist. Dieser Begriff bietet ähnliche Schwierigkeiten wie der Begriff der Konkurrenz in der wirtschaftlichen Sphäre, mit dem er nutzbringend verglichen werden kann. Im Wirtschaftsleben fehlt die Konkurrenz nie völlig, aber sie ist kaum je vollkommen (.). Ähnlich besteht im politischen Leben immer einige Konkurrenz, wenn auch vielleicht nur potentiell, um die Gefolgschaft des Volkes. Zur Vereinfachung haben wir jene Art von Konkurrenz um die Führung, die die Demokratie definieren soll, auf freie Konkurrenz um freie Stimmen beschränkt. Berechtigt ist dies deshalb, weil »Demokratie« eine anerkannte Methode zu implizieren scheint, nach welcher der Konkurrenzkampf zu führen ist, und weil die Methode der Wahl praktisch die einzig mögliche für Gemeinwesen aller Größen ist. Doch obschon dadurch viele Arten der Gewinnung der Führung ausgeschlossen werden, die ausgeschlossen werden sollten (.), wie zum Beispiel die Konkurrenz durch einen militärischen Aufstand, werden doch nicht die Fälle ausgeschlossen, die auffallend analog zu jenen wirtschaftlichen Phänomenen sind, die wir als »unfaire« oder »betrügerische« Konkurrenz oder als Konkurrenzbeschränkung bezeichnen. Und wir können sie nicht ausschließen, da uns, wenn wir es täten, nur ein völlig wirklichkeitsfremdes Idealbild übrig bliebe (Wie auf wirtschaftlichem Gebiet sind *einige* Einschränkungen in den gesetzlichen und moralischen Prinzipien des Gemeinwesens enthalten.). Zwischen diesem Idealfall, der nicht existiert, und den Fällen, in welchen jegliche Konkurrenz mit dem regierenden Führer mit Gewalt verhindert wird, liegt eine fortlaufende Reihe von Variationen, innerhalb derer die demokratische Regierungsmethode mit unendlich kleinen Schritten allmählich in die autokratische übergeht. Aber wenn wir nicht philosophieren, sondern verstehen wollen, so ist dies durchaus in Ordnung. Der Wert unseres Kriteriums wird dadurch nicht ernsthaft geschädigt.

Fünftens scheint unsere Theorie die Beziehung zu klären, die zwischen der Demokratie und der individuellen Freiheit besteht. Wenn wir mit letzterer das Vorhandensein einer Sphäre individueller Selbstregierung meinen, deren Grenzen historisch veränderlich sind – *keine* Gesellschaft duldet absolute Freiheit, nicht einmal eine absolute Gewissens- und Redefreiheit, *keine* Gesellschaft reduziert diese Sphäre auf Null –, dann wird diese Frage offenkundig zu einer Sache des Grades. Wir haben gesehen, daß die demokratische Methode nicht unbedingt eine größere Summe individueller Freiheit garantiert, als irgendeine andere politische Methode unter gleichen Umständen gestatten würde. Es kann sehr wohl umgekehrt sein! Aber es besteht noch eine Beziehung zwischen den beiden. Wenn, wenigstens im Prinzip, jedermann die Freiheit hat, sich dadurch um die politische Führung zu bewerben, daß er sich der Wählerschaft vorstellt (Das heißt Freiheit im gleichen Sinne, wie jedermann die Freiheit hat, eine weitere Textilfabrik aufzutun.), dann wird dies in den meisten, wenn auch nicht in allen Fällen, ein beträchtliches Quantum Diskussionsfreiheit für *alle* bedeuten. Namentlich wird es normalerweise ein beträchtliches Quantum Pressefreiheit bedeuten. Diese Beziehung zwischen Demokratie und Freiheit ist nicht absolut bündig und kann verfälscht werden. Aber vom Standpunkt des Intellektuellen aus ist sie nichtsdestoweniger sehr wichtig. Gleichzeitig ist dies aber auch alles, was über diese Beziehung gesagt werden kann.

Sechstens sollte beachtet werden, daß, indem ich es zur Hauptfunktion der Wählerschaft machte, (direkt oder durch eine dazwischengeschobene Körperschaft) eine Regierung hervorzubringen, ich in diese Formulierung auch die Funktion ihrer Absetzung einschließen wollte. Das eine bedeutet einfach die Akzeptierung eines Führers oder einer Gruppe von Führern, das andere einfach die Rücknahme dieser Akzeptierung. Dadurch wird ein Element berücksichtigt, das der Leser bisher vermißt haben dürfte. Er mag daran gedacht haben, daß die Wählerschaft nicht nur installiert, sondern auch kontrolliert. Aber da die Wählerschaft normalerweise ihre politischen Führer nur insofern kontrolliert, als sie es ablehnt, sie selbst oder die sie stützenden parlamentarischen Mehrheiten wiederzuwählen, scheint es angebracht zu sein, unsere Vorstellungen einer Kontrolle in der durch unsere Definition angedeuteten Weise zu reduzieren. Gelegentlich ereignet sich ein spontaner Umschwung, der unmittelbar eine Regierung oder einen einzelnen Minister stürzt oder einen bestimmten Kurs aufzwingt. Aber dies sind nicht nur Ausnahmefälle – sie stehen auch, wie wir noch sehen werden, im Gegensatz zum Geist der demokratischen Methode.

Siebentens erhellt unsere Methode, was sehr wünschenswert ist, einen alten Streitpunkt. Wer immer die klassische Lehre der Demokratie akzeptiert und folglich glaubt, daß die demokratische Methode die Entscheidung der strittigen Fragen und die Gestaltung der Politik nach dem Willen des Volkes gewährleistet, muß sich an der Tatsache stoßen, daß, selbst wenn dieser Wille unbestreitbar wirklich und bestimmt wäre, dann die Entscheidung durch einfache Mehrheiten ihn in vielen Fällen mehr verdrehen als wirksam werden lassen würde. Der Wille der Mehrheit ist augenscheinlich der Wille der Mehrheit und nicht der Wille »des Volkes«. Letzterer ist ein Mosaik, das durchaus nicht vom ersteren »repräsentiert« wird. Die beiden durch eine Definition gleichzusetzen, heißt nicht das Problem lösen. Versuche zu einer wirklichen Lösung sind jedoch von den Verfassern der verschiedenen Pläne für eine »proportionale Vertretung« unternommen worden. Diese Pläne sind aus praktischen Gründen auf ablehnende Kritik gestoßen. Es liegt in der Tat offen zutage, daß der Proporz nicht nur allen möglichen Idiosynkrasien Gelegenheit bietet, sich breit zu machen, sondern daß er auch die Demokratie hindern mag, arbeitsfähige Regierungen hervorzubringen, und sich so als Gefahr in Zeiten der Bedrängnis erweisen kann (.). Bevor wir jedoch daraus den Schluß ziehen, daß die Demokratie funktionsunfähig wird, sobald man ihr Prinzip folgerichtig durchführt, sollten wir uns lieber fragen, ob dieses Prinzip wirklich die proportionale Vertretung impliziert. In Tat und Wahrheit tut es dies nicht. Wenn die Anerkennung der Führung die eigentliche Funktion der Stimmabgabe der Wählerschaft ist, bricht die Verteidigung des Proporzes zusammen, weil ihre Prämissen nicht mehr bindend sind. Das Prinzip der Demokratie bedeutet dann einfach, daß die Zügel der Regierung jenen übergeben werden sollten, die über mehr Unterstützung verfügen als die andern, in Konkurrenz stehenden Individuen oder Teams. Und dies wiederum scheint die Geltung des Majoritätssystems innerhalb der Logik der demokratischen Methode zu sichern, obschon wir es auf andern Gebieten, die außerhalb dieser Logik liegen, immer noch verurteilen mögen.

[...]

[1942]

KARL JASPERS
Von der Demokratie zur Parteienoligarchie

[...]

(3) Auf die Frage, *ob unser Staat eine Demokratie sei*, pflegt die Antwort selbstverständlich zu sein: Ja, eine parlamentarische Demokratie. Das Grundgesetz bezeugt es: »Alle Staatsgewalt geht vom Volke aus.« (Artikel 20) Wie aber sieht das in der Realität aus? Die Verfasser des Grundgesetzes scheinen vor dem Volke Furcht gehabt zu haben. Denn dieses Gesetz schränkt die Wirksamkeit des Volkes auf ein Minimum ein. Alle vier Jahre wählt es den Bundestag. Die ihm von den Parteien vorgelegten Listen oder Personen sind schon vorher durch die Parteien gewählt. Der Vorgang dieser verborgenen Vorwahl, die die eigentliche Wahl ist, ist

verwickelt; die Namen für die Wahlkreislisten und die Landeslisten werden nicht auf gleiche Weise aufgestellt. Immer aber sind es die Parteigremien, nie das Volk, das an diesem entscheidenden Anfang beteiligt wäre. Man muß Parteimitglied sein, um bei dieser Wahl irgendwo mitwirken und um aufgestellt werden zu können.

Auch wer Parteimitglied ist, hat als solches eine geringe Wirkung bei den Nominierungen. Entscheidend wählt die Parteihierarchie und Bürokratie. Bei der Aufstellung der Landeslisten hat das Parteimitglied als solches keine Mitwirkung.

Wer wählen will in dem eigentlichen Sinn, daß er von der Nominierung bis zur Endabstimmung beteiligt ist, muß Parteimitglied werden. Wer es nicht wird, kann sich nicht beklagen, daß er über nichts weiter abstimmen kann als über das, was die Parteien ihm vorsetzen. Er wählt die, die schon gewählt sind, und hat nur noch Einfluß auf die Zahl der von der Partei schon Gewählten, die Parlamentsmitglieder werden.

Das Volk hat also nur die sehr beschränkte Wahl zwischen dem, was ihm von den Parteien zur Wahl gestellt wird. Es kann all diese Wahlvorschläge ablehnen. Nach Zufall der Stimmung, politisch gedankenlos, eigentlich ratlos muß es »wählen«.

(4) *Die Parteien* sind Organe des Volkes. Sie sollen aus dem Volke durch freie Initiative hervorgehen. Der Artikel 21 sagt: »Die Parteien wirken bei der politischen Willensbildung des Volkes mit.« Jedoch: Man kann kaum behaupten, daß in der Bundesrepublik eine politische Willensbildung des Volkes stattfindet. Die Unkenntnis der meisten ist erschreckend groß. Die Parteien informieren und unterrichten das Volk nicht und erziehen es nicht zum Denken. Bei den Wahlen operieren sie nach Prinzipien der Reklametechnik. Ihre Handlungen bedenken die materiellen Interessen von Gruppen, deren Stimmen sie erwerben möchten.

»Ihre Gründung ist frei.« Das ist nur formal richtig. In der Tat ist das Übergewicht der bestehenden Parteien durch ihre Organisation und ihre Geldmittel so groß, daß neue Parteigründungen kaum eine Chance haben. Die großen Parteien sind selbständige Mächte geworden.

»Ihre innere Ordnung muß demokratischen Grundsätzen entsprechen.« Das ist der Fall. Die Forderung geht gegen die totalitä-

ren Einheitsparteien. Innerhalb der Parteien gilt das Mehrheits-
prinzip im Unterschied von den nach dem Führerprinzip im Gehorsam geordneten Parteien.

»Sie müssen über die Herkunft ihrer Mittel öffentlich Rechen-
schaft geben.« Ob sie das konkret ohne Einschränkung in aller
Deutlichkeit tun, ist mehr als zweifelhaft.

»Parteien, die nach ihren Zielen oder nach dem Verhalten ihrer
Anhänger darauf ausgehen, die freiheitliche demokratische
Grundordnung zu beeinträchtigen oder zu beseitigen oder den Bestand der Bundesrepublik Deutschland gefährden, sind verfas-
sungswidrig.« Wir werden zu fragen haben, ob und wo das faktische Verhalten der Parteien heute die freiheitliche demokratische
Grundordnung beeinträchtigt und die Bundesrepublik gefährdet.

[...]

(10) Daß sich keine produktive Opposition, kein auf dem gleichen
Boden kämpfendes Zusammenspiel von Regierung und Opposition entwickelt hat, das hat zum Gegenpol die Tendenz zur Bildung der Großen Koalition oder Allparteien-Regierung. Würde
es dahin kommen, so würde die Scheindemokratie vollends verschwinden in der autoritären Regierung der Parteienoligarchie,
die nun die gemeinsame Verantwortung aller, also gar keine Verantwortung mehr hat. Was da geschieht, wird vermutlich nicht geplant. Die Folgen bleiben denen, die aus solchen Tendenzen handeln, unklar.

Die Folgen würden sein: Die Parteien wären unter sich. Sie haben das gemeinsame Interesse ihrer Herrschaft. Wie diese stattfindet und was sie tut, wird zunehmend mit Geheimnis umgeben. Es
gibt weder Opposition noch Kontrolle. Die internen Kämpfe sind
Intrigen. Eine politische Konzeption fehlt, zumal das Übergeord-
nete nicht das Staatsinteresse des Volkes, sondern das Interesse
der Oligarchie selber ist.

Die Wahlen bringen nur unwesentliche Verschiebungen in die
verhältnismäßige Größe der Parteien, die insgesamt die Oligarchie bilden. Alle vier Jahre aber heißt es: Das Volk hat gewählt,
das Volk kann gehen.

Es gibt, wie immer in parlamentarischen Demokratien, die
Ämterpatronage in großem Umfang. Wie weit sie sich heute schon

auf unpolitische Berufe bezieht, läßt sich statistisch nicht ermitteln. Es kommt vor, daß ein Krankenhausarzt, um Chef einer städtischen Klinik zu werden, der Partei beitritt, die in dieser Stadt regiert. Bei einer Allparteien-Regierung würden die unpolitischen Ämter, soweit sie vom Staat, vom Land, von der Gemeinde oder von der Stadt abhängig sind, nach einem Schlüssel verteilt werden, so wie jetzt manchmal nach der Zahl der Mitglieder der religiösen Konfessionen. Bei einer Allparteien-Regierung brauchen die Angehörigen vieler Berufe immer mehr ein Parteibuch, gleichgültig welches. Die Partei sorgt für sie. Wer kein Parteibuch hat, wird benachteiligt. Je mehr Berufe vom Staat abhängig sind, desto mehr Mitglieder werden die herrschenden Parteien haben. Parteimitgliedschaft wird zum unumgänglichen Mittel der privaten Laufbahn. Am Ende stünde die Parteimitgliedschaft aller Staatsangehörigen.

(11) Wir charakterisieren die Parteienoligarchie. Sie bewahrt zunächst eine Vielheit der Parteien sowohl gegen das Einparteiensystem der Diktatur wie gegen die freie Parteienbildung einer lebendigen Demokratie. Sie schafft die autoritäre Regierung durch eine Minderheit der Staatsbürger, die sich selbst zu Politikern, einem aussichtsreichen Job, ernannt haben. Diese in sich jeweils geschlossene Minderheit beherrscht die überwältigende Mehrheit des Volkes.

Der Wille der echten Demokratie, in der sich die republikanische Verfassung der Freiheit konstituiert, würde sich zuerst an die Besten, die Denkenden, die Urteilsfähigsten, die Sehenden, in der Tat an eine Minorität wenden, aber an eine solche, die die politische Aristokratie im Wortsinn, nicht im Sinne von Geburt und Herkunft, wäre. Demokratie ist ihrem Sinn nach zugleich aristokratisch. Von dieser sich ständig erneuernden Aristokratie geht der Einfluß auf die Umgebung, beginnend in den kleinsten Kreisen, schließlich auf die gesamte Bevölkerung. Man muß das Volk nur freilassen, es nicht in Parteien an Ketten legen und nicht an die Stelle des Volkes die Masse setzen, etwas Durchschnittliches, zu Manipulierendes.

Die Parteienoligarchie dagegen wendet sich unmittelbar an die Massen. Sie spielt die Anonymität der großen Zahl gegen jeden Einzelnen aus. Sie hat es mit der Mehrzahl zu tun, aber wesentlich nur bei den Wahlen. Bei ihnen wird nicht über die schon fest bestehende, aber verborgene Solidarität der Parteienoligarchie entschieden, sondern nur über den verhältnismäßigen Anteil der Parteien an ihrem Familienbesitz, dem Staat. Wie der Wahlkampf geführt wird, an welche Instinkte er sich wendet, das charakterisiert diese Herrschaft.

Demokratie heißt Selbsterziehung und Information des Volkes. Es lernt nachdenken. Es weiß, was geschieht. Es urteilt. Die Demokratie befördert ständig den Prozeß der Aufklärung.

Parteienoligarchie dagegen heißt: Verachtung des Volkes. Sie neigt dazu, dem Volke Informationen vorzuenthalten. Man will es lieber dumm sein lassen. Das Volk braucht auch die Ziele, die die Oligarchie jeweils sich setzt, wenn sie überhaupt welche hat, nicht zu kennen. Man kann ihm statt dessen erregende Phrasen, allgemeine Redensarten, pompöse Moralforderungen und dergleichen vorsetzen. Es befindet sich ständig in der Passivität seiner Gewohnheiten, seiner Emotionen, seiner ungeprüften Zufallsmeinungen.

Die gemeinsame Schamlosigkeit der Parteienoligarchie spürt sich selber nicht. Die Parteienoligarchie fordert vielmehr Respekt, zumal die jeweils führenden Amtspersonen, die Kanzler, Minister, Präsidenten. Wir alle, denken sie, sind doch Vertreter des Volkes, wir können doch nicht schamlos sein. Wir sind durch die Wahl des Volks geheiligt. Wer uns beleidigt, beleidigt das Volk. Kraft unserer Ämter haben wir die Macht und den Glanz, der uns zukommt.

[1966]

Diktatur

Georges Sorel
[Die Diktatur des Proletariats]

[...]

In der sozialistischen Literatur ist sehr oft die Rede von einer künftigen »Diktatur des Proletariats«, über die man nicht eben gerne Erklärungen abgibt; mitunter vervollkommnet man diese Formel und fügt das Beiwort »unpersönlich« zu dem Hauptwort »Diktatur« hinzu, ohne daß dieser Fortschritt die Frage sehr zu erhellen vermöchte. Bernstein wies vor einigen Jahren darauf hin, daß diese Diktatur wahrscheinlich eine solche *»von Klubrednern und Literaten«* (.) darstellen würde, und meinte, daß die Sozialisten von 1848, als sie von jener Diktatur sprachen, eine Nachahmung von 1793 im Auge gehabt hätten, »eine diktatorische revolutionäre Zentralmacht, die durch die terroristische Diktatur der revolutionären Klubs gestützt würden«; er war durch diese Aussicht erschreckt und versicherte, daß alle Arbeiter, mit denen er Gelegenheit gehabt hätte, sich zu unterhalten, mit großem Mißtrauen in die Zukunft blickten. (.) Und daraus folgerte er die Notwendigkeit, die sozialistische Politik und Propaganda auf eine evolutionistischere Auffassung der modernen Gesellschaft zu gründen. Seine Analyse erscheint mir jedoch als unzulänglich.

In der Diktatur des Proletariats können wir zuallererst eine Erinnerung aus dem Ancien Régime aufweisen; die Sozialisten sind sehr lange Zeit hindurch von der Idee beherrscht gewesen, daß man den Kapitalismus mit der Feudalordnung vergleichen müsse; ich kenne kaum eine falschere und gefährlichere Idee; sie bildeten sich ein, daß die neue Feudalität Kräften erliegen würde, denen ähnlich, die die feudale Ordnung vernichteten. Diese versank unter den Schlägen einer starken und zentralisierten Macht, die von der Überzeugung durchdrungen war, sie habe von Gott die Sendung empfangen, gegen das Übel außerordentliche Maßregeln anzuwenden. Die Könige nach neuem Muster (.), die das moderne Monarchenrecht begründeten, waren schreckliche Despoten, denen jegliche Skrupel abgingen; dennoch haben große Geschichtsschreiber jene wegen ihrer Gewalttaten freigesprochen, weil sie selbst in Zeiten schrieben, in denen die feudale Anarchie, die barbarischen Sitten der früheren Adligen und ihr Mangel an Kultur, zugleich mit dem Fehler jeder Achtung für Vergangenheitsideologen (.), als Verbrechen erschienen, gegen welche mit starker Hand einzuschreiten Pflicht der königlichen Macht gewesen sei. Und es ist anzunehmen, daß man heute von einer Diktatur des Proletariats eben in der Absicht spricht, die Führer des Kapitalismus auch so mit starker Hand anzufassen, wie das die Art der Könige war.

Später ließ der Despotismus des Königtums nach und kam es zur konstitutionellen Regierung; ganz entsprechend räumt man ein, daß die Diktatur des Proletariats sich mit der Zeit abschwächen und verschwinden müsse, um schließlich einer »anarchischen Gesellschaft« Platz zu machen; jedoch vergißt man uns zu erklären, auf welche Weise das sich vollziehen könnte. Der Despotismus der Könige ist ja nicht ganz von selbst oder durch die Güte der Herrscher gefallen; und man müßte recht naiv sein, wollte man annehmen, daß die Leute, die aus der demagogischen Diktatur Nutzen ziehen würden, deren Vorteile leichtlich preisgegeben würden.

Bernstein hat zwar das eine sehr wohl erkannt, daß nämlich die Diktatur des Proletariats einer Scheidung der Gesellschaft in Herren und Knechte entspricht; indessen hat er seltsamerweise nicht bemerkt, daß die Idee des politischen Generalstreiks (den er heute sogar in gewissem Maße gelten läßt) aufs allerengste mit jener Diktatur der Politiker verknüpft ist, welche er fürchtet. Die Menschen nämlich, die das Proletariat in Form einer ihren Befehlen stets zu Gebote stehenden Armee zu organisieren vermocht hätten, würden eben dadurch Generäle sein, die in der eroberten Gesellschaft den Belagerungszustand einführen würden; am Tage nach der Revolution hätten wir dann eine Diktatur, die von der Gesamtheit der Politiker ausgeübt würde, welche bereits in der heutigen Welt eine feste Gruppe gebildet haben.

[...]

Die Einführung der roten Fahne stellt eine der sonderbarsten und kennzeichnendsten Episoden dieser Zeit dar. Dieses Zeichen wurde in Zeiten von Unruhen dazu verwendet, um die bevorstehende Anwendung der Kriegsgesetze anzukündigen; am 10. August 1792 wurde es dagegen das Symbol der Revolution, um »das Kriegsgesetz des Volkes gegen die Rebellen der Exekutivmacht zu verkünden«. Jaurès erläutert jenen Umstand mit den folgenden Worten: »Wir, das Volk, sind nunmehr das Recht. Wir sind keine Empörer. Die Empörer sind in den Tuilerien, und gegen die Aufrührer am Hofe und in den Reihen des Moderantismus erheben wir im Namen des Vaterlandes und der Freiheit die Fahne der gesetzlichen Unterdrückung.«(.) Derart beginnen die Aufständischen damit, daß sie sich als Inhaber der rechtmäßigen Macht verkünden; sie bekämpfen einen Staat, der nur anscheinend rechtmäßig ist, und ergreifen die rote Fahne, um damit die Wiederaufrichtung der wahrhaften Ordnung auf dem Wege der Macht zu symbolisieren; als Sieger werden sie dann die Besiegten als Verschwörer behandeln und verlangen, daß man ihre Verschwörungen bestrafen solle. Die echte Folgerung aus dieser ganzen schönen Ideologie mußte die Abschlachtung der Gefangenen im September sein.

[...]

[1906]

LEO TROTZKI
[Der politische Zwang zur Diktatur des Proletariats]

[...]

Je bestimmter und entschiedener somit die Politik des Proletariats an der Macht wird, desto schmaler wird seine Basis, desto mehr wird der Boden unter seinen Füßen schwanken. All dies ist außerordentlich wahrscheinlich, ja sogar unvermeidlich...

Zwei wesentliche Züge der proletarischen Politik werden auf den Widerstand der Verbündeten stoßen: der *Kollektivismus* und der *Internationalismus*.

Der kleinbürgerliche Charakter und die Primitivität der Bauernschaft, die dörfliche Beschränktheit ihres Gesichtskreises, ihre Abgeschiedenheit von weltpolitischen Zusammenhängen und Abhängigkeiten werden ein schlimmes Hindernis für die Festigung der revolutionären Politik des Proletariats darstellen, das sich an der Macht befindet.

Wenn man sich die Sache so vorstellt, daß die Sozialdemokratie in eine provisorische Regierung eintritt, sie während einer Periode revolutionär-demokratischer Reformen anführt, auch noch ihre radikalsten Maßnahmen verteidigt und sich hierbei auf das organisierte Proletariat stützt – daß die Sozialdemokratie dann, nachdem das demokratische Programm erfüllt ist, aus dem von ihr gebauten Haus auszieht und den bürgerlichen Parteien den Weg freigibt, selbst in die Opposition geht und damit eine Epoche parlamentarischer Politik eröffnet: sich dies vorzustellen, hieße, die Idee einer Arbeiterregierung kompromittieren. Nicht deshalb, weil es »prinzipiell« unzulässig wäre – eine so abstrakte Fragestellung entbehrt jeden Inhalts –, sondern weil es völlig irreal, weil es ein Utopismus übelster Sorte, weil es eine Art von revolutionär-philisterhaftem Utopismus ist.

Und zwar aus folgendem Grunde:

Die Aufteilung unseres Programms in ein Minimal- und Maximalprogramm ist von großer und prinzipieller Bedeutung unter der Bedingung, daß sich die Macht in den Händen der Bourgeoisie befindet. Eben diese Tatsache, daß der Bourgeoisie die Macht gehört, verbannt aus unserem Minimalprogramm alle Forderungen, die mit dem Privateigentum an den Mitteln der Produktion unvereinbar sind. Eben diese Forderungen machen den Inhalt der sozialistischen Revolution aus, und ihre Voraussetzung ist die Diktatur des Proletariats.

Aber befindet sich einmal die Macht in den Händen der revolutionären Regierung mit einer sozialistischen Mehrheit, so verliert der Unterschied zwischen Minimal- und Maximalprogramm sowohl prinzipiell als auch unmittelbar – praktisch jede Bedeutung. Eine proletarische Regierung wird unter keinen Umständen an diesem engen Rahmen festhalten können. Nehmen wir die Forderung nach dem Achtstundentag. Bekanntlich widerspricht sie nicht im mindesten den kapitalistischen Verhältnissen und geht deshalb in das Minimalprogramm der Sozialdemokratie ein. Aber stellen wir uns das Bild seiner realen Durchführung während einer revolutionären Periode vor, in der alle sozialen Leidenschaften angespannt sind. Das neue Gesetz würde zweifellos auf den organisierten und hartnäckigen Widerstand der Kapitalisten stoßen, etwa in der Form der Aussperrung und der Schließung von Fabriken und Betrieben. Hunderttausende von Arbeitern würden auf die Straße gesetzt werden. Was hätte die Regierung zu tun? Eine bürgerliche Regierung, wie radikal sie auch immer sein mag, würde es niemals so weit kommen lassen, denn vor geschlossenen Fabriken und Betrieben wäre sie machtlos. Sie hätte Zugeständnisse zu machen, der Achtstundentag würde nicht eingeführt, die Empörung des Proletariats würde unterdrückt...

Unter der politischen Herrschaft des Proletariats muß die Einführung des Achtstundentages zu völlig anderen Konsequenzen führen. Die Schließung von Fabriken und Betrieben durch die Kapitalisten kann selbstverständlich für eine Regierung kein Grund für die Verlängerung des Arbeitstages sein, die sich auf das Proletariat und nicht auf das Kapital – wie der Liberalismus – stützen und die nicht die Rolle eines »unparteiischen« Vermittlers der bürgerlichen Demokratie spielen will. Für eine Arbeiterregierung gibt es nur einen Ausweg: die Enteignung der geschlossenen Fabriken und Betriebe und die Organisation ihrer Produktion auf der Grundlage gesellschaftlicher Rechnungsführung.

Natürlich kann man folgendermaßen argumentieren. Angenommen, die Arbeiterregierung dekretiert ihrem Programm getreu den Achtstundentag; wenn das Kapital Widerstand leistet, der nicht mit den Mitteln eines demokratischen Programms, das ja den Schutz des Privateigentums voraussetzt, überwunden werden kann, dann tritt die Sozialdemokratie zurück und appelliert an das Proletariat. Eine derartige Lösung wäre eine Lösung vom Standpunkt der Gruppe des Regierungspersonals aus – aber keine Lösung vom Standpunkt des Proletariats oder vom Standpunkt der Entwicklung der Revolution. Denn nach dem Rücktritt der Sozialdemokratie wird die Situation die gleiche sein wie vorher, als sie gezwungen wurde, eben die Macht zu übernehmen. Angesichts des organisierten Widerstandes des Kapitals ist die Flucht ein noch größerer Verrat an der Revolution als die Weigerung, die Macht zu übernehmen – denn es ist wirklich besser, nicht in die Regierung einzutreten, als es zu tun, bloß um seine Schwäche zu beweisen und sich dann zurückzuziehen.

Noch ein Beispiel. Befindet sich das Proletariat an der Macht, so kann es nicht umhin, die energischsten Maßnahmen zur Lösung des Arbeitslosenproblems zu ergreifen, denn es versteht sich, daß die Vertreter der Arbeiter, die in die Regierung eintreten, die Forderungen der Arbeitslosen nicht mit dem Hinweis auf den bürgerlichen Charakter der Revolution beantworten können.

Aber wenn der Staat auch nur die Existenzsicherung der Arbeitslosen übernimmt (es ist hier unwichtig, in welcher Weise), so bedeutet dies eine sofortige gewaltige Verschiebung der ökonomischen Macht zugunsten des Proletariats. Die Kapitalisten, deren Druck auf das Proletariat immer auf der Tatsache beruhte, daß eine Reservearmee vorhanden war, fühlen sich *ökonomisch* machtlos, während die revolutionäre Regierung sie gleichzeitig zu *politischer* Ohnmacht verurteilt. Wenn er die Unterstützung der Arbeitslosen übernimmt, nimmt der Staat damit gleichzeitig die Existenzsicherung der Streikenden auf sich. Wenn er *dies* nicht tut, untergräbt er sofort und unwiderruflich seine eigene Existenzgrundlage.

Den Fabrikanten bleibt dann nichts anderes übrig, als zur Aussperrung zu schreiten, d. h. zur Schließung der Fabriken. Es ist ganz klar, daß die Fabrikanten die Einstellung der Produktion sehr viel länger durchhalten können als die Arbeiter, und deshalb gibt es für die Arbeiterregierung auf eine Massenaussperrung nur eine einzige Antwort: die Enteignung der Fabriken und – zumindest bei den größten von ihnen – die Organisierung der Produktion auf staatlicher oder kommunaler Grundlage.

Analoge Probleme entstehen im Bereich der Landwirtschaft schon allein durch das Faktum der Bodenenteignung. Man kann in keiner Weise voraussetzen, daß eine proletarische Regierung die privaten Güter, auf denen die Großproduktion eingeführt ist, nach ihrer Enteignung in einzelne Parzellen aufteilen und zur Nutzung an die Kleinproduzenten verkaufen wird; hier besteht der einzige Weg in der Organisation genossenschaftlicher Produktion unter kommunaler Kontrolle oder direkt unter staatlicher Rechnungsführung. Das aber ist der Weg zum Sozialismus.

All dies zeigt ganz deutlich, daß die Sozialdemokratie nicht in eine Revolutionsregierung eintreten kann, wenn sie dem Proletariat vorher zugesichert hat, nicht vom Minimalprogramm *abzugehen*, und zugleich der Bourgeoisie versprochen hat, nicht über das Minimalprogramm *hinauszugehen*. Eine derartig zweiseitige Verpflichtung wäre völlig unerfüllbar. Wenn die Vertreter des Proletariats nicht als machtlose Geiseln, sondern als führende Kraft in die Regierung eintreten, so zerstören sie damit die Grenze zwischen Minimal- und Maximalprogramm, d. h. *sie setzen den Kollektivismus auf die Tagesordnung*. An welchem Punkt das Proletariat in dieser Richtung aufgehalten wird, das hängt von dem Kräfteverhältnis und am allerwenigsten von den ursprünglichen Absichten der Partei des Proletariats ab.

Deshalb kann man nicht von irgendeiner besonderen Form der proletarischen Diktatur im Rahmen der bürgerlichen Revolution reden oder gar von der demokratischen Diktatur des Proletariats (oder des Proletariats und der Bauernschaft). Die Arbeiterklasse kann den demokratischen Charakter ihrer Diktatur nicht garantieren, ohne die Grenzen ihres demokratischen Programms zu überschreiten. Irgendwelche Illusionen in diesem Punkt wären verhängnisvoll. Sie würden die Sozialdemokratie von Anfang an kompromittieren.

Wenn die Partei des Proletariats einmal die Macht übernimmt, wird sie bis zum Ende um sie kämpfen. Wenn ein Mittel dieses Kampfes um die Erhaltung und Festigung der Macht die Agitation und Organisation besonders auf dem Lande sein wird, so ist ein anderes Mittel die kollektivistische Politik. Der Kollektivismus wird nicht nur notwendig aus der Stellung der Partei an der Macht folgen, sondern auch ein Mittel sein, diese Position mit der Unterstützung des Proletariats zu halten.

[...]

[1906]

[Die Diktatur: Suspension des Rechts zwecks Rechtsverwirklichung]

[…]

Wenn die Diktatur notwendig »Ausnahmezustand« ist, kann man durch eine Aufzählung dessen, was als das Normale vorgestellt wird, die verschiedenen Möglichkeiten ihres Begriffes aufzeigen: staatsrechtlich kann sie die Aufhebung des Rechtsstaates bedeuten, wobei Rechtsstaat wiederum Verschiedenes bezeichnen kann: eine Art der Ausübung staatlicher Macht, die Eingriffe in die Rechtssphäre der Bürger, persönliche Freiheit und Eigentum, nur auf Grund eines Gesetzes zuläßt; oder eine verfassungsmäßige, auch über gesetzliche Eingriffe erhabene Garantie gewisser Freiheitsrechte, die durch die Diktatur verneint werden. Ist die Verfassung eines Staates demokratisch, so kann jede ausnahmsweise eintretende Aufhebung demokratischer Prinzipien, jede von der Zustimmung der Mehrheit der Regierten unabhängige Ausübung staatlicher Herrschaft Diktatur heißen. Wird eine solche demokratische Herrschaftsausübung als allgemein gültiges politisches Ideal aufgestellt, so ist jeder Staat Diktatur, der diese demokratischen Grundsätze nicht beachtet. Wird das liberale Prinzip unveräußerlicher Menschen- und Freiheitsrechte als Norm genommen, so muß eine Verletzung dieser Rechte auch dann als Diktatur erscheinen, wenn sie auf dem Willen der Mehrheit beruht. So kann Diktatur eine Ausnahme von demokratischen wie liberalen Prinzipien bedeuten, ohne daß beides zusammentreffen müßte. Was als Norm zu gelten hat, kann positiv durch eine bestehende Verfassung oder aber durch ein politisches Ideal bestimmt sein. Daher heißt der Belagerungszustand Diktatur wegen der Aufhebung positiver Verfassungsbestimmungen, während von einem revolutionären Standpunkt aus die gesamte bestehende Ordnung als Diktatur bezeichnet und dadurch der Begriff aus dem Staatsrechlichen ins Politische überführt werden kann. Wo nun, wie in der kommunistischen Literatur, nicht nur die bekämpfte politische Ordnung, sondern auch die erstrebte eigene politische Herrschaft Diktatur heißt, tritt eine weitere Veränderung im Wesen des Begriffes ein. Der eigene Staat heißt in seiner Gesamtheit

Diktatur, weil er das Werkzeug eines durch ihn zu bewirkenden Überganges zu einem richtigen Zustand bedeutet, seine Rechtfertigung aber in einer Norm liegt, die nicht mehr bloß politisch oder gar positiv-verfassungsrechtlich ist, sondern geschichtsphilosophisch. Dadurch ist die Diktatur – weil sie als Ausnahme in funktioneller Abhängigkeit von dem bleibt, was sie negiert – ebenfalls eine geschichtsphilosophische Kategorie geworden. Die Entwicklung zum kommunistischen Endzustand muß nach der ökonomischen Geschichtsauffassung des Marxismus »organisch« (im Hegelschen Sinne) vor sich gehen, die wirtschaftlichen Verhältnisse müssen reif sein für die Umwälzung, die Entwicklung ist (ebenfalls im Hegelschen Sinne) »immanent«, die Zustände können nicht gewaltsam reif »gemacht« werden, ein künstliches, mechanisches Eingreifen in diese organische Entwicklung wäre für jeden Marxisten sinnlos. [...]

Daß jede Diktatur die Ausnahme von einer Norm enthält, besagt nicht zufällige Negation einer beliebigen Norm. Die innere Dialektik des Begriffes liegt darin, daß gerade die Norm negiert wird, deren Herrschaft durch die Diktatur in der geschichtlich-politischen Wirklichkeit gesichert werden soll. Zwischen der Herrschaft der zu verwirklichenden Norm und der Methode ihrer Verwirklichung kann also ein Gegensatz bestehen. Rechtsphilosophisch liegt hier das Wesen der Diktatur, nämlich in der allgemeinen Möglichkeit einer Trennung von Normen des Rechts und Normen der Rechtsverwirklichung. Eine Diktatur, die sich nicht abhängig macht von dem einer normativen Vorstellung entsprechenden, aber konkret herbeizuführenden Erfolg, die demnach nicht den Zweck hat, sich selbst überflüssig zu machen, ist ein beliebiger Despotismus. Einen konkreten Erfolg bewirken, bedeutet aber, in den kausalen Ablauf des Geschehens eingreifen mit Mitteln, deren Richtigkeit in ihrer Zweckmäßigkeit liegt und ausschließlich von den tatsächlichen Zusammenhängen dieses Kausalverlaufs abhängig ist. Gerade aus dem, was sie rechtfertigen soll, wird die Diktatur zu einer Aufhebung des Rechtszustandes überhaupt, denn sie bedeutet die Herrschaft eines ausschließlich an der Bewirkung eines konkreten Erfolges interessierten Verfahrens, die Beseitigung der dem Recht wesentlichen Rücksicht auf den entgegenstehenden Willen eines Rechtssubjekts, wenn dieser Wille dem Erfolg hinderlich im Wege steht; demnach die Entfessclung des Zweckes vom Recht. Allerdings, wer im Kern alles Rechts selbst wieder nur einen solchen Zweck sieht, ist gar nicht imstande, einen Begriff der Diktatur zu finden, weil für ihn jede Rechtsordnung nur latente oder intermittierende Diktatur ist. Jhering äußert sich folgendermaßen (Zweck im Recht II^3 251): das Recht ist Mittel zum Zweck, zum Bestehen der Gesellschaft; zeigt sich das Recht nicht imstande, die Gesellschaft zu retten, so greift die Gewalt ein und tut, was geboten ist, das ist dann die »rettende Tat der Staatsgewalt« und der Punkt, wo das Recht in die Politik und die Geschichte mündet. Genauer gesprochen wäre es aber der Punkt, an dem das Recht seine wahre Natur offenbart und die vielleicht selbst wieder aus Zweckmäßigkeitsgründen gebilligten Abschwächungen seines reinen Zweckcharakters aufhören. Krieg gegen den äußern Feind und Unterdrückung eines Aufruhrs im Innern wären nicht Ausnahmezustände, sondern der ideale Normalfall, in dem Recht und Staat ihre innere Zweckhaftigkeit mit unmittelbarer Kraft entfalten.

Die Rechtfertigung der Diktatur, die darin liegt, daß sie das Recht zwar ignoriert, aber nur, um es zu verwirklichen, hat also wohl inhaltliche Bedeutung, ist aber noch keine formale Ableitung und daher keine Rechtfertigung im Rechtssinne, denn der noch so gute wirkliche oder vorgebliche Zweck kann keinen Rechtsbruch begründen, und die Herbeiführung eines den Prinzipien normativer Richtigkeit entsprechenden Zustandes verleiht noch keine rechtliche Autorität. Das formale Merkmal liegt in der Ermächtigung einer höchsten Autorität, die rechtlich imstande ist, das Recht aufzuheben und eine Diktatur zu autorisieren, d. h. eine konkrete Ausnahme zu gestatten, deren Inhalt im Vergleich zu dem andern Fall einer konkreten Ausnahme, der Begnadigung, ungeheuerlich ist. Abstrakt gesprochen, wäre das Problem der Diktatur das in der allgemeinen Rechtslehre bisher noch wenig systematisch behandelte Problem der konkreten Ausnahme. Darauf ist in dieser Arbeit nicht eingegangen, aber für die Erkenntnis der Diktatur war es notwendig, zu untersuchen, von welcher höchsten Autorität, die allein solche Ausnahmen gewähren kann, die bisherigen Konstruktionen der Diktatur ausgehen. Denn eine weitere Eigenart der Diktatur liegt in Folgendem: weil alles be-

rechtigt wird, was, unter dem Gesichtspunkt des konkret zu errei-
chenden Erfolges betrachtet, erforderlich ist, bestimmt sich bei
der Diktatur der Inhalt der Ermächtigung unbedingt und ausschließlich nach Lage der Sache; daraus entsteht eine absolute
Gleichheit von Aufgabe und Befugnis, Ermessen und Ermächtigung, Kommission und Autorität. [...]
    [1920]

HERMANN HELLER
Rechtsstaat oder Diktatur?

[...]
Die gegenwärtige soziologische Lage des Bürgertums scheint ihm
aber nur noch eine pessimistische Deutung dieser Vergesetzlichung zu gestatten. Bedeutet doch die Forderung der sozialen
Demokratie des Proletariats nichts andres, als die Ausdehnung
des materiellen Rechtsstaatsgedankens auf die Arbeits- und
Güterordnung. Im Bürgertum findet sich keine Kraft zu neuer Erfüllung des alten Gebotes. Es verleugnet sein eigenes geistiges
Sein und wirft sich einem irrationalistischen Neo-Feudalismus in
die Arme. Sein Sprachrohr wird Nietzsche, für den das Gesetz nur
Sinn hat als die Technik des Herrenmenschen zur Bändigung der
Herde; die Willkür des Herrn aber steht über allem Gesetz. Für
ihn wäre die Bindung an das Gesetz die Bindung an die Herde;
schwer trägt er nicht nur an allem sozialen Zwang, sondern sogar
an der Kultur, die seine ›vornehmen Instinkte‹ verdirbt. Von Zeit
zu Zeit haben Nietzsches Herrenmenschen es nötig, sich zu benehmen wie »losgelassene Raubtiere. Sie genießen da die Freiheit
von allem sozialen Zwang, sie halten sich in der Wildnis schadlos
für die Spannung, welche eine lange Einschließung und Einfriedi-
gung in den Frieden der Gemeinschaft gibt, sie treten in die Unschuld des Raubtier-Gewissens *zurück*, als frohlockende Unge-
heuer, welche vielleicht von einer scheußlichen Abfolge von
Mord, Niederbrennung, Schändung, Folterung mit einem Über-
mute und seelischen Gleichgewichte davongehen, wie als ob nur
ein Studentenstreich vollbracht sei, überzeugt davon, daß die

Dichter für lange nun wieder etwas zu singen und zu rühmen haben.« (*Zur Genealogie der Moral*, in *Werke*, Bd. 7, Leipzig 1899, S. 321 f.) Diese Auslassung Nietzsches über die ›blonde Bestie‹, die er auf dem Grunde alles ›Adels‹ erkennt, findet sich in einer Abhandlung über das Ressentiment; sie ist unter Anwendung seiner eigenen psychologischen Methode unschwer als Ressentiment des Bürgers gegen sich selbst zu enthüllen.

Im kapitalistisch entwickelteren Frankreich hatte sich dieser antibourgeoise Gesetzeshaß des Bourgeois bereits früher entwickelt. Die depravierte Bedeutung des ehemaligen Ehrennamens stammt schon aus der Literatur des Restaurationszeitalters und soll die Erbärmlichkeit des Bürgers kennzeichnen, der nur um seine ökonomische Sekurität besorgt, jeden echten Geist und alle elementaren irrationalen Gewalten als Gefahren dieser Sekurität fürchtet und haßt. Damals auch entstand als literarisches Gegenbild des Bourgeois der große alle Gesetze souverän verachtende Verbrecher, am eindrucksvollsten verkörpert in Balzacs Jean Vautrin. Dieser Gesetzeshaß, zu jener Zeit eine Angelegenheit des Genies und einiger romantischer Literaten, ist heute zum Gemeingut der Groß- und Kleinbourgeoisie, zum Gemeingut des geistigen Mittelstandes geworden. Insbesondere seit dem Weltkrieg ist jedes Kriegervereinsmitglied statutengemäß zu Geniereligion und antibourgeoiser heroischer Gesinnung jenseits von Gut und Böse verpflichtet. Jeder Innungsobermeister ist tief durchdrungen von der entpersönlichenden Wirkung der Konsumgenossenschaften und Warenhäuser.

Dieser Neo-Feudalismus entwickelt als sein *arcanum imperii* eine ganze Mythologie. Der rationalistischen Diesseitserlösung durch Vergesetzlichung des Lebens, dem Gesetz ohne Individualität stellt er die Geniereligion der Individualität ohne Gesetz entgegen; statt der Sekurität und Notwendigkeit preist er das Abenteuer und die Gefahr, die bestimmungslose Freiheit und das Wunder. Zur Bekämpfung der *ratio* erfindet er die *irratio* und ist bereit, alles Vernunftwidrige zu bewundern, nicht trotzdem, sondern eben weil es absurd ist. Unfähig, die soziologische Situation geistig und sittlich-politisch zu bewältigen, wird sein höchster Glaubensartikel die Gewalt an sich, die Gewalt als Selbstzweck. Der Philosophie des unpersönlichen Gesetzes tritt er mit seiner Philosophie der individuellen Tat um der Tat willen, mit seinem ›Idealismus des Aktes‹ entgegen.

[…]

Ebenfalls zu den Verhüllungen der Diktatur muß auch jene, heute besonders zugkräftige Parole gerechnet werden, welche die Diktatur zur Beseitigung der demokratisch-parlamentarischen Korruption fordert. Die Demokratie hat gewiß allen Anlaß, jedes ihrer Organe, das nicht ganz reine Hände hat, nicht nur unverzüglich preiszugeben, sondern von sich aus rücksichtslos zu bekämpfen. Denn zweifellos schadet ein demokratischer Politiker oder Beamter, der sich mit Schiebern einläßt oder gar an ihren Geschäften partizipiert, schadet ein verantwortungsloser Skribent, der die Demokratie verteidigt, dieser Staatsform mehr, als hundert rechts- und linksradikale Angreifer ihr schaden könnten. Durchaus richtig ist es auch, daß man im demokratischen Rechtsstaat viel mehr von Korruption hört, als in der Diktatur, unbestreitbar richtig auch, daß daran die Regierungsform schuld ist. Falsch aber wäre es, zu glauben, die Korruption sei in der Diktatur geringer als in der Demokratie. Genau umgekehrt liegt es. Auch hier ist der demokratische Rechtsstaat besser als er scheint, und die Diktatur scheint – wenigstens von ferne – besser als sie ist. Zum Beweise dessen ist es gar nicht nötig, die italienische Wirklichkeit der fascistischen Diktatur zu bemühen und darauf hinzuweisen, daß dort die übelste Bereicherung hoher und höchster Staatsorgane fast die Regel und reine Hände fast die Ausnahme sind. […] Muß es doch für jeden Menschenkenner selbstverständlich sein, daß die völlig unkontrollierte Macht der Diktaturorgane immer zu solchen Ergebnissen führen wird. Im demokratischen Rechtsstaat hat jede der konkurrierenden Parteien das größte Interesse daran, die Korruption der anderen aufzudecken; jede muß Wert darauf legen, eine möglichst reine Weste vorzuweisen. Aus dem gleichen Grunde darf aber auch die einzige Partei der Diktatur die Flecken auf ihrer Weste nicht sichtbar werden lassen. Leitet sie doch die Unterdrückung aller andern Parteien und ihr ausschließliches Herrschaftsmonopol von der Behauptung ab, daß ihre Mitglieder die ›Elite‹ und die neue Aristokratie des Volkes darstellten. Sie ist gezwungen, diesen Mythos mit allen Mitteln aufrechtzuerhalten und alle Nachrichten über Korruptionserscheinungen solange zu unterdrücken, als es nur irgend geht. Da die Diktaturpartei aber keinen Wächter hat und Gewaltenteilung ebenso wie Grundrechte beseitigt sind, ist in der Diktatur auch den anständigen Elementen jede Möglichkeit genommen, die Geschäftemacher in der Presse, im Parlament oder auch vor Gericht zur Verantwortung zu ziehen. In der Struktur des demokratischen Rechtsstaates und der Diktatur liegt es deshalb, daß im ersteren die öffentlichen Anklagen wegen Korruption häufiger, in der letzteren seltener sind. In der Struktur der beiden politischen Formen liegt es aber ebenso notwendig begründet, daß der wahre Umfang der Korruption in beiden im umgekehrten Verhältnis zur Zahl der öffentlichen Anklagen steht.

Zur speziellen Anatomie einer westeuropäischen Diktatur aber gehört eine Form der Korruption, die auf die Dauer der nationalen Gesundheit noch weit gefährlicher wird, als die rein ökonomische Bereicherung durch die Politik. Ich meine jene Korruption des politischen Geistes und Willens, die daraus entsteht, daß jede westeuropäische Diktatur der Gegenwart zwangsläufig auf der Lüge aufgebaut sein muß, daß die Willensentscheidungen des ganzen Volkes in allen irgendwie wichtigen Fällen völlig übereinstimmen mit dem Willen eines einzigen Menschen, mit dem Willen des Diktators. Eine Diktatur im kapitalistischen Europa, die immer gezwungen sein wird, mit militärischen, politischen und ökonomischen Druckmitteln zu arbeiten, vermag durch sie, vor allem durch den Druck auf den Magen, fast das ganze Volk zu politischer Heuchelei und Lüge zu zwingen. Diese Korruption ist es, die die Besten des italienischen Volkes heute als die furchtbarste politische Zersetzungserscheinung im Gefolge ihrer Diktatur ansehen. Auf Schritt und Tritt begegnet man in Italien Leuten, die das Parteiabzeichen nur deshalb tragen oder für den Fascismus nur deshalb öffentlich reden oder schreiben, weil sie sonst sich und ihre Familie dem Verhungern preisgegeben sehen. Gewiß gibt es auch in der Demokratie genug charakterlose Literaten, zweifellos ist auch in unserm Rechtsstaat die Presse erschreckend korrupt. In der Diktatur aber wird der Journalist, und nicht nur er, sondern alle Denkenden, von Staats wegen mit allen politisch-wirtschaftlichen Druckmitteln zu dieser Korruption erzogen. Kein Mythos ist deshalb unwahrer, als der Mythos vom Korruptionstöter Diktatur.

[...]

Alle heutigen Diktatoren und alle, die es gern werden möchten, versichern uns, daß sie nichts anderes als die ›wahre‹ Demokratie verwirklicht haben oder verwirklichen wollen. Was sollten sie auch andres sagen? Daß die Zeiten der allein echten Gottesgnaden-Monarchie aus sozialen wie religiösen Gründen vorüber ist, begreift nachgerade auch das Kleinbürgertum. Daß eine Erbaristo-kratie im Zeitalter des mobilen Besitzes irgend etwas andres sein könnte, als eine gesetzlich anerkannte kapitalistische Klassenherr-schaft, wird kaum jemand sich bereit finden zu glauben. Es bleibt also nur übrig, die Demokratie mit der Demokratie zu überwin-den, sie immer wieder mit Worten zu bejahen und dem tatsäch-lichen Inhalt nach zu vernichten.

Zu diesem Zwecke muß die Diktatur als auch oder sogar noch besser demokratisch hingestellt und irgendwie legitimiert werden durch die Autorität des demokratischen Volkswillens. Die Me-thode, durch welche eine spezifisch demokratische Legitimations-grundlage für die Zwecke einer autokratischen Diktatur adaptiert wird, ist recht interessant. Dazu werden zunächst die entsprechen-den Freiheitsrechte des demokratischen Rechtsstaates durch den heute so populären Appell an den antiliberalen Affekt als ›bürger-lich‹ kompromittiert. Gelingt es nun, die bürgerliche Freiheit der Meinung, die Vereins-, Versammlungs- und Preßfreiheit, die ge-heime Einzelabstimmung als ›eigentlich‹ undemokratisch herab-zusetzen, so sind zugleich die Garantien einer allein demokrati-schen Ermittlung des Volkswillens beseitigt. Denn nun gibt es keine freie Agitation, keine unbeeinflußte Abstimmung und kein kontrolliertes Wahlverfahren mehr. [...]

[1929]

KARL DIETRICH BRACHER
[Der Totalitarismus]

Totalitarismus wird als politischer Begriff und als wissenschaftliches Konzept nach dem Ersten Weltkrieg entwickelt. Nachdem Bezeichnungen wie »total« oder auch »totalitär« schon früher gelegentlich zur Charakterisierung einer revolutionären Intensivierung der Herrschaft oder des Krieges aufgetreten waren, bezieht sich der Begriff nun vor allem auf die drei radikalen diktatorischen Herrschaftssysteme der Zwischenkriegszeit: den Faschismus in Italien, den Nationalsozialismus in Deutschland, den Stalinismus in der Sowjetunion. Dic großen Unterschiede, die insbesondere zwischen den autoritär-nationalistischen Systemen und dem Kommunismus bestehen, werden dabei einem Allgemeinbegriff zur Charakterisierung der modernen, radikalen Form der Diktatur untergeordnet. Darin liegt der wesentliche Anspruch, zugleich die Problematik des Totalitarismus als Begriff wie als Wirklichkeit. Da er im Zusammenhang einer besonderen Form und Stufe moderner Diktatur in den zwanziger und dreißiger Jahren unseres Jahrhunderts entsteht, ändert sich sein Gebrauch nach dem Ende der faschistischen und nationalsozialistischen Regime (1945). Besonders aber wird er seit dem Tod Stalins (1953) und mit dem folgenden Wandlungsprozeß kommunistischer Systeme zunehmend in Frage gestellt. War und ist es noch zulässig und sinnvoll, vergangene faschistische Regime mit sich entwickelnden kommunistischen Systemen zu vergleichen?

1.

Die verschärften Zweifel und Kontroversen um die Frage nach der Vergleichbarkeit oder gar Gleichsetzung so betont gegensätzlicher Regime rührten nicht zuletzt von der politischen Wertskala und von der Verwendung des Totalitarismus als eines *polemischen Kampfbegriffs* her. Es waren in der Tat vorwiegend Vertreter einer liberalen Demokratieauffassung, die mit dem Begriff Totalitarismus den grundlegenden Unterschied zwischen westlichen Demokratien einerseits und modernen Diktaturen sowohl linker wie rechter Prägung definierten: nicht die ideologische »Qualität«, sondern der totalitäre Anspruch dieser Diktaturen erschien als das wichtigste Kriterium der Unterscheidung.

Die Probleme der Begriffsbildung wurden noch kompliziert durch die zeitgeschichtliche Verknüpfung der Totalitarismustheorien und ihrer Kritik seit dem Zweiten Weltkrieg mit den Konfrontationen des »Kalten Krieges« nach 1945. In der Tat erschien ein Großteil der wichtigsten Literatur zum Thema Totalitarismus im Schatten der globalen Auseinandersetzung zwischen Ost und West mit der lapidaren Zweiteilung der Welt in freiheitlich-demokratische und kommunistisch-diktatorische Regime. Kein Wunder, daß viele der heutigen Kritiker den Totalitarismusbegriff eher als polemisch gehandhabtes Instrument einer Antiideologie denn als brauchbares Mittel der politischen Analyse betrachten.

Nun ist zwar richtig, daß die besondere politische Bedeutung des Begriffes ebenso kritische Berücksichtigung fordert wie auch die Tatsache, daß tiefe Verschiedenheiten zwischen Faschismus, Nationalsozialismus und besonders Kommunismus bestehen. Aber es bleibt ebenso richtig, daß die moderne Diktatur in ihren schärfsten und konsequentesten Erscheinungsformen gerade einen besonders wichtigen Gegenstand der vergleichenden (komparativen) Analyse bildet. Das Suchen nach gemeinsamen Merkmalen solcher Regime und nach einer generellen Theorie zur Erklärung ihrer Struktur und Praxis hat eine Fülle relevanter Daten und Interpretationen hervorgebracht und den Blick für Ähnlichkeiten wie Unterschiede geschärft. Eine sinnvolle Konsequenz ist daher das Bemühen um eine Differenzierung von Typen oder Versionen des Totalitarismus, nicht aber die völlige Verwerfung der Konzeption.

Die Ablehnung des generellen Totalitarismusbegriffs ist bezeichnenderweise seit je von kommunistischer Seite am entschiedensten erfolgt – verbunden mit dem Versuch, umgekehrt einen möglichst ausgedehnten, weitgreifenden Faschismusbegriff auf nicht-kommunistische Staaten und »kapitalistische« Gesellschaften auch höchst verschiedenartigen Charakters anzuwenden.

2.

Von diesen so offensichtlich politisch-ideologisch und propagandistisch geprägten Kontroversen zum Thema Totalitarismus hebt

228

sich die *wissenschaftlich* begründete Diskussion ab. Sie geht vor allem von der Frage aus, ob und an welchen Punkten Struktur und Funktionieren »totalitärer« Regime wesentlich verschieden sind von jenen »klassischen« Diktaturen, die als Despotismus und Tyrannis seit Plato und Aristoteles wieder und wieder erfahren und beschrieben worden sind. Die meisten Definitionen des Totalitarismus konzentrieren sich auf die Tatsache, daß moderne Diktaturen an einem Modell der völligen Zentralisierung und uniformen Reglementierung aller Bereiche des politischen, sozialen und intellektuellen Lebens orientiert sind. Diese Tendenz führt weit über ältere Formen absolutistischer oder autokratischer Herrschaft und ihre Möglichkeiten politischer, sozialer, technischer Kontrolle des Untertanen hinaus.

In diesem Sinne ist Totalitarismus wahrhaft ein Phänomen des 20. Jahrhunderts, grundlegend verschieden von früheren Möglichkeiten diktatorischer Regime. Seine primäre Bedingung und Ermöglichung ist eben ganz wesentlich der moderne Industrialismus und die Technologie im »Zeitalter der Massen«, deren Expansion und Mobilisierung die eigentliche Basis und Legitimation totaler Herrschaft bildet. Moderne Perfektion der Organisation, der Kommunikation, der Propaganda eröffnen die Möglichkeiten und halten die Instrumente bereit für jene umfassenden Kontrollen, jene totale Mobilisierung, jene terroristisch zwingende oder verführerisch überredende Gleichschaltung des Lebens und Denkens aller Bürger, wie es sie nie zuvor in der Geschichte gegeben hat.

Der Totalitarismus als ein politisches System ist dabei das unmittelbare Produkt der Krisen, die der Erste Weltkrieg zum Ausdruck gebracht und nach sich gezogen hat. Die Entwicklung sowohl des Faschismus und Nationalsozialismus als auch des Kommunismus hängt eng zusammen mit den politischen und sozio-ökonomischen Folgen des Krieges sowie mit den ideologischen Konfrontationen, die er hervorgebracht und intensiviert hat. Zugleich heben sich die tendenziell totalitären Regime von älteren Diktaturen und absoluten Regierungsformen wesentlich dadurch ab, daß sie ein durchaus ambivalentes Verhältnis zur modernen Demokratie haben. Diese bildet ein wichtiges Bezugssystem für jede totalitäre Bewegung und ihre Herrschaft, die zwar das pluralistische System der repräsentativen Demokratie ablehnen, sich aber zugleich als eine höhere Form der Volksherrschaft, der »demokratischen« Zustimmung und Einheit des Volkes darstellen.

Ohne die demokratische Idee der Volkssouveränität und ihre konkrete Verwirklichung im modernen Staat ist der Totalitarismus mithin weder denkbar noch durchsetzbar. Denn wesentlich bleibt der Anspruch des Totalitarismus auf seine Legitimierung durch plebiszitäre Akklamationsakte, die freilich pseudodemokratisch ist, weil im Unterschied zur realen Demokratie lediglich die Zustimmung zu Herrschaftsakten eines »Führers« oder einer Monopolpartei manipuliert wird, die ihrerseits behaupten, den Gemeinwillen in Staat und Gesellschaft total zu verkörpern. So verschieden die historischen Bedingungen, der soziale und nationale Rahmen, die ideologischen Positionen und Ziele totalitärer Bewegungen und Ziele sein mögen, so besitzen sie doch unzweifelhaft wichtige gemeinsame Ziele, sobald es um die Methoden und die Praxis der Herrschaft selbst, die Technik von Machtergreifung, Manipulation und Unterdrückung geht. Die bisherigen Versuche, den gemeinsamen Nenner totalitärer Systeme zu ermitteln, haben trotz aller Kontroversen zu einer Reihe von Feststellungen geführt, die den Charakter und das Funktionieren dieser Systeme wesentlich erhellen.

3.

Grundlegend ist in allen totalitären Regimen der *ausschließliche Führungsanspruch* einer Partei und Ideologie. Das Wirken rivalisierender politischer Parteien und Gruppen wird ebenso unterbunden wie der fundamentale Anspruch auf individuelle Freiheit und Schutz der Menschenrechte. Insofern ist der Totalitarismus, ungeachtet seiner pseudo-demokratischen Legitimierung, ein Gegenschlag gegen die demokratische Bewegung der Menschen- und Bürgerrechte – ob er diese nun ausdrücklich ablehnt (wie Faschismus und Nationalsozialismus) oder ob er sie manipulatorisch verfälscht (wie der Kommunismus leninistischer und zumal stalinistischer Prägung). Die ideologischen Verhüllungen eines als »demokratisch« auftretenden Totalitarismus, die besonders den linken Totalitarismus in den Augen seiner Verteidiger wie auch der Kritiker einer allgemeinen Totalitarismustheorie vom »rechten« Totalitarismus unterscheiden, fallen dahin vor dieser klaren

Unterscheidung zwischen Totalitarismus und Demokratie: Diktatur und Monopolpartei und ideologisch-doktrinäre Unterdrückkung der Menschenrechte beweisen, daß die demokratischen Prinzipien der Toleranz, der freien Entfaltung der Person, der Autonomie verschiedener Bereiche des Lebens und der Kultur für totalitäre Systeme eine *contradictio in adjecto* bedeuten.

Gegen diese Feststellung wird eingewandt, totalitäre Ordnungsprinzipien in Gestalt einer Führerdiktatur oder einer Diktatur des Proletariats seien gerechtfertigt durch die ideologische Zielsetzung, die auf eine höhere, endgültige Form der »Freiheit« für alle hinzielt (oder vertröstet). Eine solche Rechtfertigung der Mittel der Diktatur mit ihren großen Zielen gehört zum klassischen Repertoire der totalitären Apologetik; sie macht aber für den konkret betroffenen einzelnen die Unterdrückung nicht weniger drückkend, nur weil sie jetzt im größten und radikalsten Stile einer massendemokratisch verbrämten Volksdiktatur auftritt. Die aktuelle Konsequenz bleibt doch die Abschaffung der persönlichen Freiheiten und die Negation aller politisch-sozialen Aktivitäten außerhalb des Regimes, während das die Unterdrückung rechtfertigende, meist utopische Endziel ebenso gewaltsam zum alleinigen Maßstab des Denkens, Handelns – und Leidens erhoben wird. Individuen wie Gruppen sollen in ein geschlossenes, allesverbindliches System integriert werden, das die zukünftige Ordnung von Staat und Gesellschaft verkörpert oder vorbereitet; und sie sollen in diesem Sinne zu »neuen Menschen« gemacht werden, deren Zustimmung, Begeisterung, ja, revolutionäre Dynamik aus einem ideologischen Sendungsglauben begründet und angetrieben wird. Es ist ein manipulierter Pflichtglaube an die eigene größere und bessere Nation, Klasse, Rasse, deren Herrschaftsrecht mit allen Mitteln durchzusetzen ist, und zwar nach innen (Diktatur der Partei, des Führers) wie nach außen (Expansion, Weltherrschaft).

Das totale Monopol der Partei, der Führungsgruppe, des Führers in der Herrschaft wie in der Kontrolle über Staat und Gesellschaft wird nicht nur pseudodemokratisch, sondern mehr noch pseudoreligiös sanktioniert und überhöht. Mit dem Attribut der Unfehlbarkeit ausgestattet, fordern jene höchsten Instanzen des totalitären Systems eine glorifizierende Verehrung durch die »Massen«, die dafür organisiert, indoktriniert, mobilisiert und in großen Aufmärschen und Kundgebungen nach ausgeklügeltem Ritual und mit theatralischer Inszenierung zur betäubenden Orgie der Massenhuldigung geführt werden. Das Ziel ist der totale Consensus, sozialpsychologisch bis zur verzückten Unterwerfung manipuliert, von einem Opern- und Architekturenthusiasten wie Adolf Hitler in allen Details geplant. Dieses Dogma des totalen Consensus, formuliert in dem Leitsatz: der Führer – die Partei – hat immer recht, beansprucht das ewige Grundproblem jeder Herrschaft definitiv zu lösen, indem es die völlige Identität von Führung und Volk behauptet.

[...]

[1973]

Parlament, Partei, Opposition

Max Weber
[Parlamentarische Führerauswahl]

[...]

Die modernen Parlamente sind in erster Linie Vertretungen der durch die Mittel der Bürokratie *Beherrschten*. Ein gewisses Minimum von innerer Zustimmung mindestens der sozial gewichtigen Schichten der Beherrschten ist ja Vorbedingung der Dauer einer jeden, auch der bestorganisierten, Herrschaft. Die Parlamente sind heute das Mittel, dies Minimum von Zustimmung äußerlich zu manifestieren. Für gewisse Akte der öffentlichen Gewalten ist die Form der Vereinbarung durch Gesetz nach vorheriger Beratung mit dem Parlament obligatorisch, und zu diesen gehört vor allem: der Haushaltsplan. Heute wie seit der Zeit der Entstehung der Ständerechte ist die Verfügung über die Art der Geldbeschaffung des Staates: das Budgetrecht, das entscheidende parlamentarische Machtmittel. Solange freilich ein Parlament nur durch Verweigerung von Geldmitteln und Ablehnung der Zustimmung zu Gesetzesvorschlägen oder durch unmaßgebliche Anträge den Beschwerden der Bevölkerung gegenüber der Verwaltung Nachdruck verleihen kann, ist es von positiver Anteilnahme an der politischen Leitung ausgeschlossen. Es kann und wird dann nur »negative Politik« treiben, d. h.: den Verwaltungsleitern wie eine feindliche Macht gegenüberstehen, von ihnen als solche mit dem unentbehrlichen Minimum von Auskunft abgespeist und nur als Hemmschuh, als eine Versammlung impotenter Nörgler und Besserwisser gewertet. Die Bürokratie andererseits gilt dann dem Parlament und seinen Wählern leicht als eine Kaste von Strebern und Bütteln, denen das Volk als Objekt ihrer lästigen und zum guten

Teil überflüssigen Künste gegenüberstehe. Anders, wo das Parlament durchgesetzt hat, daß die Verwaltungsleiter entweder geradezu aus seiner Mitte entnommen werden müssen (*»parlamentarisches System«* im eigentlichen Sinn) oder doch, um im Amt zu bleiben, des ausdrücklich ausgesprochenen Vertrauens seiner Mehrheit bedürfen oder wenigstens der Bekundung des Mißtrauens weichen müssen (*parlamentarische Auslese* der Führer) und aus diesem Grunde, erschöpfend und unter Nachprüfung des Parlaments oder seiner Ausschüsse, Rede und Antwort stehen (*parlamentarische Verantwortlichkeit* der Führer) und die Verwaltung nach den vom Parlament gebilligten Richtlinien führen müssen (*parlamentarische Verwaltungskontrolle*). In diesem Fall sind die Führer der jeweils ausschlaggebenden Parteien des Parlaments notwendig positive Mitträger der Staatsgewalt. Das Parlament ist dann ein Faktor positiver Politik neben dem Monarchen, der dann nicht oder wenigstens nicht vorwiegend, jedenfalls nicht ausschließlich, kraft seiner formalen *Kronrechte*, sondern kraft seines unter allen Umständen sehr großen Einflusses die Politik mitbestimmt, verschieden stark also je nach seiner politischen Klugheit und Zielbewußtheit. In diesem Fall spricht man, einerlei ob mit Recht oder Unrecht, vom »Volksstaat«, während ein Parlament der Beherrschten mit negativer Politik gegenüber einer herrschenden Bürokratie eine Spielart des »Obrigkeitsstaats« darstellt. Uns interessiert hier die *praktische* Bedeutung der Stellung des Parlaments.

Man mag den parlamentarischen Betrieb hassen oder lieben, – beseitigen wird man ihn *nicht*. Man kann ihn nur politisch *machtlos* machen, wie BISMARCK es mit dem Reichstag getan hat. Die Machtlosigkeit des Parlaments aber äußert sich außer in den allgemeinen Konsequenzen der »negativen Politik« in folgenden Erscheinungen. Jeder parlamentarische Kampf ist selbstverständlich ein Kampf nicht nur um sachliche Gegensätze, sondern ebenso: um persönliche Macht. Wo die Machtstellung des Parlaments es mit sich bringt, daß der Monarch in aller Regel den Vertrauensmann der entschiedenen Mehrheit mit der Leitung der Politik betraut, richtet sich dieser Machtkampf der Parteien auf die Erlangung dieser höchsten *politischen* Stellung. Es sind dann die Leute mit großem politischem Machtinstinkt und mit den ausgeprägtesten politischen Führerqualitäten, welche ihn durchfechten und welche also die Chance haben, in die leitenden Stellungen zu kommen. Denn die Existenz der Partei im Lande und alle die zahllosen ideellen und zum Teil sehr materiellen Interessen, welche damit verknüpft sind, erheischen dann gebieterisch, daß eine mit *Führer*eigenschaften ausgestattete Persönlichkeit an die Spitze kommt. Es besteht dann, und nur dann, der Anreiz für die politischen Temperamente und politischen Begabungen, sich der Auslese dieses Konkurrenzkampfes zu unterziehen.

Ganz anders, wenn unter der Firma: »monarchische Regierung« die Besetzung der höchsten Stellen im Staate Gegenstand des *Beamtenavancements* oder höfischer Zufallsbekanntschaften ist, und wenn ein machtloses Parlament diese Art der Zusammensetzung der Regierung über sich ergehen lassen muß. Auch dann wirkt sich natürlich innerhalb des parlamentarischen Kampfes neben den sachlichen Gegensätzen der persönliche Machtehrgeiz aus. Aber in ganz anderen: subalternen, Formen und Richtungen. In der Richtung, welche er seit 1890 in Deutschland eingeschlagen hat. Neben der Vertretung von lokalen wirtschaftlichen Privatinteressen einflußreicher Wähler ist dann die *kleine*, subalterne *Patronage* ausschließlich der Punkt, um den sich letztlich alles dreht. Der Konflikt zwischen dem Reichskanzler Fürsten BÜLOW und dem Zentrum z. B. entstand nicht über sachliche Meinungsgegensätze, sondern es war wesentlich der Versuch des damaligen Kanzlers, sich jener Ämterpatronage des Zentrums zu entziehen, welche noch heute der Personalzusammensetzung mancher Reichsbehörden in starkem Maße das Gepräge gibt. Und das Zentrum steht darin nicht allein. Die konservativen Parteien haben das Ämtermonopol in Preußen und suchen den Monarchen mit dem Gespenst der »Revolution« einzuschüchtern, sobald diese Pfründeninteressen bedroht werden. Die von den Staatsämtern durch sie dauernd ausgeschlossenen Parteien aber suchen für sich Entschädigung in Gemeinde- oder Krankenkassen-Verwaltungen und treiben, wie früher die Sozialdemokratie, im Parlament eine staatsfeindliche oder staatsfremde Politik. Dies ist selbstverständlich. Denn *jede* Partei erstrebt als solche: *Macht*, das heißt: Anteil an der *Verwaltung* und also: am Einfluß auf die Ämterbesetzung. Den haben die herrschenden Schichten bei uns in einem Maße wie nur irgendwo sonst. Nur daß sie der *Verantwortung* dafür entzogen sind, weil die Stellenjagd und Patronage hinter den Kulissen vor sich geht und sich auf die unteren, für die Personalien nicht *verantwortlichen* Stellen erstreckt. Das Beamtentum aber findet bei uns seine Rechnung dabei, seinerseits persönlich *unkontrolliert* zu schalten, dafür aber den maßgebenden Parteien in Gestalt jener *kleinen* Pfründenpatronage die erforderlichen Trinkgelder zu zahlen. Dies ist die selbstverständliche Folge davon, daß die Partei (oder Parteikoalition), in deren Hand jeweils tatsächlich die Mehrheitsbildung für oder gegen die Regierung im Parlament liegt, *nicht* als solche offiziell zur Besetzung des verantwortlichen *höchsten* politischen Postens berufen wird.

Andererseits ermöglicht dieses System Leuten, welche die Qualitäten eines brauchbaren Beamten, aber *keinen Hauch staatsmännischer Begabung* besitzen, sich so lange in leitenden politischen Stellungen zu behaupten, bis irgendeine Intrige sie zugunsten einer anderen gleichartigen Persönlichkeit von der Bildfläche verschwinden läßt. Wir haben also die parteipolitische Ämterpatronage bei uns wie in irgendeinem anderen Land. Nur in unehrlich verhüllter Form und vor allem so, daß sie stets zugunsten bestimmter, als »hoffähig« geltender Parteimeinungen wirkt. Aber diese Einseitigkeit ist bei weitem noch nicht das Übelste an dem bestehenden Zustand. Sie wäre rein politisch zu ertragen, wenn sie nur wenigstens *die* Chance böte, daß aus der Mitte jener »hoffähigen« Parteien politisch zur Leitung der Nation qualifizierte *Führer* in die maßgebenden Stellen aufsteigen könnten. Das aber ist nicht der Fall. Das ist nur dann möglich, wenn parlamentarisches System oder wenigstens parlamentarische Ämterpatronage für die Führerstellungen besteht. [...]

Die Schwächen, welche der Auslese der führenden Politiker durch Parteiwerbung natürlich ebenso anhaften wie jeder menschlichen Organisation überhaupt, sind von den deutschen Literaten der letzten Jahrzehnte bis zum Überdruß breitgetreten worden. Daß auch die parlamentarische Parteiherrschaft dem einzelnen zumutet und zumuten muß, sich Führern zu fügen, die er oft nur als das »kleinere Übel« akzeptieren kann, ist einfach selbstverständlich. Aber der Obrigkeitsstaat läßt ihm 1. *gar keine* Wahl und gibt ihm 2. statt der *Führer* vorgesetzte *Beamte*. Das ist denn doch wohl ein kleiner Unterschied. Daß ferner die »Plutokratie« in Deutschland zwar in anderen Formen, der Sache nach aber ebenso blüht wie sonstwo, daß gerade die von den Literaten in den schwärzesten Farben und übrigens ohne jede Sachkunde gemalten großkapitalistischen Mächte, die ihre eigenen Interessen wahrhaftig selbst besser kennen als Stubengelehrte, und zwar gerade die rücksichtslosesten von ihnen: die Schwerindustriellen, bei uns *wie ein Mann* auf seiten des *bürokratischen* Obrigkeitsstaates und *gegen* Demokratie und Parlamentarismus stehen, hat doch seine guten Gründe. Nur bleiben sie dem Horizont der literarischen Spießbürger verborgen. Mit dem philiströsesten Moralismus wird statt dessen die selbstverständliche Tatsache unterstrichen: daß der Wille zur *Macht* zu den treibenden Motiven der parlamentarischen Führer, das egoistische Streben nach Ämtern zu denen ihrer Gefolgschaft gehören. Als ob nicht ganz ebensoviel Streberei und Gehaltshunger, sondern ausschließlich und allein die selbstlosesten Beweggründe die bürokratischen Amtsreflektanten beseelten! Und was die Teilnahme der »Demagogie« an der Erlangung der Macht anlangt, so können die Vorgänge der soeben (Jan. 1918) schwebenden, *von gewissen amtlichen Stellen begünstigten* demagogischen Presseerörterungen über die Besetzung des Postens des deutschen Außenministers jedermann darüber belehren: daß gerade eine angeblich »monarchische« Regierung die Amtsstreberei und den Ressortkampf auf den Weg der allerverderblichsten Pressetreiberei verweist. In keinem parlamentarischen Staat mit starken Parteien wäre Schlimmeres möglich.

Die Motive des persönlichen Verhaltens sind innerhalb einer Partei gewiß ebensowenig nur idealistisch, wie die üblichen banausischen Avancements- und Pfründeninteressen der Konkurrenten in einer Beamtenhierarchie es sind. Um persönliche Interessen des einzelnen handelt es sich hier wie dort in der *Masse* der Fälle (und wird es sich auch in der vielgepriesenen »Solidaritätsgenossenschaft« des Zukunftsstaats der Literaten handeln). Es kommt nur alles darauf an: daß diese überall menschlichen, oft allzu menschlichen, Interessen so *wirken*, daß dadurch eine *Auslese* der mit Führerqualitäten begabten Männer wenigstens nicht geradezu *verhindert* wird. Das aber ist in einer Partei *ausschließlich* dann möglich, wenn ihren Führern im Falle des Erfolges die *Macht* und: die

Verantwortung im Staate winkt. Es ist nur dann *möglich*. Aber es ist damit allein allerdings noch nicht gesichert.

Denn nicht ein redendes, sondern nur ein *arbeitendes* Parlament kann der Boden sein, auf dem nicht bloß demagogische, sondern echt *politische* Führerqualitäten wachsen und im Wege der Auslese aufsteigen. Ein arbeitendes Parlament aber ist ein solches, welches die *Verwaltung fortlaufend mitarbeitend kontrolliert*. Vor dem Krieg gab es das bei uns nicht. Nach dem Krieg *muß* aber das Parlament dazu umgebildet werden, oder wir haben die alte Misere. Davon ist jetzt zu reden.

[1918]

CARL SCHMITT
Die geistesgeschichtliche Lage des heutigen Parlamentarismus

[...]
Die älteste, durch alle Jahrhunderte wiederholte Rechtfertigung des Parlaments liegt in einer Erwägung äußerlicher »Expeditivität«(.): eigentlich müßte das Volk in seiner wirklichen Gesamtheit entscheiden, wie das ursprünglich der Fall war, als sich noch alle Gemeindemitglieder unter der Dorflinde versammeln konnten; aber aus praktischen Gründen ist es heute unmöglich, daß alle zu gleicher Zeit an einem Platze zusammenkommen; auch ist es unmöglich, alle wegen jeder Einzelheit zu befragen; deshalb hilft man sich vernünftigerweise mit einem gewählten Ausschuß von Vertrauensleuten, und das ist eben das Parlament. So entsteht die bekannte Stufenleiter: das Parlament ist ein Ausschuß des Volkes, die Regierung ein Ausschuß des Parlaments. Dadurch erscheint der Gedanke des Parlamentarismus als etwas wesentlich Demokratisches. Aber trotz aller Gleichzeitigkeit und aller Zusammenhänge mit demokratischen Ideen ist er das nicht, ebensowenig wie er in den praktischen Gesichtspunkten der Expedienz aufgeht. Wenn aus praktischen und technischen Gründen statt des Volkes Vertrauensleute des Volkes entscheiden, kann ja auch im Namen desselben Volkes ein einziger Vertrauensmann entscheiden, und

die Argumentation würde, ohne aufzuhören, demokratisch zu sein, einen antiparlamentarischen Cäsarismus rechtfertigen. Demnach kann sie der Idee des Parlamentarismus nicht spezifisch sein, und daß das Parlament ein Ausschuß des Volkes ist, ein Kollegium von Vertrauensmännern, ist nicht das Wesentliche. Es liegt sogar ein Widerspruch darin, daß das Parlament, als der erste Ausschuß, für die Dauer der Wahlperiode vom Volk unabhängig sein soll und nicht beliebig abberufbar ist, während die parlamentarische Regierung, der zweite Ausschuß, in jedem Augenblick vom Vertrauen des ersten Ausschusses abhängig bleibt und daher jederzeit abberufen werden kann.

Die *ratio* des Parlaments liegt nach der treffenden Bezeichnung von Rudolf *Smend*(.) im »Dynamisch-Dialektischen«, d. h. in einem Prozeß der Auseinandersetzung von Gegensätzen und Meinungen, aus dem sich der richtige staatliche Wille als Resultat ergibt. Das Wesentliche des Parlaments ist also öffentliches Verhandeln von Argument und Gegenargument, öffentliche Debatte und öffentliche Diskussion, Parlamentieren, wobei zunächst noch nicht an Demokratie gedacht zu werden braucht(.). Der absolut typische Gedankengang findet sich bei dem absolut typischen Repräsentanten des Parlamentarismus, bei Guizot. Ausgehend vom Recht (als dem Gegensatz zur Macht) zählt er als Wesensmerkmale des die Herrschaft des Rechts garantierenden Systems auf: 1. daß die »pouvoirs« immer gezwungen sind, zu diskutieren und dadurch gemeinsam die Wahrheit zu suchen; 2. daß die Öffentlichkeit des ganzen staatlichen Lebens die »pouvoirs« unter die Kontrolle der Bürger stellt; 3. daß die Preßfreiheit die Bürger veranlaßt, selbst die Wahrheit zu suchen und sie dem »pouvoir« zu sagen (.). Das Parlament ist infolgedessen der Platz, an dem die unter den Menschen verstreuten, ungleich verteilten Vernunftpartikeln sich sammeln und zur öffentlichen Herrschaft bringen. Das scheint eine typisch rationalistische Vorstellung zu sein. Doch wäre es unvollständig und ungenau, das moderne Parlament als eine aus rationalistischem Geist entstandene Institution zu definieren. Seine letzte Rechtfertigung und seine epochale Evidenz beruhen darauf, daß dieser Rationalismus nicht absolut und unmittelbar, sondern in einem spezifischen Sinne relativ ist. Gegen jenen Satz von Guizot hatte Mohl eingewendet: Wo ist irgendeine Si-

cherheit, daß gerade im Parlament die Träger der Vernunftbruch-
stücke sind?(.) Die Antwort liegt in den Gedanken der freien
Konkurrenz und der prästabilierten Harmonie, die allerdings in
der Institution des Parlaments, wie überhaupt in der Politik, oft in
kaum erkennbaren Verkleidungen auftreten.

[...]

Nur wenn die zentrale Stellung der Diskussion im liberalen System richtig erkannt wird, erhalten zwei politische Forderungen,
die für den liberalen Rationalismus bezeichnend sind, ihre richtige
Bedeutung und werden aus der unklaren Atmosphäre von Schlag-
worten und politisch-taktischen Zweckmäßigkeitserwägungen zu
wissenschaftlicher Klarheit erhoben: das Postulat der Öffentlichkeit des politischen Lebens und die Forderung einer Gewaltenteilung, richtiger die Lehre von der Balancierung entgegengesetzter
Kräfte, aus welcher Balancierung sich das Richtige als Gleichgewicht von selbst ergeben soll. [...]

Eine von wenigen Menschen hinter verschlossenen Türen betriebene Kabinettspolitik erscheint jetzt als etwas *eo ipso* Böses und
die Öffentlichkeit des politischen Lebens infolgedessen als etwas
schon seiner Öffentlichkeit wegen Richtiges und Gutes. Die Öffentlichkeit bekommt einen absoluten Wert, obwohl sie zunächst
nur ein praktisches Mittel ist gegen die bureaukratisch-fachmän-
nisch-technische Geheimpolitik des Absolutismus. Beseitigung
von Geheimpolitik und Geheimdiplomatie wird das Allheilmittel
gegen jede politische Krankheit und Korruption; die Öffentlichkeit wird das absolut wirksame Kontrollorgan. Allerdings gibt ihr
erst die Aufklärung des 18. Jahrhunderts diesen absoluten Charakter. Das Licht der Öffentlichkeit ist das Licht der Aufklärung,
die Befreiung von Aberglauben, Fanatismus und herrschsüchtiger
Intrige. In jedem System eines aufgeklärten Despotismus spielt
die öffentliche Meinung die Rolle des absoluten Korrektivs. Die
Macht des Despoten darf um so größer sein, je mehr sich die Aufklärung verbreitet; denn die aufgeklärte öffentliche Meinung
macht jeden Mißbrauch ganz von selbst unmöglich. Das versteht
sich für alle Aufklärer von selbst. [...]

Öffentlichkeit der Meinung, geschützt durch Redefreiheit, Preßfreiheit, Versammlungsfreiheit und parlamentarische Immunitäten, bedeutet im liberalen System Freiheit der Meinung, in der

ganzen folgenreichen Bedeutung, die das Wort Freiheit in diesem System hat. Wo die Öffentlichkeit Zwang werden kann, wie bei der Ausübung des Wahlrechts durch den Einzelnen, an dem Punkt des Übergangs vom Privaten zum Öffentlichen, tritt daher die entgegengesetzte Forderung des Wahlgeheimnisses auf. Die Freiheit der Meinung ist eine Freiheit von Privatleuten; sie ist notwendig für die Konkurrenz der Meinungen, in der die beste Meinung siegt.

Im modernen Parlamentarismus verbindet sich dieser Glaube an die öffentliche Meinung mit der zweiten mehr organisatorischen Vorstellung: Teilung oder Balancierung der verschiedenen Staatstätigkeiten und Instanzen. Auch hier wirkt die Vorstellung einer gewissen Konkurrenz mit, aus der sich als Resultat das Richtige ergibt. Daß in der Teilung der Gewalten das Parlament die Rolle der Legislative bekommt, hierauf aber beschränkt ist, macht den Rationalismus, der dem Gedanken einer Balancierung zugrunde liegt, selbst wieder relativ und unterscheidet dieses System, wie gleich zu zeigen sein wird, von dem absoluten Rationalismus der Aufklärung. Über die allgemeine Bedeutung der Vorstellung von einer Balance brauchte man nicht mehr viele Worte zu verlieren. Von den Bildern, die in der Geschichte politischen und staatsrechtlichen Denkens typisch wiederkehren und deren systematische Untersuchung noch nicht einmal begonnen ist (ich nenne als Beispiel nur: der Staat als Maschine, der Staat als Organismus, der König als Schlußstein des Gewölbes, als Fahne oder als »Seele« des Schiffes), ist sie für die moderne Zeit das Wichtigste. [...]

Es sind die beiden Prinzipien, auf denen in einem überaus konsequenten und umfassenden System konstitutionelles Denken und Parlamentarismus beruhen. Dem Gerechtigkeitsgefühl einer ganzen Epoche erschienen sie wesentlich und unumgänglich. Was die durch Öffentlichkeit und Diskussion garantierte Balance eigentlich bewirken sollte, war nicht weniger als Wahrheit und Gerechtigkeit selbst. Durch Öffentlichkeit und Diskussion allein glaubte man die bloß tatsächliche Macht und Gewalt – für liberal-rechtsstaatliches Denken das an sich Böse, *the way of beasts*, wie Locke sagt – überwinden und den Sieg des Rechts über die Macht herbeiführen zu können. Es gibt ein überaus kennzeichnendes Wort für diese Denkweise: la discussion substituée à la force. In dieser Formulierung stammt es von einem keineswegs genialen, nicht einmal bedeutenden, aber vielleicht auch darin typischen Anhänger des Bürgerkönigtums, der auch die Schlußkette des ganzen konstitutionellen und parlamentarischen Glaubens formuliert hat: Aller Fortschritt, auch der soziale Fortschritt, verwirklicht sich »par les institutions représentatives, *c'est-à-dire* par la liberté régulière – par des discussions publiques, *c'est à-dire* par la raison« (Eugene *Forcade*, Études historiques, Paris 1853, in der Besprechung von Lamartines Geschichte der Revolution von 1848.).

Die Wirklichkeit des parlamentarischen und parteipolitischen Lebens und die allgemeine Überzeugung sind heute von solchem Glauben weit entfernt. Große politische und wirtschaftliche Entscheidungen, in denen heute das Schicksal der Menschen liegt, sind nicht mehr (wenn sie es jemals gewesen sein sollten) das Ergebnis einer Balancierung der Meinungen in öffentlicher Rede und Gegenrede und nicht das Resultat parlamentarischer Debatten. Die Beteiligung der Volksvertretung an der Regierung, die parlamentarische Regierung, hat sich gerade als das wichtigste Mittel erwiesen, die Teilung der Gewalten und mit ihr die alte Idee des Parlamentarismus aufzuheben. Natürlich, wie die Dinge heute tatsächlich liegen, ist es praktisch ganz unmöglich, anders als mit Ausschüssen und immer engeren Ausschüssen zu arbeiten und schließlich überhaupt das Plenum des Parlaments, d. h. seine Öffentlichkeit, seinem Zweck zu entfremden und dadurch notwendig zu einer Fassade zu machen. Es mag sein, daß es praktisch nicht anders geht. Aber man muß dann wenigstens so viel Bewußtsein der geschichtlichen Situation haben, um zu sehen, daß der Parlamentarismus dadurch seine geistige Basis aufgibt und das ganze System von Rede-, Versammlungs- und Preßfreiheit, öffentlichen Sitzungen, parlamentarischen Immunitäten und Privilegien seine *ratio* verliert. Engere und engste Ausschüsse von Parteien oder von Parteikoalitionen beschließen hinter verschlossenen Türen, und was die Vertreter großkapitalistischer Interessenverbände im engsten Komitee abmachen, ist für das tägliche Leben und Schicksal von Millionen Menschen vielleicht noch wichtiger als jene politischen Entscheidungen. Im Kampf gegen die Geheimpolitik absoluter Fürsten ist der Gedanke des modernen Parlamentarismus, die Forderung einer Kontrolle und der Glaube an Öffentlichkeit und Publizität entstanden; das Freiheits- und Gerechtigkeitsgefühl der Menschen empörte sich gegen eine Arkanpraxis, die in geheimen Beschlüssen über das Schicksal der Völker entschied. Aber wie harmlos und idyllisch sind die Objekte jener Kabinettspolitik des 17. und 18. Jahrhunderts neben den Schicksalen, um die es sich heute handelt und die heute der Gegenstand aller Arten von Geheimnissen sind. Vor dieser Tatsache mußte der Glaube an die diskutierende Öffentlichkeit eine furchtbare Desillusion erfahren. Es gibt heute sicher nicht viele Menschen, die auf die alten liberalen Freiheiten, insbesondere auf Rede- und Preßfreiheit verzichten wollen. Auf dem europäischen Kontinent werden trotzdem nicht mehr viele sein, die glauben, jene Freiheiten existieren noch, wo sie den Inhabern der wirklichen Macht wirklich gefährlich werden könnten. Am wenigsten wird es noch den Glauben geben, daß aus Zeitungsartikeln, Versammlungsreden und Parlamentsdebatten die wahre und richtige Gesetzgebung und Politik entstehe. Das ist aber der Glaube an das Parlament selbst. Sind Öffentlichkeit und Diskussion in der tatsächlichen Wirklichkeit des parlamentarischen Betriebes zu einer leeren und nichtigen Formalität geworden, so hat auch das Parlament, wie es sich im 19. Jahrhundert entwickelt hat, seine bisherige Grundlage und seinen Sinn verloren.

[...]

[1926]

ROBERT MICHELS
[Innerparteiliche Demokratie und das eherne Gesetz der Oligarchie]

[...]

Die Demokratie hat eine inhärente Vorliebe für autoritäre Regelung wichtiger Fragen (.). Sie ist zugleich hungrig nach Glanz und nach Macht. Die freigewordenen englischen Bürger setzen ihren Ehrgeiz darein, eine Aristokratie zu besitzen. Gladstone sagte, die Freiheitsliebe des englischen Volkes finde ihresgleichen nur in der Liebe desselben Volkes zu seiner Aristokratie (.). Ähnlich besteht der größte Stolz der Sozialdemokraten in ihrer Fähigkeit zu einer, zwar bis zu einem gewissen Grade freiwilligen, Unterordnung der Mehrheit unter die Befehle der Minderheit oder doch unter die von jener erteilten Ausführungsanordnungen ihrer eigenen Befehle. Vilfredo Pareto hat den Sozialismus geradezu als ein besonders geeignetes Mittel zur Produzierung einer neuen Elite aus dem Schoße der arbeitenden Klasse empfohlen, und in der Fähigkeit ihrer Führer, Verfolgungen und Mißhandlungen zu trotzen und siegreich zu überdauern, ein Symptom für die ihr innewohnende Kraftfülle, das erste Requisit einer jungen »politischen Klasse« erblickt (.).

[…]

Die einzige wissenschaftliche Doktrin, die den Anspruch darauf erhebt, allen Theorien, seien sie alt oder neu, welche die These von der immanenten Notwendigkeit einer dauernden Existenz der »politischen« Klasse aufstellen, ernsthaft entgegenzutreten, ist die *marxistische*. Sie identifiziert […] den Staat mit der herrschenden Klasse. Diese ist das »Exekutivkomitee« jener, oder, nach Olivetti, ein zur Verteidigung der Privilegien der bestehenden Herrschaft bestelltes Syndikat (.), eine Auffassung, der übrigens der konservative Theoretiker Mosca, wenn er auch seiner Weltanschauung entsprechend kein Miserere darüber anstimmt, nicht fern steht. […]

Die marxistische Lehre vom Wesen des Staates, verbunden mit dem Glauben an die revolutionäre Stoßkraft der Arbeitermassen und die demokratisierende Wirkung der Vergesellschaftung der Produktionsmittel führt nämlich logischerweise zu der sozialen Ordnung, die der Schule Moscas als utopisch erscheint. Für die Marxisten bewirkt die kapitalistische Produktionsweise die Verwandlung der großen Mehrheit der Bevölkerung in Proletarier und erzeugt so automatisch ihre eigenen Totengräber. Sobald das Proletariat auf den Schultern der konzentrierten und akkumulierten Großindustrie erwachsen und reif geworden ist, bemächtigt es sich der politischen Macht und erklärt das Privateigentum zu Staatseigentum. Mit diesem Akt eliminiert es sich aber, da es mit ihm alle Klassenunterschiede und somit alle Klassenantagonismen aufhebt, selber. Mit anderen Worten, es annulliert den Staat in seiner Eigenschaft als Staat. Die kapitalistische Gesellschaft, in Klassen eingeteilt, hatte den Staat notwendig zur Organisation der herrschenden Klassen behufs Aufrechterhaltung ihrer Produktionsweise und zur Ausbeutung des Proletariats. Das Ende des Staates ist also synonym mit dem Ende der Existenz einer herrschenden Klasse (.). Aber auch die neue, klassenlose, kollektivistische Gesellschaft der Zukunft, die sich auf den Ruinen des alten Staates installieren soll, bedarf elektiver Elemente, sei es auch unter allen den von Rousseau im Contrat Social formulierten und später von der Erklärung der Droits de l'Homme in der französischen Revolution wiederaufgenommenen Präventivmaßregeln, insbesondere einer steten Revokabilität aller Chargen und einer dadurch bewirkten zeitlichen Begrenzung aller stets vom Damoklesschwert der Volksgunst bedrohten Vollmachten (.). [...]

Der jungen deutschen Arbeiterpartei, die sich in schwerem Kampfe aus der Gefolgschaft der bürgerlichen Demokratie loslöste, hat ein ehrlicher Freund einst eine ernste Mahnung an der Wiege gesungen. In seinem offenen Brief an das Komitee des deutschen Arbeitervereins zu Leipzig schrieb Rodbertus die Worte: »Sie trennen sich von einer politischen Partei, weil diese, wie Sie mit Recht glauben, Ihre sozialen Interessen nicht genügend vertritt, um selbst wieder eine politische Partei zu stiften, die Sie nicht immer davor sichern wird, daß nicht abermals die antisozialen Elemente die Oberhand darin erlangen?« (.) Diese Bemerkung trifft das Wesen der politischen Partei selbst ins Herz. Das zu erkennen, bedarf es einer Analyse der Elemente, aus denen ihre Struktur gebildet ist.

Die Partei ist keine soziale, keine ökonomische Einheit. Ihre Grundlage ist das Programm. Dieses kann zwar theoretisch die Interessen einer bestimmten Klasse zum Ausdruck bringen. Aber praktisch wird der Beitritt zur Partei niemandem verwehrt, mögen seine Privatinteressen mit den im Programm enthaltenen Sätzen übereinstimmen oder nicht. So ist z. B. die Sozialdemokratie die ideologische Vertreterin des Proletariats, deshalb aber noch lange nicht ein Klassenorganismus, sondern vielmehr, sozial betrachtet, ein Klassengemengsel, d. h. zusammengesetzt aus Elementen, die keineswegs die gleiche Funktion im Wirtschaftsprozeß erfüllen. Der Klassenursprung des Programms bedingt indes anscheinende Klasseneinheit. Alle Sozialisten als solche geben theoretisch, ohne Rücksicht auf ihre ökonomische Stellung im Privatleben, die absolute Vormachtstellung einer bestimmten großen Klasse zu. Auch die nicht proletarischen oder nicht rein proletarischen Elemente, die sich in ihr befinden, »akzeptieren den Gesichtspunkt der Arbeiterklasse, erkennen diese als die führende Klasse an« (Bernstein [.]). Es ist deshalb stillschweigende Voraussetzung, daß die Elemente in der Partei, die der Klasse nicht angehören, ihre eigenen, denen jener widerstreitenden Interessen bedingungslos zum Opfer bringen. Soweit die Theorie. In der Praxis kann hingegen der große Interessengegensatz zwischen Arbeit und Kapital durch keine Annahme eines Programms ausgeglichen werden. Einige wenige von den zur politischen Organisation der Arbeiterklasse gestoßenen Mitgliedern der oberen Gesellschaftsschichten werden sich ihr hingeben, sie »deklassieren« sich (.). Die Mehrzahl von ihnen wird wirtschaftlich in den entgegengesetzten Interessen weiter wurzeln bleiben, ungeachtet der äußeren ideologischen Interessengemeinschaft mit dem Proletariat (.). Sie ordnen sich prinzipiell nur der »Idee« einer ihnen fremden Klasse unter. Da steht Interesse gegen Interesse. Zwischen Interessen aber entscheidet die größere Schwerkraft, das Verhältnis, in dem sie zu den vornehmsten Notwendigkeiten des Lebens stehen. Auf diese Weise kann sich sehr wohl zwischen den bürgerlichen und den proletarischen Mitgliedern der Partei ein wirtschaftlicher Gegensatz herausbilden und sich zu einem politischen erweitern. Der wirtschaftliche Antagonismus geht über die ideologische Solidarität zur Tagesordnung über. Dann wird das Programm ein toter Buchstabe, und unter »sozialistischer« Flagge hüben und drüben spielen sich innerhalb der vier Wände der Partei regelrechte Klassenkämpfe ab. Die Erfahrung lehrt, daß das Verhalten der bürgerlichen Sozialdemokraten ihrem Dienstpersonal gegenüber, zu dem sie im Verhältnis des sog. Arbeit*geber* zum Arbeit*nehmer* stehen, keineswegs so beschaffen ist, daß in ihm die Interessen des Klassenfremden den Interessen seiner Adoptivklasse nachgesetzt werden. [...]

Es besteht also die Gefahr, daß die sozialistische Partei von Männern geführt werden könnte, die sich in ihrer praktischen Willensrichtung in einem spontanen Widerspruch zum Arbeiterprogramm befinden, und daß die Arbeiterbewegung in den Dienst von denen der Arbeiterklasse diametral entgegengesetzten Interessen gestellt würde (.). [...]

Die Partei als äußeres Gebilde, als Mechanismus, ist nicht ohne weiteres mit der Parteigenossenschaft oder gar der Klasse identisch. Die Partei soll nur Mittel zum höheren Zweck sein. Wird sie Selbstzweck (.), mit eigenen, selbständigen Zielen und Interessen, so trennt sie sich teleologisch von der Klasse, die sie vertritt, ab. In einer Partei brauchen die Interessen der in ihr organisierten Massen mit denen des den Parteiorganismus vertretenden Beamtenkörpers keineswegs zusammenzufallen. Das – konservative – Interesse des Beamtenkörpers kann in bestimmten politischen Situationen eine defensive oder gar regressive Politik erfordern, während die Interessen der Arbeiterklasse eine mutige, draufgängerische Politik erheischen würden, oder, wenn auch weit seltener, umgekehrt. Es ist ein unabänderliches Sozialgesetz, daß in jedem durch Arbeitsteilung entstandenen Organ der Gesamtheit, sobald es sich konsolidiert hat, ein Eigeninteresse, ein Interesse an sich selbst und für sich selbst, entsteht. Die Existenz von Eigeninteresse im Gesamtverband jedoch involviert die Existenz von Reibungsflächen und von Gegensätzen zum Gesamtinteresse. Mehr noch: durch die gesellschaftliche Funktion, die sie verrichten, unterschiedene soziale Schichten schließen sich unter sich zusammen und bilden Organe, die ihre eigenen Interessen vertreten (.).

Die Formel von der Notwendigkeit der Ablösung einer herrschenden Schicht durch eine andere und das von ihr abgeleitete Gesetz der Oligarchie als der vorbestimmten Form menschlichen Zusammenlebens in größeren Verbänden wirft die materialistische Geschichtsauffassung keineswegs über den Haufen, ersetzt sie nicht, sondern ergänzt sie nur. Es besteht kein Widerspruch zwischen der Lehre, nach welcher die Geschichte aus einer ununterbrochenen Reihe von Klassenkämpfen besteht, und jener anderen Lehre, wonach die Klassenkämpfe in die Schaffung einer neuen Oligarchie, die sich mit der alten amalgamiert, ausmünden. Die Lehre von der politischen Klasse ist marxistisch unanfechtbar. Denn diese ist die jedesmalige Resultante der jedesmaligen, im Schoße der Gesellschaft um Ausdruck ringenden Stärkeverhältnisse, natürlich nicht im quantitativen, sondern im qualitativen Sinne verstanden (.).

Die politische Klasse verfügt zweifellos über ein überaus feines Gefühl für die Möglichkeiten und Wege der Selbstverteidigung. Sie entwickelt eine gewaltige Anziehungskraft und Fähigkeit der

Absorption, die auch ihren erbittertsten und konsequentesten Gegnern gegenüber auf die Dauer nur selten versagt. Die Geschichte scheint uns zu lehren, daß keine noch so kraftvolle und energische Volksbewegung an der sozialen Struktur der Kulturmenschheit dauernde und organische Veränderungen hervorrufen kann, weil die hervorragendsten Elemente dieser Volksbewegung selbst, die Männer, die sie führten und anfeuerten, sich stets nach und nach von den Massen trennen, um von der »politischen Klasse«, der sie vielleicht wenig »neue Ideen«, aber desto mehr frische Schaffenskraft und praktische Intelligenz mitbringen und die sie dadurch in gleichsam stets erneutem Verjüngungsprozeß konservieren, aufgesogen zu werden. Man darf wirklich mit Bergeret sagen, wo denn die bürgerlichen Regierungen ihre Minister hernehmen sollten, wenn sie sich einfallen ließen, die Führer der revolutionären Bewegungen niederschießen zu lassen (.). Die Sozialisten könnten demnach siegen, nicht der Sozialismus, der im Augenblick des Sieges seiner Bekenner untergeht. Man wäre versucht, es eine Tragikomödie zu nennen: Die Massen begnügen sich damit, unter Aufbietung aller Kräfte ihre Herren zu wechseln. Die Arbeiter haben nur die Ehre gehabt, de participer au recrutement gouvernemental (.). [...] Die soziale Revolution läuft, der politischen Revolution gleich, wie es im italienischen Sprichwort heißt, darauf hinaus, daß cambia il maestro di cappella, ma la musica è sempre quella. Der Wechsel des Kapellmeisters ändert nichts an der Musik.

[1911]

OTTO KIRCHHEIMER
Wandlungen der politischen Opposition

Politische Opposition ist ein ewiges Paradox. Politische Macht hat oft wirksame Einschränkungen erfahren. Wie steht es aber mit der Institutionalisierung solcher Schranken im Parlamentarismus? Das Parlamentarische Regime und das günstige Klima, das es für das Aufkommen der politischen Parteien als Träger fester Organisationen zur Ausübung von Regierungs- und Oppositionsfunktion geschaffen hat, ist eine der glücklichsten Erfindungen des ja nicht allzu reichen Inventars an politischen Institutionen gewesen. Aber zeitgenössische parlamentarische Institutionen sind der Massendemokratie verhaftet. Sie gehorchen daher anderen sozialen Gesetzen und Einflüssen als ihre Vorgänger in den letzten fünfzig oder hundert Jahren. Bedeutung und Schranken der Opposition unter den Bedingungen des gegenwärtigen Zeitalters verlangen neue Besinnung. [...]

Zunächst sollen hier drei Modelle beschrieben werden, von denen zwei zum Bereich der politischen Opposition gehören: Erstens die ›klassische parlamentarische Opposition‹, wie sie aus der Praxis des 18. Jahrhunderts in England hervorgegangen ist. Zweitens die ›Opposition aus Prinzip‹, die darauf aus ist, politische Macht nicht nur der augenblicklichen Regierung zu entreißen, sondern ein für allemal mit den gegenwärtigen sozialen und politischen Institutionen, von denen die augenblickliche Regierung nur eine Ausdrucksform ist, aufzuräumen. Das dritte Modell befaßt sich mit dem Abklingen der Opposition als Folge politischer Kartellabsprachen im Rahmen des parlamentarischen Regimes.

[...]

Worin besteht nun die Basis für das Regierungs-Oppositions-Wechselspiel? John Morley, der viktorianische Politiker und Autor, betrachtet das Recht der unterlegenen Gruppe, weiterhin von der Mehrheit zurückgewiesenen Meinungen öffentlich Ausdruck geben zu dürfen, als Grundlage für das Funktionieren der Opposition (.). Jedoch schon in den 50er Jahren des letzten Jahrhunderts hat ein anderer scharfsinniger Beobachter der englischen Verhältnisse, Walter Bagehot, darauf hingewiesen, daß dieses Recht, vom Wähler abgelehnte Meinungen weiterhin vertreten zu dürfen, seine Ergänzungen und Schranken darin findet, daß die Teilnehmer am politischen Spiel sich maßvoll verhalten. Er hat also nicht daran geglaubt, daß ein ultrademokratisches Parlament einen solchen Zustand aufrechterhalten könnte. Da würde jede Klasse eine dem anderen Teil unverständliche Sprache sprechen, und die Folge davon wäre ein »maßloses Ministerium« und »überscharfe Gesetze« (.). John Stuart Mill hat ähnliche Folgerungen für das Funktionieren des parlamentarischen Systems mit deutlichem Hinweis auf eine fortgeschrittene industrielle Gesellschaft gezogen. Wettbewerb muß sowohl Interessen als auch Ideen umfassen, denn ohne den Wettbewerb der Ideen und der daraus folgenden Pflicht, die Ideen der anderen Seite zu wägen und zu erwägen, würde die gerade stärkere Gruppe ja immer automatisch den Ausschlag geben (.).

Bis zum heutigen Tag verharren die parlamentarischen Praktiken Englands wie die der meisten englisch sprechenden Dominions im Bannkreis dieser Erwägungen. In bezug auf ökonomische und soziale Fragen herrscht weitgehende Übereinstimmung über wünschenswerte Ziele oder mindestens doch über den Umkreis der allseits als zulässig angesehenen Neuerungen. Falls ein solches Übereinkommen nicht mehr existierte, würde das ganze System der parlamentarischen Regierung in Zweifel gezogen werden. Dann würden Fragen aufgeworfen, auf die, wie ein zeitgenössischer australischer Autor sich ausdrückt, das gegenwärtige politische System keine Antwort wüßte (.). In einem Zeitalter, in dem die Außenpolitik das Schicksal der Nation zu entscheiden vermag, setzt dieses System fernerhin ein beträchtliches Vertrauen der Opposition auf die Fähigkeit der Regierung voraus, bestmögliche Lösungen zu erreichen – mindestens aber beruht es auf einem untrüglichen Vertrauen der Opposition auf die Aufrichtigkeit der Regierung, falls diese beschlossen hat, schwerwiegende, aber nach ihrem Gutdünken unabweisbare Änderungen vorzunehmen. Man mag in dieser Hinsicht das Verhalten der Konservativen anläßlich der Preisgabe Indiens durch die Arbeiterregierung mit dem Haß und den gegenseitigen Anschuldigungen vergleichen, welche der französischen Regierung während der verschiedenen Stadien ihrer Indochinapolitik entgegenschlugen. Das Regierungs-Oppositions-Spiel beruht ferner auf einer unbedingten Loyalität gegenüber der Armee und der Regierung. Beide müssen auf jeden Gedanken einer Blockbildung mit anderen politischen oder sozialen Kräften, welche das oft federleichte Gleichgewicht zwischen Regierung und Opposition umstoßen könnten, verzichten. Falls alle diese Bedingungen zusammentreffen, werden die durch Verfassungsbrauch verankerten wechselseitigen Rollen von Regierung und Opposition zu einem der Hauptregulatoren des politischen Lebens. [...]

Auf dem europäischen Kontinent ist das Wechselspiel zwischen parlamentarischer Regierung und Opposition erst spät und unvollkommen gespielt worden. Das Monopol der politischen Entscheidung blieb den Parteien lange versagt. Opposition war bis zur Mitte des 19. Jahrhunderts und oft noch länger, was ich als »institutionelle Opposition« bezeichnen möchte. Es war auf weiten Strekken Opposition des Parlaments gegen die Regierung. Das Parlament hatte um die Anerkennung eines beschränkten Einflußrechts mit den Vertretern traditioneller Machtstellungen, die um die Krone geschart waren, zu kämpfen (.). Und selbst nachdem dieser Zustand ein Ende gefunden hatte, in Frankreich 1869, in Deutschland 1918, blieben politische Entscheidungen weiterhin einem System der Vorbescheide und Vetomacht unterworfen, die je nach dem Fall durch die Heeresführung, die höhere Beamtenschaft oder das Zentralbankinstitut ausgeübt wurden (.). Da das Parlament somit keine entscheidenden Machtbefugnisse hatte, konnte es leicht vorkommen, daß diejenigen Bevölkerungsgruppen, die sonst wenig politisches Gewicht in die Waagschale zu werfen hatten, sich Gruppen zuwandten, die dem ganzen politischen System Feindschaft geschworen hatten. Wenn wir in diesem Zusammenhang von Opposition aus Prinzip sprechen, denken wir meistens an die modernen totalitären Parteien. Wir vergessen dabei, daß der Sozialismus des halben Jahrhunderts vor dem Ersten Weltkrieg ebenfalls Opposition aus Prinzip auf den Schild erhob. Die Opposition aus Prinzip umfaßt alle Strömungen, die glauben, ihr Programm nur im Vollbesitz der politischen Macht verwirklichen zu können, oder deren gewollt oder ungewollt zweideutige Auslassungen von ihren politischen Gegnern jedenfalls in dieser Richtung interpretiert und ausgeschlachtet werden. Solange es freie und allgemeine Wahlen gibt, hat es solche Parteien gegeben. Zeitweise mögen sie fast bedeutungslos sein und kaum in der Lage, die politische Macht zu ergreifen, es sei denn mit der Hilfe fremder Mächte. Zu anderen Zeiten mögen sie den Anlaß geben, der die parlamentarischen Parteien zwingt, die Spielregeln des parlamentarischen Spieles zu ändern, diese selbst in eine Art Zwangskartell drängt oder sie gar in ihrer Bedrängnis dazu bringt, ihre Macht auf andere Organe zu übertragen. Wenn sich solches ereignet, wird dadurch das Verhältnis zwischen Regierung und Opposition in einer Weise geändert, die stark von dem klassischen Modell abweicht. Die klassische parlamentarische Opposition setzt die Bereitschaft seitens der Regierung gewordenen Opposition voraus, ihrem Nachfolger in der Oppositionsrolle alle diejenigen Privilegien zuzugestehen, die sie selbst ehedem genoß. Der Charakter und die Ziele der Opposition aus Prinzip schränken jedoch ihre diesbezüglichen Chancen von vornherein ein. Die Möglichkeit ihres Zurmachtkommens stellt eine Existenzbedrohung für die anderen Parteien dar und zwingt ihnen vorsorgliche Verteidigungsmaßnahmen auf. Neue, ihrem Wesen nach diskriminatorische Differenzierungen, die zwischen einer loyalen und illoyalen Opposition unterscheiden, werden in die parlamentarischen Spielregeln eingeführt. Die Vorsichtsmaßnahmen mögen sich bis zu diskriminatorischen Verfassungsänderungen verdichten; aber selbst wenn der Verfassungsbereich außer Spiel bleibt, bleibt genug Raum für solche Unterscheidungen (.). Die Stimmen der Opposition aus Prinzip, obwohl verfassungstechnisch korrekt in Ansatz gebracht und gezählt, werden anders gewertet als die der übrigen Parteien. Spezialabmachungen mögen getroffen werden, die es ermöglichen, Mitglieder der Opposition aus Prinzip von gewissen Positionen fernzuhalten. Was auch immer die Rechtfertigung solcher Mechanismen, gleichgültig ob grob oder raffiniert, sie verzerren immer die politische Wirklichkeit. Sie berauben diejenigen ihrer vollen Vertretung, die, aus welchen Motiven auch immer, sich für die Opposition aus Prinzip ausgesprochen haben. Das Parlament wird dadurch zwar in die Lage gesetzt, auch weiterhin als Basis für die Ausübung der Regierungsfunktionen zu dienen, anstattt, wie im klassischen Fall Deutschlands zu Beginn der 30er Jahre, der völligen Paralyse zu verfallen. Aber im gleichen Atemzug wird auch die Möglichkeit beschränkt, daß das Parlament seiner eigentlichen Funktion, den verschiedensten in ihm vertretenen Strömungen Ausdruck und Gewicht zu verleihen, nachkommen könnte. Es bleibt daher der Prüfstein des demokratischen politischen Systems, ob und bis zu welchem Grad die Opposition aus Prinzip am Ende doch in die vorhandene politische Ordnung eingegliedert werden kann, ohne entweder zur Auflösung der politischen Ordnung selbst zu führen oder auf der anderen Seite die legitimen Interessen der durch die Opposition aus Prinzip vertretenen Gruppen zwangsweise zu liquidieren. [...]

Wir kommen nunmehr zum Fall der Ausschaltung der hauptsächlichen politischen Opposition mittels der Regierungsausübung durch ein Parteienkartell. [...] Was hier vorschwebt, ist das mehr als vorübergehende Aufgeben des Regierungs-Oppositions-Verhältnisses im zeitgenössischen Österreich. Zwischen 1919 und dem Bürgerkrieg von 1934 war dieses Land zur Kampfstätte eines bitteren und unaufhörlichen Krieges zwischen seinen zwei hauptsächlichen Parteien geworden. Beide stützen sich auf eine Verbindung von sozialer Klasse, politischem Glaubensbekenntnis und religiösen oder antireligiösen Affekten. Dritte Parteien waren zu klein und unbedeutend, um je eine schiedsrichterliche Rolle spielen zu können. Nach einer sehr kurzen Zeit der Zusammenarbeit gewann eine von ihnen, die christlich-soziale, ein kleines aber entscheidendes Übergewicht über ihren sozialistischen Gegner, was für sie aber ausreichte, um sich im Sattel der Regierung festzusetzen. Die sozialistische Partei wurde in die Opposition abgedrängt und schwankte unsicher zwischen der Position einer parlamentarischen Opposition und einer Opposition aus Prinzip gegen den politischen und sozialen Stil der offiziellen Ordnung. Nach dem Zweiten Weltkrieg gaben die Wähler wiederum einer ähnlichen Parteienkonstellation ihre Zustimmung. Die direkten Nachfolger dieser zwei Parteien sahen über 80 % der Wahlstimmen fast gleichmäßig auf ihre Listen verteilt. Im Angesicht der besonderen außenpolitischen Situation Österreichs und im vollen Bewußtsein des gegenseitigen traditionellen Mißtrauens rangen sich beide Parteien zu einem System einer sorgfältig abgesprochenen Zusammenarbeit durch (.). Keine der beiden Gruppen war willens, die Führung der öffentlichen Angelegenheiten in den Händen des Rivalen und einer Bürokratie, die ausschließlich unter der Aufsicht dieses Rivalen arbeiten würde, zu lassen (.). Sie gingen einen Koalitionspakt ein, durch den alle Regierungsämter und die bedeutenderen der Verwaltungsämter zwischen den Anhängern der beiden Parteien nach Maßgabe ihrer Stärke verteilt wurden. Dieses Vorgehen erforderte gleichzeitig weitere Vereinbarungen über die Einbeziehung bzw. Nichteinbeziehung von Land-, Kommunal- und Selbstverwaltungsämtern in die Abmachung sowie über die Ausarbeitung und die parlamentarische Verabschiedung von Gesetzesvorlagen. Dieses Arbeitsabkommen, das bisher nach jeder Neuwahl erneuert wurde, hat bedeutsame Änderungen für das Funktionieren der parlamentarischen Institutionen nach sich gezogen. Die reibungslose Verwirklichung des Koalitionspaktes wäre Gefahren ausgesetzt gewesen, falls eine der teilnehmenden Parteien oder eines ihrer Mitglieder im Parlament in der Lage gewesen wäre, Gesetzesvorschlägen der ja einheitlich funktionierenden Regierung entgegenzutreten oder selbst Anträge ohne vorherige Zustimmung des anderen Teilnehmers des Koalitionspaktes einzubringen. Während die zahlenmäßig schwache rechte und die kommunistische Oppositionspartei weiterhin ihr parlamentarisches Initiativrecht behalten, können die Mitglieder der Koalitionsparteien ihre parlamentarische Initiative nur mit Genehmigung des Koalitionspartners ausüben (.). Nur im Rahmen dieser Genehmigung gibt es einen »koalitionsfreien Raum«, der aber nicht durch generelle Kriterien noch durch eine Liste von koalitionsfreien Gegenständen bestimmt ist. Die Aktionsfreiheit der Partner beruht auf dem Vorhandensein von Fall zu Fall getroffener Sondervereinbarungen (.). [...] Die eine oder andere Maßnahme mag eindeutig in die Zuständigkeit der der Partei überantworteten Ämter fallen und kann daher durchgeführt und politisch verwertet werden, ohne daß der Koalitionspartner gefragt zu werden braucht. Falls andererseits eine der beiden Parteien einer Regelung zustimmen muß, die den Interessen ihrer eigenen Klientel abträglich erscheint, so wird sie das doch mit genug Getöse und propagandistischen Gegenstößen zu verbinden wissen, um wenigstens ihre Anhänger von der Intensität ihres Widerstrebens zu überzeugen. Somit führt das System zu einer neuartigen, eingebauten Opposition, welche in Österreich als Bereichsopposition bezeichnet wurde (.). Der Ausdruck deutet an, daß die angefochtene Maßnahme zum festgelegten Zuständigkeitsbereich des anderen Koalitionspartners gehört und daher zwar öffentlich kritisiert werden, aber als Resultat des Koalitionspakts hingenommen werden muß. [...]

Die Frage erhebt sich, ob das Versickern der Oppositionsfunktion, das wir hier in seinen mannigfachen Formen verfolgt haben, vorzugsweise technische Hintergründe hat. Kann man etwa behaupten, daß das Versiegen der Opposition im Falle des österreichischen Koalitionspaktes und das Verebben der parlamentarischen Opposition unter den Bedingungen der französischen und italienischen Verhältnisse ebenso wie die der parlamentarischen Opposition abträglichen Praktiken einiger anderer Vielparteienkoalitionen etwa durch die konsequente Einführung des Mehrheitswahlrechtes oder durch Änderungen in der Struktur des Vertrauens- und Mißtrauensvotums geändert werden könnten? Ein solcher Zusammenhang zwischen dem Wahlsystem und der Praxis des Vertrauensvotums und dem Abklingen der parlamentarischen Opposition ist kaum anzunehmen. Es mag lohnender erscheinen, sich mit dem Verhältnis der Grundlagen der kontinentaleuropäischen Parteiensysteme zu der sozialen Realität unserer Tage zu befassen. Die kontinentaleuropäischen Parteien sind die Überbleibsel der weltanschaulichen Bewegungen des 19. Jahrhunderts. Sie sind denn auch an dem Punkt steckengeblieben, wo die verebbende Energie dieser Bewegungen sie gerade abgesetzt hatte. Die gewaltigeren und gewaltsameren Eruptionen des 20. Jahrhunderts sind weiter vorgedrungen; aber im Prozesse ihres Zurückfließens haben sie mehr zur Versteinerung als zur Belebung der bestehenden Parteiensysteme beigetragen. Rationalisierungsversuche in der Nachkriegszeit haben zwar einige neue Variationen hervorgebracht, ohne aber die grundlegende Erbmasse dieser auf sozialen Klassen, Ständen und religiösen oder antireligiösen Interessen beruhenden Parteien zu verändern. Wie verhalten sich nun diese Parteigebilde zu den hauptsächlichsten Veränderungen unserer Zeit? Das wichtigste Ereignis vom Standpunkt der politischen Dynamik scheint das Aufkommen einer ganz neuen Mittelschicht, bestehend aus gelernten Arbeitern und den mittleren Schichten der Angestellten und der Beamtenschaft zu sein, die alle mit leidlich gesicherter Existenz, aber ohne wirtschaftliche Selbständigkeit und Verfügungsgewalt arbeiten. Die Gleichheit ihrer ökonomischen und sozialpsychologischen Lage gewinnt dabei das Übergewicht über früher geläufige traditionelle Unterschiede. Ihre Konsumentenerwartungen, die alle auf fortwährende Verbesserung des Lebensstandards gerichtet sind, wie auch die Forderungen, die sie an den Staat richten, von dem sie eine ausreichende Vorsorge sowohl gegen Gesellschafts- als auch Einzelrisiken verlangen, decken sich weitgehend. Gleichzeitig vermindert sich die Kluft, die sie von den besser Situierten des alten Mittelstandes,

dem Mittelbauern und dem Inhaber handwerklicher Mittelbe-
triebe, beide mit genug Kapital und Kreditmöglichkeiten, um
technologische Neuerungen einzuführen, trennt. Die technologische Revolution ändert die Bewußtseinsinhalte dieser von Hause
aus konservativen Gruppe. In dem Grade, in dem sie sich stärker
ihrer Abhängigkeit von dem Gesamtgesellschaftsprozeß bewußt
werden, erheben sie dieselben Ansprüche auf ausreichende öffentlich garantierte Sozialversorgung wie die Angehörigen des
neuen Mittelstandes. Dabei erscheint dann das Verhältnis dieser
beiden Gruppen untereinander mehr im Licht eines Prioritäts-
wettbewerbs über im Grunde gleichartige Forderungen denn als
ein Kampf für unvereinbare Programmpunkte. Da alle parlamentarischen Parteien den Meinungen und Ansprüchen dieser vom
Wahlstandpunkt aus strategisch wichtigen Gruppen verpflichtet
sind, kann man sagen, daß der Rückgang der sozialen Polarisie-
rung auch einen entsprechenden Rückgang der politischen Polari-
sierung zur Folge gehabt hat. [...] Insoweit stehen wir einem etwas
trägen System des Parteienwettbewerbs gegenüber. In vielen Fällen wird der zwischenparteiliche Wettbewerb durch den innerparteilichen Wettbewerb, den Versuch aller in einer Partei vertretenen Interessengruppen, die Partei maximal auf die Wahrnehmung
ihrer Interessen zu verpflichten, überschattet. In einem Doppel-
sinn wird die parlamentarische Partei zu einem Faktor des Ausgleichs. Zur Grundlegung ihres politischen Machtanspruchs muß
sie danach trachten, die Begehren verschiedener sozialer und wirtschaftlicher Interessengruppen in ihren eigenen Rängen zu harmo-
nisieren, um sodann im Wettstreit um die politische Macht mit
anderen Parteien den Ausgleich der verschiedenen politischen
Interessen zu bewerkstelligen (.).

[...]
[1957]

V. Ressourcen

Einleitung

Politisches Handeln ist angewiesen auf Ressourcen, auf Mittel und Wege, Formen und Institutionen, in und mit denen politische Zwecke verfolgt und realisiert werden können. Zu den Ressourcen der Politik sind die politische Propaganda und der Einsatz von Mythen ebenso zu rechnen wie politische Institutionen, etwa die Verfassungsorgane, in denen sich der politische Alltag abspielt. Zu den politischen Ressourcen ist aber auch all das zu rechnen, was gewöhnlich unter die Abstrakta Macht und Gewalt subsumiert wird, Prestige und Autorität ebenso wie die Befehlsgewalt über Polizei und Militär. Neben der Beschreibung dieser Ressourcen, der Analyse ihrer spezifischen Eignung für bestimmte Zwecke und ihres Versagens, auch der ethischen Dimension, die unter Umständen mit dem Rückgriff auf sie verbunden ist, hat sich das politische Denken im 20. Jahrhundert um Präzisierung der Begriffe und Bezeichnungen für diese Ressourcen bemüht, sei es nun zum Zwecke politischer Aufklärung, also in eher kritischer Absicht, oder sei es mit dem Ziel der Optimierung ihrer Anwendung, also eher affirmativ. Was ist Herrschaft? Was ist Macht? Was ist Legitimität?

So hat Arnold Gehlen zu zeigen versucht, daß die für die Entstehung von Institutionen ausschlaggebenden Gründe zumeist nicht mit denen für ihre Erhaltung identisch sind. Institutionen, so Gehlens vieldiskutierte These, entwickeln eine Eigengesetzlichkeit, in deren Folge sie nicht länger auf ihnen vorgeordnete Normen rückbezogen und durch sie kontrolliert werden können, sondern unter Abstreifung ihres ursprünglichen instrumentellen Charakters selbst zu Normquellen avancieren und verpflichtende Kraft gewinnen. Gehlen polemisiert gegen alle Versuche von Normbegründung, die nicht zugleich die Möglichkeit institutionalisierter Normdurchsetzung mitbedenken: Soziale wie politische Relevanz haben Normen nur im Zusammenhang mit Institutionen. Demgegenüber hat Max Weber *Herrschaft auf die ihr jeweils zugrundeliegende Legitimität analysiert: Die Typen der Herrschaft, von denen Weber spricht (charismatische, traditionelle und rational-bürokratische Herrschaft), unterscheiden sich gemäß der Legitimität, auf der sie beruhen. In dem hier ausgewählten Text differenziert Weber zwischen einer auf persönlicher Autorität beruhenden Herrschaft, die ebenso gespeist werden kann aus der Tradition, in der die Herrschenden stehen, wie aus dem ihnen zukommenden persönlichen Charisma, und einer Herrschaft, die auf Regeln beruht, also sich durch ihre Rationalität und deren bürokratisch-administrative Umsetzung rechtfertigt. Konkret analysiert hat Weber hier die sozio-ökonomischen und politischen Voraussetzungen der Honoratiorenverwaltung als einer unmittelbar demokratischen Verwaltung: Qualifikationsgleichheit und Minimalisierung der Befehlsgewalt sind die Charakteristika dieser Verwaltung.* – Eine andere Form von *Herrschaft hat* Herbert Marcuse *untersucht, als er die Entwicklung der Konsumbedürfnisse in den westlichen Industriegesellschaften als ein Moment der Festigung von Herrschaft begriff. Dabei unterscheidet er zwischen »wahren« und »falschen« Bedürfnissen, wobei er die falschen Bedürfnisse dadurch charakterisiert, daß sie von partikularen Gewalten zum Zwecke der Perpetuierung ihrer Herrschaft geschaffen und den Menschen mit Hilfe der Medien als ihre Bedürfnisse suggeriert werden. Die Befriedigung dieser Bedürfnisse führt zu einer, wie Marcuse sagt, »Euphorie im Unglück«, während wahres Glück, das aus der Befriedigung des Bedürfnisses nach Freiheit erwächst, versagt bleibt. Bei dem fortgeschrittenen Stand der Entfaltung der Produktivkräfte in den westlichen Industriegesellschaften, so Marcuses These, wäre repressive Herrschaft objektiv abschaffbar; sie wird erhalten durch die Schaffung stets neuer Bedürfnisse, zu deren Befriedigung Herrschaft vonnöten ist.*

Eine Tabuisierung des Machtbegriffs glaubt Arnold Gehlen *in allen Wohlstandsgesellschaften feststellen zu können; mit der Tabuisierung des Begriffs sei freilich Macht der Sache nach nicht verschwunden. Gleichsam komplementär zu Marcuses Analyse von Herrschaft beschreibt Gehlen, wie die Forderung nach Macht- und Gewaltlosigkeit selbst zu einer Form der Machtausübung wird.* Hannah Arendt *hat diese Unterscheidung zwischen Macht und Ge-*

walt, wie sie in der internationalen Politik entwickelt worden war, weiter ausgeführt und sie von der äußeren auf die innere Politik übertragen, als sie Macht als dem Wesen aller staatlich verfaßten Gemeinwesen zugehörig erklärte, nicht jedoch Gewalt. Gewalt nämlich sei stets instrumentell, Macht dagegen sei Selbstzweck, und sie erwachse aus der freiwilligen Zustimmung aller oder doch vieler zu einer Person, einem Programm oder einer Politik. Erst wenn solche Macht schwinde, müsse zur Gewalt Zuflucht genommen werden. Dagegen hat Georges Sorel *entschieden die Gewalt vertei- digt – und zwar gegen die Vorstellung von einer wesentlich gewalt- losen Veränderung der Gesellschaft. Dabei wird in seiner Apologie der Gewalt die rein instrumentelle Dimension, die Hannah Arendt betont, ergänzt durch eine symbolische Dimension, in der die Ge- waltbereitschaft zum Zeichen der Ernsthaftigkeit von Gesellschafts- veränderung wird. Diese symbolische Dimension steht jedoch in der Gefahr, und die ist gerade bei Sorel manifest, umzuschlagen in eine Ästhetisierung der Gewalt.*

Was, so fragt Sigmund Freud, *hält künstliche Massen, wie etwa ein Heer, zusammen und verhindert, daß sie sich binnen kurzem in ihre Bestandteile auflösen? Zur Beantwortung dieser Frage verweist Freud auf die libidinösen Strukturen, wie sie etwa in der Vorstellung enthalten sind, an der Spitze des Heeres stehe einer, der für alle sorge und auf ihr Bestes bedacht sei. Solange diese Vorstellung wirksam ist, so Freud, bleibt das Heer zusammen und funktionsfähig. Wo sie schwindet, zerfällt das Heer, und dieser Zerfallsprozeß kann sich zur Panik steigern, wenn die eine künstliche Masse zusammenhal- tenden Bindungen schlagartig, wie etwa beim Tode des Heerführers, zum Verschwinden gebracht werden. Die Bedeutung von Mythen in der Politik hat* Georges Sorel *skizziert, indem er sie als eine Ord- nung von Bildern beschrieb, die ermutigen und die edelsten Gesin- nungen (Sorel denkt dabei insbesondere an die Opferbereitschaft) bei den Menschen wecken. So brächten die politischen Mythen eines Volkes, einer Klasse oder einer Partei deren kräftigste Tendenzen zum Ausdruck. – Energisch hat* Ernst Bloch *der Vorstellung wider- sprochen, Wahrheit und Propaganda schlössen einander aus; statt dessen verlangt er, daß die Wahrheit mit den Mitteln der Propa- ganda zum Sieg gebracht werde.*

Weiterführende Literatur

Michael Th. Greven (Hrsg.), Macht in der Demokratie. Denkanstöße zur Wiederbelebung einer klassischen Frage in der zeitgenössischen politischen Theorie, Baden-Baden 1991 (Nomos)

Peter Kemper (Hrsg.), Macht des Mythos – Ohnmacht der Vernunft?, Frankfurt/M. 1989 (Fischer-Taschenbuch)

Norbert Leser (Hrsg.), Macht und Gewalt in der Politik und Literatur des 20. Jahrhunderts, Wien u. a. 1985 (Böhlau)

Herfried Münkler/Wolfgang Storch, Siegfrieden. Politik mit einem deutschen Mythos, Berlin 1988 (Rotbuch-Verlag)

Heinrich Popitz, Phänome der Macht. Autorität – Herrschaft – Gewalt – Technik, Tübingen 1986 (Mohr – Siebeck)

Dolf Sternberger, Grund und Abgrund der Macht. Über Legitimität von Regierungen, Frankfurt/M. 1986 (Insel-Verlag)

Institutionalisierungen

ARNOLD GEHLEN
[Institutionen und Normen]

[...]

Der Vorgang der Arbeitsteilung hat eine rationale äußere Zweckmäßigkeit, die sich einfach in dem Mehr an Produktion ausweist. Diese erklärt jedoch nicht das Entstehen dieses Vorganges, sondern nur die Unmöglichkeit, ihn wieder zurückzudrehen: die Entstehungsgründe einer Institution sind in der Regel sehr andere als diejenigen, warum man sie konserviert.

Die inneren, anthropologischen Motive, aus denen es zur Arbeitsteilung kommt, sind von ihrer Funktion zu unterscheiden, die sich als zweckmäßig herausstellen und aufgegriffen werden kann, wie auch Piddington (An Introduction to Social Anthropology, 1950, p. 239) vorschlägt. Hier begegnen wir wieder der Trennung von Motiv und Zweck, es ist dies eine für die gesamte Kulturtheorie deswegen grundlegende Unterscheidung, weil wir uns heute die Entstehung von Institutionen kaum anders vorstellen können, denn als rationale Vereinbarungen. Dieser Gesichtspunkt versagt aber bei jenen elementaren Institutionen, wie der Arbeitsteilung, die deshalb rätselhaft bleiben.

Anthropologisch erklärend sind die bisher beschriebenen Figuren, die wir nur aus Gründen der Deutlichkeit auseinanderziehen: das Umschlagen der Arbeit in eine eigenwertgesättigte Gewohnheitsbildung, der dann mögliche Zufluß neuer, vom Gegenstand selbst oder von der gesellschaftlichen Erfahrung angeregter Motive, die der Arbeitende übernimmt und investiert, und die Wegentwicklung dieses Verhaltens von unmittelbar nächsten Bedürfnissen. Jetzt können an diese Tätigkeit die Interessen Anderer anknüpfen, und der Arbeitende bedient diese Interessen, ein Vorgang, der in Gegenseitigkeit voraussetzt, daß die Anderen die seinen bedienen.

Das so im Kreise entstehende Produktions- und Verteilungsgefüge verselbständigt sich nun auch objektiv, als ein Prozeß, in den die Einzelnen eintreten und aus dem sie wegsterben, und es verselbständigt sich subjektiv, im Bewußtsein der Beteiligten vom Bestehen einer geltenden Ordnung. So sagt der Bauer mit einem Blick auf die Felder: die Arbeit muß getan werden. Auf die Frage »warum eigentlich?« wüßte er mit Recht keine Antwort – das ist selbstverständlich im Sinne von verselbständigt. Wenn er sagte: die Menschen müssen zu essen haben, so beschriebe er die Funktion des Gefüges, aber nicht sein eigenes Motiv. Die Gewohnheit liefert ihren eigenen Antrieb. Vielleicht antwortet er auch mit einer Theorie, z. B. der vom größten Glück der größten Zahl, die aber niemals das leisten würde, ihn zum Arbeiten zu veranlassen. [...]

Wir sagten oben, daß keineswegs alle Institutionen einem rationalen, zweckbewußten Handeln ihre Entstehung verdanken, obgleich sie Zwecke adoptieren können. Regierungssysteme werden zwar heute sehr bewußt unter Einrechnung gemachter Erfahrungen konstruiert. Andererseits ist es ein Fehler, wenn man Institutionen, die früher einmal als Interessenverbände mit klar definierten, rationalen Absichten gegründet wurden, dauernd unter demselben ausschließlichen Gesichtspunkt ansieht. Infolge ihres Umschlagens in die Eigengesetzlichkeit und Eigenwertsättigung kann der ursprüngliche Zweck längst zur Randbedingung geworden sein, das System sich für ganz neue Motivreihen geöffnet haben. Dies gilt für viele Verbände z. B. infolge der ihnen inzwischen zugewachsenen Größe, der akkumulierten Sachkontakte und des wachsenden Grades ihrer Kontrolle über die Zugehörigen, ihrer »Machtdichte« (B. Russell) – so beim Staate selbst, dem die unglaubliche Vielheit der entwickelten Folgefunktionen sich längst als Bedingung seines eigenen Daseins unter die Füße geschoben hat. Die Frage nach dem Zweck oder »Wesen« des Staates ist daher nur noch ideologisch zu beantworten.

Wir sprachen oben davon, daß man die Verhaltensweisen und Interessen der Menschen zum großen Teil aus der Eigengesetzlichkeit der Institutionen ableiten muß, in denen sie verfaßt sind. Diese je ganz konkreten Einstellungen, Gesinnungen, Handlungs- arten und Sachbereiche werden jeweils von innen und außen her als verpflichtend erlebt, und dies ist eine Funktion der Institution selbst. Wichtig ist hier der Grenzfall, daß sogar die *Primärbedürf- nisse* in den Dienst derselben treten: Man ißt und trinkt, schläft, und sorgt für seine Gesundheit, *um* in einem bestimmten Sinne handlungsfähig zu bleiben. Die Trennung von Motiv und Zweck geht dann so weit, daß der primäre Zweck (die Bedürfnisbefriedi- gung erster Hand) selbst zu einem der Mittel wird, deren sich das Handeln bedient, das am Dasein und an der Dauer der Institution sein Motiv findet.

[...]

Unsere Überlegungen und Handlungen verlaufen sehr oft teleo- logisch, d. h. nach Gesichtspunkten der Zweckmäßigkeit, aber solcher Zwecke, wie sie sich aus den Ordnungsgesetzen der Insti- tutionen ergeben, in denen wir tätig sind. Sie gehen in erster Linie dahin, wie man »richtige« Sachverhalte innerhalb dieser vorgege- benen Ordnungsgefüge arrangieren kann. Die Zweckmäßigkeit unseres Handelns (auch für uns selbst) ist daher, auf die Länge gesehen, identisch mit seiner Sachlichkeit. Unter den modernen komplizierten Kulturbedingungen kann sich dann eine Einstellung zur »Sachhingabe überhaupt« formalisieren, ein im Grenzfalle kompetenzfreies Sichverantwortlichfühlen, und so ist die Behaup- tung Rathenaus zu verstehen (Zur Kritik der Zeit, 1912, p. 77), daß die Verantwortung die Mechanisierungsform der Pflicht und schlechtweg als die ethische Kategorie der Mechanisierung anzu- sehen sei. Die zahlreichen Institutionen, unter die wir subsumiert sind, die sich von den ursprünglichen Motiven längst abgelöst ha- ben und nun kraft ihres Selbstzweck-Umschlagens eine verpflich- tende Autorität geltend machen, sind kaum aufzuzählen. Ein Briefwechsel, den jemand mit verschiedenen Personen unterhält, ist schon eine solche Institution. Die Briefe stehen nach verschie- denen Kriterien der Dringlichkeit zur Beantwortung an, und bei zu langem Zögern hat man ein »schlechtes Gewissen«.

Die Norm ist also nichts, was den Sachen sekundär zuwüchse, es gibt unter den verschiedenen Normquellen eine, welche in dem An- spruch besteht, den die von der Gesellschaft sanktionierten Sachlichkeitsaspekte der Dinge uns gegenüber vertreten. Der Eigensinn der Realität oktroyiert uns Sollformen des Umgangs mit ihnen, und die Interessen und Bedürfnisse der Anderen setzen sich hinter diesen Eigensinn. Natürlich gibt es noch andere Normenquellen: so kommen zwischen den Menschen selbst und untereinander Verhaltensweisen zur Erscheinung, die ethisch gebilligt oder mißbilligt werden. [...] Aber auch diese Normen müssen aus dem *direkten* Umgang mit der Wirklichkeit entwickelt werden, um sie transzendieren zu können. Es ist unmöglich, aus der bloßen Vorstellung oder Propaganda von »Werten« das Verhalten einer Gesellschaft zu ändern, man muß die Institutionen dazuliefern. Wenn Normen als geltende abgehoben und ausgesagt werden sollen, müssen die Menschen auf breiten Flächen unmittelbar in dauernder gegenseitiger Einwirkung stehen. Die moderne massenmäßige und verkehrsbezogene Kultur minimisiert dieses dauernde Miteinanderleben, aber sie entwickelt in erstaunlicher Weise eine Moral der mechanisierten Verantwortung, der Unterordnung unter die Sachansprüche, deren Beherrschung, Kontrolle und Übersicht zugleich ein Sichfügen unter die verschiedensten Normen bedeutet, die gleich ursprünglich mit jenen Sachansprüchen zur Kenntnis kommen.

Der moderne Mensch lebt im Schnittpunkt sehr zahlreicher Institutionen, die dem Einzelnen gegenüber die beschriebene Selbstzweckautorität geltend machen und diese Einzelnen über die Sachlagen hinweg in Beziehung setzen. Mit dem Begriff »Selbstzweck« soll natürlich nicht gesagt sein, daß diese verselbständigten Ordnungsgefüge des Berufes, Verkehrs, der Familie, des Staates usw. im strengen Sinne »letzte« Normen und Handlungsziele anweisen. Das habitualisierte Handeln in ihnen hat vielmehr die rein tatsächliche Wirkung, *die Sinnfrage zu suspendieren*. Wer die Sinnfrage aufwirft, hat sich entweder verlaufen, oder er drückt bewußt oder unbewußt ein Bedürfnis nach anderen als den vorhandenen Institutionen aus. Die »Kulturkritik« verfährt meist nur als locker rationalisierter Ausdruck subjektiven Unbehagens. Wird aber die Frage nach Institutionen höchsten Ranges, also nach letzten Normensystemen aufgeworfen, so kündigen sich sehr dramatische Auseinandersetzungen an.

[...]
[1964]

[Herrschaft, Verwaltung, Legitimität]

»Herrschaft« interessiert uns hier in erster Linie, sofern sie mit »Verwaltung« verbunden ist. Jede Herrschaft äußert sich und funktioniert als Verwaltung. Jede Verwaltung bedarf irgendwie der Herrschaft, denn immer müssen zu ihrer Führung irgendwelche Befehlsgewalten in irgend jemandes Hand gelegt sein. Die Befehlsgewalt kann dabei sehr unscheinbar auftreten und der Herr als »Diener« der Beherrschten gelten und sich fühlen. Dies ist am meisten bei der sog. »*unmittelbar demokratischen Verwaltung*« der Fall. »Demokratisch« heißt sie aus zwei nicht notwendig zusammenfallenden Gründen, nämlich 1. weil sie auf der Voraussetzung prinzipiell gleicher Qualifikationen Aller zur Führung der gemeinsamen Geschäfte beruht, 2. weil sie den Umfang der Befehlsgewalt minimisiert. Die Verwaltungsfunktionen werden entweder einfach im Turnus übernommen oder durch das Los oder durch direkte Wahl auf kurze Amtsfristen übertragen, alle oder doch alle wichtigen materiellen Entscheidungen dem Beschluß der Genossen vorbehalten, den Funktionären nur Vorbereitung und Ausführung der Beschlüsse und die sog. »laufende Geschäftsführung« gemäß den Anordnungen der Genossenversammlung überlassen. Die Verwaltung vieler privater Vereine ebenso wie diejenige politischer Gemeinden (in gewissem Maße noch jetzt, wenigstens dem Prinzip nach, der Schweizer Landesgemeinden und der townships der Vereinigten Staaten), unserer Universitäten (soweit sie in der Hand des Rektors und der Dekane liegt) und zahlreicher ähnlicher Gebilde folgt diesem Schema. Wie bescheiden aber immer die Verwaltungskompetenz bemessen sei, irgendwelche Befehlsgewalten müssen irgendeinem Funktionär übertragen werden, und daher befindet sich seine Lage naturgemäß stets im Gleiten von der bloßen dienenden Geschäftsführung zu einer ausgeprägten Herrenstellung. Eben gegen die Entwicklung einer solchen richten sich ja die »demokratischen« Schranken seiner Bestellung. Auf »Gleichheit« und »Minimisierung« der Herrschaftsgewalt der Funktionäre halten aber sehr oft auch aristokratische Gremien *inner*halb und gegenüber den Mitgliedern der eigenen herrschenden Schicht: so die venezianische Aristokratie ebenso wie die spartanische oder wie diejenige der Ordinarien einer deutschen Universität, und wenden dann die gleichen »demokratischen« Formen (Turnus, kurzfristige Wahl, Los) an.

Diese Art der Verwaltung findet ihre normale Stätte in Verbänden, welche 1. lokal oder 2. der Zahl der Teilhaber nach eng begrenzt, ferner 3. der sozialen Lage der Teilhaber nach wenig differenziert sind, und sie setzt ferner 4. relativ einfache und stabile Aufgaben und 5. trotzdem ein nicht ganz geringes Maß an Entwicklung von Schulung in der sachlichen Abwägung von Mitteln und Zwecken voraus. (So die unmittelbar demokratische Verwaltung in der Schweiz und in den Vereinigten Staaten und *innerhalb* des altgewohnten Umkreises der Verwaltungsgeschäfte auch des russischen »Mir«.) Sie gilt also auch für uns hier nicht etwa als typischer historischer Ausgangspunkt einer »Entwicklungsreihe«, sondern lediglich als ein typologischer Grenzfall, von dem wir hier bei der Betrachtung ausgegangen sind. Weder der Turnus noch das Los noch eine eigentliche Wahl im modernen Sinn sind »primitive« Formen der Bestellung von Funktionären einer Gemeinschaft.

Überall, wo sie besteht, ist die unmittelbar demokratische Verwaltung labil. Entsteht ökonomische Differenzierung, so zugleich die Chance: daß die Besitzenden als solche die Verwaltungsfunktionen in die Hände bekommen. Nicht weil sie notwendig durch persönliche Qualitäten oder umfassendere Sachkenntnis überlegen wären. Sondern einfach, weil sie »abkömmlich« sind: die nötige Muße beschaffen können, die Verwaltung nebenamtlich, und weil sie ökonomisch in der Lage sind, sie billig oder ganz unentgeltlich zu erledigen. Während den zur Berufsarbeit Gezwungenen Opfer an Zeit, und das bedeutet für sie: an Erwerbschancen, zugemutet werden, welche mit zunehmender Arbeitsintensität ihnen zunehmend unerträglich werden. Daher ist auch nicht das hohe Einkommen rein als solches, sondern speziell das arbeitslose oder durch intermittierende Arbeit erworbene Einkommen Träger jener Überlegenheit. Eine Schicht moderner Fabrikanten z. B. ist unter sonst gleichen Umständen rein ökonomisch weit weniger abkömmlich und also weniger in der Lage zur Übernahme von Verwaltungsfunktionen als etwa eine Gutsbesitzerklasse oder eine mittelalterliche patrizische Großhändlerschicht mit ihrer in beiden Fällen immerhin nur intermittierenden Inanspruchnahme für den Erwerb. Ebenso wie z. B. an den Universitäten die Leiter der großen medizinischen und naturwissenschaftlichen Institute trotz ihrer Geschäftserfahrung nicht die am besten, sondern meist die am schlechtesten an ihre Aufgabe angepaßten, weil anderweit geschäftlich gebundenen, Rektoren sind. Je unabkömmlicher der in der Erwerbsarbeit Stehende wird, desto mehr hat bei sozialer Differenzierung die unmittelbar demokratische Verwaltung die Tendenz, in eine Herrschaft der »*Honoratioren*« hinüberzuleiten. Wir haben den Begriff der »Honoratioren« bereits früher, als des Trägers einer spezifischen sozialen Ehre, die an der Art der Lebensführung haftet, kennen gelernt (.). Hier tritt nun ein unentbehrliches, aber durchaus anderes normales Merkmal des Honoratiorentums hinzu: die aus der ökonomischen Lage folgende Qualifikation zur Wahrnehmung von sozialer Verwaltung und Herrschaft als »Ehrenpflicht«. Unter »*Honoratioren*« wollen wir hier vorläufig allgemein verstehen: die Besitzer von (relativ) arbeitslosem oder doch so geartetem Einkommen, daß sie zur Übernahme von Verwaltungsfunktionen neben ihrer (etwaigen) beruflichen Tätigkeit befähigt sind, sofern sie zugleich – wie dies insbesondere aller Bezug arbeitslosen Einkommens von jeher mit sich gebracht hat – kraft dieser ihrer ökonomischen Lage eine Lebensführung haben, welche ihnen das soziale »Prestige« einer »ständischen Ehre« einträgt und dadurch sie zur Herrschaft beruft. Diese Honoratiorenherrschaft entwickelt sich besonders oft in der Form des Entstehens vorberatender Gremien, welche die Beschlüsse der Genossen vorwegnehmen oder tatsächlich ausschalten und von den Honoratioren für sich, kraft ihres Prestiges, monopolisiert werden. Speziell in dieser Form ist die Entwicklung der Honoratiorenherrschaft innerhalb lokaler Gemeinschaften, also insbesondere eines Nachbarschaftsverbandes, uralt. Nur daß die Honoratioren der Frühzeit zunächst einen völlig anderen Charakter haben als die der heutigen rationalisierten »unmittelbaren Demokratie«. Träger der Honoratiorenqualität ist nämlich ursprünglich das *Alter*. Abgesehen von dem Prestige der Erfahrung sind die »Ältesten« auch an sich unvermeidlich die »natürlichen« Honoratioren in allen, ihr Gemeinschaftshandeln ausschließlich an »Tradition«, also: Konvention, Gewohnheitsrecht und heiligem Recht orientierenden Gemeinschaften. Denn sie kennen die Tradition; ihr Gutachten, Weistum, vorheriges Placet (προβούλευμα), oder ihre nachträgliche Ratifikation (auctoritas) garantiert die Korrektheit der Beschlüsse der Genossen gegenüber den überirdischen Mächten und ist der wirksamste Schiedsspruch in Streitfällen. Die »Ältesten« sind bei annähernder Gleichheit der ökonomischen Lage der Genossen einfach die an Jahren Ältesten, meist der einzelnen Hausgemeinschaften, Sippen, Nachbarschaften.

Das relative Prestige des Alters als solchen innerhalb einer Gemeinschaft wechselt stark. Wo der Nahrungsspielraum sehr knapp ist, pflegt der nicht mehr physisch Arbeitsfähige lediglich lästig zu fallen. Wo der Kriegszustand chronisch ist, sinkt im allgemeinen die Bedeutung des Alters gegenüber den Wehrfähigen und entwickelt sich oft eine »demokratische« Parole der Jungmannschaft gegen dessen Prestige (»sexagenarios de ponte«). Ebenso in allen Zeiten ökonomischer oder politischer, kriegerisch oder friedlich revolutionärer Neuordnung und da, wo die praktische Macht der religiösen Vorstellung und also die Scheu vor der Heiligkeit der Tradition nicht stark entwickelt oder im Verfall ist. Seine Schätzung erhält sich, wo immer der objektive Nutzwert der Erfahrung oder die subjektive Macht der Tradition hoch steht. Die Depossedierung des Alters als solchen erfolgt aber regelmäßig nicht zugunsten der Jugend, sondern zugunsten anderer Arten sozialen Prestiges. Bei ökonomischer oder ständischer Differenzierung pflegen die »Ältestenräte« (Gerusien, Senate) nur in dem Namen ihren Ursprung dauernd kenntlich zu erhalten, der Sache nach aber durch die »Honoratioren« im vorhin erörterten Sinn – [der] »ökonomischen« Honoratioren – oder von durch »ständische« Ehre Privilegierten okkupiert zu werden, deren Macht letztlich immer irgendwie auch auf Maß oder Art des Besitzes mitberuht. Demgegenüber kann, bei gegebener Gelegenheit, die Parole der Gewinnung oder Erhaltung »demokratischer« Verwaltung für die Besitzlosen oder auch für ökonomisch machtvolle, aber von der sozialen Ehre ausgeschlossene Gruppen von Besitzenden zum Mittel des Kampfes gegen die Honoratioren werden. Dann aber wird sie, da die Honoratioren ihrerseits sich vermöge ihres ständischen Prestiges und der von ihnen ökonomisch Abhängigen eine »Schutztruppe« von Besitzlosen zu schaffen in der Lage sind, eine *Partei*angelegenheit. Mit dem Auftauchen des Machtkampfes von Parteien büßt jedoch die »unmittelbar verwaltende Demokratie« ihren spezifischen, die »Herrschaft« nur im Keim enthaltenden Charakter notwendig ein. Denn jede eigentliche Partei ist ein um *Herrschaft* im spezifischen Sinn kämpfendes Gebilde und daher mit der – wenn auch noch so verhüllten – Tendenz behaftet, sich ihrerseits in ihrer Struktur ausgeprägt herrschaftlich zu gliedern.

Etwas ähnliches wie bei dieser sozialen Entfremdung der, im Grenzfall der »reinen« Demokratie, eine Einheit von wesentlich gleichartigen Existenzen bildenden Genossen gegeneinander tritt ein, wenn das soziale Gebilde *quanti*tativ ein gewisses Maß überschreitet, oder wenn die *quali*tative Differenzierung der Verwaltungsaufgaben deren die Genossen befriedigende Erledigung durch jeden Beliebigen von ihnen, den der Turnus, das Los oder die Wahl gerade trifft, erschwert. Die Bedingungen der Verwaltung von Massengebilden sind radikal andere als diejenigen kleiner, auf nachbarschaftlicher oder persönlicher Beziehung ruhender Verbände. Insbesondere wechselt der Begriff der »Demokratie«, wo es sich um Massenverwaltung handelt, derart seinen soziologischen Sinn, daß es widersinnig ist, hinter jenem Sammelnamen Gleichartiges zu suchen. Die quantitative und ebenso die qualitative Entfaltung der Verwaltungsaufgaben begünstigt, weil nun in zunehmend fühlbarer Weise Einschulung und Erfahrung eine technische Überlegenheit in der Geschäftserledigung begründen, auf die Dauer unweigerlich die mindestens faktische Kontinuität mindestens eines Teils der Funktionäre. Es besteht daher stets die Wahrscheinlichkeit, daß ein besonderes perennierendes soziales Gebilde für die Zwecke der Verwaltung, und das heißt zugleich: für die Ausübung der Herrschaft, entsteht. Dies Gebilde kann, in der schon erwähnten Art, honoratiorenmäßig »kollegialer«, oder es kann »monokratischer«, alle Funktionäre hierarchisch einer einheitlichen Spitze unterordnender Struktur sein.

[...]

Die beherrschende Stellung des jenem Herrschaftsgebilde zugehörigen Personenkreises gegenüber den beherrschten »Massen«

ruht in ihrem Bestande auf dem neuerdings sog. »Vorteil der kleinen Zahl«, d. h. auf der für die herrschende Minderheit bestehenden Möglichkeit, sich besonders schnell zu verständigen und jederzeit ein der Erhaltung ihrer Machtstellung dienendes, rational geordnetes Gesellschaftshandeln ins Leben zu rufen und planvoll zu leiten, durch welches ein sie bedrohendes Massen- oder Gemeinschaftshandeln solange mühelos niedergeschlagen werden kann, als nicht die Widerstrebenden sich gleich wirksame Vorkehrungen zur planvollen Leitung eines auf eigene Gewinnung der Herrschaft gerichteten Gesellschaftshandelns geschaffen haben. Der »Vorteil der kleinen Zahl« kommt voll zur Geltung durch *Geheim*haltung der Absichten, gefaßten Beschlüsse und Kenntnisse der Herrschenden, welche mit jeder Vergrößerung der Zahl schwieriger und unwahrscheinlicher wird. Jede Steigerung der Pflicht des »Amtsgeheimnisses« ist ein Symptom entweder für die Absicht der Herrschenden, die Herrengewalt straffer anzuziehen, oder für ihren Glauben an deren wachsende Bedrohtheit. Jede auf Kontinuierlichkeit eingerichtete Herrschaft ist an irgendeinem entscheidenden Punkt *Geheimherrschaft.* Die durch Vergesellschaftung hergestellten spezifischen Vorkehrungen der Herrschaft aber bestehen, allgemein gesprochen, darin: daß ein an Gehorsam gegenüber den Befehlen von *Führern* gewöhnter, durch Beteiligung an der Herrschaft und deren Vorteilen an ihrem Bestehen persönlich *mit interessierter* Kreis von Personen sich dauernd zur Verfügung hält und sich in die Ausübung derjenigen Befehls- und Zwangsgewalten teilt, welche der Erhaltung der Herrschaft dienen (»Organisation«). Den oder die Führer, welche die von ihnen beanspruchte und tatsächlich ausgeübte Befehlsgewalt *nicht* von einer Übertragung durch andere Führer ableiten, wollen wir »Herren« nennen, die in der erwähnten Art zu ihrer speziellen Verfügung sich stellenden Personen deren »Apparat«. Die *Struktur* einer Herrschaft empfängt nun ihren soziologischen Charakter zunächst durch die allgemeine Eigenart der Beziehung des oder der Herren zu dem Apparat und beider zu den Beherrschten und weiterhin durch die ihr spezifischen Prinzipien der »Organisation«, d. h. der Verteilung der Befehlsgewalten. Außerdem aber durch eine Fülle der allerverschiedensten Momente, aus denen sich die mannigfachsten soziologischen Einteilungsprinzipien der Herrschaftsformen gewinnen lassen. Für unsere begrenzten Zwecke hier gehen wir aber auf diejenigen Grundtypen der Herrschaft zurück, die sich ergeben, wenn man fragt: auf welche letzten Prinzipien die »*Geltung*« einer Herrschaft, d. h. der Anspruch auf Gehorsam der »Beamten« gegenüber dem Herrn und der Beherrschten gegenüber beiden, gestützt werden kann?

Es ist uns dies Problem der »Legitimität« schon bei Betrachtung der »Rechtsordnung« begegnet und hier in seiner Bedeutung noch etwas allgemeiner zu begründen. Daß für die Herrschaft diese Art der Begründung ihrer Legitimität nicht etwa eine Angelegenheit theoretischer oder philosophischer Spekulation ist, sondern höchst reale Unterschiede der empirischen Herrschaftsstrukturen begründet, hat seinen Grund in dem sehr allgemeinen Tatbestand des Bedürfnisses jeder Macht, ja jeder Lebenschance überhaupt, nach Selbstrechtfertigung. Die einfachste Beobachtung zeigt, daß bei beliebigen auffälligen Kontrasten des Schicksals und der Situation zweier Menschen, es sei etwa in gesundheitlicher oder in ökonomischer oder in sozialer oder welcher Hinsicht immer, möge der rein »zufällige« Entstehungsgrund des Unterschieds noch so klar zutage liegen, der günstiger Situierte das nicht rastende Bedürfnis fühlt, den zu seinen Gunsten bestehenden Kontrast als »legitim«, seine eigene Lage als von ihm »verdient« und die des anderen als von jenem irgendwie »verschuldet« ansehen zu dürfen. Dies wirkt auch in den Beziehungen zwischen den positiv und negativ privilegierten Menschengruppen. Die »Legende« jeder hochprivilegierten Gruppe ist ihre natürliche, womöglich ihre »Bluts«-Überlegenheit. In Verhältnissen stabiler Machtverteilung und, demgemäß auch, »ständischer« Ordnung, überhaupt bei geringer Rationalisierung des Denkens über die Art der Herrschaftsordnung, wie sie den Massen solange natürlich bleibt, als sie ihnen nicht durch zwingende Verhältnisse zum »Problem« gemacht wird, akzeptieren auch die negativ privilegierten Schichten jene Legende. In Zeiten, wo die reine Klassenlage nackt und unzweideutig, jedermann sichtbar, als die schicksalbestimmende Macht hervortritt, bildet dagegen gerade jene Legende der Hochprivilegierten von dem selbstverdienten Lose des Einzelnen oft eines der die negativ privilegierten Schichten am leidenschaftlichsten erbitternden Momente: in gewissen spätantiken ebenso wie in manchen mittelalterlichen und vor allem in den modernen Klassenkämpfen, wo gerade sie und das auf ihr ruhende »Legitimitäts«-Prestige der Gegenstand der stärksten und wirksamsten Angriffe ist. Der Bestand jeder »Herrschaft« in unserem technischen Sinn des Wortes ist selbstverständlich in der denkbar stärksten Art auf die Selbstrechtfertigung durch den Appell an Prinzipien ihrer Legitimation hingewiesen. Solcher letzter Prinzipien gibt es drei: Die »Geltung« einer Befehlsgewalt kann ausgedrückt sein entweder in einem System gesatzter (paktierter oder oktroyierter) *rationaler Regeln*, welche als allgemein verbindliche Normen Fügsamkeit finden, wenn der nach der Regel dazu »Berufene« sie beansprucht. Der einzelne Träger der Befehlsgewalt ist dann durch jenes System von rationalen Regeln legitimiert und seine Gewalt soweit legitim, als sie jenen Regeln entsprechend ausgeübt wird. Der Gehorsam wird den Regeln, nicht der Person geleistet. Oder sie ruht auf *persönlicher Autorität*. Diese kann ihre Grundlage in der Heiligkeit der *Tradition*, also des Gewohnten, immer so Gewesenen finden, welche gegen bestimmte Personen Gehorsam vorschreibt. Oder, gerade umgekehrt, in der Hingabe an das Außerordentliche: im Glauben an *Charisma*, das heißt an aktuelle Offenbarung oder Gnadengabe einer Person, an Heilande, Propheten und Heldentum jeglicher Art. Dem entsprechen nun die »reinen« Grundtypen der Herrschaftsstruktur, aus deren Kombination, Mischung, Angleichung und Umbildung sich die in der historischen Wirklichkeit zu findenden Formen ergeben. Das rational vergesellschaftete Gemeinschaftshandeln eines Herrschaftsgebildes findet seinen spezifischen Typus in der »Bürokratie«. Das Gemeinschaftshandeln in der Gebundenheit durch traditionelle Autoritätsverhältnisse ist im »Patriarchalismus« typisch repräsentiert. Das »charismatische« Herrschaftsgebilde ruht auf der nicht rational und nicht durch Tradition begründeten Autorität konkreter Persönlichkeiten. Wir werden auch hier von dem uns geläufigsten und rationalsten Typus ausgehen, wie ihn die moderne »bürokratische« Verwaltung darbietet.

[1911–1913]

Herbert Marcuse
[Herrschaft durch Kontrolle der Bedürfnisse]

Wir können wahre und falsche Bedürfnisse unterscheiden. »Falsch« sind diejenigen, die dem Individuum durch partikuläre gesellschaftliche Mächte, die an seiner Unterdrückung interessiert sind, auferlegt werden: diejenigen Bedürfnisse, die harte Arbeit, Aggressivität, Elend und Ungerechtigkeit verewigen. Ihre Befriedigung mag für das Individuum höchst erfreulich sein, aber dieses Glück ist kein Zustand, der aufrechterhalten und geschützt werden muß, wenn es dazu dient, die Entwicklung derjenigen Fähigkeit (seine eigene und die anderer) zu hemmen, die Krankheit des Ganzen zu erkennen und die Chancen zu ergreifen, diese Krankheit zu heilen. Das Ergebnis ist dann Euphorie im Unglück. Die meisten der herrschenden Bedürfnisse, sich im Einklang mit der Reklame zu entspannen, zu vergnügen, zu benehmen und zu konsumieren, zu hassen und zu lieben, was andere hassen und lieben, gehören in diese Kategorie falscher Bedürfnisse.

Solche Bedürfnisse haben einen gesellschaftlichen Inhalt und eine gesellschaftliche Funktion, die durch äußere Mächte determiniert sind, über die das Individuum keine Kontrolle hat; die Entwicklung und Befriedigung dieser Bedürfnisse sind heteronom. Ganz gleich, wie sehr solche Bedürfnisse zu denen des Individuums selbst geworden sind und durch seine Existenzbedingungen reproduziert und befestigt werden; ganz gleich, wie sehr es sich mit ihnen identifiziert und sich in ihrer Befriedigung wiederfindet, sie bleiben, was sie seit Anbeginn waren – Produkte einer Gesellschaft, deren herrschendes Interesse Unterdrückung erheischt.

Das Vorherrschen repressiver Bedürfnisse ist eine vollendete Tatsache, die in Unwissenheit und Niedergeschlagenheit hingenommen wird, aber eine Tatsache, die im Interesse des glücklichen Individuums sowie aller derjenigen beseitigt werden muß, deren Elend der Preis seiner Befriedigung ist. Die einzigen Bedürfnisse, die einen uneingeschränkten Anspruch auf Befriedigung haben, sind die vitalen – Nahrung, Kleidung und Wohnung auf dem erreichbaren Kulturniveau. Die Befriedigung dieser Bedürfnisse ist die Vorbedingung für die Verwirklichung *aller* Bedürfnisse, der unsublimierten wie der sublimierten.

Für jedes Bewußtsein und Gewissen, für jede Erfahrung, die das herrschende gesellschaftliche Interesse nicht als das oberste Gesetz des Denkens und Verhaltens hinnimmt, ist das eingeschliffene Universum von Bedürfnissen und Befriedigungen eine in Frage zu stellende Tatsache – im Hinblick auf Wahrheit und Falschheit. Diese Begriffe sind durch und durch historisch, auch ihre Objektivität ist historisch. Das Urteil über Bedürfnisse und ihre Befriedigung schließt unter den gegebenen Bedingungen Maßstäbe des *Vorrangs* ein – Maßstäbe, die sich auf die optimale Entwicklung des Individuums, aller Individuen, beziehen unter optimaler Ausnutzung der materiellen und geistigen Ressourcen, über die der Mensch verfügt. Diese Ressourcen sind berechenbar. »Wahrheit« und »Falschheit« der Bedürfnisse bezeichnen in dem Maße objektive Bedingungen, wie die allgemeine Befriedigung von Lebensbedürfnissen und darüber hinaus die fortschreitende Linderung von harter Arbeit und Armut allgemeingültige Maßstäbe sind. Aber als historische Maßstäbe variieren sie nicht nur nach Bereich und Stufe der Entwicklung, sie lassen sich auch nur im (größeren oder geringeren) *Widerspruch* zu den herrschenden bestimmen. Welches Tribunal kann für sich die Autorität der Entscheidung beanspruchen?

In letzter Instanz muß die Frage, was wahre und was falsche Bedürfnisse sind, von den Individuen selbst beantwortet werden, das heißt, sofern und wenn sie frei sind, ihre eigene Antwort zu geben. Solange sie davon abgehalten werden, autonom zu sein, solange sie (bis in ihre Triebe hinein) geschult und manipuliert werden, kann ihre Antwort auf diese Frage nicht als ihre eigene verstanden werden. Deshalb kann sich auch kein Tribunal legitimerweise das Recht anmaßen, darüber zu befinden, welche Bedürfnisse entwickelt und befriedigt werden sollten. Jedes derartige Tribunal ist zu verwerfen, obgleich dadurch die Frage nicht aus der Welt geschafft wird: Wie können die Menschen, die das Objekt wirksamer und produktiver Herrschaft gewesen sind, von sich aus die Bedingungen der Freiheit herbeiführen? (.)

Je rationaler, produktiver, technischer und totaler die repressive Verwaltung der Gesellschaft wird, desto unvorstellbarer sind die Mittel und Wege, vermöge derer die veralteten Individuen ihre Knechtschaft brechen und ihre Befreiung selbst in die Hand nehmen könnten. Freilich ist es ein paradoxer und Anstoß erregender Gedanke, einer ganzen Gesellschaft Vernunft auferlegen zu wollen – obgleich sich die Rechtschaffenheit einer Gesellschaft bestreiten ließe, die diesen Gedanken lächerlich macht, während sie ihre eigene Bevölkerung in Objekte totaler Verwaltung überführt. Alle Befreiung hängt vom Bewußtsein der Knechtschaft ab, und das Entstehen dieses Bewußtseins wird stets durch das Vorherrschen von Bedürfnissen und Befriedigungen behindert, die in hohem Maße die des Individuums geworden sind. Der Prozeß ersetzt immer ein System der Präformierung durch ein anderes; das optimale Ziel ist die Ersetzung der falschen Bedürfnisse durch wahre, der Verzicht auf repressive Befriedigung.

Es ist der kennzeichnende Zug der fortgeschrittenen Industriegesellschaft, daß sie diejenigen Bedürfnisse wirksam drunten hält, die nach Befreiung verlangen – eine Befreiung auch von dem, was erträglich, lohnend und bequem ist –, während sie die zerstörerische Macht und unterdrückende Funktion der Gesellschaft »im Überfluß« unterstützt und freispricht. Hierbei erzwingen die sozialen Kontrollen das überwältigende Bedürfnis nach Produktion und Konsumtion von unnützen Dingen; das Bedürfnis nach abstumpfender Arbeit, wo sie nicht mehr wirklich notwendig ist; das Bedürfnis nach Arten der Entspannung, die diese Abstumpfung mildern und verlängern; das Bedürfnis, solche trügerischen Freiheiten wie freien Wettbewerb bei verordneten Preisen zu erhalten, eine freie Presse, die sich selbst zensiert, freie Auswahl zwischen gleichwertigen Marken und nichtigem Zubehör bei grundsätzlichem Konsumzwang.

Unter der Herrschaft eines repressiven Ganzen läßt Freiheit sich in ein mächtiges Herrschaftsinstrument verwandeln. Der Spielraum, in dem das Individuum seine Auswahl treffen kann, ist für die Bestimmung des Grades menschlicher Freiheit nicht entscheidend, sondern *was* gewählt werden kann und was vom Individuum gewählt *wird*. Das Kriterium für freie Auswahl kann niemals ein absolutes sein, aber es ist auch nicht völlig relativ. Die freie Wahl der Herren schafft die Herren oder die Sklaven nicht ab. Freie Auswahl unter einer breiten Mannigfaltigkeit von Gütern und Dienstleistungen bedeutet keine Freiheit, wenn diese Güter und Dienstleistungen die soziale Kontrolle über ein Leben von

Mühe und Angst aufrechterhalten – das heißt die Entfremdung. Und die spontane Reproduktion aufgenötigter Bedürfnisse durch das Individuum stellt keine Autonomie her; sie bezeugt nur die Wirksamkeit der Kontrolle.

Wenn wir auf der Tiefe und Wirksamkeit dieser Kontrolle bestehen, setzen wir uns dem Einwand aus, daß wir die prägende Macht der »Massenmedien« sehr überschätzen und daß die Menschen ganz von selbst die Bedürfnisse verspüren und befriedigen würden, die ihnen jetzt aufgenötigt werden. Der Einwand greift fehl. Die Präformierung beginnt nicht mit der Massenproduktion von Rundfunk und Fernsehen und mit der Zentralisierung ihrer Kontrolle. Die Menschen treten in dieses Stadium als langjährig präparierte Empfänger ein; der entscheidende Unterschied besteht in der Einebnung des Gegensatzes (oder Konflikts) zwischen dem Gegebenen und dem Möglichen, zwischen den befriedigten und den nicht befriedigten Bedürfnissen. Hier zeigt die sogenannte Ausgleichung der Klassenunterschiede ihre ideologische Funktion. Wenn der Arbeiter und sein Chef sich am selben Fernsehprogramm vergnügen und dieselben Erholungsorte besuchen, wenn die Stenotypistin ebenso attraktiv hergerichtet ist wie die Tochter ihres Arbeitgebers, wenn der Neger einen Cadillac besitzt, wenn sie alle dieselbe Zeitung lesen, dann deutet diese Angleichung nicht auf das Verschwinden der Klassen hin, sondern auf das Ausmaß, in dem die unterworfene Bevölkerung an den Bedürfnissen und Befriedigungen teil hat, die der Erhaltung des Bestehenden dienen.

[...]

[1964]

Macht und Gewalt

ARNOLD GEHLEN
[Das Worttabu »Macht«]

[...]

Es ist vollständig absurd, das Verhalten eines Menschen in großer, führender Stellung aus dem »Machttrieb« zu erklären. Abgesehen davon, daß der Begriff Machttrieb nur ein psychologischer Vorfeld-Begriff erster, deskriptiver Annäherung ist: enthält ein Institutionssystem solche Leitungsfunktionen, so müssen sie ausgefüllt werden, und wenn an ihnen Serien von Kompetenzen hängen, so muß jemand entscheiden. Dabei ist es in dem institutionellen Zusammenhang selbst vorgegeben, ob die Leitungsfunktion für das Motiv der »Machtliebe« überhaupt Platz hat oder nicht: bei manchen Indianerstämmen ist der Häuptling nur moralische Autorität, die Institution sieht einen »go-between« vor, einen Friedensvermittler, Aushändler, bisweilen sogar den freiwilligen Sündenbock eines Gruppenkonflikts. Dann setzt sie keine Impulse frei, die in der Richtung des »Machttriebes« liegen, sondern nur sehr andere. Umgekehrt kam es im Zeitalter der Könige oft genug vor, daß ein zaghafter Herrscher seinen Platz nicht ausfüllte, d. h. den hoch zentralisierten Entscheidungssituationen nicht gewachsen war, so daß sich die Sachverhalte von ihm wegentwickelten oder ungenutzt blieben. Physische und geistige Kraft und Liebe zur Macht und Machtausübung waren hier von der Institution selbst vorgesehen. Der französische Gesandte sagte, Karl V. sei »zu blaß für einen Kaiser«.

Im Zuge der Verharmlosung der Lebensprobleme, die sich in der Wohlstandsgemeinschaft ausbreitet, ist das Wort »Macht« unter ein Worttabu geraten, ohne daß die Sache selbst verschwinden könnte; man sagt lieber »social control« oder ähnliches. Dies trifft auch für Gesellschaften zu, die unter dem Mißbrauch der Macht nicht gelitten haben, hat also allgemeine Gründe. In erster Linie wendet sich dieses Ressentiment gegen die Macht des Staates, weil er es ist, der allenfalls der Hemmungslosigkeit privater Lebensansprüche Grenzen setzt und daher die Ichbetontheit des Durchschnittsmenschen gegen sich hat. Der natürliche Trieb zur Entropie, zur Abspulung des Spannungspotentials und zum Schlaraffenland wird durch Machtansprüche gestört, deren Wirkung es ist, die Energie und Risikowachheit aufrecht zu erhalten, die Handlungsbereitschaft auf die kritische Schwelle zu heben und die Emotionalität des Einzelnen wie der Gruppen auf eine hohe Selektivität zu spannen. Jenes Worttabu ist wichtig, weil es das Wort Macht nur für die Gegenpropaganda freigibt. Man muß sich klar sein, daß die Predigt der Machtlosigkeit oder Gewaltlosigkeit eine unwiderstehliche Form der Machtausübung sein kann, wie das Beispiel Gandhis zeigt, um ein hohes zu wählen und sich nicht bei dem Ressentiment solcher Naturen aufzuhalten, die sich selbst erst ein Gebiß einsetzen müssen, um ihrem Gegner die Zähne zu zeigen. Es beweist ja doch die breiteste Erfahrung, daß noch kaum je eine lohnende Sache in dieser Welt von selbst zum Zuge kam, und ohne die Überwindung des Widerstandes anderer Sachen, hinter denen auch Personen standen, die sie vertraten. Wer die athenische Kultur bejaht, wird nicht umhin können, auch den Synoikismos zu billigen, der sie erst möglich machte und der sich an den Namen des Theseus knüpft. Wie es dabei zuging, läßt Thukydides (II, 15) mit der Bemerkung durchblicken, daß jener Klugheit mit Gewalt vereinigte. Es fällt dem Intellektuellen schwer, einzusehen, daß Wissen Ohnmacht ist und veranlaßt, an die Ohnmacht zu glauben. Es stellt die Tatsachen vor, aber nicht um.

[...]

[1964]

Macht und Gewalt

[...]

Es hat nie einen Staat gegeben, der sich ausschließlich auf Gewaltmittel hätte stützen können. Selbst die totale Herrschaft, deren wesentliche Herrschaftsmittel Konzentrationslager, Polizeiterror und Folter sind, bedarf einer Machtbasis, die in diesem Fall von der Geheimpolizei und einem Netz von Spitzeln gestellt wird. Nur die oben erwähnte Entwicklung von Robotsoldaten könnte an dieser prinzipiellen Überlegenheit der Macht und der Meinung über die Gewalt etwas ändern; dann könnte in der Tat ein Mann durch das Auslösen eines Hebels vernichten, wen und was immer ihm gerade beliebt. Selbst das despotischste Regime, das wir kennen, die Herrschaft über Sklaven, die ihre Herren an Zahl immer übertrafen, beruhte nicht auf der Überlegenheit der Gewaltmittel als solchen, sondern auf der überlegenen Organisation der Sklavenhalter, die miteinander solidarisch waren, also auf Macht(.).

Solange Roboter Menschen nicht ersetzt haben, hat kein einzelner Mensch ohne die Unterstützung von anderen je die Macht, die Gewalt wirklich loszulassen. So hat auch innenpolitisch die Gewalt immer die Funktion eines äußersten Machtmittels gegen Verbrecher oder Rebellen, das heißt gegen einzelne oder verschwindende Minderheiten, die sich weigern, sich von der geschlossenen Meinung der Mehrheit überwältigen zu lassen. Es ist normalerweise die Übermacht dieser Mehrheit und ihrer »Meinung«, die die Polizei beauftragt bzw. ermächtigt, mit Gewalt gegen die vorzugehen, die sich ihrem Machtspruch entziehen. Und selbst im Kriegsfall, wo doch nun wirklich die nackte Gewalt das letzte Wort zu haben scheint, kann es geschehen, daß eine enorme Überlegenheit an Machtmitteln wirkungslos bleibt, wenn sie einem zwar schlecht ausgerüsteten, aber gut organisierten und deshalb viel mächtigeren Gegner gegenübersteht – wie wir es in Vietnam sehen. Und diese Lektion der Partisanen- und Guerillakriege ist nicht neu. Sie ist mindestens so alt wie die Niederlage der bis dahin unbesiegten Armee Napoleons in Spanien.

Begrifflich gesprochen heißt dies: Macht gehört in der Tat zum Wesen aller staatlichen Gemeinwesen, ja aller irgendwie organisierten Gruppen, Gewalt jedoch nicht. Gewalt ist ihrer Natur nach instrumental; wie alle Mittel und Werkzeuge bedarf sie immer eines Zwecks, der sie dirigiert und ihren Gebrauch rechtfertigt. Und das, was eines anderen bedarf, um gerechtfertigt zu werden, ist funktioneller, aber nicht essentieller Art. Der Zweck des Krieges ist der Friede; aber auf die Frage: Und was ist der Zweck des Friedens? gibt es keine Antwort. Friede ist etwas Absolutes, obwohl in der uns bekannten Geschichte die Perioden des Krieges nahezu immer länger waren als die des Friedens. Ein solches Absolutes ist auch die Macht; sie ist, wie man zu sagen pflegt, ein Selbstzweck. (Damit soll natürlich nicht geleugnet werden, daß Regierungen jeweils eine bestimmte Politik verfolgen und ihre Macht dafür einsetzen, vorgegebene Ziele zu erreichen. Aber die Machtstruktur selbst liegt allen Zielen voraus und überdauert sie, so daß Macht, weit davon entfernt, Mittel zu Zwecken zu sein, tatsächlich überhaupt erst die Bedingung ist, in Begriffen der Zweck-Mittel-Kategorie zu denken und zu handeln.) Und wenn der Staat seinem Wesen nach organisierte und institutionalisierte Macht ist, so hat auch die gängige Frage nach seinem Endzweck keinen Sinn. Die Antwort wird sich entweder in einem Zirkel bewegen – etwa: Er soll das Zusammenleben von Menschen ermöglichen – oder sie wird utopische Ideale aufstellen, das Glück der größten Zahl, die klassenlose Gesellschaft, aber auch Gerechtigkeit, Freiheit und dergleichen mehr, die, wenn man sie im Ernst zu verwirklichen versucht, unweigerlich zu einer Zwangsherrschaft führen.

Macht bedarf keiner Rechtfertigung, da sie allen menschlichen Gemeinschaften immer schon inhärent ist. Hingegen bedarf sie der Legitimität. Macht entsteht, wann immer Menschen sich zusammentun und gemeinsam handeln, ihre Legitimität beruht nicht auf den Zielen und Zwecken, die eine Gruppe sich jeweils setzt; sie stammt aus dem Machtursprung, der mit der Gründung der Gruppe zusammenfällt. Ein Machtanspruch legitimiert sich durch Berufung auf die Vergangenheit, während die Rechtfertigung eines Mittels durch einen Zweck erfolgt, der in der Zukunft liegt. Gewalt kann gerechtfertigt, aber sie kann niemals legitim sein. Ihre Rechtfertigung wird um so einleuchtender sein, je näher das zu erreichende Ziel liegt. Niemandem kommt es in den Sinn, die

Berechtigung von Gewalttätigkeit im Falle der Selbstverteidigung in Frage zu stellen, weil die Gefahr nicht nur evident, sondern unmittelbar gegenwärtig ist, mithin zwischen dem Zweck und den Mitteln, die er rechtfertigen muß, so gut wie keine Zeitspanne liegt.

Obwohl Macht und Gewalt ganz verschiedenartige Phänomene sind, treten sie zumeist zusammen auf. Bisher haben wir nur solche Kombinationen analysiert, wobei sich herausgestellt hat, daß in ihnen jedenfalls die Macht immer das Primäre und Ausschlaggebende ist. Dies ändert sich jedoch, sobald wir unsere Aufmerksamkeit den selteneren Fällen zuwenden, wo sie in Reingestalt auftreten. Eine direkte Konfrontation von Macht und Gewalt begegnet uns zum Beispiel im Falle kriegerischer Auseinandersetzung, die mit einer feindlichen Besatzung endet. Wie wir sahen, beruht die übliche Gleichsetzung von Gewalt und Macht darauf, daß man das staatlich geregelte Zusammenleben als eine Herrschaft versteht, die sich auf die Mittel der Gewalt stützt. Diese Art von Herrschaft wird in der Tat von dem fremden Eroberer errichtet, und sie kann sich verhältnismäßig leicht durchsetzen, wenn sie es mit einer ohnmächtigen Regierung und einer Nation zu tun hat, die nicht an Freiheit gewöhnt ist, das heißt nicht weiß, wie man politische Macht bildet und mit ihr umgeht. In allen anderen Fällen sind die Schwierigkeiten außerordentlich groß, und die Besatzungsmacht wird sofort versuchen, eine Quisling-Regierung zu organisieren, um sich eine Machtbasis in der einheimischen Bevölkerung zu verschaffen, auf die sie ihre Herrschaft stützen kann. Der Zusammenprall von russischen Tanks mit dem völlig gewaltlosen Widerstand des tschechischen und slowakischen Volkes ist ein Schulbeispiel für eine Konfrontation von Gewalt und Macht in ihrer reinen Form. Eine reine Gewaltherrschaft hat ihre Schwierigkeiten, aber sie ist keineswegs unmöglich, denn sie beruht ja nicht auf der Meinung der Beherrschten, bzw. auf der Anzahl derer, die eine bestimmte Meinung teilen, sondern ausschließlich auf den Mitteln der Gewalt. Wer versucht, sich der Gewalt durch bloße Macht zu erwehren, wird sofort zu spüren bekommen, daß er nicht mehr mit Menschen und möglichen Mehrheiten konfrontiert ist, sondern mit von Menschen erzeugten Geräten, mit Objekten, deren Vernichtungskraft proportional zu der Entfernung zwischen den Gegnern anwächst. Auch die größte Macht kann durch Gewalt vernichtet werden; aus den Gewehrläufen kommt immer der wirksamste Befehl, der auf unverzüglichen, fraglosen Gehorsam rechnen kann. Was niemals aus den Gewehrläufen kommt, ist Macht.

Bei einem Aufeinanderprall von Gewalt und Macht ist der Ausgang niemals zweifelhaft. Wäre Gandhis außerordentlich mächtige und erfolgreiche Strategie des gewaltlosen Widerstands auf einen anderen Gegner gestoßen – auf Stalins Rußland, Hitlers Deutschland, ja selbst auf das Japan des Vorkriegs anstatt auf England – dann wäre ihr Ergebnis nicht Entkolonisierung, sondern »administrativer Massenmord« und schließliche Unterwerfung gewesen. Dabei darf man nicht übersehen, daß die imperialistischen Mächte – England in Indien, Frankreich in Algerien – gute Gründe hatten, auf einen solchen Sieg zu verzichten. Nackte Gewalt tritt auf, wo Macht verloren ist. Die russische Lösung des tschechischen Problems zeigte deutlich einen entscheidenden Machtverlust des russischen Regimes an, genauso wie der Machtverlust des europäischen Imperialismus sich in der Alternative zwischen Massenmord oder Dekolonisierung manifestierte. Man kann Macht durch Gewalt ersetzen, und dies kann zum Siege führen, aber der Preis solcher Siege ist sehr hoch; denn hier zahlen nicht nur die Besiegten, der Sieger zahlt mit dem Verlust der eigenen Macht. Das gilt in besonderem Maße, wenn der Sieger sich zu Hause der Segnungen der konstitutionellen Regierungsform erfreut. Es ist, wie Henry Steele Commager (der berühmte amerikanische Historiker) gesagt hat: »Wenn wir die Weltordnung umstürzen und den Weltfrieden zerstören wollen, müssen wir unvermeidlich zuerst unsere eigenen politischen Institutionen umstürzen und zerstören.«(.) Im Zeitalter des Imperialismus sprach man von dem Bumerangeffekt, den die »Herrschaft über unterworfene Völker« (Lord Cromer) auf das eigene Land haben könne, und meinte damit, daß die Gewaltherrschaft, die man in fernen Ländern errichtet hatte, schließlich auf die Bevölkerung des Mutterlandes zurückschlagen werde. Das Vorgehen der Polizei im vorigen Jahre an der Universität Berkeley, bei dem nicht nur Tränengas, sondern ein anderes, von der Genfer Konvention verurteiltes und von der Armee zur Ausräucherung der Guerillakämpfer in Vietnam verwendetes Gas eingesetzt wurde, während gleichzeitig Polizisten mit Gasmasken alle Leute darin hinderten, den vergasten Bereich zu verlassen, ist ein gutes Beispiel für dieses Bumerang-Phänomen.

Man hat oft gesagt, daß Ohnmacht Gewalt provoziere, daß die, welche keine Macht haben, besonders geneigt sind, zur Gewalt zu greifen, und psychologisch ist dies durchaus richtig. Politisch ist ausschlaggebend, daß Macht*verlust* sehr viel eher als Ohnmacht zur Gewalt verführt, als könne diese die verlorene Macht ersetzen – im Sommer 1968 während des Konvents der Demokraten in Chicago war ein solcher Prozeß mit Händen zu greifen –, und daß Gewalt, eben weil sie in der Tat Macht vernichten kann, stets die eigene Macht mitbedroht. Wo die Gewalt mit ihren Geräten der Machtbasis verlustig gegangen ist, die ihr Ziele und Grenzen setzt, tritt die bekannte Umkehr des Zweck-Mittel-Verhältnisses in Kraft; nun sind es die Mittel, die Werkzeuge der Vernichtung, die die Zwecke bestimmen – mit dem Resultat, daß der tatsächlich erreichte Endzweck die Vernichtung aller Macht ist.

[...]
[1970]

Apologie der Gewalt

Die Männer, die revolutionäre Worte an das Volk richten, sind gehalten, sich einer strengen Verpflichtung zur Aufrichtigkeit zu unterwerfen: weil nämlich die Arbeiter diese Worte in dem genauen Sinne verstehen, den ihnen die Sprache verleiht, und sich keiner symbolischen Ausdeutung hingeben. Als ich mich im Jahre 1905 unterfing, in etwas vertiefter Weise über die proletarische Gewalt zu schreiben, war ich mir vollkommen der schweren Verantwortlichkeit meines Versuches bewußt: die historische Bedeutung von Handlungen, die unsere parlamentarischen Sozialisten mit so viel Kunst zu verbergen bemüht sind, aufzuzeigen. Heute stehe ich nicht an zu erklären, daß der Sozialismus ohne eine Apologie der Gewalt nicht bestehen kann.

In den Streiks bekräftigt das Proletariat sein Dasein. Ich kann mich nicht dazu verstehen, die Streiks als etwas Ähnliches anzusehen wie einen zeitweiligen Abbruch der Handelsbeziehungen zwischen einem Krämer und dessen Backpflaumenlieferanten aus Anlaß einer Preisdifferenz. Der Streik ist eine Erscheinung des *Krieges*; und wer sagt, daß die Gewalt ein Zwischenfall sei, der bestimmt sei, aus den Streiks zu verschwinden, macht sich mithin einer schweren Lüge schuldig.

Die soziale Revolution ist eine Erweiterung jenes Krieges, in dem jeder große Streik eine Episode darstellt; darum eben sprechen die Syndikalisten von dieser Revolution in der Sprache der Streiks; der Sozialismus beschränkt sich für sie auf die Idee, Erwartung und Vorbereitung des Generalstreiks, der, verwandt der napoleonischen Schlacht, eine ganze zum Untergang verurteilte Ordnung beseitigen würde.

[...]

Ich habe für den »schöpferischen Haß« niemals die Bewunderung empfunden, die Jaurès bekundet hat; ich verspüre für die Auftraggeber der Guillotine keineswegs dieselbe Nachsicht wie er; ich verabscheue jede Maßregel, die die Besiegten unter juristischen Verkleidungen abstraft. Die Kriegführung bei hellem Tage dagegen, ohne jede heuchlerische Abschwächung und mit dem Ziele der Vernichtung eines unversöhnlichen Feindes, schließt alle die Greuel aus, die die bürgerliche Revolution des 18. Jahrhunderts entehrt haben. Die Apologie der Gewalt ist hier besonders leicht.

Es wäre ziemlich zwecklos, den Armen zu erklären, daß sie sehr unrecht daran täten, Gefühle der Mißgunst und der Rache gegen ihre Herren zu empfinden; diese Gefühle sind nur allzu beherrschend, als daß sie durch Ermahnungen unterdrückt werden könnten; auf ihrer Allgemeinheit beruht ja gerade die Macht der Demokratie. Der soziale Krieg dagegen vermag durch seinen Appell an das Ehrgefühl, das sich so natürlich in jeder organisierten Armee entfaltet, die niedrigen Gesinnungen auszuschalten, gegen welche die Moral ohnmächtig geblieben wäre. Und wenn dieser Grund der einzige sein würde, auf Grund dessen dem revolutionären Syndikalismus ein hoher zivilisatorischer Wert beizulegen wäre, so würde er, wie mir scheint, für sich allein durchaus zugunsten der Verteidiger der Gewalt entscheiden.

Die durch die Praxis der gewaltsamen Streiks erzeugte Idee des Generalstreiks schließt den Gedanken einer unabänderlichen Umwälzung in sich. Darin liegt etwas Erschreckendes – etwas, was um so erschreckender in Erscheinung treten wird, einen je größeren Raum die Gewalt im Denken der Proletarier eingenommen hat. Jedoch erhebt eben dies Beginnen eines ernsten, furchtbaren und erhabenen Werkes die Sozialisten über unsere leichtfertige Gesellschaft und macht sie würdig, der Welt neue Bahnen zu weisen.

Man könnte die parlamentarischen Sozialisten mit den Beamten vergleichen, aus denen Napoleon einen Adel geschaffen hatte und die an der Verstärkung des von der alten Ordnung hinterlassenen Staates mitwirkten. Der revolutionäre Syndikalismus würde dagegen recht gut den Herren Napoleons entsprechen, deren Krieger, obschon sie wußten, daß sie arm bleiben würden, so viele Heldentaten vollbrachten. Was ist vom Kaisertum geblieben? Nichts als das Heldengedicht der großen Armee; und was von der sozialistischen Bewegung bleiben wird, ist das Heldengedicht der Streiks.

[1908]

Waffen

Sigmund Freud
Zwei künstliche Massen: Kirche und Heer

[...]

Kirche und Heer sind künstliche Massen, das heißt es wird ein gewisser äußerer Zwang aufgewendet, um sie vor der Auflösung zu bewahren (.) und Veränderungen in ihrer Struktur hintanzuhalten. Man wird in der Regel nicht befragt oder es wird einem nicht freigestellt, ob man in eine solche Masse eintreten will; der Versuch des Austrittes wird gewöhnlich verfolgt oder strenge bestraft oder ist an ganz bestimmte Bedingungen geknüpft. Warum diese Vergesellschaftungen so besonderer Sicherungen bedürfen, liegt unserem Interesse gegenwärtig ganz ferne. Uns zieht nur der eine Umstand an, daß man an diesen hochorganisierten, in solcher Weise vor dem Zerfall geschützten Massen mit großer Deutlichkeit gewisse Verhältnisse erkennt, die anderswo weit mehr verdeckt sind.

In der Kirche – wir können mit Vorteil die katholische Kirche zum Muster nehmen – gilt wie im Heer, so verschieden beide sonst sein mögen, die nämliche Vorspiegelung (Illusion), daß ein Oberhaupt da ist – in der katholischen Kirche Christus, in der Armee der Feldherr –, das alle Einzelnen der Masse mit der gleichen Liebe liebt. An dieser Illusion hängt alles; ließe man sie fallen, so zerfielen sofort, soweit der äußere Zwang es gestattete, Kirche wie Heer. Von Christus wird diese gleiche Liebe ausdrücklich ausgesagt: »Was ihr getan habt einem unter diesen meinen geringsten Brüdern, das habt ihr mir getan.« Er steht zu den Einzelnen der gläubigen Masse im Verhältnis eines gütigen älteren Bruders, ist ihnen ein Vaterersatz. Alle Anforderungen an die Einzelnen leiten sich von dieser Liebe Christi ab. Ein demokratischer Zug geht durch die Kirche, eben weil vor Christus alle gleich sind, alle den gleichen Anteil an seiner Liebe haben. Nicht ohne tiefen Grund wird die Gleichartigkeit der christlichen Gemeinde mit einer Familie heraufbeschworen und nennen sich die Gläubigen Brüder in Christo, das heißt Brüder durch die Liebe, die Christus für sie hat. Es ist nicht zu bezweifeln, daß die Bindung jedes Einzelnen an Christus auch die Ursache ihrer Bindung untereinander ist. Ähnliches gilt für das Heer; der Feldherr ist der Vater, der alle seine Soldaten gleich liebt, und darum sind sie Kameraden untereinander. Das Heer unterscheidet sich strukturell von der Kirche darin, daß es aus einem Stufenbau von solchen Massen besteht. Jeder Hauptmann ist gleichsam der Feldherr und Vater seiner Abteilung, jeder Unteroffizier der seines Zuges. Eine ähnliche Hierarchie ist zwar auch in der Kirche ausgebildet, spielt aber in ihr nicht dieselbe ökonomische (.) Rolle, da man Christus mehr Wissen und Bekümmern um die Einzelnen zuschreiben darf als dem menschlichen Feldherrn.

Gegen diese Auffassung der libidinösen Struktur einer Armee wird man mit Recht einwenden, daß die Ideen des Vaterlandes, des nationalen Ruhmes und andere, die für den Zusammenhalt der Armee so bedeutsam sind, hier keine Stelle gefunden haben. Die Antwort darauf lautet, dies sei ein anderer, nicht mehr so einfacher Fall von Massenbindung, und wie die Beispiele großer Heerführer, Caesar, Wallenstein, Napoleon, zeigen, sind solche Ideen für den Bestand einer Armee nicht unentbehrlich. Von dem möglichen Ersatz des Führers durch eine führende Idee und den Beziehungen zwischen beiden wird später kurz die Rede sein. Die Vernachlässigung dieses libidinösen Faktors in der Armee, auch dann, wenn er nicht der einzig wirksame ist, scheint nicht nur ein theoretischer Mangel, sondern auch eine praktische Gefahr. Der preußische Militarismus, der ebenso unpsychologisch war wie die deutsche Wissenschaft, hat dies vielleicht im großen Weltkrieg erfahren müssen. Die Kriegsneurosen, welche die deutsche Armee zersetzten, sind ja großenteils als Protest des Einzelnen gegen die ihm in der Armee zugemutete Rolle erkannt worden, und nach den Mitteilungen von E. Simmel (1918) darf man behaupten, daß die lieblose Behandlung des gemeinen Mannes durch seine Vorgesetzten obenan unter den Motiven der Erkrankung stand. Bei besserer Würdigung dieses Libidoanspruches hätten wahrscheinlich die phantastischen Versprechungen der 14 Punkte des amerikanischen Präsidenten nicht so leicht Glauben gefunden, und das großartige Instrument wäre den deutschen Kriegskünstlern nicht in der Hand zerbrochen (.).

[...]

Einen Wink ebendahin, das Wesen einer Masse bestehe in den in ihr vorhandenen libidinösen Bindungen, erhalten wir auch in dem Phänomen der Panik, welches am besten an militärischen Massen zu studieren ist. Eine Panik entsteht, wenn eine solche Masse sich zersetzt. Ihr Charakter ist, daß kein Befehl des Vorgesetzten mehr angehört wird und daß jeder für sich selbst sorgt ohne Rücksicht auf die anderen. Die gegenseitigen Bindungen haben aufgehört, und eine riesengroße, sinnlose Angst wird frei. Natürlich wird auch hier wieder der Einwand naheliegen, es sei vielmehr umgekehrt, indem die Angst so groß gewachsen sei, daß sie sich über alle Rücksichten und Bindungen hinaussetzen konnte. McDougall hat sogar (.) den Fall der Panik (allerdings der nicht militärischen) als Musterbeispiel für die von ihm betonte Affektsteigerung durch Ansteckung (*»primary induction«*) verwertet. Allein diese rationelle Erklärungsweise geht hier doch ganz fehl. Es steht eben zur Erklärung, warum die Angst so riesengroß geworden ist. Die Größe der Gefahr kann nicht beschuldigt werden, denn dieselbe Armee, die jetzt der Panik verfällt, kann ähnlich große und größere Gefahren tadellos bestanden haben, und es gehört geradzu zum Wesen der Panik, daß sie nicht im Verhältnis zur drohenden Gefahr steht, oft bei den nichtigsten Anlässen ausbricht. Wenn der Einzelne in panischer Angst für sich selbst zu sorgen unternimmt, so bezeugt er damit die Einsicht, daß die affektiven Bindungen aufgehört haben, die bis dahin die Gefahr für ihn herabsetzten. Nun, da er der Gefahr allein entgegensteht, darf er sie allerdings höher einschätzen. Es verhält sich also so, daß die panische Angst die Lockerung in der libidinösen Struktur der Masse voraussetzt und in berechtigter Weise auf sie reagiert, nicht umgekehrt, daß die Libidobindungen der Masse an der Angst vor der Gefahr zugrunde gegangen wären.

Mit diesen Bemerkungen wird der Behauptung, daß die Angst

in der Masse durch Induktion (Ansteckung) ins Ungeheure wachse, keineswegs widersprochen. Die McDougallsche Auffassung ist durchaus zutreffend für den Fall, daß die Gefahr eine real große ist und daß in der Masse keine starken Gefühlsbindungen bestehen, Bedingungen, die verwirklicht werden, wenn zum Beispiel in einem Theater oder Vergnügungslokal Feuer ausbricht. Der lehrreiche und für unsere Zwecke verwertete Fall ist der oben erwähnte, daß ein Heereskörper in Panik gerät, wenn die Gefahr nicht über das gewohnte und oftmals gut vertragene Maß hinaus gesteigert ist. Man wird nicht erwarten dürfen, daß der Gebrauch des Wortes »Panik« scharf und eindeutig bestimmt sei. Manchmal bezeichnet man so jede Massenangst, andere Male auch die Angst eines Einzelnen, wenn sie über jedes Maß hinausgeht, häufig scheint der Name für den Fall reserviert, daß der Angstausbruch durch den Anlaß nicht gerechtfertigt wird. Nehmen wir das Wort »Panik« im Sinne der Massenangst, so können wir eine weitgehende Analogie behaupten. Die Angst des Individuums wird hervorgerufen entweder durch die Größe der Gefahr oder durch das Auflassen von Gefühlsbindungen (Libidobesetzungen); der letztere Fall ist der der neurotischen Angst (.). Ebenso entsteht die Panik durch die Steigerung der alle betreffenden Gefahr oder durch das Aufhören der die Masse zusammenhaltenden Gefühlsbindungen, und dieser letzte Fall ist der neurotischen Angst analog. (.)

Wenn man die Panik wie McDougall (.) als eine der deutlichsten Leistungen der »group mind« beschreibt, gelangt man zum Paradoxon, daß sich diese Massenseele in einer ihrer auffälligsten Äußerungen selbst aufhebt. Es ist kein Zweifel möglich, daß die Panik die Zersetzung der Masse bedeutet, sie hat das Aufhören aller Rücksichten zur Folge, welche sonst die Einzelnen der Masse füreinander zeigen.

Der typische Anlaß für den Ausbruch einer Panik ist so ähnlich, wie er in der Nestroyschen Parodie des Hebbelschen Dramas von Judith und Holofernes dargestellt wird. Da schreit ein Krieger: »Der Feldherr hat den Kopf verloren«, und darauf ergreifen alle Assyrer die Flucht. Der Verlust des Führers in irgendeinem Sinne, das Irrewerden an ihm, bringt die Panik bei gleichbleibender Gefahr zum Ausbruch; mit der Bindung an den Führer schwinden – in der Regel – auch die gegenseitigen Bindungen der Massenindividuen. Die Masse zerstiebt wie ein Bologneser Fläschchen, dem man die Spitze abgebrochen hat.

[...]

[1921]

GEORGES SOREL
[Politische Mythen]

[...] Es gibt aber keinerlei Methode, um die Zukunft auf wissenschaftliche Weise vorhersehen zu können oder auch nur um die Vorzüge zu untersuchen, die gewisse Hypothesen vor anderen aufweisen mögen; zu viele denkwürdige Beispiele liefern uns den Beweis, daß die größten Männer erstaunliche Irrtümer begangen haben, wenn sie sich auf diese Weise zu Herren der Zukunft, sei es auch nur der nächstbevorstehenden, aufwerfen wollten. (.)

Und dennoch können wir nicht handeln, ohne aus der Gegenwart herauszutreten, ohne über jene Zukunft vernunftgemäß nachzudenken, die doch für immer verdammt erscheint, sich unserer Vernunft zu entziehen. Die Erfahrung beweist uns, daß *Konstruktionen einer in ihrem Verlauf unbestimmten Zukunft* eine große Wirksamkeit besitzen und nur geringe Unzuträglichkeiten mit sich bringen können, wofern sie von einer bestimmten Art sind; dies ist nämlich dann der Fall, wenn es sich um Mythen handelt, in denen sich die kräftigsten Tendenzen eines Volkes, einer Partei oder einer Klasse wiederfinden: um Tendenzen, die sich unter sämtlichen Lebensumständen dem Geiste mit der Beständigkeit von Instinkten darstellen und die den Hoffnungen nahe bevorstehender Handlung, auf die sich die Reform des Willens gründet, volle reale Anschaulichkeit verleihen. Wir wissen, daß diese sozialen Mythen übrigens die Menschen keineswegs daran hindern, aus allen Erfahrungen, die sie während ihres Lebens anstellen, verständig Nutzen zu ziehen, noch der Erfüllung ihrer regelmäßigen Obliegenheiten irgendwie im Wege stehen. (.)

Dies kann man an zahlreichen Beispielen erweisen.

Die ersten Christen erwarteten für das Ende der ersten Generation die Rückkehr Christi und den vollständigen Untergang der heidnischen Welt sowie die gleichzeitige Errichtung des Reiches der Heiligen. Die Katastrophe vollzog sich zwar nicht; aber das christliche Denken zog aus dem apokalyptischen Mythos einen derartigen Gewinn, daß einige Wissenschaftler der Gegenwart die Dinge so darstellen möchten, als habe die ganze Predigt Jesu sich auf dieses Thema allein erstreckt. (.) – [...]

Man muß also die Mythen als Mittel einer Wirkung auf die *Gegenwart* beurteilen; jede Auseinandersetzung über die Art und Weise, wie man sie inhaltlich auf den Verlauf der Geschichte anzuwenden vermöchte, ist ohne Sinn. *Die Ganzheit des Mythos ist allein von Bedeutung;* seine Teile bieten nur insofern Interesse, als sie die in dem Gefüge enthaltene Idee hervortreten lassen. Es hat also keinen Wert, über die Zwischenfälle, die im Verlauf des sozialen Krieges vorkommen können, und über die entscheidenden Zusammenstöße, die dem Proletariat den Sieg verleihen können, Erwägungen anzustellen. Selbst wenn sich nämlich die Revolutionäre ganz und gar täuschen würden, indem sie sich vom Generalstreik ein phantastisches Bild entwürfen, so könnte dennoch dieses Bild während der Vorbereitung zur Revolution ein Element der Kraft ersten Ranges dargestellt haben: wofern es nämlich in vollkommener Weise alles Trachten des Proletariats hat zur Geltung kommen lassen und wofern es der Gesamtheit der revolutionären Gedanken eine Bestimmtheit und Unbeugsamkeit verliehen hat, die andere Denkweisen nicht hätten zuwege bringen können.

Um die Tragweite der Generalstreiksidee recht zu würdigen, muß man also auf alle die Methoden der Auseinandersetzung Verzicht leisten, wie sie zwischen Politikern, Soziologen und solchen Leuten im Schwange sind, die sich einbilden, praktische Wissenschaft treiben zu können. Man kann diesen Gegnern nämlich alles einräumen, was sie sich zu beweisen bemühen, ohne doch in irgendwelcher Weise die Geltung des Satzes abzuschwächen, den sie glauben widerlegen zu können. Es kommt eben wenig darauf an, ob der Generalstreik eine teilweise Wirklichkeit oder lediglich ein Erzeugnis der Volksphantasie darstellt. Die ganze Frage liegt vielmehr nur darin, ob der Generalstreik alles das in der rechten Weise enthält, was die sozialistische Lehre von dem revolutionären Proletariat erwartet.

Um eine derartige Frage zu lösen, sind wir nicht mehr darauf angewiesen, wissenschaftliche Urteile über die Zukunft zu fällen; wir haben uns nicht mehr hohen Betrachtungen über die Philosophie, die Geschichte und die Wirtschaft hinzugeben; wir befinden uns nicht auf dem Gebiete der Ideologien, sondern können auf dem Felde der Tatsachen bleiben, die der Beobachtung zugänglich sind. Wir haben die Menschen zu befragen, die im Schoße des Proletariats an der wahrhaft revolutionären Bewegung sehr tätigen Anteil nehmen, die keineswegs danach trachten, in das Bürgertum aufzusteigen, und deren Geist nicht durch zünftige Vorurteile beherrscht wird. Diese Männer mögen sich zwar über eine Unzahl von politischen, wirtschaftlichen oder moralischen Fragen täuschen; aber ihr Zeugnis ist trotzdem ein entscheidendes, souveränes und unumstößliches, wenn es sich darum handelt herauszubringen, welcher Art die Vorstellungen sind, die auf sie und ihre Genossen die kräftigste Wirkung ausüben: welche also im höchsten Maße die Fähigkeit besitzen, sich mit ihrer Auffassung vom Sozialismus gleichzusetzen, und dank denen Urteil, Hoffnungen und Wahrnehmung der besonderen Tatsachen nur noch eine einzige unscheidbare Einheit zu bilden scheinen. (.)

Und dank ihnen wissen wir in der Tat, daß der Generalstreik sehr wohl das ist, was ich gesagt habe: der *Mythos*, in dem der Sozialismus ganz und gar beschlossen ist: das heißt eine Ordnung von Bildern, die imstande sind, unwillkürlich alle die Gesinnungen heraufzurufen, die den verschiedenen Kundgebungen des Krieges entsprechen, den der Sozialismus gegen die moderne Gesellschaft aufgenommen hat. Die Streiks haben im Proletariat die edelsten, tiefsten und bewegendsten Gesinnungen erzeugt, die es besitzt; der Generalstreik faßt sie sämtlich in einem Gesamtbild zusammen und verleiht eben durch ihre Zusammenstellung jeder von ihnen ihr Höchstmaß an Spannkraft. Indem er sehr brennende Erinnerungen besonderer Konflikte aufruft, färbt er alle Einzelheiten der sich dem Bewußtsein darbietenden Gestaltung mit einem hochgespannten Leben. Wir erlangen so jene Intuition des Sozialismus, die die Sprache nicht in vollkommen klarer

Weise zu geben vermochte – und wir erlangen sie in einer in einem
Nu wahrgenommenen Ganzheit. (.)

[...]

[1906]

Ernst Bloch
Kritik der Propaganda

[...] Gerade die Wahrheit verlangt, in ihrer angemessenen Fülle
wie pädagogischen Vermittlung, daß sie nicht nur ist und wird, sondern auch scheint. Vier Mittel bieten sich dazu an: der warme Ton,
das aufreizende Zeichen, das Bild (als Imago, als Nimbus um eine
Sache), das kraftvolle Urbild. Diese Mittel können betrügerisch
verwertet werden, zur Lockung oder zum Blendwerk, doch die
Wahrheit kommt gerade auch durch diese Mittel über den Betrug.
Die Wahrheit lockt nicht, gewiß nicht, aber sie wirbt und betrifft;
sie blendet nicht, aber sie gräbt sich auf die Dauer ein – gerade die
Wahrheit ist voll Figur. Ein rechter Tag geht prangend auf, die
Zeit, die ihn künstlich bleichte, ist vorbei. Nichts über den mate-
riellen Logos, über die Dialektik der Materie, aber die Menschen-
materie ist nicht aus Stein. Die Revolution greift nicht nur in den
Verstand, sondern ebenso in die Phantasie, die sozialistisch so
lange unterernährt worden war. Sie greift gerade in die Phantasie
des Verstands, in die außerordentliche Spannung der prozessualen
Wirklichkeit und dessen, was in ihr – als unsere Welt – noch nicht
geworden ist. Die Nazis haben betrügend gesprochen, aber zu
Menschen, die Sozialisten völlig wahr, aber von Sachen; es gilt
nun, zu Menschen völlig wahr von ihren Sachen zu sprechen.

Da ist zunächst der Ton, er trägt alles. Er trifft den Hörer an
oder auch nicht, gleich noch, wovon die Rede geht. Auch der falsche Ton wirkt einige Zeit, sogar besonders stark, der heulende
Kitsch, die gerissene Pause, der geschmetterte Schluß. Doch auf
die Dauer kann er nicht dumm machen, solide Sachen halten länger. Der Nazi verachtet die, zu denen er spricht, die er aus voller
Brust zu betrügen gewohnt ist. Die Zuhörer zu verachten, um desto unbedenklicher mit ihnen zu spielen, das ist vielleicht wir-

kungsvoller, als sie zu überschätzen. Am besten aber ist jedenfalls, sie ernst zu nehmen, gerade der Unreife will schließlich als Erwachsener angesprochen werden. Der rechte Ton zeigt dem Hörer, daß man ihn kennt und ein wenig (nicht mehr) besser kennt als er selbst. Sonst ist alles vertan, auch wenn die Rede noch so richtig war.

Dauernder wirkt das Zeichen ein, das sichtbare wie das geschriebene. Das geschriebene ist das Wort, seine nicht immer vermiedene Gefahr ist das Klischee. Besonders dort wirkt es schädlich, wo ein Ausdruck besonders kräftig und farbig gesetzt sein möchte, Kraft wie Farbe aber längst abgestanden sind. Schergen zum Beispiel kommen nur in der italienischen Oper vor, Soldknechte nicht einmal dort. Der geharnischte Protest, der Protest im Harnisch ist noch unanschaulicher als der flammende; ein blutbesudeltes Regime, tausendmal so genannt, hat sprachlich alle seine Schrecken verloren. Ein neueres französisches Lustspiel läßt durch eine seiner Figuren die überraschende Feststellung verbreiten, daß ein Mensch von mittlerer Lebensdauer gering gerechnet mit sieben- bis achttausend Kellnern in Kontakt kommt. Jedoch diese Art Wiederholung bleibt unbemerkt, während der Kontakt mit immer denselben Adjektiven und Superlativen verwüstend wirkt; gerade die wichtigsten Spalten der roten Presse werden dadurch, mitunter, zu einer brüllenden Einöde. Unvergleichbar erhebt sich dagegen die Wiederholung von Parolen; der Nazi verstand sich darauf wie keiner, hunderttausendfach hämmerte er sein bißchen armseliges und gemeines Feldgeschrei ein. Das waren Phrasen, gepreßter Unrat, Appelle an den inneren Schweinehund im Menschen und dort freilich außerordentlich wirksam. Hingegen: »Krieg den Palästen, Friede den Hütten!« oder der synthetische Ruf an die Proletarier aller Länder: – welch ein heftiger, uneingelöster, fortwirkender Glanz. Genau dieses ist auch im sichtbaren Zeichen der Sache, in der roten Fahne und als halbwegs eingelöst in Hammer und Sichel. Diese sichtbaren Zeichen dürfen nie zu sehr naturalistisch sein, am erregendsten wirken sie stilisiert, also andeutend, wenn auch präzis andeutend. Hammer und Sichel malen (wie ehemals der Bundschuh) das Ihre deutlich, nämlich die revolutionäre Klasse. Noch älter ist der Stern, er dürfte das früheste Zeichen der Hoffnung sein, er leuchtet gerade in der

Nacht. Völlig abwegig dagegen wirkten die drei Pfeile, sie waren ausgedacht und sozusagen ohne irgendeine bildhafte Wurzel, sie waren späteste Verlegenheit und haben auch so gewirkt. Unvergleichlich besser ist das Hakenkreuz, besonders das schief gesetzte, rundum von der gestohlenen roten Fahne umgeben. Es ist leicht zu zeichnen, beeindruckt die Ungebildeten schlechthin magisch, und die sozusagen Gebildeten haben an ihm ein uraltes Sonnenbild. Der Fenriswolf, der die Sonne verschluckt, wäre als Nazizeichen freilich richtiger gewesen. So aber gab Hitler etwas Verschmiztes, bei dem sich nichts denken, vieles raunen läßt, es ersetzte die abgestandene Krone und das Wappen, wirkte neu und uralt zugleich. Die Nazis haben diese Rune geschickt gebraucht, doch sie ist finster geworden, der Stern im Osten immer heller.

Vollends kräftig reizt der Zauber, der von Bildern ausgeht. Sie umhüllen gleichsam die Dinge und Menschen, sie sind aus dem Eindruck der Sache und nicht aus dieser selbst gebildet. Das kann ein persönlicher Eindruck sein, dann reicht seine Wurzel oft bis in die Kindheit zurück. Aus irgendeinem (freilich nur scheinbar zufälligen) Initialeindruck entsteht das Wunschbild von einer Frau, einem Mann, einem eigenen Haus, Beruf und Lebensziel; die erotische Wahl, als die meist einzige, welche späterhin bleibt, ist weitgehend von diesem ersten Wunschbild bestimmt. Dringt das erotische Bild sehr rasch zur Wirklichkeit vor (wobei es sich bestätigt oder zerbricht), so fehlt den anderen, den klassenmäßig suggerierten Bildern, den Bildern der politischen Legende sehr oft die Möglichkeit solch faktischer Korrektur. Gerade deshalb bleiben diese Legenden so lange stehen, können der Tendenz auf Erhaltung, die ihnen innewohnt, so energisch frönen. Es ist die Tendenz im schönen Traum von einer Sache nicht gestört zu werden, sich möglichst lange die positive Imago zu erhalten. Eine Tendenz, die dem Patriotismus etwa so wohl bekommt, wenn er seine Imago vom deutschen Heer, von Hindenburg trotz allem fortbewundern darf, wenn er die Niederlage durch den Dolchstoß »erklärt«, wenn er sie gar – mit der Devise: Im Felde unbesiegt – aus der Welt schafft. Item, die hier gemeinten Bilder stammen nicht aus der Sache, sondern aus dem idolhaften Nimbus um die Sache. Aus jenem klassenmäßigen oder einsuggerierten Nimbus, gegen den das Kräutlein Faktum nicht gewachsen ist, solange wenigstens, als der

Willens- oder Gefühlsursprung besteht. Die Idole liegen in jenem emotionalen Licht, das nur eine Schwarz-Weiß-Malerei gestattet: alle Helle fällt auf den Gegenstand, der die Imago zu erfüllen scheint, alles Dunkel auf jenen, der ihr widerspricht. So entsteht bei den emotional und idolhaft überfüllten Nazi-Patrioten der weit über ihr verstandenes oder mißverstandenes Klasseninteresse hinausgehende Haß gegen Marxisten und Marxismus. Es war das buchstäblich vor-eingenommene Teufelsbild vom Marxismus, das daran glauben ließ, daß die Kommunisten den Reichstag angezündet haben, daß sie – im Bund mit der alten Hexe Juda – die Hälfte Deutschlands abschlachten wollen. Nehmen solche Idole gar noch mittelalterlichen Zuschuß auf, wie eben den Judenhaß und die auf Marxisten transponierte Teufelsfurcht: dann blockieren sie in den davon besessenen Schichten jede Erkenntnis der gegenwärtigen Wirklichkeit. Überflüssig zu sagen, wie brauchbar solche Bilder der Nazi-Propaganda sind, wie betrügerisch sich mit ihnen arbeiten und weiter affektieren läßt. Nicht überflüssig aber ist der Hinweis, daß weder alle hier verwendeten Idole bloß negativ sind noch gar alle Bilder Idole sind. Wenn Hindenburg durch das Bild des deutschen Eichbaums gesehen wurde, wenn die Imago des treuen Eckart oder des guten Vaters gänzlich die Wirklichkeit verfälschte; wenn Hitler als der Retter Deutschlands erscheint, als Licht in höchsten Nöten: dann ist dies zwar alles Täuschung, Betrug und Unsinn, aber die Bilder selbst sind deshalb doch nicht verächtlich, ja sie können ihren Idolobjekten auf ganz spezifische Art gefährlich werden. Denn der Eckart wird nicht durch Hindenburg, das Licht nicht durch Hitler widerlegt, sondern umgekehrt Hindenburg durch das Versprechen Eckart und Hitler durch die Hoffnung Licht. Mit anderen Worten: das Wunschbildhafte dieser Art braucht nicht unter allen Umständen dem Betrug zu dienen, auch die Wahrheit und gerade sie hat dergleichen in ihrem Geschäft. Die Bilder dienen eindeutig dem Betrug, sofern sie umnebeln; sofern sie die Erkenntnis der Lage verhindern; sofern sie dem Wolf im Schafpelz oder dem Esel im Löwenfell aus freien Stücken nochmals einen Schafpelz oder ein Löwenfell umhängen. Sie dienen dem Betrug, sofern sie all das, was der Wirklichkeit an Glück und Größe fehlt, traumhaft hinzugeben und imaginär ergänzen; sodaß durch solche höchst irdische Ergänzung ein schlimmeres Opium entsteht als gegebenenfalls in der Religion und ihren meist nur überirdischen Ergänzungen. Die Bilder sind vor allem schädlich, sofern sie bloße Interessenwünsche der herrschenden Klasse ausdrücken und damit vor den Augen einer geblendeten Menge Parade machen; das »ewige« Freund-Feind-Verhältnis, der Kriegsglanz, auch der Kyffhäuser-Mythos (als Utopisierung monarchisch-feudaler Vergangenheit) gehören hierher. Letztere Bilder sind bereits von Haus aus reaktionär, das heißt, sie sind nicht eigentlich mißbraucht und mißbrauchbar wie die Bilder vom guten Vater, vom Retter in letzter Stunde, sondern Idole an sich selbst, von keinem anderen Interesse geheizt als dem der herrschenden Klasse und ihrem Betrugswillen. Jedoch eben: es zeigt sich selbst in so verdächtig mißbrauchbaren Idolen wie dem des guten Vaters oder Retters ein gewisser Überschuß, ein Plus an menschlich ergreifendem Bedürfnis und humanem Traum. Dies Plus eben richtet »Erfüllungen« von der Art Hindenburg oder Hitler; dem Gefühl (nicht nur der Erkenntnis) geht ein Irrtum auf. Es gibt auch Versprechungen des Bilds, nicht nur der Programme; und die Erkenntnis ist nicht mehr blockiert, wenn das sogenannte instinktive Gefühl zu wittern beginnt, daß gerade die eigentümlichen Versprechungen des Bilds nicht gehalten worden sind, daß eine Glanz-Imago höherer Art an wenig Würdige verschwendet worden ist. Dann hört das Idol auf, eines zu sein, und der Überschuß an ihm: das echte Wunschbild, das Ideal aus echter menschlicher Vermissung gerät in Gang. Um bei dem Bild des Vaters, des Retters zu bleiben, so hat Lenin es für Hunderte von Millionen erfüllt; während im heutigen Deutschland das unerfüllte Bild eines Retters desto heftiger ergreift, je fühlbarer der Gekommene ganz anderen Bildern sich annähert, etwa denen aus einem Angsttraum. Ebenso steht gegen das Idol des Dritten Reichs nicht nur unmittelbare oder kompliziertere Erkenntnis auf, nicht nur Butternot oder Einsicht in den Stand der Produktionskräfte, sondern ebenso ein echtes Ideal: das Vaterland aller Werktätigen, die Figur des wirklichen Reichs, als des Reichs der Freiheit. Haben diese Bilder (wie alle echten) eine Seele, so ermangeln sie doch gerade deshalb nicht des Realismus; sie sind Vorwegnahmen einer verhinderten Wirklichkeit, der ganzen und wirklichen Wirklichkeit. Und wo immer sie in die Logik des Kampfs eingesetzt werden, bringen sie kein Opium, sondern Feuer, gutes, gedrängtes, handliches Feuer.

Mit alldem wurde bereits eine dritte und letzte Art gestreift, Urbilder genannt. Mutter und Vater beispielsweise, es ist längst erforscht, daß das nicht nur Begriffe sind, sondern sehr affektgeladene Wesen. Eine lange Bindung geht von ihnen aus, doch nicht nur eine individuelle und nicht nur eine an die eigenen Eltern und die Erlebnisse mit ihnen. Sondern wie der fascistische Psychoanalytiker C. G. Jung in Erinnerung rief (er hört sich lieber Psychosynthetiker nennen): es bewegen sich hinter dem individuellen Vater- und Mutterbild weit ältere, aus der prähistorischen Schicht der Menschheit. Das unbewußte Seelenleben ist noch tief in diese Schicht versenkt, der Traum führt uns weit hinter individuelle Wünsche und Erlebnisse in sie zurück, die meisten Neurosen beruhen nach Jung darauf, daß die Bindung mit der »Urzeit« verloren gegangen ist. Hinter dem individuellen Mutterbild ist das mythisch erinnerte Urbild der Erde, der Fruchterde; hinter dem individuellen Vaterbild bannt und phantasmagoriert die Sonne, der Sonnenlöwe, der hinter dem Berge hervorkommt. Heilung des Einzelnen wie der Zeit (hier also beginnt das Politikum dieser »Psychosynthese« und ihrer Urbilder sichtbar zu werden), – echte Rettung gerät nur als Rückkehr ins Unbewußte, ins Kollektiv-Unbewußte der Urbilder oder »Archetypen«. Die fascistische Psychologie und die Technik, die sie für fascistische Bildpropaganda anrät, bemüht sich also nicht, Unbewußtes und seine Symbole aufzulösen, wie bei Freud, sondern umgekehrt: sie betreibt »Regressio«, um sich der »paläontologischen Weltanschauung« mit gutem Gewissen wieder zu versichern. [...] Aber die Erkenntnis ist hoch an der Zeit, daß nicht alles an den Urbildern Fälschung ist, daß ebenso nicht alle reaktionär (zurück bannend) und mythologisch sind. Auch die Revolution kennt Archetypen und gerade solche, die nicht in einer dumpfen Vergangenheit stocken und bannen, sondern Zukunft in sich haben und sie kräftig vorimaginieren. Der Archetypus vom Zug aus Ägypten nach Kanaan, aus dem Land der Knechtschaft in die Freiheit gehört hierher, ebenso der bedeutend germanischere vom Schlaraffenland. Das Trompetensignal aus Fidelio gehört hierher, mitten in die Nacht des Kerkers die Ankunft des Befreiers verkündend. Sogar der Archetypus der

Heimkehr des Odysseus ist hier fällig, des jüngsten Gerichts, das dem Fascismus so bald bevorsteht: quidquid latet apparebit, nil inultum remanebit. Das alles sind echte Urbilder und vortreffliche Zusatzkräfte zum revolutionären Kampf; es sind Sprengmittel in nuce, lakonische Sprengmittel.

Der Mensch ist nicht von heute oder gestern, sein Stamm ist alt. In diesen eben sind Bilder eingekerbt, Reste aus fossiler Erfahrung oder verschollenem Aberglauben, doch sie verstehen, von unten herauf zu glühen. Ist ihre Verschwendung an die Nazis zu Ende, dann sind sie selbst nicht zu Ende, so wenig wie das Unbewußte, worin sie wohnen. Auch der klarste, kälteste Kopf vertreibt sie nicht, nicht einmal aus sich; schwimmt doch selbst bei den Eisbergen der größere Teil unter Wasser, ja der Eisberg kippt um, wann immer von seiner Kopf- und Luftseite soviel abgeschmolzen ist, daß das Gleichgewicht nicht mehr besteht. Dies Gleichnis zeigt die Gefahr der Urbilder an, die falsche »Revolution«, zu der sie brauchbar sind; im Fascismus ist diese Gefahr aktuell und industrialisiert geworden. Der Fascismus konnte desto leichter mit Urbildern reüssieren, als an sich viele ihrer, darunter schöne, verführende, unausrottbar statisch sind; – den unbewegten, durch Jahrtausende ruhenden Lebensverhältnissen entsprechend, denen sie entstammen. Der Fascist Jung, unproduktiv wie der gesamte Fascismus, bezieht den Kern seiner Lehre aus der Romantik; denn gerade dort wurden die ruhenden Lebensbilder, die statischen Urbilder besonders herausgefühlt und gekennzeichnet. Ja Novalis sah in ihnen den poetischen, folglich höchsten Stoff schlechthin, er spricht von »mythischen Naturen und Situationen« und meint damit eben die unveränderlichen, die unveränderbaren unter den Archetypen. Mythische Natur und Situation nennt Novalis derart die »junge Liebe Romeo und Julia«, erst recht die, »alte Liebe Philemon und Baucis«, mythisch entronnen beide, vor allem die alte, zeitlos außer der Zeit und Bild an und für sich geworden im gesamten Interieur, bis auf den Schinken, der geschwärzt am Balken der Hütte im Rauchfang hängt. Verwandt ergreift der Archetypus »Heilige Familie«; der Frechheit der Nazis wäre es zuzutrauen (wenn ihre Unwissenheit nicht noch größer wäre), mythischen Frieden dieser Art so zu einem Plakat zu mißbrauchen, wie sie Thoma und Leibl mißbraucht haben, Gemälde voll des Mythos von bäurischer Ruhe, von »Raum« ohne Zeit. Hier also liegt für die revolutionäre Erziehung ein Problem vor: jeder Wert gehört zu ihr (und welch ein ungeheurer menschlicher Wert strahlt aus dem Urbild der Ruhe, uralter menschlicher Ruhe); doch dies irrationale Feld muß, um beerbt zu werden, erst verwandelt werden. Gleichsam aufgebrochen werden, damit der Schatz aus der patriarchalischen Hülle hervorkommt, die ihn feudalisiert. Ganz anders selbstverständlich erscheinen die Archetypen unmittelbar revolutionärer Art; diese sind von vorn herein aus anderem Impetus erwachsen, sie sind revolutionäre »Triebbilder« sozusagen. Vor allen ist an diesen – bereits unverwandelt einschlagenden – Bildern wichtig, den sie sich keineswegs im »Diluvium« gebildet haben, sondern im Verlauf der Geschichtsdialektik. Den einzigen Archetypus vom goldenen Zeitalter ausgenommen, von der alten »Gemeinfreiheit«, von der Urkommune, und der ist dem Fascismus der unerwünschteste. Ja es zeigte sich im nationalsozialistischen »Umbruch«: auch die bedenklicheren unter den archaischen Bildkategorien wären aus ihrer Vergangenheit nicht rezent geworden, wenn sie nicht eben als Zukunft verstehbar oder mißverstehbar wären, nämlich als Traumbilder eines vorzeitig Verlorenen, das den Menschen von der anderen Seite wieder entgegenkommt. Das Gleiche fühlt erst recht und mit Recht der Sozialist an den echten Urbildern, beispielsweise an jenem, das in der Erstürmung der Bastille erscheint und in dem Tanz des Volkes auf ihren Trümmern. Im künftigen Inventar der Urbilder, der prähistorisch wie historisch gelegenen, dürfte dieses letztere wohl den höchsten Rang einnehmen; es bezeichnet das Doppelglück der Revolution wie des Friedens. Und jener so wirksame wie reellste Glanz ist darin, der bereits wieder glanzlos und unscheinbar zu werden beginnt: die Revolution als Selbstverständlichkeit.

(1937)

VI. Antipoden

Einleitung

In dem Bemühen, die kaum zu überschauende Fülle politischer Beziehungen, Verpflechtungen und Wechselwirkungen zu ordnen, durchsichtig zu machen und begrifflich zu fassen, tendiert politisches Denken nicht erst im 20. Jahrhundert zu dichotomischen Begriffsbildungen: Macht und Ohnmacht, Gewalt und Gewaltlosigkeit, Recht und Rechtlosigkeit, Freiheit und Unfreiheit etc. Die vielfältigen und kaum noch zu überschauenden Nuancen und Abstufungen im Aufbau der politischen Welt werden so antithetisch eliminiert. Die politische Welt wird geordnet und durchschaubar gemacht mit Hilfe von Gegenüberstellungen, die das Undeutliche eindeutig machen und das Unscharfe »auf den Begriff bringen«. Die kaum zu überschätzende Bedeutung, die politische Theorie für politische Praxis, politisches Denken für politisches Handeln hat, kann gerade an der begrifflichen Präformation der Welt veranschaulicht werden. Die nachfolgenden politischen Entscheidungen bewegen sich fast immer in den Bahnen, die hier durch die begrifflichen Antithesen vorgegeben worden sind: Gewalt oder Gewaltlosigkeit, Freiheit oder Unfreiheit, Elite oder Masse, Führer oder Geführte. Vor allem die beiden letztgenannten Begriffspaare haben im politischen Denken des 20. Jahrhunderts eine herausragende Rolle gespielt. Was im politischen Denken als Antithese entworfen worden ist, ist sich dann in der politischen Realität als Antipode begegnet. Damit soll nicht gesagt sein, daß ohne die Antithesen es die Antipoden nicht gegeben hätte; natürlich sind die Begriffsbildungen immer auch Reflexionen auf das, was tatsächlich ist, aber durch ihre begriffliche Zuspitzung verleihen sie dem, was ist, eine größere Eindeutigkeit und damit auch – Einseitigkeit. Das »Auf-den-Begriff-bringen« ist nie bloß Theorie, sondern immer auch Praxis.

Aus den Nervösen, Reizbaren und Halbverrückten, so Gustave
Le Bon, *rekrutierten sich die politischen Führer; ein starker Wille
und die mitunter pathologisch anmutende Bereitschaft zum Martyrium versetzten sie in die Lage, den Menschen, d. h. denen, die ihnen als Masse gegenüberstehen, jenen Glauben zu vermitteln, der
erst Folgebereitschaft hervorruft. Dabei ist Führung, wie Le Bon
sie beschreibt, fast immer gewaltsame Führung. Was er im Auge
hat, wenn er von Führern spricht, sind nicht legitime Könige oder
angestammte Herrscher, sondern demagogische Führer, also
Volksführer in der doppelten Bedeutung, daß sie selber dem Volk
entstammen und das Volk führen. Sie sind Führer auf eigene Faust,
und ihre Führerrolle verdankt sich nichts anderem als ihren persönlichen Eigenschaften. Ausgehend von diesen Eigenschaften
stellt Le Bon zwei Führertypen einander gegenüber: kühne, jedoch
wenig ausdauernde Führer, die zu Beginn Großes erreichen, aber
keine langfristig angelegte Politik zu betreiben vermögen, und be-
harrlich wollende Führer, denen oftmals die Entschlossenheit zu
gewagten Schritten abgeht, die aber ihre Ziele geduldig und be-
harrlich verfolgen, insofern sie in langen Zeiträumen Politik
treiben.*

*Nicht um Unterscheidungen innerhalb der Führergruppe, son-
dern um den Gegensatz zwischen Führern und Geführten, »Avantgarde«, Vorhut, wie er sagt, und Klasse geht es* Lenin. *Auf der
einen Seite steht bei ihm eine Arbeiterklasse, die von sich aus allenfalls zu einem »trade-unionistischen«, wie Lenin sagt, also einem
gewerkschaftlichen Bewußtsein zu kommen vermag: Sie kämpft
für die Erhöhung ihrer Löhne und für die Verbesserung ihrer
Lebensbedingungen, weiß aber nicht um die, so Lenin, Unversöhnlichkeit ihres Interessengegensatzes zur Bourgeoisie und
täuscht sich darum ein ums andere Mal hinsichtlich der tatsächlich
erreichbaren Ziele. Damit sie darüber aufgeklärt wird, ist die Arbeiterklasse auf Intellektuelle angewiesen, die von außen ein sozialdemokratisches (Lenin meint damit ein sozialistisch-revolutio-
näres) Bewußtsein in sie hineintragen. Genau diese Unterscheidung
Lenins zwischen Berufsrevolutionären auf der einen und einem
bloß potentiell revolutionären Arbeitermilieu auf der anderen Seite
hat* Rosa Luxemburg *als ein blanquistisches Mißverständnis der
proletarischen Revolution kritisiert und auf die sozio-ökono-*

mische Rückständigkeit Rußlands zurückgeführt. Gegen Lenins rigide Disziplinforderungen und die von ihm betriebene Konzentration aller Entscheidungsbefugnisse beim Zentralkomitee entwickelt sie die Vorstellung einer dialektischen Beziehung zwischen Aufklärung und politischem Kampf, in der die Unterscheidung zwischen Führung und Geführten, Elite und Masse ihre Bedeutung verliert. Die proletarische Revolution ist für Rosa Luxemburg mithin der Prozeß der Überwindung der Trennung zwischen Elite und Masse, auch was die inneren Verhältnisse der Arbeiterbewegung anbetrifft.

Demgegenüber ist für Karl Jaspers ganz selbstverständlich, daß Massen durch Eliten geführt werden: Nicht Majoritäten, sondern Minoritäten machen Politik. Strenge Auswahl, hohe Anforderung und genaue Kontrolle sind die Konstitutionsbedingungen solcher Eliten. Resigniert stellt Jaspers jedoch fest, daß im Zeitalter der Massen Adel im emphatischen Sinn nicht mehr zur Herrschaft gelangt (vgl. auch Jaspers' Text über den Politiker, oben, S. 62 ff.). Auch Gaetano Mosca geht davon aus, daß in der Politik zwei Klassen einander gegenüberstehen, eine, die herrscht, und eine, die beherrscht wird. Die von Marxisten wie Anarchisten entwickelte Perspektive, wonach Herrschaft eine historisch begrenzte Etappe der Geschichte ist und in gesellschaftliche Selbstkontrolle überführt werden kann (vgl. auch den Text von Sartre, oben, S. 65 ff.), wird als Illusion zurückgewiesen. Daß es eine herrschende Klasse, Mosca nennt sie die politische Klasse, gibt, ist unaufhebbar. Dabei weist Moscas politisch-soziologische Betrachtung von Herrschaft das politisch-juristische Klassifikationsmodell der Unterscheidung von Herrschaftsformen nach Verfassungstypologien zurück. An die Stelle der Verfassung tritt bei Mosca das, was in der Politikwissenschaft heute als »politische Kultur« bezeichnet wird: politische Traditionen und Bräuche, Mentalitäten und Einstellungen, Elitenselbstverständnis und Herrschaftsakzeptanz. Hierin, nicht in formalen Verfassungsbestimmungen, sind Mosca zufolge die ausschlaggebenden Selektionskriterien der minoritären Elite zu finden. Mosca geht weiterhin davon aus, daß alle politischen Klassen dazu tendieren, ihre Herrschaft auf Dauer zu stellen und an ihre Kinder zu vererben, wobei sich je nach den konkreten Konstitutionsbedingungen der Elite auch die Regeln der Vererbung von Position und Status unterscheiden. – Mit den Auslesebedingungen politischen Führertums hat sich Theodor Geiger *auseinandergesetzt. Er unterscheidet »gegebene« Führer (solche, bei denen der Ausleseakt fehlt) und »gesetzte« Führer (solche, die von außen eingesetzt werden und auf deren Auswahl die Geführten keinen Einfluß haben) von denen, die eine Population durch Wahl selbst hervorbringt. Demokratie im Sinne unmittelbarer Auswahl der Führer durch die Geführten ist, Geiger zufolge, nur in kleinen, relativ homogenen Gruppen möglich, während auf der Ebene der Staaten unter einer demokratischen Verfassung immer Parteien oder parteiähnliche Organisationen als Vermittlungsinstanzen zwischen Führung und Geführte treten. Die eigentliche Auslese, so Geiger, findet dann hinter den Kulissen, also nicht durch das Wahlvolk, sondern durch die Partei selbst statt (vgl. auch den Text von Michels, oben, S. 243 ff.).*

Weiterführende Literatur

Klaus v. Beyme, *Die politische Elite in der Bundesrepublik Deutschland*, München 1974

T. B. Bottomore, *Elite und Gesellschaft*, München 1969

Dietrich Herzog, *Politische Führungsgruppen. Probleme und Ergebnisse der modernen Elitenforschung*, Darmstadt 1982 (Wissenschaftliche Buchgesellschaft)

Die Führer der Massen

Sobald eine gewisse Anzahl lebender Wesen vereinigt ist, einerlei, ob eine Herde Tiere oder eine Menschenmenge, unterstellen sie sich unwillkürlich einem Oberhaupt, d. h. einem Führer.

In den menschlichen Massen spielt der Führer eine hervorragende Rolle. Sein Wille ist der Kern, um den sich die Anschauungen bilden und ausgleichen. Die Masse ist eine Herde, die sich ohne Hirten nicht zu helfen weiß.

Sehr oft war der Führer zuerst ein Geführter, der selbst von der Idee hypnotisiert war, deren Apostel er später wurde. Sie hat ihn so sehr erfüllt, daß neben ihr alles verschwand und daß ihm nun jede gegenteilige Anschauung als Irrtum und Aberglaube erscheint. So z. B. Robespierre, der von seinen wunderlichen Ideen so hypnotisiert war, daß er sich zu ihrer Verbreitung der Mittel der Inquisition bediente.

Meistens sind die Führer keine Denker, sondern Männer der Tat. Sie haben wenig Scharfblick und könnten auch nicht anders sein, da der Scharfblick im allgemeinen zu Zweifel und Untätigkeit führt. Man findet sie namentlich unter den Nervösen, Reizbaren, Halbverrückten, die sich an der Grenze des Irrsinns befinden. So abgeschmackt auch die verfochtene Idee oder das verfolgte Ziel sein mag, gegen ihre Überzeugung wird alle Logik zunichte. Verachtung und Verfolgung stört sie nicht oder erregt sie nur noch mehr. Persönliches Interesse, Familie, alles wird geopfert. Sogar der Selbsterhaltungstrieb ist bei ihnen ausgeschaltet, und zwar in solchem Maße, daß die einzige Belohnung, die sie oft anstreben, das Martyrium ist. Die Stärke ihres Glaubens verleiht ihren Worten eine große suggestive Macht. Die Menge hört immer auf den Menschen, der über einen starken Willen verfügt. Die in der Masse vereinigten einzelnen verlieren allen Willen und wenden sich instinktiv dem zu, der ihn besitzt.

An Führern hat es den Völkern nie gefehlt, aber sie besitzen nicht alle die starken Überzeugungen, die den Apostel machen. Oft sind es geschickte Redner, die nur ihre eigenen Interessen verfolgen und durch Schmeicheln niedriger Instinkte zu überreden suchen. Der Einfluß, den sie ausüben, bleibt stets nur äußerlich.

Die großen Überzeugten, die die Massenseele erhoben haben, wie Peter von Amiens, Luther, Savonarola, die Revolutionsmänner, begeisterten erst, nachdem sie selbst durch einen Glauben begeistert waren. Dann freilich konnten sie in den Seelen jene furchtbare Macht erzeugen, die Glaube heißt und den Menschen zum völligen Sklaven seines Traumes macht.

Glauben erwecken, sei es religiöser, politischer oder sozialer Glaube, Glaube an eine Person oder an eine Idee, das ist die besondere Rolle des großen Führers. Von allen Kräften, die der Menschheit zur Verfügung stehen, war der Glaube stets eine der bedeutendsten, und mit Recht schreibt ihm das Evangelium die Macht zu, Berge zu versetzen. Dem Menschen einen Glauben schenken, heißt seine Kraft verzehnfachen. Die großen geschichtlichen Ereignisse wurden oft von unbekannten Gläubigen verwirklicht, die nichts als ihren Glauben besaßen. Nicht die Gelehrten und Philosophen, vor allem nicht die Skeptiker, haben die großen Religionen geschaffen, die die Welt und die riesigen Reiche, die sich von der einen Erdhälfte bis zur andern erstreckten, beherrscht haben.

Doch solche Beispiele passen nur für die großen Führer, und die sind so selten, daß die Geschichte ihre Zahl leicht feststellen könnte. Sie bilden den Gipfel einer absteigenden Reihe, von den Führernaturen angefangen bis hinunter zum Arbeiter, der in einer rauchigen Kneipe seine Genossen nach und nach begeistert, indem er fortwährend ein paar kaum verstandene Redensarten wiederholt, die nach seiner Meinung alle Träume und Hoffnungen verwirklichen würden.

In allen sozialen Schichten, von der höchsten bis zur niedrigsten, gerät der Mensch, sobald er nicht mehr alleinsteht, leicht unter die Herrschaft eines Führers. Die meisten Menschen, besonders in den Massen des Volkes, haben von nichts außerhalb ihres Berufsfaches eine klare und richtige Vorstellung. Sie sind nicht imstande, sich selbst zu leiten; so dient ihnen der Führer als Wegweiser. Er kann zur Not, aber nur sehr unzureichend, durch Zeitungen ersetzt werden, die ihren Lesern Meinungen anfertigen und Redensarten bieten, welche alles Denken ersparen.

Die Herrschaft der Führer ist äußerst gewaltsam und verdankt nur dieser Gewalt ihre Geltung. Man kann oft erleben, wie leicht sie sich in unruhigsten Arbeiterschichten Gehorsam verschaffen, ohne ein anderes Mittel als ihr Ansehen anzuwenden. Sie bestimmen die Zahl der Arbeitsstunden, die Lohntarife, beschließen die Streiks, lassen sie zu einer bestimmten Stunde beginnen und enden.

Heute haben es die Führer darauf abgesehen, nach und nach die öffentlichen Gewalten zu ersetzen, soweit man sie erörtern und schwächen kann. Durch ihre Gewaltherrschaft erreichen diese neuen Herren, daß die Massen ihnen viel leichter folgen als irgendeiner Regierung. Verschwindet durch einen Zufall der Führer und ist nicht sofort Ersatz da, so wird die Masse wieder eine Menge ohne Zusammenhang und Widerstandskraft. Während eines Streiks der Pariser Omnibusangestellten genügte die Verhaftung der beiden Anführer, die ihn leiteten, um ihm sofort ein Ende zu bereiten. Nicht das Freiheitsbedürfnis, sondern der Diensteifer herrscht stets in der Massenseele. Ihr Drang zu gehorchen ist so groß, daß sie sich jedem, der sich zu ihrem Herrn erklärt, instinktiv unterordnen.

Innerhalb der Klasse der Führer läßt sich eine ziemlich scharfe Einteilung vornehmen. Zu der einen Art gehören die energischen, willensstarken, aber nicht ausdauernden Menschen, zur andern, viel selteneren, die Menschen mit einem starken, ausdauernden Willen. Die ersteren sind heftig, tapfer, kühn. Sie taugen besonders dazu, einen Handstreich durchzuführen, die Massen trotz der Gefahr mitzureißen und die jungen Rekruten in Helden zu verwandeln. So waren z. B. im Ersten Kaiserreich Ney und Murat. So war auch noch zu unserer Zeit Garibaldi, ein talentloser, aber energischer Abenteurer, dem es gelang, mit einer Handvoll Menschen sich des ehemaligen Königreichs Neapel zu bemächtigen, obwohl es von einem regelrechten Heer verteidigt wurde.

Aber wenn die Energie solcher Führer auch gewaltig ist, so ist sie doch nur vorübergehend und überdauert kaum den Aufschwung, den sie erzeugten. Sind die Helden in den Strom des gewöhnlichen Lebens zurückgetaucht, so geben sie, die früher so feurig waren, Beweise von erstaunlicher Schwäche. Sie scheinen unfähig zum Nachdenken und können sich in den einfachsten Verhältnissen nicht zurechtfinden, nachdem sie doch vorher die andern so gut zu leiten verstanden. Diese Führer können ihre Aufgabe nur dann erfüllen, wenn sie selbst unausgesetzt geführt und angetrieben werden, stets einen Menschen oder eine Idee über sich fühlen und genauen Verhaltungsregeln folgen müssen.

Die zweite Führerklasse, die der Menschen mit ausdauerndem Willen, übt trotz ihres weniger glänzenden Auftretens einen viel bedeutenderen Einfluß aus. Zu ihnen gehören die wahren Begründer von Religionen oder großen Werken: Paulus, Mohammed, Kolumbus, Lesseps. Mögen sie intelligent, beschränkt oder unbedeutend sein, stets wird die Welt für sie eintreten. Der beharrliche Wille, den sie besitzen, ist eine unendlich seltene und unendlich mächtige Eigenschaft, die sich alles unterwirft. Man ist sich nicht immer klar genug darüber, was ein starker und stetiger Wille vermag. Nichts widersteht ihm, weder die Natur noch die Götter, noch die Menschen.

[...]

[1895]

WLADIMIR ILITSCH LENIN
[Massenspontaneität und politische Führung]

Wir sagten, daß unsere Bewegung, die viel breiter und tiefer ist als die der siebziger Jahre, von ebenso bedingungsloser Entschlossenheit und Tatkraft wie jene beseelt sein muß. In Wirklichkeit hat wohl bisher niemand daran gezweifelt, daß die Kraft der gegenwärtigen Bewegung im Erwachen der Massen (und vor allem des Industrieproletariats), ihre Schwäche aber im Mangel an Zielbewußtheit und an Initiativgeist bei den revolutionären Führern liegt.

[...]

Aus diesem Grunde bietet die Frage des Verhältnisses zwischen Zielbewußtheit und Spontaneität ein gewaltiges allgemeines Interesse, und es ist notwendig, diese Frage sehr eingehend zu behandeln.

Wir haben bereits im vorhergehenden Kapitel die Begeisterung für die Theorie des Marxismus, die die *gesamte* gebildete russische Jugend um die Mitte der neunziger Jahre erfaßt hatte, hervorgehoben. Einen ebenso allgemeinen Charakter hatten um dieselbe Zeit, nach dem berühmten Petersburger Industriekrieg von 1896, die Arbeiterstreiks angenommen. Ihre Ausdehnung über ganz Rußland zeugte offensichtlich von der Tiefe der neueinsetzenden Volksbewegung, und wenn man schon vom »Element der Spontaneität« reden will, so wird man natürlich eben diese Streikbewegung vor allem als eine spontane anerkennen müssen. Aber es gibt verschiedene Arten von Spontaneität. Streiks hat es in Rußland auch in den siebziger und in den sechziger Jahren (und sogar schon in der ersten Hälfte des XIX. Jahrhunderts) gegeben, die von »spontaner« Maschinenstürmerei usw. begleitet waren. Verglichen mit diesen »Revolten« kann man die Streiks der neunziger Jahre sogar als »zielbewußte« bezeichnen – so bedeutsam ist der Schritt vorwärts, den die Arbeiterbewegung in dieser Zeit getan hat. Das zeigt uns, daß das »Element der Spontaneität« eigentlich nichts anderes als die *Keimform* der Zielbewußtheit darstellt. Auch die primitiven Revolten brachten ein gewisses Erwachen des Bewußtseins zum Ausdruck: Die Arbeiter verloren den althergebrachten Glauben an die Unerschütterlichkeit des sie unterdrückenden Regimes, sie begannen die Notwendigkeit einer kollektiven Abwehr, wenn nicht zu verstehen, so doch zu fühlen, und brachen entschieden mit der sklavischen Unterwürfigkeit gegenüber der Obrigkeit. Aber das war viel eher ein Ausbruch der Verzweiflung und der Rache als ein *Kampf*. Die Streiks der neunziger Jahre zeigen schon viel mehr Anzeichen vom Erwachen des Zielbewußtseins: Es werden bestimmte Forderungen aufgestellt, es wird vorher überlegt, welcher Moment der günstigere ist, die bekanntgewordenen Fälle und Beispiele an anderen Orten werden besprochen usw. Wenn die Revolten nur eine Auflehnung unterdrückter Menschen waren, so brachten die systematischen Streiks bereits die Keime des Klassenkampfes zum Ausdruck, aber eben erst die Keime. An und für sich waren diese Streiks ein trade-unionistischer und noch kein sozialdemokratischer Kampf; sie kennzeichneten das Erwachen des Antagonismus zwischen Arbeitern und Unternehmern, aber den Arbeitern fehlte noch – und mußte noch fehlen – die Erkenntnis der unversöhnlichen Gegensätzlichkeit ihrer Interessen zu dem gesamten gegenwärtigen politischen und sozialen Regime, d. h. es fehlte ihnen das sozialdemokratische Bewußtsein. In diesem Sinne blieben die Streiks der neunziger

Jahre, trotz des gewaltigen Fortschritts im Vergleich zu den »Revolten«, eine rein spontane Bewegung.

Wir haben gesagt, daß die Arbeiter ein sozialdemokratisches Bewußtsein noch *nicht haben konnten*. Dieses konnte ihnen nur von außen gebracht werden. Die Geschichte aller Länder zeigt, daß die Arbeiterklasse aus ihren eigenen Kräften einzig und allein ein trade-unionistisches Bewußtsein herauszuarbeiten vermag, d. h. die Überzeugung von der Notwendigkeit, sich zu Verbänden zusammenzuschließen, einen Kampf gegen die Unternehmer zu führen, von der Regierung diese oder jene für die Arbeiter notwendigen Gesetze zu fordern usw. (.) Die Lehre des Sozialismus ist jedoch aus jenen philosophischen, historischen und ökonomischen Theorien herausgewachsen, die von den gebildeten Vertretern der besitzenden Klassen, der Intelligenz, geschaffen wurden. Auch die Begründer des modernen wissenschaftlichen Sozialismus, Marx und Engels, gehörten nach ihrer sozialen Lage der bürgerlichen Intelligenz an. Ebenso ist auch in Rußland die theoretische Lehre der Sozialdemokratie ganz unabhängig von dem spontanen Anwachsen der Arbeiterbewegung entstanden; sie ist als natürliche und unvermeidliche Folge der Ideenentwicklung in der revolutionär-sozialistischen Intelligenz entstanden. Zu der Zeit, von der wir sprechen, d. h. um die Mitte der neunziger Jahre, war diese Lehre nicht nur zum vollkommen abgeschlossenen Programm der Gruppe »Befreiung der Arbeit« geworden, sondern sie hatte bereits die Mehrheit der revolutionären Jugend in Rußland für sich gewonnen.

[...]
[1902]

ROSA LUXEMBURG
[Kapitalistische Disziplinierung und revolutionäre Selbstdisziplin]

[...]
Das uns vorliegende Buch des Genossen Lenin [Ein Schritt vorwärts, zwei Schritte zurück, Anm. d. Hrsg.] [...] ist die systemati-

sche Darstellung der Ansichten der ultrazentralistischen Richtung der russischen Partei. Die Auffassung, die hier in eindringlicher und erschöpfender Weise ihren Ausdruck gefunden hat, ist die eines rücksichtslosen Zentralismus, dessen Lebensprinzip einerseits die scharfe Heraushebung der Absonderung der organisierten Trupps der ausgesprochenen und tätigen Revolutionäre von dem sie umgebenden, wenn auch unorganisierten, aber revolutionäraktiven Milieu, andererseits die straffe Disziplin und die direkte, entscheidende und bestimmende Einmischung der Zentralbehörde in alle Lebensäußerungen der Lokalorganisationen der Partei. [...] Danach erscheint das Zentralkomitee als der eigentliche aktive Kern der Partei, alle übrigen Organisationen lediglich als seine ausführenden Werkzeuge.

Lenin erblickt gerade in der Vereinigung eines so straffen Zentralismus in der Organisation mit der sozialdemokratischen Massenbewegung ein spezifisch revolutionär-marxistisches Prinzip und weiß eine Menge Tatsachen für seine Auffassung ins Feld zu führen. Doch untersuchen wir die Sache etwas näher. Es unterliegt keinem Zweifel, daß der Sozialdemokratie im allgemeinen ein starker zentralistischer Zug innewohnt. Erwachsen aus dem wirtschaftlichen Boden des seinen Tendenzen nach zentralistischen Kapitalismus und angewiesen in ihrem Kampfe auf den politischen Rahmen des zentralisierten bürgerlichen Großstaats, ist die Sozialdemokratie von Hause aus eine ausgesprochene Gegnerin jedes Partikularismus und nationalen Föderalismus. Berufen dazu, allen partiellen und Gruppeninteressen des Proletariats gegenüber im Rahmen eines gegebenen Staates die Gesamtinteressen des Proletariats als Klasse zu vertreten, hat sie überall die natürliche Bestrebung, alle nationalen, religiösen, beruflichen Gruppen der Arbeiterklasse zur einheitlichen Gesamtpartei zusammenzuschweißen, wovon sie nur in exklusiven, abnormen Verhältnissen, wie zum Beispiel in Österreich, notgedrungen eine Ausnahme zugunsten des föderalistischen Prinzips macht.

[...]

Die sozialdemokratische Bewegung ist die erste in der Geschichte der Klassengesellschaften, die in allen ihren Momenten, im ganzen Verlauf auf die Organisation und die selbständige direkte Aktion der Masse berechnet ist. In dieser Beziehung schafft die Sozialdemokratie einen ganz anderen Organisationstypus als die früheren sozialistischen Bewegungen, zum Beispiel die des jakobinisch-blanquistischen Typus.

Lenin scheint dies zu unterschätzen, wenn er in seinem Buche meint, der revolutionäre Sozialdemokrat sei doch nichts anderes als »der mit der Organisation des klassenbewußten Proletariats unzertrennlich verbundene Jakobiner«. In der Organisation und dem Klassenbewußtsein des Proletariats im Gegensatz zur Verschwörung einer kleinen Minderheit erblickt Lenin die erschöpfenden Unterschiedsmomente zwischen der Sozialdemokratie und dem Blanquismus. Er vergißt, daß damit auch eine völlige Umwertung der Organisationsbegriffe, ein ganz neuer Inhalt für den Begriff des Zentralismus, eine ganz neue Auffassung von dem wechselseitigen Verhältnis der Organisation und des Kampfes gegeben ist.

Der Blanquismus war weder auf die unmittelbare Klassenaktion der Arbeitermasse berechnet, noch brauchte er deshalb auch eine Massenorganisation. Im Gegenteil, da die breite Volksmasse erst im Moment der Revolution auf dem Kampfplatz erscheinen sollte, die vorläufige Aktion aber in der Vorbereitung eines revolutionären Handstreichs durch eine kleine Minderheit bestand, so war die scharfe Abgrenzung der mit dieser bestimmten Aktion betrauten Personen von der Volksmasse zum Gelingen ihrer Aufgabe direkt erforderlich. Sie war aber auch möglich und ausführbar, weil zwischen der konspiratorischen Tätigkeit einer blanquistischen Organisation und dem alltäglichen Leben der Volksmasse gar kein innerer Zusammenhang bestand.

Zugleich waren auch die Taktik und die näheren Aufgaben der Tätigkeit, da diese ohne Zusammenhang mit dem Boden des elementaren Klassenkampfes, aus freien Stücken, aus dem Handgelenk improvisiert wurde, im voraus bis ins Detail ausgearbeitet, als bestimmter Plan fixiert und vorgeschrieben. Deshalb verwandelten sich die tätigen Mitglieder der Organisation naturgemäß in reine Ausführungsorgane eines außerhalb ihres eigenen Tätigkeitsfeldes im voraus bestimmten Willens, in Werkzeuge eines Zentralkomitees. Damit war auch das zweite Moment des verschwörerischen Zentralismus gegeben: die absolute blinde Unterordnung der Einzelorgane der Partei unter ihre Zentralbehörde und die Erweiterung der entscheidenden Machtbefugnisse dieses letzteren bis an die äußerste Peripherie der Parteiorganisation.

Grundverschieden sind die Bedingungen der sozialdemokratischen Aktion. Diese wächst historisch aus dem elementaren Klassenkampf heraus. Sie bewegt sich dabei in dem dialektischen Widerspruch, daß hier die proletarische Armee sich erst im Kampfe selbst rekrutiert und erst im Kampfe auch über die Aufgaben des Kampfes klar wird. Organisation, Aufklärung und Kampf sind hier nicht getrennte, mechanisch und auch zeitlich gesonderte Momente, wie bei einer blanquistischen Bewegung, sondern sie sind nur verschiedene Seiten desselben Prozesses. Einerseits gibt es – abgesehen von allgemeinen Grundsätzen des Kampfes – keine fertige, im voraus festgesetzte detaillierte Kampftaktik, in die die sozialdemokratische Mitgliedschaft von einem Zentralkomitee eingedrillt werden könnte. Andererseits bedingt der die Organisation schaffende Prozeß des Kampfes ein beständiges Fluktuieren der Einflußsphäre der Sozialdemokratie.

Daraus ergibt sich schon, daß die sozialdemokratische Zentralisation nicht auf blindem Gehorsam, nicht auf der mechanischen Unterordnung der Parteikämpfer unter eine Zentralgewalt basieren kann und daß andererseits zwischen dem bereits in feste Parteikadres organisierten Kern des klassenbewußten Proletariats und den vom Klassenkampf bereits ergriffenen, im Prozeß der Klassenaufklärung befindlichen umliegenden Schicht nie eine absolute Scheidewand aufgerichtet werden kann. Die Aufrichtung der Zentralisation in der Sozialdemokratie auf diesen zwei Grundsätzen – auf der blinden Unterordnung aller Parteiorganisationen mit ihrer Tätigkeit bis ins kleinste Detail unter eine Zentralgewalt, die allein für alle denkt, schafft und entscheidet, sowie auf der schroffen Abgrenzung des organisierten Kernes der Partei von dem ihn umgebenden revolutionären Milieu, wie sie von Lenin verfochten wird, erscheint uns deshalb als eine mechanische Übertragung der Organisationsprinzipien der blanquistischen Bewegung von Verschwörerzirkeln auf die sozialdemokratische Bewegung der Arbeitermassen. Und Lenin hat seinen Standpunkt vielleicht scharfsinniger gekennzeichnet, als es irgendeiner seiner Opponenten tun könnte, indem er seinen »revolutionären Sozialdemokraten« als den »mit der Organisation der klassenbewußten

Arbeiter verbundenen Jakobiner« definiert. Tatsächlich ist die Sozialdemokratie aber nicht mit der Organisation der Arbeiterklassen verbunden, sondern sie ist die eigene Bewegung der Arbeiterklasse. Der sozialdemokratische Zentralismus muß also von wesentlich anderer Beschaffenheit sein als der blanquistische. Er kann nichts anderes als die gebieterische Zusammenfassung des Willens der aufgeklärten und kämpfenden Vorhut der Arbeiterschaft ihren einzelnen Gruppen und Individuen gegenüber sein, es ist dies sozusagen ein »Selbstzentralismus« der führenden Schicht des Proletariats, ihre Majoritätsherrschaft innerhalb ihrer eigenen Parteiorganisation.

Schon aus der Untersuchung dieses eigentlichen Inhalts des sozialdemokratischen Zentralismus wird klar, daß für einen solchen heutzutage in Rußland die erforderlichen Bedingungen noch nicht in vollem Maße gegeben sein können. Es sind dies nämlich: das Vorhandensein einer beträchtlichen Schicht im politischen Kampfe bereits geschulter Proletarier und die Möglichkeit, ihrer Dispositionsfähigkeit durch direkte Ausübung des Einflusses (auf öffentlichen Parteitagen, in der Parteipresse usw.) Ausdruck zu geben.

Letztere Bedingung kann offenbar erst mit der politischen Freiheit in Rußland geschaffen werden, die erstere aber – die Heranbildung einer klassenbewußten, urteilsfähigen Vorhut des Proletariats – ist eben erst im Werden begriffen und muß als der leitende Zweck der nächsten agitatorischen wie auch organisatorischen Arbeit betrachtet werden.

Um so überraschender wirkt die umgekehrte Zuversicht Lenins, demzufolge alle Vorbedingungen zur Durchführung einer großen und äußerst zentralisierten Arbeiterpartei in Rußland bereits vorhanden sind. Und es verrät wiederum eine viel zu mechanische Auffassung von der sozialdemokratischen Organisation, wenn er optimistisch ausruft, daß jetzt schon »nicht dem Proletariat, sondern manchen Akademikern in der russischen Sozialdemokratie die Selbsterziehung im Sinne der Organisation und der Disziplin not tue«, wenn er die erzieherische Bedeutung der Fabrik für das Proletariat rühmt, die es von Hause aus für »Disziplin und Organisation« reif mache. Die »Disziplin«, die Lenin meint, wird dem Proletariat keineswegs bloß durch die Fabrik, sondern auch durch die Kaserne, auch durch den modernen Bürokratismus, kurz –

durch den Gesamtmechanismus des zentralisierten bürgerlichen Staates eingeprägt. Doch ist es nichts als eine mißbräuchliche Anwendung des Schlagwortes, wenn man gleichmäßig als »Disziplin« zwei so entgegengesetzte Begriffe bezeichnet, wie die Willen- und Gedankenlosigkeit einer vielbeinigen und vielarmigen Fleischmasse, die nach dem Taktstock mechanische Bewegungen ausführt, und die freiwillige Koordinierung von bewußten politischen Handlungen einer gesellschaftlichen Schicht; wie den Kadavergehorsam einer beherrschten Klasse und die organisierte Rebellion einer um die Befreiung ringenden Klasse. Nicht durch die Anknüpfung an die ihm durch den kapitalistischen Staat eingeprägte Disziplin – mit der bloßen Übertragung des Taktstocks aus der Hand der Bourgeoisie in die eines sozialdemokratischen Zentralkomitees, sondern durch die Durchbrechung, Entwurzelung dieses sklavischen Disziplingeistes kann der Proletarier erst für die neue Disziplin – die freiwillige Selbstdisziplin der Sozialdemokratie erzogen werden.

[...]
[1904]

KARL JASPERS
[Eliten und Masse]

Massen kommen erst in Bewegung durch Führer, die ihnen sagen, was sie wollen; Minoritäten machen die Geschichte. Doch es ist heute unwahrscheinlich, die Masse durch eine Aristokratie, welche sie als die mit Recht herrschende anerkennte, kontinuierlich in Respekt zu halten. Wohl ist es eine Not, daß heute alle Menschen, welche mangels eigentlichen Selbstseins nicht wahrhaftig denken können, doch durch das, was sie gelernt haben, die Sprachlichkeit des Gedachten erwerben und damit hantieren. Aber die Masse drängt unablässig, nachdem sie auf diese Weise am Denken ihr Teil genommen hat.

Es kann daher die Frage sein, wie eine Minorität auf dem Wege über eine augenblickliche Zustimmung der Massen sich die Mittel der Gewalt verschafft, durch die sie dann auch bei mangelnder

Zustimmung der Herrschaft festhält, um den Massenmenschen, der weder er selbst ist, noch weiß, was er will, zu prägen. Exklusive Minoritäten können im Bewußtsein ihres Adels, unter dem Namen der Avantgarde oder der Fortgeschrittensten, der Willenskräftigsten, der Gefolgschaft eines Führers, des historisch ererbten Vorrangs ihres Blutes sich zusammenschließen, um auf diesem Wege die Macht im Staate zu ergreifen. Sie formieren sich analog den früheren Sekten: scharfe Auswahl, hohe Anforderungen, strenge Kontrolle. Sie fühlen sich als Elite, als die sie nach Gewinn der Macht sich zu erhalten suchen durch Heranbildung einer Jugend, welche sie fortsetzen könnte. Jedoch, wenn auch in ihrem Ursprung die Kraft des Selbstseins als der Adel des Menschen eine Rolle gespielt haben kann und in den entscheidenden Individuen weiterhin spielt, so ist die Gesamtheit alsbald eine neue, keineswegs aristokratische Masse als Minorität. Es bleibt vielmehr hoffnungslos, in dem durch die Massen bestimmten Zeitalter den Adel des Menschseins in Gestalt einer herrschenden Minderheit zu erwarten.

Adel und Masse sind darum unabsehbar endgültig keine spezifisch politischen Probleme mehr. Sie kommen wohl noch als Antithese in politischen Argumentationen vor, aber nur noch die Worte sind dieselben, der Sache nach ist es heterogen, ob eine organisierte Minorität gegen die größere Masse herrscht, oder der Adel anonym in der Massenordnung wirkt; ob eine ungerechte und daher unerträgliche Herrschaftsform sich fixiert, oder ob der Adel des Menschseins Raum seiner Verwirklichung findet.

[1930]

Gaetano Mosca
Die politische Klasse

1. Unter den beständigen Tatsachen und Tendenzen des Staatslebens liegt eine auf der Hand: In allen Gesellschaften, von den primitivsten im Aufgang der Zivilisation bis zu den vorgeschrittensten und mächtigsten, gibt es zwei Klassen, eine, die herrscht, und eine, die beherrscht wird. Die erste ist immer die weniger zahlrei-

che, sie versieht alle politischen Funktionen, monopolisiert die Macht und genießt deren Vorteile, während die zweite, zahlreichere Klasse von der ersten befehligt und geleitet wird. Diese Leitung ist mehr oder weniger gesetzlich, mehr oder weniger willkürlich oder gewaltsam und dient dazu, den Herrschenden den Lebensunterhalt und die Mittel der Staatsführung zu liefern. Im praktischen Leben anerkennen wir alle die Existenz dieser herrschenden oder »politischen« Klasse, wie ich sie in einem früheren Werk genannt habe. (.) Wir alle wissen, daß in unserem eigenen Lande die Führung der öffentlichen Angelegenheiten in der Hand einer Minderheit einflußreicher Personen liegt, deren Leitung sich die Mehrheit freiwillig oder gezwungen unterwirft. Wir wissen, daß es sich in den Nachbarländern nicht anders verhält, und in Wahrheit würden wir es schwer finden, uns eine anders organisierte Welt vorzustellen, wo alle gleichmäßig einem einzelnen ohne jede Rangordnung unterworfen wären oder in der alle den gleichen Anteil an der politischen Führung hätten. [...]

2. Vom Standpunkt der Forschung aus gesehen liegt die Bedeutung des Begriffes der politischen Klasse darin, daß deren wechselnde Zusammensetzung über die politische Struktur und den Kulturstand eines Volkes entscheidet. Zufolge einer noch immer gebräuchlichen Einteilung waren die Türkei und Rußland beide bis vor wenigen Jahrzehnten absolute Monarchien, England und Italien waren konstitutionelle Monarchien, Frankreich und die Vereinigten Staaten Republiken. Die Einteilung beruhte darauf, daß in den ersten beiden Ländern das Staatsoberhaupt erblich und formal allmächtig war; bei der zweiten Gruppe erblich, aber in seinen Rechten beschränkt, in der letzten Gruppe aber wählbar.

Diese Einteilung war offenkundig oberflächlich. Das politische Regime in Rußland und in der Türkei hatten kaum etwas Gemeinsames, denn ihr Kulturstand und die Struktur ihrer politischen Klassen waren grundverschieden. Ebenso ist das monarchische Italien der französischen Republik viel verwandter als dem monarchischen Regime in England. Gleicherweise bestehen wichtige Unterschiede zwischen der politischen Ordnung der Vereinigten Staaten und Frankreich, obwohl beide Republiken sind.

[...]

3. Doch wollen wir schon jetzt einem naheliegenden Einwurf

begegnen. Es ist ohne weiteres verständlich, daß ein einzelner eine Masse nicht beherrschen kann, ohne die Unterstützung einer Minderheit zu genießen, aber es ist schwerer zuzugeben, daß Minderheiten stets notwendigerweise Mehrheiten beherrschen und nicht umgekehrt. Aber das ist einer jener in allen Wissenschaften so häufigen Fälle, wo der erste Eindruck der wirklichen Sachlage widerspricht. In Wirklichkeit ist die Herrschaft einer organisierten, einem einheitlichen Antrieb gehorchenden Minderheit über die unorganisierte Mehrheit unvermeidlich. Die Macht einer Minderheit ist für jedes Individuum der Mehrheit unwiderstehlich, da es sich isoliert der Gesamtheit der organisierten Minderheit gegenübersieht. Anderseits ist die Minderheit einfach darum organisiert, weil sie die Minderheit ist. Hundert Menschen, die gemeinsam nach gemeinsamen Plänen handeln, werden tausend Menschen besiegen, die nicht übereinstimmen und mit denen man darum nacheinander einzeln fertig werden kann. Und die erste Gruppe hat es leichter, im Einverständnis zu handeln, einfach darum, weil sie nur aus hundert und nicht aus tausend Menschen besteht. Daraus folgt, daß, je größer eine politische Gemeinschaft, desto kleiner die regierende Minderheit im Verhältnis zur regierten Mehrheit; desto schwerer ist es dann für die Mehrheit, sich zum Widerstand gegen die Minderheit zu organisieren.

[...]

4. In primitiven Gesellschaften, die noch auf der ersten Stufe ihres Zusammenschlusses stehen, gibt die kriegerische Tapferkeit den leichtesten Zugang zur politischen Klasse. In Gesellschaften vorgeschrittener Zivilisation ist Krieg die Ausnahme. In Gesellschaften auf einer frühen Entwicklungsstufe ist er beinahe die Regel. Dort gewinnen die kriegstüchtigsten Individuen leicht die Herrschaft über alle anderen, die Tapfersten werden Häuptlinge. Der Tatbestand ist immer der gleiche, aber er nimmt entsprechend den Umständen sehr verschiedene Formen an.

[...]

6. In Gesellschaften, wo die Religion eine große Rolle spielt und ihre Diener eine besondere Klasse bilden, entsteht fast immer eine priesterliche Aristokratie, die sich einen gewissen Teil des Reichtums und der politischen Macht aneignet. Das alte Ägypten (während gewisser Perioden), das Indien der Brahmanen und das mit-

telalterliche Europa bieten hervorstechende Beispiele. Oft erfüllen die Priester nicht nur religiöse Funktionen. Sie besitzen Kenntnisse auf dem Gebiet des Rechts und der Wissenschaften und sind die Klasse mit der höchsten intellektuellen Kultur. Priesterliche Hierarchien zeigen oft eine bewußte oder unbewußte Tendenz, solche Kenntnisse zu monopolisieren und andere von ihnen auszuschließen. Vielleicht ist die äußerst langsame Verbreitung der leichter erlernbaren demotischen Schrift im alten Ägypten wenigstens zum Teil aus dieser Tendenz zu erklären. Die Druiden in Gallien kannten das griechische Alphabet, gestatteten aber nicht die Niederschrift ihrer reichen heiligen Literatur, sondern ließen vielmehr ihre Schüler diese mühsam auswendig lernen. Das zähe Festhalten am Gebrauch toter Sprachen im alten Chaldäa, in Indien und im europäischen Mittelalter diente wohl demselben Zwecke; manchmal, z. B. in Indien, wurde den Unterklassen die Bekanntschaft mit den heiligen Schriften ausdrücklich verboten.

[...]

7. In manchen Ländern gibt es erbliche Kasten. In solchen Fällen ist die regierende Klasse ein für allemal auf eine bestimmte Zahl von Familien beschränkt, und Geburt ist der einzige Maßstab der Zulassung oder Ausschließung. Beispiele solcher erblicher Aristokratien sind überaus zahlreich. Es gibt kaum ein Land mit alter Kultur, das nicht einmal von einem erblichen Adel beherrscht worden wäre. Wir finden erbliche Adelsklassen in gewissen Perioden der chinesischen und der altägyptischen Geschichte, in Indien, in Griechenland vor den Perserkriegen, im alten Rom, bei den Slawen, bei den Romanen und Germanen des Mittelalters, in Mexiko zur Zeit der Entdeckung Amerikas und in Japan bis vor wenigen Jahrhunderten.

Wir müssen hier zwei Bemerkungen vorausschicken. Erstens tendieren alle politischen Klassen zur faktischen, wenn auch nicht immer zur gesetzlichen Erblichkeit. (.) Alle politischen Kräfte haben die Eigenschaft, die man in der Physik die Trägheit nennt, d. h. eine Tendenz, im gegebenen Zustand zu verbleiben. Reichtum und kriegerische Tüchtigkeit erhalten sich in gewissen Familien leicht durch moralische Traditionen und durch Vererbung. Die Praxis der hohen Politik, die Gewohnheit und selbst die Fähigkeit zum Behandeln großer Fragen erwirbt sich viel leichter, wenn man mit ihnen von Kindheit an vertraut ist. Auch wo akademische Grade, wissenschaftliche Kultur, standesgemäßes Verhalten und besondere Ausleseprüfungen den Zugang zu den öffentlichen Ämtern öffnen, bleibt noch immer, französisch ausgedrückt, der Vorteil der *positions déjà prises* bestehen. Prüfungen und Wettbewerbe mögen theoretisch allen zugänglich sein, aber in Wirklichkeit hat die Mehrzahl nie die Mittel zur Bestreitung der Kosten einer langen Vorbereitung, und viele andere sind nicht im Besitz familiärer und sonstiger Verbindungen, um von vornherein den rechten Start zu finden und das Tasten und die Fehler zu vermeiden, die in einem ungewohnten Milieu ohne Führer und Helfer unvermeidlich sind.

Der demokratische Grundsatz eines ausgedehnten Wahlrechts scheint zunächst mit der besagten Tendenz zur Stabilität der politischen Klasse im Widerspruch zu stehen. Aber die Sieger im Wahlkampf sind fast immer im Besitz der genannten politischen Vorteile, und sehr oft haben sie ihre politische Stellung ererbt. Im englischen, französischen und italienischen Parlament findet man sehr häufig die Söhne, Brüder, Neffen und Schwäger von Abgeordneten und früheren Abgeordneten. (.) Zweitens aber können wir, wo immer eine erbliche Kaste die politische Macht monopolisiert, mit Gewißheit voraussetzen, daß der rechtlichen Erblichkeit die faktische Erblichkeit vorausging. Die betreffenden Familien und Kasten müssen die Herrschaft fest in der Hand halten und alle politischen Kräfte ihres Landes monopolisieren, bevor sie ihr ausschließliches und erbliches Recht auf die Macht verkünden; andernfalls würde ein solcher Anspruch nur bittere Proteste und Kämpfe hervorrufen.

Erbliche Aristokratien rühmen sich oft übernatürlichen Ursprungs oder wenigstens eines anderen und höheren Ursprungs als die Untertanen. Solche Ansprüche beruhen auf der bedeutsamen Tendenz jeder herrschenden Klasse, den faktischen Besitz der Macht auf ein allgemeines moralisches Prinzip zu gründen. Derselbe Anspruch wird manchmal in unserer Zeit in wissenschaftlicher Maske erhoben. Eine Anzahl von Autoren bauen auf einer Erweiterung von DARWINS Lehre die Behauptung auf, daß Oberklassen einen höheren Grad der Entwicklung haben als Unterklassen und diesen daher biologisch überlegen sind. GOBINEAU, GUMPLOWICZ (Der Rassenkampf) und andere gehen so weit zu behaupten, daß die Einteilung der Bevölkerung in Berufsgruppen in modernen Kulturländern auf ethnische Verschiedenheiten zurückgeht.

[...]

GUMPLOWICZ' Lehre von der ethnischen Grundlage jeder Klassenschichtung müßte mindestens durch reichliches Tatsachenmaterial unterbaut sein; denn gegen diese Behauptung lassen sich zahlreiche Tatsachen anführen, u. a., daß oft verschiedene Zweige derselben Familie ganz verschiedenen Klassen angehören.

8. Wenn die politische Klasse nach erblichen biologischen Eigenschaften ausgelesen wäre, dann ergäbe sich daraus eine Schlußfolgerung nicht unähnlich jener, zu der uns der Evolutionismus geführt hat: In beiden Fällen müßte die politische Geschichte der Menschheit viel einfacher sein, als sie in Wirklichkeit ist. Wenn die politische Klasse wirklich zu einer anderen Rasse gehörte oder wenn ihre Herrscherqualitäten sich hauptsächlich durch organische Vererbung fortpflanzten, dann wäre es unverständlich, wieso eine solche Klasse, wenn sie einmal besteht, herabsinken und ihre Macht verlieren kann. Die besonderen Eigenschaften einer Rasse sind äußerst beständig. Hält man sich aber an den Evolutionismus, dann werden die erworbenen Eigenschaften der Eltern den Kindern vererbt, und sie werden so von Generation zu Generation immer stärker herausgearbeitet. Die Nachkommen der Herrschenden müßten darum immer besser zu herrschen verstehen, und alle anderen Klassen müßten immer mehr alle Chancen verlieren, sich an ihre Spitze zu setzen. Die einfachste Erfahrung zeigt, daß es sich ein wenig anders verhält. (.)

Wir sehen, daß jede Veränderung des politischen Gleichgewichts zu einer Änderung in der Zusammensetzung der politischen Klasse führt: Es entsteht dann ein Bedürfnis nach anderen Qualitäten in der Staatsführung, und die alten Qualitäten verlieren z. T. ihre Bedeutung oder werden seltener. Wo eine neue Reichtumsquelle auftaucht, wo die praktische Bedeutung des Wissens wächst, wo eine alte Religion verfällt oder eine neue geboren wird, wo sich neue Ideen verbreiten, dort treten gleichzeitig weitgreifende Verschiebungen in der politischen Klasse ein.

Man könnte die ganze Geschichte der Kulturmenschheit auf den Konflikt zwischen dem Bestreben der Herrschenden nach Monopolisierung und Vererbung der politischen Macht und dem Bestreben neuer Kräfte nach einer Änderung der Machtverhältnisse erklären. Dieser Konflikt erzeugt eine dauernde gegenseitige Durchdringung der Oberschicht und eines Teiles der Unterschicht. Politische Klassen sinken unweigerlich herab, wenn für die Eigenschaften, durch die sie zur Macht kamen, kein Platz mehr ist, wenn sie ihre frühere soziale Bedeutung für die Allgemeinheit verlieren, wenn ihre Vorzüge und Leistungen in einer sozialen Umgebung an Bedeutung verlieren. So verfiel die römische Aristokratie, als sie nicht länger ausschließlich die höheren Offiziere, die Beamten der Republik und die Gouverneure der Provinzen stellte. So verfiel die venezianische Aristokratie, als die Nobili nicht mehr die Galeeren befehligten und nicht mehr den größten Teil ihres Lebens in Seefahrt, Handel und Krieg verbrachten.

[...]

Das bestbekannteste und vielleicht wichtigste Beispiel der Erstarrung bietet das spätrömische Reich. Nach einigen Jahrhunderten fast völliger sozialer Unbeweglichkeit trat dort eine immer schärfere Trennung zwischen der Klasse der Landbesitzer und hohen Beamten einerseits und der Klasse der Sklaven, Kolonen und städtischen Plebejer andererseits in Erscheinung. Es ist besonders bezeichnend, daß Amt und Rang schon gewohnheitsmäßig erblich waren, ehe sie es gesetzlich wurden. Und diese Erblichkeit verbreitete sich dann schnell über alle Stände. (.)

Andererseits schaffen Handel mit fremden Völkern, notgedrungene Auswanderung wie auch Entdeckungen und Kriege neue Armut und neuen Reichtum, verbreiten bisher unbekannte Kenntnisse und führen zum Eindringen neuer moralischer, geistiger und religiöser Strömungen. Manchmal entsteht auch aus einer langsamen inneren Entwicklung, aus äußeren Einflüssen oder aus dem Zusammenwirken beider eine neue Wissenschaft, oder vergessene Ergebnisse einer früheren wissenschaftlichen Entwicklung kommen wieder zu Ehren; die neuen Ideen und Überzeugungen unterhöhlen dann die Gedankenwelt, auf der der Gehorsam der Massen beruhte. Manchmal wird die politische Klasse ganz oder teilweise durch äußere Feinde vernichtet oder durch neue soziale Elemente vertrieben. Dann folgt eine Periode der Erneuerung oder, wenn man will, der Revolution; individuelle Energien erhalten freie Bahn. In solchen Zeiten steigen die Leidenschaftlichsten, Tätigsten, Klügsten und Entschlossensten aus der Tiefe der Gesellschaft zu ihren höchsten Spitzen auf.

Hat eine solche Bewegung einmal begonnen, dann läßt sie sich nicht auf einmal aufhalten. Das Vorbild von Zeitgenossen, die aus dem Nichts kamen und zu hervorragenden Stellungen gelangten, stachelt neuen Ehrgeiz, neue Begierden und neue Energien an, und diese molekulare Erneuerung der politischen Klasse dauert fort, bis eine lange Periode sozialer Stabilität sie wieder verlangsamt. Beispiele solcher Vorgänge wären heutzutage überflüssig, denn besonders markant sind solche schnellen Erneuerungsprozesse in jungen Kolonien. Im Anfang gibt es dort keine fix und fertige herrschende Klasse, und während sie sich bildet, ist es leicht, Zutritt zu ihr zu finden. Die Monopolisierung von Land und anderen Produktionsmitteln ist schwerer als sonst, wenn vielleicht auch nicht ganz so unmöglich. Darum fanden griechische Energie und Unternehmungslust zeitweise solch weite Entfaltungsmöglichkeiten in den griechischen Kolonien. Darum gibt es in den Vereinigten Staaten, wo neues Land während des ganzen neunzehnten Jahrhunderts in Anbau genommen wurde und dauernd neue Industrien entstanden, auch heute noch soviel mehr Beispiele von Männern, die aus dem Nichts zur Berühmtheit und zum Reichtum gelangten, als in Europa. Das trägt zu der Illusion des Volkes bei, daß die Demokratie eine Wirklichkeit ist.

Wenn eine Gesellschaft schrittweise aus dem Fieberzustand zur Ruhe übergeht, dann setzen sich die dauernden psychologischen Tendenzen der Menschen wiederum durch, und die Angehörigen der politischen Klasse entwickeln langsam einen neuen exklusiven Korpsgeist. Sie lernen die Kunst, sich das Monopol der Qualitäten und Haltungen zu sichern, deren man zum Herrschen bedarf. Zuletzt bildet sich dann die konservative Macht *par excellence* – die Macht der Gewohnheit. Durch sie finden sich viele mit ihrem niedrigen Stande ab, während die Angehörigen bestimmter privilegierter Familien und Klassen die Überzeugung gewinnen, daß sie ein nahezu unbegrenztes Recht auf hohen Rang und Herrschaft haben.

Ein Philanthrop mag sich versucht fühlen zu fragen, wann die

Menschheit glücklicher oder wenigstens minder glücklich ist: in Perioden der Ruhe und der Erstarrung, wenn jeder in dem Stand verbleiben muß, zu dem er geboren ist, oder in den entgegengesetzten Perioden der Erneuerung und der Revolution, wo jeder sich die höchsten Ziele setzen kann. Aber eine solche Untersuchung wäre schwierig. Man müßte viele Bedingungen und Einschränkungen formulieren, und letzten Endes bliebe die Antwort doch von der persönlichen Einstellung des Beobachters abhängig. Wir werden uns hüten, eine solche Antwort zu geben, um so mehr, als auch das sicherste Resultat kaum von praktischem Nutzen wäre. Denn der freie Wille, die spontane Entscheidung des einzelnen, von der Philosophen und Theologen sprechen, hat bisher nie viel Einfluß auf Anfang und Ende solcher Geschichtsperioden gehabt und wird sie nie haben.

[1895]

THEODOR GEIGER
Die Führerauslese

In unserer sozialen Gegenwart ist die Führerauslese der springende Punkt. Es muß aber gleich hier erwähnt werden: wenn die wissenschaftliche Forschung oft die Auslese allgemein als das entscheidende und Kernproblem behandelt, so begeht sie den Fehler, die soziale Struktur der Gegenwart fehlerhaft zu verallgemeinern. Es gibt ja Formen der Führung, bei denen von einer Auslese im eigentlichen Sinne, d. h. im Sinne einer *Auswahl*, überhaupt nicht die Rede ist. Und das auch in unserer Zeit; wenn dem forschenden Blick diese Erscheinung zu entgehen pflegt, so liegt es vermutlich daran, daß man sich allzusehr auf die durch Störungen auffallenden Formen der Führung konzentriert.

In der Familie findet eine Auslese des Führers (der Führer) nicht eigentlich statt. Der Führer ist durch natürliche Tatsachen gegeben; dabei spielt es keine Rolle, ob wir an die patriarchalische Großfamilie, an das Matriarchat oder die moderne Kleinfamilie im Zeichen der Gleichberechtigung der Geschlechter denken. Die Person des Führers (oder der Führer) ist durch natürliche Tatbestände gegeben: der Mensch wird in dieses Führungsverhältnis *hineingeboren*. Die moderne Familie bietet sogar den sehr eigenartigen Tatbestand, daß sie in ihrem »Ehe« genannten Keimstadium nur aus den beiden führenden Personen besteht, während die nicht-führenden Mitglieder der Gruppe erst zuwachsen.

Dieser Typ des *gegebenen Führers* tritt uns ähnlich entgegen im erblichen Monarchen, aber auch in gewissen Formen der genossenschaftlichen Führung – soweit diese nämlich auf der Autorität des Alters beruht, wie die Herrschaft der »*Geronten*«.

Auch im Falle der reinen Diktatur fehlt der eigentliche Ausleseakt – jedoch in einem ganz anderen Sinne. Hier könnten wir von einer *Selbstauslese* sprechen; doch machen Leistung und Erfolg an sich noch nicht zum Diktator; es bedarf dazu eines diktatorischen Willensaktes, der *Usurpation*; diese ist aber nichts anderes als der schlüssige Ausdruck dafür, daß der Usurpator auf Grund seiner Überzeugung berufen zu sein »sich selbst als Führer ausliest«; ob seine Überzeugung richtig ist, erweist sich darin, wie die Mitgliedschaft der Gruppe auf diesen Akt der Selbstauslese reagiert. Positives Reagieren der Mitglieder, ihre zustimmende Duldung der Diktatur, sagt natürlich nichts aus über die Berufenheit des Diktators unter dem Gesichtspunkt seiner wirklichen Fähigkeit und »vor dem Forum der Geschichte«; wohl aber ist damit seine Berufenheit im *soziologischen* Sinne, d. h. gegenüber der Gruppe in ihrem derzeitigen Mitgliederbestand bestätigt. Das gilt etwa von *Mussolini*, der mit seinem Staatsstreich offenbar im Recht war – angesichts des augenblicklichen Zustandes des italienischen Volks. Ob künftige Zeiten rückblickend diesen Mann als ein Genie oder einen Abenteurer bezeichnen werden – das können wir Zeitgenossen nicht wissen.

Wir gehen hier nicht auf Abarten der Diktatur ein, deren Wesen etwa darin besteht, daß einer Persönlichkeit die Rolle des Diktators von einer im Besitze der augenblicklichen Macht befindlichen Clique zugeschoben wird. Hier läge eine Zwischenform vor: eine Auswahl findet im engeren Kreise der Clique statt – ihre Folge aber ist, daß der von der Clique Auserwählte gegenüber dem Gesamtvolk durch Usurpation die Führung an sich nimmt; und dieser Akt ist der entscheidende, weil ja die »Clique«, in der die Auslese des Diktators vorgenommen wird, ihrerseits hierzu keine soziale

Zuständigkeit gegenüber der Gesamtgruppe hat; ihre »Zuständigkeit« beruht im reinen Machtmoment.

Die Auslese des Führers kann aber auch in der Weise erfolgen, daß die Führerpersönlichkeit von einem außerhalb der Gruppe stehenden Faktor bestimmt wird; dies ist der Fall beim *gesetzten* Führer, dem »Vorgesetzten«, den wir als Typus unterm Gesichtspunkt des Rechtstitels zur Führung kennenlernten. Er spielt eine große Rolle im Bereich des Beamtentums; in ganz anderer Färbung tritt er auf, wo wir es mit Erscheinungen der *Fremdherrschaft* zu tun haben. Herzog Alba (siehe *Goethes* »Egmont« oder *de Costers* »Ulenspiegel«) gehört zu diesem Typus und gleich ihm jeder englische Vizekönig in Indien, jeder Gouverneur eines Koloniallandes oder einer eroberten Provinz.

Die weitaus bedeutendste Rolle spielt in unserer Zeit der Demokratie die Auslese durch die *Wahl*.

Es läge nahe, gerade hier Ausleseart und Rechtstitel zu vermengen. Die Wahl sei, so könnte man sagen, eben als die gesatzte Ausleseform zugleich die Rechtsgrundlage für die Innehabung der Führerrolle.

Das Beispiel der Papstwahl widerlegt das alsbald: es besteht kein Zweifel darüber, daß der Papst sein Recht zur Führung zwar aus hierarchischen Momenten herleitet und auch von den Gläubigen als der »von Gott bestimmte Mann« in seiner Führerrolle anerkannt wird (.). Die *Auslese* aber erfolgt nicht durch Gott, sondern durch die Wahlkammer, die auf ihren Entscheid den besonderen Segen Gottes herabfleht; daß für die Wahl Einstimmigkeit erfordert wird, folgt notwendig daraus, daß Gott nicht als sich selbst majorisierend gedacht werden kann. Man kann gegen diese gedankliche Trennung von Rechtsquelle und Ausleseart nicht einwenden: die Ableitung des päpstlichen Rechts zur Führung von Gott selbst sei eine bloße Spiegelfechterei; das mag sie dem Außenstehenden sein, – soziologisch aber kommt es darauf an, daß sie im seelischen Verhältnis von Führer und Geführten innerhalb des Verbandes lebendig *wirksame* Tatsache ist. Insoweit eignet ihr soziale *Wirklichkeit*.

Betrachten wir nunmehr die demokratische Form der Führer-Auslese, so zeigt sich ein gegenteiliges Verhältnis zwischen Rechtsquelle und Ausleseform; hier ist der *Wahlakt* als Ausdruck des Vertrauens der Mitglieder die materiale Rechtsquelle und sie ist als solche genau so »fiktiv«, d. i. nur in der Einbildung vorhanden, wie die göttliche Berufung es beim Papst ist.

Die Auslese des demokratischen Führers findet nicht durch die Wahl selbst statt, sondern »hinter den Kulissen«. Der Wahlakt selbst ist vom Standpunkt der Wähler ein Parteibekenntnisakt; bei der Listenwahl wird ja vom Wähler gar nicht eine bestimmte Person erkoren; wenn ich den Stimmzettel abgebe, weiß ich nicht, welchen Mann er auf einen Parlamentsitz heben wird. Aber auch bei der Personenwahl hat der einzelne Wähler ja nur eine von vornherein engbegrenzte »Wahl«, sofern sein Stimmzettel nur gültig ist, wenn er auf einen zugelassenen Kandidaten lautet; der Kandidat wird aber aufgestellt von einer bereits vorhandenen Führerschaft, bzw., wenn wir den Mechanismus des modernen Parteiwesens berücksichtigen, von *Führerschaften*. Das Parlament und die Regierung, führende Körperschaften des Staatsvolkes als Ganzen (Art. 21 der Reichsverfassung z. B.) sind *ausgelesen* durch die Führerschaften einzelner gegnerischer Parteigruppen innerhalb der Staatsnation. Ein Exkurs über die Führung durch Körperschaften wird hierzu noch Ergänzungen liefern [...].

Je näher wir der Form der reinen Demokratie kommen, desto mehr werden sich Ausleseart und Rechtsquelle der Führung decken. Dieser Übereinstimmung sich möglichst zu nähern, ist ja das Hauptproblem der Demokratie. Völlig erreicht ist die Übereinstimmung in der parteienlosen genossenschaftlichen Verfassung, deren »Wahlmodus« unter Umständen nicht einmal Mehrheitswahl sondern Akklamationswahl ist; der Vorschlag oder die Vorschläge von Kandidaten erfolgen hier nicht durch »Parteien« sondern »aus dem Plenum«. Der Zwischenformen zwischen dem Typus der reinen genossenschaftlichen Demokratie und der parlamentarischen Demokratie sind viele. In der deutschen Reichsverfassung ist durch die Art der Präsidentenwahl (nicht Listenwahl, nicht nach Parteigesichtspunkten!) dem Moment der reinen Demokratie ein Zugeständnis gemacht. Bei dieser Wahl findet zwar auch eine »Auslese« der Kandidaten statt – aber der Wähler hat dann wenigstens die Möglichkeit, sich für die eine oder andere kandidierende Persönlichkeit zu entscheiden.

Am »demokratischesten« ist die – nur in kleinen Gruppen denkbare – Bestimmung des Führers durch Gefühlsakt; dieser kann in Akklamation bestehen (kleine Vereine), oder es kann – im Fall des Typus der »Führung aus dem Recht von innen« – die Auslese in der Zustimmung aller zum ersten Akt des Vorangehens selber begründet liegen. Hier hätten wir einen Fall, in dem sich die genossenschaftlich-demokratische Führerauslese mit dem Typus der *Gefolgschaft* berührt. Einen lehrreichen Fall dieser Art der Führerauslese berichtet uns *J. Zimmermann* in seinem »*Thomas Münzer*« (Ullstein, Berlin 1925. Seite 150): in Zürich bestand eine kleine, Münzer zugetane Gemeinde, die aber Münzers Terrorismus nicht teilte, sondern – ähnlich dem Mahatma Gandhi die Lehre der Gewaltlosigkeit (»ahimsa«) vertrat. Getreu diesem Glauben nahmen die Züricher im Januar 1525 die Verbannung auf sich. »Jedoch ehe sie sich trennten, um in alle Welt zu gehen, traten sie noch einmal zum gemeinsamen Gebet zusammen. Und da kam die Angst über sie. Sie fielen alle auf die Knie und baten Gott, er möge ihnen geben, seinen Willen zu vollbringen. Im Überschwang der Gefühle erhob sich einer von ihnen, Jörg Blaurock, und bat Konrad Grebel um Gottes willen, er möge ihn taufen mit der rechtlichen christlichen Taufe. Darauf fiel er wieder auf die Knie und Konrad Grebel taufte ihn und er taufte dann all die andern Anwesenden. Von diesem Augenblick an wurde die Wiedertaufe zum Symbol ihrer Sekte…«

[1928]

VII. Prognosen und Diagnosen

Einleitung

Ausgesprochen kontrovers fallen die Diagnosen und Prognosen aus, die zu verschiedenen Zeitpunkten im Verlaufe des 20. Jahrhunderts gegeben worden sind; umstritten ist dabei vor allem, ob der allgemein konstatierte Ausgleich eine Abschwächung der Gegensätze darstellt, wie dies Max Scheler beschrieben hat, oder ob darin, wie dies bei Gehlen und wohl auch bei Schumpeter durchklingt, ein allgemeines Nachlassen der Kraft und Energie zum Vorschein kommt. Für Max Scheler *ist der Eintritt in das Zeitalter des Ausgleichs nicht Folge einer ethischen oder politischen Entscheidung, sondern Ergebnis eines selbstläufigen Prozesses, ähnlich dem physikalischen Prozeß der Entropie. Aufgabe der Politik ist es, Scheler zufolge, diese Entwicklung so zu lenken, daß dabei ein höherer Menschentypus herauskommt. Den von Scheler konstatierten Ausgleich der Gegensätze und Spannungen glaubt* Arnold Gehlen *vor allem im gesellschaftlichen Bereich ausmachen zu können: Indem an die Stelle des Besitzes zunehmend das Einkommen als Grundlage der Verteilung von Status, Macht und Einfluß getreten sei, sei auch die Klassengesellschaft, die im 19. und zu Beginn des 20. Jahrhunderts vorherrschend war, verschwunden. Das heißt freilich nicht, daß die Gesellschaft nunmehr egalitär wäre; nach wie vor gibt es Großbesitz, aber der ist abstrakt geworden und darum als solcher kaum noch erfahrbar; zudem haben sich die von den Armen und Schwachen bekämpften Reichen und Mächtigen von ehedem in Prominente verwandelt, denen Neugier und Zuneigung gilt. – Von einem Verkümmern des Kapitalismus infolge einer Sättigung der Märkte und einer daraus resultierenden langfristigen Abschwächung des Wachstums spricht* Joseph Schumpeter. *Mit der Dynamik der Wirtschaft schwindet auch die Unternehmerfunktion, und an die Stelle des Unternehmers tritt der Bürokrat.*

Im Unterschied zu Schumpeters resignativem Urteil ist der Pessimismus von Günther Anders *abgründig und dramatisch zugespitzt: An die Stelle des Reichs ohne Apokalypse, wie Anders den vorherrschenden Fortschrittsglauben nennt, tritt bei ihm die Perspektive einer Apokalypse ohne Reich, die Vision einer Katastrophe ohne die Möglichkeit eines anschließenden Wieder- und Neubeginns. Die Apokalypseblindheit der Menschen bringt es freilich mit sich, daß sie nicht sehen, wohin sie gehen: in eine Zeit des Endes, dem kein neuer Anfang folgen wird. Entschiedenen Widerspruch gegen solche Prognosen hat* Jürgen Habermas *angemeldet. Wohl konstatiert auch er eine Erschöpfung der utopischen Energien, die zusammen mit dem geschichtlichen Bewußtsein das identitätsstiftende Potential der Moderne gebildet haben, verweist aber darauf, daß nicht die Utopie als solche, sondern nur die Utopie der Arbeitsgesellschaft an ihr Ende gelangt sei. Von den Arbeitsverhältnissen hat sich die utopische Perspektive auf andere Bereiche verlagert.*

Eine solche nicht arbeitszentrierte Utopie hat etwa Herbert Marcuse *entfaltet, als er eine Umkehrung des durch die wachsende Intensität der Arbeit erzwungenen Prozesses der Desexualisierung des Körpers ins Auge faßte: Eine Minderung von Arbeitszeit und Arbeitsenergie, die historisch möglich wäre (vgl. dazu Marcuses Text, oben, S. 274ff.), würde Libido freisetzen, die eine Resexualisierung des Körpers bewirken könnte, was wiederum zu einer polymorphen Sexualität der Menschen führen müßte: Die Aggressivität ihres Sexualverhaltens würde schwinden und ihre Genußfähigkeit würde wachsen. – Trübe sind hingegen die Perspektiven, die* Joseph Schumpeter *mit einer weiter fortschreitenden Rationalisierung des Lebens im Sinne einer Lebensführung nach individuellem Nutzenkalkül verbindet: Die Familie, deren Bestand an dem Vorhandensein von Kindern hängt, würde gesellschaftlich marginalisiert, weil Kinderlosigkeit um sich greifen und zur Norm werden würde, und mit dem Verschwinden der Kinder würde auch das geräumige Haus verschwinden, in dem die bürgerliche Familie ihren angestammten Ort hatte. Es ist bemerkenswert, daß der vielleicht bedeutendste Theoretiker der kapitalistischen Wirtschaftsentwicklung im 20. Jahrhundert, darin seinem großen Vorläufer Adam Smith nicht unähnlich, zuletzt ein überaus tristes Bild der Folgen einer völlig von kapitalistischem Geist erfaßten Gesellschaft gezeichnet hat.*

Weiterführende Literatur

Ulrich Beck, Risikogesellschaft. Auf dem Weg in eine andere Moderne, Frank-furt/M. 1986 (Suhrkamp)

Heinrich Meier (Hrsg.), Zur Diagnose der Moderne, München 1990 (Piper)

Josef Schmid/Heinrich Tiemann (Hrsg.), Aufbrüche: Die Zukunftsdiskussion in Parteien, Verbänden und Kirchen, Marburg 1990 (SP-Verlag)

Thomas Schmid (Hrsg.), Entstaatlichung. Neue Perspektiven auf das Gemein-wesen, Berlin 1988 (Wagenbach)

[Das Zeitalter des Ausgleichs]

[...]
Wenn ich auf das Tor des im Anzug begriffenen Weltzeitalters einen Namen zu schreiben hätte, der die umfassende Tendenz dieses Weltalters wiederzugeben hätte, so schiene mir nur ein einziger geeignet – er heißt »*Ausgleich*«. Ausgleich in fast allen charakteristischen spezifischen *Natur*merkmalen, physischen wie psychischen, die den menschlichen Gruppen als solchen zukommen, in die man die ganze Menschheit einteilen kann, und – gleichzeitig – eine mächtige *Steigerung* der *geistigen*, individuellen und relativ individuellen, z. B. nationalen Differenzen: Ausgleich der *Rassen*spannungen, Ausgleich der Mentalitäten, der Selbst-, Welt- und Gottesauffassungen der großen *Kulturkreise*, vor allem Asiens und Europas. Ausgleich der Spezifitäten der *männlichen* und *weiblichen* Geistesart in ihrer Herrschaft über die menschliche Gesellschaft. Ausgleich von *Kapitalismus* und *Sozialismus*, und damit der Klassenlogíken und der Klassenzustände und -rechte zwischen *Ober-* und *Unterklassen*. Ausgleich zwischen den politischen Machtanteilen von sogenannten *Kultur-*, *Halbkultur-* und *Naturvölkern*; Ausgleich auch zwischen relativ primitiver und höchst zivilisierter Mentalität. Relativer Ausgleich von *Jugend* und *Alter* im Sinne der Wertung ihrer Geisteshaltungen. Ausgleich von *Fachwissenschaft* und *Menschenbildung*, von körperlicher und geistiger Arbeit. Ausgleich zwischen den *nationalen ökonomischen* Interessensphären und dem Beitrag, den die *Nationen geistig* und zivilisatorisch für die Gesamtkultur und -zivilisation der Menschen liefern. [...]

Wohlgemerkt: Diese Tendenz zum Ausgleich bei stetig wachsender Differenzierung des geistigen Individuums Mensch – dieser Ausgleich ist nicht eines von jenen Dingen, die wir zu »wählen« hätten. Er ist unentrinnbares *Schicksal*. Wer sich dagegen stemmt, wer irgendein sogenanntes »charakteristisches«, »spezifisches« Ideal des Menschen kultivieren will, ein historisch schon plastisch geformtes – er wird in die Luft stoßen. Die Welt ist heute voll davon, als wäre sie ein Trödelladen von Antiquitäten, alle möglichen Stilformen der Spezies »Mensch« wieder erneuern zu wollen: den

»heidnischen« Menschen, den »frühchristlichen« Menschen, den »gotischen« Menschen, den »Renaissance«-Menschen, den »lateinisch-katholischen« Menschen (Frankreich), den »Muschik«-Menschen, usw. An solchen künstlichen romantischen Bestrebungen wird die Menschheit schweigend vorübergehen!

Ist also, wie ich sagte, der Ausgleich selbst *unentrinnbares Schicksal* einer Menschheit, die in dem Weltkriege ihr erstes wirkliches Gesamterlebnis hatte – denn hier erst beginnt die *eine* gemeinsame Geschichte der sogenannten Menschheit –, so ist es dennoch *Aufgabe des Geistes* und Willens, diesen Ausgleich der Gruppeneigenschaften und -kräfte also zu *leiten* und zu *lenken*, daß dieser Ausgleich einer *Wertsteigerung* des Typus entspricht. Und das ist – an erster Stelle sogar – Aufgabe auch für alle *Politik*.

Ist das vergangene Weltalter seiner Grundstruktur nach ein Weltalter stetig wachsender und sich ständig partikularisierender Kräftespannungen gewesen, wie Rudolf Eucken sagte: der »Kraftentwicklung«, nur relativ selten von revolutionären heftigen Entspannungsvorgängen unterbrochen – die Bauernkriege, die englische und französische Revolution, die kleine deutsche und die große russische Revolution –, so erscheint mir als die allgemeinste Formel, unter die man das keimende Weltalter bringen kann, die eines solchen der *universalisierenden Kräfteentspannung* zwischen den menschlichen Beziehungen – des Kräfte*ausgleichs*. Zugleich eines solchen, in dem der Mensch der Dämonie der im vergangenen Weltalter entfesselten Kräfte *sach*haft gewordener Gewalten vermöge seines lebendigen Geistes und Herzens wieder *Herr* zu werden versuchen wird, um sie in den Dienst des Heiles der Menschheit und sinnvoller Wertverwirklichung zu stellen. Jede Politik, die bloße Unterbindung und Hinderung sein will dieses schicksalsmäßigen Ausgleichs, oder eines seiner Teile, wird hinweggespült werden von der gewaltigen, unwiderstehlichen Strömung zum Ausgleich hin. Und jede formal richtig gestellte *politische Aufgabe* ist heute in der Tat eine Aufgabe, diesen Ausgleich an irgendeiner Stelle so zu leiten und zu lenken, daß er mit einem Minimum von Zerstörung, Explosion, Blut und Tränen vor sich zu gehen vermag.

Das scheint mir, wie gesagt, die allgemeinste Formel zu sein für die Politik des neuen Weltalters überhaupt. Denn ganz klar müssen wir uns über eines sein: Die Weltalter nicht der zunehmenden Spannungsstauung und Partikularisierung der Kräfte, sondern die *Weltalter des Ausgleichs* sind die für die Menschheit *gefährlichsten*, die todes- und tränentrunkensten. Jeder Vorgang, den wir Explosion, Katastrophe in Natur und Geschichte nennen, ist ein vom Geist und Willen *nicht* sinnvoll geleiteter oder leitbarer Ausgleichsvorgang.

[...]

[1927]

GÜNTHER ANDERS
Apokalypse ohne Reich

Zu denken uns aufgegeben ist heute der Begriff der *nackten Apokalypse*, das heißt: der Apokalypse, die im bloßen Untergang besteht, die also nicht den Auftakt zu einem neuen, und zwar positiven, Zustande (zu dem des »Reiches«) darstellt. Diese *Apokalypse ohne Reich* ist kaum je zuvor gedacht worden, außer vielleicht von jenen Naturphilosophen, die über den Wärmetod spekuliert haben. Den Begriff zu denken, bereitet uns um so größere Schwierigkeiten, als wir an dessen Gegenkonzept, an den Begriff *Reich ohne Apokalypse* gewöhnt sind, und weil uns seit Jahrhunderten die Geltung dieses Gegenkonzepts absolut selbstverständlich gewesen war. Dabei denke ich nicht so sehr an utopische Bilder gerechter und ezechielhafter Weltzustände, in denen die Quellen des Bösen als versiegt gegolten hatten, als an die Geschichtsmetaphysik, die unter dem Titel *Fortschrittsglaube* geherrscht hatte. Denn dieser Glaube, beziehungsweise diese Theorie, die uns allen zur zweiten Natur geworden war, hatte ja gelehrt, daß es zum Wesen unserer geschichtlichen Welt gehöre, auf unentrinnbare Weise immer besser zu werden. Da der erreichte Stand angeblich den Keim des unentrinnbar Besseren schon immer in sich enthielt, lebten wir in einer Gegenwart, in der die »bessere Zukunft« immer schon begonnen hatte; nein, gewissermaßen bereits in der »besten aller Welten«, weil etwas

Besseres als unentrinnbares Besserwerden eben nicht denkbar war. In anderen Worten: Für den Fortschrittsgläubigen erübrigte sich die Apokalypse als Vorbedingung des »Reiches«. Aufs ingeniöseste waren Präsens und Futurum ineinander verschlungen. Das Reich kam immer, weil es immer schon da war. Und es war immer schon da, weil es kontinuierlich kam. Ein apokalypseferneres Credo, um nicht zu sagen: einen schärferen antiapokalyptischen Affekt (und damit eine dem apostolischen Christentum fremdere Mentalität) kann man sich wohl kaum vorstellen. Daß sich Amerika, das klassische Land der Vulgarisierung des Fortschrittsglaubens, so gerne »God's own country« nannte, war nichts weniger als Zufall. Der Ausdruck bezeichnet eben unverblümt das Schon-da-sein des Reiches Gottes; den Anklang an den Ausdruck »Civitas Dei« zu überhören, ist unmöglich. – Gewiß, die Wörter »apokalyptisch« und »antiapokalyptisch« spielten in der Diskussion der Kategorie »Fortschritt« keine Rolle, aber in der beliebten Unterscheidung zwischen »evolutionär« und »revolutionär« läßt sich trotz der Verwässerung das Gegensatzpaar »apokalyptisch« und »antiapokalyptisch« doch noch wiedererkennen. Wer weiß, ob nicht der Abscheu, mit dem die Amerikaner auf den Bolschewismus und auf die Tatsache »Sowjetrußland« reagiert haben, ursprünglich nicht so sehr dem Kommunismus als solchem gegolten hatte, als der Tatsache, daß die russische Revolution, die ja offensichtlich etwas Apokalyptisches an sich hatte, ihren Glauben an die Unnötigkeit apokalyptischen Geschehens aufs äußerste brüskiert hatte. Nichts behindert jedenfalls unsere Bemühung, den heute fälligen Begriff zu denken, ernsthafter als diese optimistische These vom »Reich ohne Apokalypse«. Und es ist unbestreitbar, daß, was zu denken gefordert wird, eine wirkliche Zumutung, weil ein wirklicher Sprung in contrarium ist.

Damit ist aber nicht etwa gesagt, daß die Schwierigkeit auf der Seite der Revolutionäre wesentlich geringer wäre; daß diese, die (auf wie säkularisierte Weise auch immer) das apokalyptische Erbe wiederaufgenommen oder weitergeführt haben, geringere Mühe hätten, den Gedanken an die drohende »Apokalypse ohne Reich« zu denken. Denn wie lebendig für sie auch der (in den Begriff »Revolution« verwandelte) Begriff »Apokalypse« gewesen sein mag, der Begriff des »Reiches« war für sie nicht minder lebendig. Das Denkmodell der jüdisch-christlichen Eschatologie »Sturz und Gerechtigkeit« oder »Ende und Reich« leuchtete deutlich durch die kommunistische Doktrin hindurch, da in dieser nicht nur die Revolution die Rolle der Apokalypse spielte, sondern auch die klassenlose Gesellschaft die Rolle des »Reiches Gottes«. Dazu kommt ferner, daß sie mit der, die Apokalypse vertretenden, Revolution nicht ein einfach eintretendes Ereignis gemeint hatten, sondern eine Aktion, die ohne das Aktionsziel »Reich« ins Werk zu setzen schlechthin sinnlos gewesen wäre. Von irgendeiner Affinität zu dem heute erforderten Begriffe der »nackten Apokalypse ohne Reich« kann also auch hier keine Rede sein. Umgekehrt scheinen aus der heutigen Perspektive der möglichen Totalkatastrophe Marx und Paulus zu Zeitgenossen zu werden. Und diejenigen Unterschiede, die bisher die Fronten markiert hatten – selbst der fundamentale Unterschied zwischen Theismus und Atheismus – scheinen zum Untergang mit-verurteilt zu sein.

[...]

Wiederholt ist meine Verwendung der Ausdrücke »eschatologisch« und »apokalyptisch« beanstandet worden. Es zieme sich nicht, so lautete der Vorwurf, mit den theologischen Ausdrücken herumzuspielen und durch deren metaphorische Verwendung der Darstellung einer Situation, die mit Religion nichts zu tun habe, einen falschen Ernst und eine falsche Schrecklichkeit zu verleihen.

Die einzige wahrhaftige Entgegnung auf diese Kritik wird schockierend klingen. Aber im Namen des von uns angeblich verletzten Ernstes verbietet sich jede Zweideutigkeit. Hier die Antwort:

Wie ehrfurchtgebietend alt auch die Geschichte eschatologischer Hoffnungen und Ängste, von Daniels Traumdeutung bis zu den Reich-Gottes-Hoffnungen des Sozialismus, sein mag – eine wirkliche Weltuntergangs-Gefahr hatte natürlich, trotz des subjektiven Ernstes, mit dem die Propheten von dieser Gefahr sprachen, niemals bestanden. Erst die heutige Endgefahr ist objektiv ernst – und zwar so ernst, daß sie ernster nicht sein könnte. Da dem so ist, muß die Antwort auf die Frage, welche Verwendung der Termini »Weltende« oder »Apokalypse« unmetaphorisch, und welche nur metaphorisch sei, lauten: *Ihren ernsten und unmeta-phorischen Sinn gewinnen die Termini erst heute,* bzw. erst seit dem Jahre Null (= 1945) da sie nun erst den wirklich möglichen Untergang bezeichnen. Dagegen entpuppe sich nun nachträglich der in der Theologie bis heute verwendete Begriff »Apokalypse« als bloße Metapher, richtiger: das in dem Begriff Gemeinte als eine – sprechen wir es unverblümt aus – *Fiktion.* Wie gesagt, das klingt provokant. Aber zu Unrecht. Denn wir sind durchaus nicht die Ersten, die eine Degradierung der Eschatologie zur »Fiktion« vornehmen. In gewissem Sinne ist diese Degradierung sogar fast ebenso alt wie die Eschatologie selbst, und diese hat schließlich eine lange Geschichte durchgemacht. Eigentlich datiert sie seit jenem Augenblicke, in dem die Jünger, die Jesus mit den Worten ausgeschickt hatte: »Ihr werdet mit den Städten Israels nicht zu Ende kommen bis des Menschen Sohn kommet« (Matth. 10,23), zurückkehrten, ohne daß des Menschen Sohn gekommen war, denn die alte Welt bestand ja noch, und sie funktionierte ja weiter. Die Enttäuschung über die Nichtparusie und über das Nichteintreten des Endes, bzw. über das Weitergehen der Welt, war das Modell der Enttäuschung, die Jahrhunderte anhalten sollte, bis schließlich die Parusie in etwas bereits Geschehenes umgedeutet wurde (.).

[...]

Ob wir das *Ende der Zeiten* bereits erreicht haben, das steht nicht fest. Fest dagegen, daß wir in der *Zeit des Endes* leben, und zwar endgültig. Also daß die Welt, in der wir leben, nicht fest steht.

»In der Zeit des Endes« bedeutet: in derjenigen Epoche, in der wir ihr Ende täglich hervorrufen können. – Und »endgültig« bedeutet, daß, was immer uns an Zeit bleibt, »Zeit des Endes« bleibt, weil sie von einer anderen Zeit nicht mehr abgelöst werden kann, sondern allein vom Ende.

Von einer anderen Zeit kann sie aber deshalb nicht mehr abgelöst werden, weil wir unfähig sind, dasjenige, was wir heute können (nämlich einander das Ende bereiten) morgen oder jemals plötzlich nicht-zu-können.

Möglich, daß es uns gelingt – auf ein schöneres Glück zu hoffen, haben wir kein Recht mehr – das Ende immer von neuem vor uns her zu schieben, den Kampf gegen das Ende der Zeit immer neu zu gewinnen, also die *Endzeit endlos* zu machen. Aber gesetzt selbst, dieser Sieg gelänge uns, fest steht, daß die Zeit auch dann bliebe, was sie ist: nämlich Endzeit. Denn verbürgt wäre immer nur das Heute, niemals das Morgen. Und selbst das Heute nicht, und noch nicht einmal das Gestern, weil mit dem stürzenden Morgen das scheinbar verbürgte Heute mitstürzen würde, und mit diesem auch das Gestern.

Fest aber steht trotz allem Nichtfeststehenden, daß die Gewinnung des Kampfes zwischen Endzeit und Zeitende *die* Aufgabe ist, die uns heute, und von nun an unseren Nachkommen in jedem noch kommenden Heute, gestellt ist, und daß wir keine Zeit haben, diese Aufgabe aufzuschieben, und daß auch sie dafür keine Zeit haben werden, weil (wie es in einem früheren, aber nun erst völlig wahr gewordenen Text heißt [IV. Esra 4,26]), »in der Endzeit die Zeiten schneller laufen als in früheren Zeitläuften, und die Jahreszeiten und die Jahre ins Rennen geraten«.

Fest also steht, daß wir schneller laufen müssen als die Menschen früherer Zeitläufe, ja sogar schneller als diese Zeitläufe selbst; damit wir diese überholen und ihre Plätze im Morgen immer schon gesichert haben, ehe sie selbst diese Plätze noch erreicht haben.

[1972]

Joseph A. Schumpeter
[Das Ende des Kapitalismus]

In unserer Erörterung der Theorie der schwindenden Investitionschance wurde ein Vorbehalt angebracht zugunsten der Möglichkeit, daß die wirtschaftlichen Bedürfnisse der Menschheit eines Tages so völlig befriedigt wären, daß wenig Anlaß bliebe, noch weitere produktive Anstrengungen zu unternehmen. Wir sind zweifellos von solch einem Zustand der Sättigung noch sehr weit entfernt, selbst wenn wir uns innerhalb des heutigen Bedürfnisschemas halten; und wenn wir die Tatsache berücksichtigen, daß mit der Erreichung eines höheren Lebensstandards diese Bedürfnisse sich automatisch ausdehnen und neue Bedürfnisse entstehen oder geschaffen werden (.), so wird die Sättigung ein beweglicher Ziel, namentlich wenn wir unter die Konsumgüter die Muße einschließen. Wir wollen immerhin einen Blick auf diese Möglichkeit werfen und die noch unrealistischere Annahme machen, daß die Produktionsmethoden einen Zustand der Vollkommenheit erreicht haben, der keine weitere Verbesserung mehr zuläßt.

Es würde sich daraus ein mehr oder weniger stationärer Zustand ergeben. Der Kapitalismus, seinem Wesen nach ein Entwicklungsprozeß, würde verkümmern. Für die Unternehmer würde nichts mehr zu tun übrigbleiben. Sie würden sich in der ganz gleichen Lage befinden wie Generäle in einer des ewigen Friedens völlig gewissen Gesellschaft. Die Profite und mit ihnen der Zinsfuß würden sich dem Nullpunkt nähern. Die Schicht der Bourgeoisie, die von Gewinnen und Zinsen lebt, hätte die Tendenz zu verschwinden. Die Leitung von Industrie und Handel würde eine Sache der gewöhnlichen Verwaltung, und das Personal würde unvermeidlich die Charakteristica einer Bürokratie annehmen. Beinahe automatisch entstünde ein Sozialismus eines sehr gemäßigten Typs. Die menschliche Energie würde sich von der Wirtschaft abwenden. Das Streben nach anderen als wirtschaftlichen Zielen würde die Geister anziehen und das Abenteuer bieten.

Für die absehbare Zukunft hat diese Vision keine Bedeutung. Doch um so größere Bedeutung kommt der Tatsache zu, daß manche der Wirkungen auf die Gesellschaftsstruktur und auf die Organisation des produktiven Prozesses, die wir von einer annähernd vollständigen Bedürfnisbefriedigung oder von einer absoluten technischen Vollkommenheit erwarten können, auch von einer Entwicklung zu erwarten sind, die bereits deutlich sichtbar ist. Der Fortschritt selbst kann ebenso gut mechanisiert werden wie die Leitung einer stationären Wirtschaft, und diese Mechanisierung des Fortschritts kann das Unternehmertum und die kapitalistische Gesellschaft beinahe ebenso stark beeinflussen, wie es das Ende des wirtschaftlichen Fortschritts täte. Um dies zu verdeutlichen, ist nur nochmals darzulegen, erstens worin die Unternehmerfunktion besteht, und zweitens, was sie für die bürgerliche Gesellschaft und für das Weiterleben der kapitalistischen Ordnung bedeutet.

Wir haben gesehen, daß die Funktion der Unternehmer darin

besteht, die Produktionsstruktur zu reformieren oder zu revolutionieren entweder durch die Ausnützung einer Erfindung oder, allgemeiner, einer noch unerprobten technischen Möglichkeit zur Produktion einer neuen Ware bzw. zur Produktion einer alten auf eine neue Weise oder durch die Erschließung einer neuen Rohstoffquelle oder eines neuen Absatzgebietes oder durch die Reorganisation einer Industrie usw. Der Bau von Eisenbahnen in seinen früheren Stadien, die Erzeugung von Elektrizität vor dem ersten Weltkrieg, Dampf und Stahl, das Auto, koloniale Unternehmungen, dies sind die anschaulichen Beispiele einer großen Gattung, die unzählige bescheidenere umfaßt – hinunter bis zu solchen Dingen wie zur erfolgreichen Herstellung einer besonderen Art von Würsten oder Zahnbürsten. Diese Art Tätigkeit ist in erster Linie verantwortlich für die immer wiederkehrenden »Aufschwünge«, die den wirtschaftlichen Organismus revolutionieren, und für die immer wiederkehrenden »Rückschläge«, die durch das gleichgewichtstörende Eindringen der neuen Produkte oder Methoden verursacht werden. Solch neue Dinge zu unternehmen ist schwierig und begründet eine besondere ökonomische Funktion, erstens weil es außerhalb der Routine-Aufgaben liegt, auf die sich jeder versteht, und zweitens wegen der mannigfachen Widerstände der Umwelt – sie wechseln je nach den sozialen Bedingungen von einer einfachen Weigerung, etwas Neues zu finanzieren oder zu kaufen, bis zum physischen Angriff gegen den Mann, der die Produktion wagt. Zuversichtlich außerhalb der vertrauten Fahrrinne zu navigieren und diesen Widerstand zu überwinden verlangt Fähigkeiten, die nur in einem kleinen Teil der Bevölkerung vorhanden sind und die sowohl den Unternehmertyp wie auch die Unternehmerfunktion ausmachen. Diese Funktion besteht ihrem Wesen nach weder darin, irgend etwas zu erfinden noch sonstwie Bedingungen zu schaffen, die die Unternehmung ausnützt. Sie besteht darin, daß sie Dinge in Gang setzt.

Diese soziale Funktion verliert bereits an Bedeutung und muß dies in Zukunft in beschleunigtem Tempo weiter tun, selbst wenn der ökonomische Prozeß, für den das Unternehmertum die Antriebskraft war, an sich unvermindert weiterginge. Denn einerseits ist es heutzutage viel leichter als in der Vergangenheit, Dinge zu tun, die außerhalb der vertrauten Routine liegen: Das Erfinden selbst ist zu einer Routinesache geworden. Der technische Fortschritt wird in zunehmendem Maße zur Sache von geschulten Spezialistengruppen, die das, was man von ihnen verlangt, liefern und dafür sorgen, daß es auf die vorausgesagte Weise funktioniert. Die frühere Romantik des geschäftlichen Abenteuers schwindet rasch dahin, weil vieles nun genau berechnet werden kann, was in alten Zeiten durch geniale Erleuchtung erfaßt werden mußte.

Andrerseits zählen Persönlichkeit und Willenskraft weniger in einer Umwelt, die sich an wirtschaftliche Veränderungen – am besten versinnbildlicht durch den unaufhörlichen Strom von neuen Konsum- und Produktionsgütern – gewöhnt hat und die, statt Widerstand zu leisten, sie als selbstverständlich hinnimmt. Der Widerstand, der von den durch eine Neuerung im Produktionsprozeß bedrohten Interessen ausgeht, wird wahrscheinlich so lange nicht aussterben, als die kapitalistische Ordnung bestehen bleibt. Er bildet z. B. das große Hindernis auf dem Wege zur Massenproduktion von billigen Wohnungen, welche eine radikale Mechanisierung und die völlige Ausschaltung unwirtschaftlicher Arbeitsmethoden auf dem Bauplatz voraussetzt. Aber jede andere Art Widerstand – namentlich der Widerstand von Konsumenten und Produzenten gegen neuartige Dinge, nur weil sie neu sind – ist beinahe ganz verschwunden.

So zeigt der wirtschaftliche Fortschritt die Tendenz, entpersönlicht und automatisiert zu werden. Bureau- und Kommissionsarbeit haben die Tendenz, die individuelle Aktion zu ersetzen. Wiederum mag ein Hinweis auf militärische Analogien den wesentlichen Punkt deutlich hervortreten lassen:

In früheren Zeiten, ungefähr bis und mit den napoleonischen Kriegen, bedeutete die Feldherrnkunst Führertum; und Erfolg bedeutete den persönlichen Erfolg des Befehlshabers, der entsprechende »Gewinne« in Form sozialen Ansehens verdiente. Die Technik der Kriegführung und die Struktur der Armeen, wie sie damals waren, die individuelle Entscheidung und die treibende Kraft des führenden Mannes – sogar seine tatsächliche Gegenwart auf einem prächtigen Pferde – waren wesentliche Elemente in den strategischen und taktischen Situationen. Napoleons Gegenwart war auf seinen Schlachtfeldern tatsächlich fühlbar und mußte es sein. Dies ist anders geworden. Rationalisierte und spezialisierte

Bureauarbeit wird am Ende die Persönlichkeit, das berechenbare Ergebnis, die »Vision« verdrängen. Der Führende hat heutzutage keine Gelegenheit mehr, sich in den Kampf zu stürzen. Er wird zu einem Bureauarbeiter mehr, zu einem, den zu ersetzen nur selten noch schwer halten wird.

[...]

Dies erschüttert jedoch die Stellung der gesamten bürgerlichen Schicht. Zwar sind die Unternehmer weder mit Notwendigkeit noch gar in typischer Weise von Anbeginn an Elemente dieser Schicht, sie treten aber im Falle des Erfolges in sie ein. Obgleich also die Unternehmer nicht *per se* eine soziale Klasse bilden, absorbiert sie die bürgerliche Klasse zusammen mit ihren Familien und Verbindungen und verjüngt und belebt sich dadurch fortwährend, während gleichzeitig die Familien, die ihre aktiven Beziehungen zum »Geschäft« lösen, nach ein oder zwei Generationen aus ihr ausscheiden. Dazwischen gibt es die Masse derer, die wir Industrielle, Kaufleute, Finanzleute oder Bankiers nennen; sie befinden sich auf der Zwischenstufe zwischen Unternehmerwagnis und bloß laufender Verwaltung eines ererbten Besitzes. Die Erträge, aus denen die Klasse lebt, werden geschaffen durch die Erfolge dieses mehr oder weniger aktiven Sektors – der selbstverständlich, wie zum Beispiel in den Vereinigten Staaten, über neunzig Prozent der bürgerlichen Schicht ausmachen kann – und der Individuen, die im Begriffe sind, in diese Klasse aufzusteigen; auf diesen Erfolgen beruht auch die soziale Stellung der Klasse als solcher. Ökonomisch und soziologisch, mittel- und unmittelbar hängt deshalb die Bourgeoisie vom Unternehmer ab; als Klasse lebt sie mit ihm und wird mit ihm als Klasse sterben, obgleich es mit großer Wahrscheinlichkeit zu einem kürzeren oder längeren Übergangsstadium kommen wird, wozu es tatsächlich im Fall der feudalen Zivilisation kam – einem Stadium, in dem die Bourgeoisie sich letztes Endes unfähig fühlen wird, zu leben und zu sterben.

Fassen wir diesen Teil unseres Argumentes zusammen: wenn die kapitalistische Entwicklung – »der Fortschritt« – entweder aufhört oder vollständig automatisiert wird, wird sich die wirtschaftliche Grundlage der industriellen Bourgeoisie letztes Endes auf Gehälter reduzieren, wie sie für gewöhnliche Verwaltungsarbeit bezahlt werden – Überbleibsel von Quasirenten und monopoloiden Gewinnen ausgenommen, die vermutlich noch einige Zeit dahinvegetieren werden. Da die kapitalistische Unternehmung durch ihre eigensten Leistungen den Fortschritt zu automatisieren tendiert, so schließen wir daraus, daß sie sich selbst überflüssig zu machen, unter dem Druck ihrer eigenen Erfolge zusammenzubrechen tendiert. Die vollkommen bürokratisierte industrielle Rieseneinheit verdrängt nicht nur die kleine oder mittelgroße Firma und »expropriiert« ihre Eigentümer, sondern verdrängt zuletzt auch den Unternehmer und expropriiert die Bourgeoisie als Klasse, die in diesem Prozeß Gefahr läuft, nicht nur ihr Einkommen, sondern, was unendlich viel wichtiger ist, auch ihre Funktion zu verlieren. Die wahren Schrittmacher des Sozialismus waren nicht die Intellektuellen oder Agitatoren, die ihn predigten, sondern die Vanderbilts, Carnegies und Rockefellers. Dieses Ergebnis mag nicht in jeder Hinsicht nach dem Geschmack der Marxschen Sozialisten sein, noch weniger nach dem Geschmack der Sozialisten einer populäreren (Marx hätte gesagt, vulgäreren) Sorte. In bezug auf die Prognose aber unterscheidet es sich nicht von dem ihren.

[1942]

Arnold Gehlen
[Das Ende der Klassengesellschaft]

So mußte z. B. das alte Modell gesellschaftlicher *Klassen* in dem Augenblick unbrauchbar werden, da für die wirtschaftliche Stellung des einzelnen nicht mehr der *Besitz* ausschlaggebend war. Vor hundert Jahren hat die ausweglose Fesselung der Industriearbeiter an die Besitzlosigkeit tatsächlich eine unterprivilegierte Klassenlage großer Bevölkerungsgruppen begründet, aus der der einzelne sich mit eigener Kraft kaum ablösen konnte, so daß sich ein besonderes Kollektivbewußtsein des gemeinsamen Schicksals ausbildete. Man sieht heute, daß eine solche Bindung der Lebensaussichten und des sozialen Ranges an den Besitz wie ein Erbstück aus uralter agrarkultureller Tradition gerade noch in die Frühphasen des noch kapitalknappen Kapitalismus hineinreichte, während nunmehr für die Lebensführung der Menschen das Einkommen und nicht mehr der Besitz ausschlaggebend geworden ist. Die Klassen waren also das Auflösungsprodukt der vorindustriellen Ständeordnung in einer Gesellschaft, die bereits unter dem Einfluß neuer Produktionsmethoden stand, aber noch ihre Probleme von der Besitzverteilung aus stellen mußte.

Heute dagegen interessieren in erster Linie das Einkommen und die Sicherheit des Arbeitsplatzes, die Vollbeschäftigung gehört daher zu den selbstverständlichen Grundsätzen jeder Regierung, und da außerdem der ungeheure Bedarf einer Industriegesellschaft an fachgeschulten Kräften ein weit offenes System von Ausbildungsmöglichkeiten fordert, ist der gesellschaftliche Aufstieg spätestens in der Kindergeneration praktisch bloß noch Sache eines Entschlusses. So versteht man, warum viele Soziologen vorschlagen, mit dem Klassenbegriff nicht mehr zu arbeiten.

Deswegen sind nun nicht etwa Rangabstufungen und hierarchische Unterschiede aus unserer Gesellschaft verschwunden, aber sie knüpfen sich an ganz andere Daten, an die man mit dem Klassenbegriff nicht herankäme. So gibt es in weitem Umfang und in den verschiedensten Sektoren eine *funktionale Autorität* mit einem durchaus akzentuierten Oben und Unten in den Anweisungsbefugnissen, die sich wiederum aus dem Sachzwang der Betriebsnotwendigkeiten ergeben. In jeder Fabrik, jeder Behörde, einem Krankenhaus oder wo immer komplizierte Geschäfte kontinuierlich und sachgerecht bearbeitet werden, entstehen aus rein sachlichen Notwendigkeiten heraus Lenkungsstellen, die mit Anordnungsrechten ausgestattet sind und den damit Betrauten eine eindeutige Rangüberlegenheit verschaffen, ähnlich wie es in Armeen und Verwaltungen immer schon gewesen ist. Mit dem Industriebetrieb hat diese Form der Autorität sich durch die Gesellschaft hindurch verbreitet, und es ist bemerkenswert, daß eine solche Hierarchie praktisch auf keine Ressentiments bei den Untergeordneten stößt, denn es ist zu offenbar einsichtig, daß ein Betrieb ohne solche aufgestufte Lenkungsstellen nicht funktioniert, der Sachzwang legitimiert sie, nicht die heute mit Recht als zufällig empfundene Besitzverteilung. Auch nimmt man nicht daran Anstoß, daß der mit der Ranghöhe steigenden Verantwortung auch eine sonst vermehrte Ausstattung entspricht.

Die funktionale Autorität spielt also in unserer Gesellschaft eine sehr große Rolle, und sie begründet Ränge, aber keine Klassen. Wie steht es dann aber um die trennende und konflikterzeugende Wirkung des Besitzes?

Auch hier haben sich mit der vollen Entfaltung industriegesellschaftlicher Gesetze die aus der Agrarperiode vererbten Anschauungen bereits umgebildet. Damals konnte man mit Recht im Grundbesitz die Substanz der Daseinssicherung, den Schlüssel zur ungeschmälerten Geltung sehen, der Hausbesitz in der Stadt machte den Handwerker oder Händler erst zum Bürger vollen Rechtes. Von da her empfanden noch die ersten Generationen der aus dem Lande abgewanderten Industriearbeiter den Ausschluß vom Besitz als etwas Endgültiges und als deklassierend.

Heute dagegen zieht es die Menschen in die Städte, die vermittelte und mobile, abstrakte Lebensweise ist anziehend geworden, von einem ›Landhunger des Volkes‹ kann zunächst keine Rede sein. Folglich hat auch der agrarische Großbesitz seinen Problemgehalt verloren, man nimmt nicht mehr Anstoß, die großen Sozialutopien mit dem Thema Landreform haben aufgehört, wenigstens an dieser Stelle ist die scharfe Besitzungleichheit uninteressant geworden, sie ist, positiv ausgedrückt, sozial akzeptabel.

Das private große Industrieeigentum wiederum kann von solchem der öffentlichen Hand oder von dem kleinzerteilten der Aktiengesellschaften nur noch juristisch unterschieden werden, nicht aber in der gesellschaftlichen Auswirkung, nämlich der Auswirkung auf die konkrete Lage der Beschäftigten, auf die Politik, auf das Warenangebot usw. Die Zielsetzung der Gewerkschaften geht hier bekanntlich auf Teilnahme an künftigen Gewinnen, die Figur des Kapitalisten als des greifbaren Gegners ist verschwunden. Im übrigen wird diese ganze Konstellation von Interessen, die sich zwischen Arbeitnehmern und Arbeitgebern in der Industrie herausstellten, bereits von einer sehr anderen überlagert, die sich zu formieren beginnt, in der die Produzenten gemeinsam auf die eine Seite rücken und den nichtorganisierten Konsumenten gegenüberstehen.

Der übersehbare Kleinbesitz dagegen, Typ Eigenheim, wird in einer grundsätzlich mittelständisch orientierten städtischen Gesellschaft durchaus anerkannt und hoch gewertet, er dient jetzt als

Erfolgssignal und Rangabzeichen. Mit anderen Worten: Der große Besitz ist abstrakt, er liegt außerhalb des Gesichtskreises der Bevölkerungsmassen, nach dem kleinen strebt jeder selbst mit Aussicht auf Erfolg. Wenn sich auf diese Weise der Besitz sozial entschärft, wenn er gesellschaftlich neutralisiert und zum großen Teil geradezu schon ästhetisiert wird, wenn er nicht mehr andere Menschen in Zwangslagen bringt, sondern sich an kollektiven Bedürfnislagen reicher Kulturen abstützt, dann bleibt er nicht nur im großen und ganzen unbeneidet, sondern er rückt dann in eine bemerkenswerte Rolle ein, die in unseren vielteiligen Gesellschaften möglich wird: Das Oben ohne ein Unten.

Diese einigermaßen nichteuklidische Vorstellung soll die Tatsache andeuten, daß es Positionen gibt, die einseitig bleiben, die jedermann anerkennt und als gehobene schlechthin stehen läßt, ohne sich aber umgekehrt als unterlegen vorzukommen. So steht es bei jeder *Prominenz*. Der prominente Musiker, Politiker, Sportsmann, Nobelpreisträger usw. genießt ein allgemeines Ansehen kritikfester Bereitwilligkeit, weil alle wissen, daß sie an besonderen und den Außenstehenden unbekannten Maßstäben der Ranggeltung teilhaben, ja die Gesichtspunkte, nach denen sie gemessen werden wollen, bisweilen selbst erfinden und der Umwelt oktroyieren. Niemand, allerkleinste Kreise von Rivalen vielleicht ausgenommen, antwortet dabei mit Gefühlen von Inferiorität oder Neid, im Gegenteil, die öffentliche Meinung ist großmütig, sie läßt Prominenz nicht nur gelten, sondern liebt sie und erzeugt sie. In diese Reihe rücken dann auch die ganz großen Kapitalisten, die ONASSIS und ROCKEFELLER und ähnliche Stars, man freut sich ihrer Pracht.

[1961]

Jürgen Habermas

Die Krise des Wohlfahrtsstaates und die Erschöpfung utopischer Energien

I

Seit dem späten 18. Jahrhundert bildet sich in der westlichen Kultur ein neues Zeitbewußtsein aus. (.) Während im christlichen Abendland die »neue Zeit« das künftige, erst mit dem Jüngsten Tag anbrechende Weltalter bezeichnet hatte, heißt »Neuzeit« von nun an die eigene, die gegenwärtige Periode. Die Gegenwart versteht sich jeweils als ein Übergang zum Neuen; sie lebt im Bewußtsein der Beschleunigung geschichtlicher Ereignisse und in der Erwartung der Andersartigkeit der Zukunft. Der epochale Neubeginn, der den Bruch der modernen Welt mit der Welt des christlichen Mittelalters und des Altertums markiert, wiederholt sich gleichsam mit jedem gegenwärtigen Moment, der Neues aus sich gebiert. Die Gegenwart verstetigt den Bruch mit der Vergangenheit als kontinuierliche Erneuerung. Der zur Zukunft geöffnete Horizont gegenwartsbezogener Erwartungen dirigiert auch den Zugriff auf Vergangenes. Die Geschichte wird seit dem Ende des 18. Jahrhunderts als ein weltumgreifender, problemerzeugender Prozeß begriffen. In ihm gilt Zeit als knappe Ressource für die zukunftsorientierte Bewältigung von Problemen, die uns die Vergangenheit hinterläßt. Exemplarische Vergangenheiten, an denen sich die Gegenwart unbedenklich orientieren könnte, sind verblaßt. Die Moderne kann ihre orientierenden Maßstäbe nicht mehr den Vorbildern anderer Epochen entlehnen. Die Moderne sieht sich ausschließlich auf sich gestellt – sie muß ihre Normativität aus sich selber schöpfen. Die authentische Gegenwart ist von nun an der Ort, wo sich Traditionsfortsetzung und Innovation verschränken.

Die Entwertung exemplarischer Vergangenheit und der Zwang, den eigenen, den modernen Erfahrungen und Lebensformen normativ gehaltvolle Prinzipien abzugewinnen, erklärt die veränderte Struktur des »Zeitgeistes«. Der Zeitgeist wird zum Medium, in dem sich fortan das politische Denken und die politische Auseinandersetzung bewegen. Der Zeitgeist erhält Anstöße von zwei konträren, aber aufeinander verwiesenen und sich durchdringenden Denkbewegungen: der Zeitgeist entzündet sich an dem Zusammenstoß von geschichtlichem und utopischem Denken. (.) Auf den ersten Blick schließen sich diese beiden Denkweisen aus. Das erfahrungsgesättigte *historische Denken* scheint dazu berufen zu sein, die utopischen Entwürfe zu kritisieren; das überschwengliche *utopische Denken* scheint die Funktion zu haben, Handlungsalternativen und Möglichkeitsspielräume zu erschließen, die über die geschichtlichen Kontinuitäten hinausschießen. Tatsächlich hat aber das moderne Zeitbewußtsein einen Horizont eröffnet, in dem das utopische mit dem geschichtlichen Denken verschmilzt. Dieses Einwandern utopischer Energien ins Geschichtsbewußtsein kennzeichnet jedenfalls den Zeitgeist, der die politische Öffentlichkeit der modernen Völker seit den Tagen der Französischen Revolution prägt. Das von der Aktualität des Zeitgeistes angesteckte politische Denken, das dem Problemdruck der Gegenwart standhalten will, wird von utopischen Energien aufgeladen – aber gleichzeitig soll dieser Erwartungsüberschuß am konservativen Gegengewicht geschichtlicher Erfahrungen kontrolliert werden.

»Utopie« wird, seit dem frühen 19. Jahrhundert, zu einem politischen Kampfbegriff, den jeder gegen jeden verwendet. Zunächst wird der Vorwurf gegen das abstrakte Aufklärungsdenken und dessen liberale Erben ins Feld geführt, dann natürlich gegen Sozialisten und Kommunisten, aber auch gegen die konservativen Ultras – gegen die einen, weil sie eine abstrakte Zukunft, gegen die anderen, weil sie eine abstrakte Vergangenheit beschwören. Weil alle vom utopischen Denken infiziert sind, möchte niemand ein Utopist sein. (.) Thomas Morus' »Utopia«, Campanellas »Sonnenstaat«, Bacons »Nova Atlantis« – diese in der Renaissance entworfenen Raumutopien konnten noch »Staats*romane*« genannt werden, weil ihre Autoren niemals einen Zweifel am fiktiven Charakter der Erzählung gelassen hatten. Sie hatten paradiesische Vorstellungen in geschichtliche Räume und irdische Gegenwelten rückübersetzt, eschatologische Erwartungen in profane Lebensmöglichkeiten zurückverwandelt. Die klassischen Utopien vom besseren und ungefährdeteren Leben präsentierten sich, wie Fourier bemerkt, als ein »Traum vom Guten – ohne Mittel zur Ausführung desselben, ohne Methode«. Trotz ihres zeitkritischen Bezuges kommunizierten sie noch nicht mit der Geschichte. Das ändert sich erst, als Mercier, ein Anhänger Rousseaus, mit seinem Zukunftsroman über das Paris im Jahre 2440, jene Inseln des Glücks aus räumlich entfernten Regionen in eine entfernte Zukunft projiziert – und damit eschatologische Erwartungen über die künftige Wiederherstellung des Paradieses auf die *innerweltliche* Achse eines historischen Fortschritts abbildet. (.) Sobald sich aber Utopie und Geschichte in dieser Weise berühren, verwandelt sich die klassische Gestalt der Utopie, streift der Staatsroman seine romanhaften Züge ab. Wer für die utopischen Energien des Zeitgeistes am empfindlichsten ist, wird von nun an die Verschmelzung des utopischen mit dem geschichtlichen Denken am energischsten betreiben. Robert Owen und Saint-Simon, Fourier und Proudhon lehnen den Utopismus heftig ab; und sie wiederum werden von Marx und Engels als »utopische Sozialisten« angeklagt. Erst Ernst Bloch und Karl Mannheim haben in unserem Jahrhundert den Ausdruck »Utopie« vom Beigeschmack des Utopismus gereinigt und als unverdächtiges Medium für den Entwurf alternativer Lebensmöglichkeiten rehabilitiert, die im Geschichtsprozeß selber angelegt sein sollen. Dem politisch wirksamen Geschichtsbewußtsein selbst ist eine utopische Perspektive eingeschrieben.

So jedenfalls schien es sich zu verhalten – bis gestern. Heute sieht es so aus, als seien die utopischen Energien aufgezehrt, als hätten sie sich vom geschichtlichen Denken zurückgezogen. Der Horizont der Zukunft hat sich zusammengezogen und den Zeitgeist wie die Politik gründlich verändert. Die Zukunft ist negativ besetzt; an der Schwelle zum 21. Jahrhundert zeichnet sich das Schreckenspanorama der weltweiten Gefährdung allgemeiner Lebensinteressen ab: die Spirale des Wettrüstens, die unkontrollierte Verbreitung von Kernwaffen, die strukturelle Verarmung der Entwicklungsländer, Arbeitslosigkeit und wachsende soziale Ungleichgewichte in den entwickelten Ländern, Probleme der Umweltbelastung, katastrophennah operierende Großtechnologien geben die Stichworte, die über Massenmedien ins öffentliche Bewußtsein eingedrungen sind. Die Antworten der Intellektuellen spiegeln nicht weniger als die der Politiker Ratlosigkeit. Es ist keineswegs nur Realismus, wenn eine forsch akzeptierte Ratlosigkeit mehr und mehr an die Stelle von zukunftsgerichteten Orientierungsversuchen tritt. Die Lage mag objektiv unübersichtlich sein.

Unübersichtlichkeit ist indessen auch eine Funktion der Handlungsbereitschaft, die sich eine Gesellschaft zutraut. Es geht um das Vertrauen der westlichen Kultur in sich selbst.

II

Für die Erschöpfung der utopischen Energien gibt es freilich gute Gründe. Die klassischen Utopien haben die Bedingungen für ein menschenwürdiges Leben, für das gesellschaftlich organisierte Glück *ausgemalt*; die mit geschichtlichem Denken verschmolzenen Sozialutopien, die seit dem 19. Jahrhundert in die politischen Auseinandersetzungen eingreifen, wecken realistischere Erwartungen. Sie stellen Wissenschaft, Technik und Planung als verheißungsvolle und unbeirrbare Instrumente einer vernünftigen Kontrolle von Natur und Gesellschaft vor. Genau diese Erwartung ist inzwischen durch massive Evidenzen erschüttert worden. Die Kernenergie, die Waffentechnologie und das Vordringen in den Weltraum, die Genforschung und der biotechnische Eingriff ins menschliche Verhalten, Informationsverarbeitung, Datenerfassung und neue Kommunikationsmedien sind von Haus aus Techniken mit zwiespältigen Folgen. Und je komplexer die steuerungsbedürftigen Systeme werden, um so größer wird die Wahrscheinlichkeit dysfunktionaler Nebenfolgen. Wir erfahren täglich, daß sich Produktivkräfte in Destruktivkräfte, Planungskapazitäten in Störpotentiale verwandeln. Deshalb nimmt es nicht wunder, daß heute vor allem jene Theorien an Einfluß gewinnen, die zeigen möchten, daß dieselben Kräfte der Machtsteigerung, aus denen die Moderne einst ihr Selbstbewußtsein und ihre utopischen Erwartungen geschöpft hat, tatsächlich Autonomie in Abhängigkeit, Emanzipation in Unterdrückung, Rationalität in Unvernunft umschlagen lassen. Derrida zieht aus Heideggers Kritik der neuzeitlichen Subjektivität den Schluß, daß wir der Tretmühle des abendländischen Logozentrismus nur durch ziellose Provokation entkommen können. Statt die vordergründigen Kontingenzen *in* der Welt beherrschen zu wollen, sollten wir uns besser den geheimnisvoll verschlüsselten Kontingenzen der Welterschließung ergeben. Foucault radikalisiert Horkheimers und Adornos Kritik der instrumentellen Vernunft zu einer Theorie der Ewigen Wiederkehr der Macht. Seine Botschaft vom immer gleichen Machtzyklus der immer neuen Diskurs-Formationen muß den letzten Funken von Utopie und von Vertrauen der westlichen Kultur in sich selbst ersticken.

Auf der intellektuellen Szene breitet sich der Verdacht aus, daß die Erschöpfung utopischer Energien nicht nur eine der vorübergehenden kulturpessimistischen Stimmungslagen anzeigt, sondern tiefer greift. Sie könnte eine Veränderung des modernen Zeitbewußtseins überhaupt anzeigen. Vielleicht löst sich jenes Amalgam von geschichtlichem und utopischem Denken wieder auf; vielleicht verwandeln sich die Struktur des Zeitgeistes und der Aggregatzustand der Politik. Vielleicht wird das Geschichtsbewußtsein von seinen utopischen Energien *ent*laden: wie am Ende des 18. Jahrhunderts die Paradieseshoffnungen mit der Verzeitlichung der Utopien ins Diesseits eingewandert sind, so würden heute, zweihundert Jahre danach, die utopischen Erwartungen ihren säkularen Charakter verlieren und wiederum religiöse Gestalt annehmen.

Ich halte diese These vom Anbruch der Postmoderne für unbegründet. Nicht die Struktur des Zeitgeistes, nicht der Modus des Streites über künftige Lebensmöglichkeiten ändert sich; nicht die utopischen Energien überhaupt ziehen sich vom Geschichtsbewußtsein zurück. An ein Ende gelangt ist vielmehr eine bestimmte Utopie, die sich in der Vergangenheit um das Potential der Arbeitsgesellschaft kristallisiert hat.

Die Klassiker der Gesellschaftstheorie von Marx bis Max Weber waren sich darin einig, daß die Struktur der bürgerlichen Gesellschaft durch abstrakte Arbeit, durch den Typus einer über den Markt gesteuerten, kapitalistisch verwerteten und betriebsförmig organisierten Erwerbsarbeit geprägt ist. Weil die Form dieser abstrakten Arbeit eine derart prägende, alle Bereiche penetrierende Kraft entfaltet hat, konnten sich auch die utopischen Erwartungen auf die Produktionssphäre richten, kurz: auf eine Emanzipation der Arbeit von Fremdbestimmung. Die Utopien der frühen Sozialisten haben sich zum Bild der Phalanstère verdichtet – einer arbeitsgesellschaftlichen Organisation freier und gleicher Produzenten. Aus der richtig eingerichteten Produktion selbst sollte die kommunale Lebensform frei assoziierter Arbeiter hervorgehen. Die Idee der Arbeiterselbstverwaltung hat noch die Protestbewegung der späten sechziger Jahre inspiriert. (.) Bei aller Kritik am

Frühsozialismus hat auch Marx im ersten Teil der *Deutschen Ideologie* dieselbe arbeitsgesellschaftliche Utopie verfolgt: »Es ist also jetzt soweit gekommen, daß die Individuen sich die vorhandene Totalität von Produktivkräften aneignen müssen, um zu ihrer Selbstbestätigung zu kommen... Die Aneignung dieser Kräfte ist weiter nichts als die Entwicklung der den materiellen Produktionsinstrumenten entsprechenden individuellen Fähigkeiten. Erst auf dieser Stufe fällt die Selbstbetätigung mit dem materiellen Leben zusammen, was der Entwicklung der Individuen zu totalen Individuen und der Abstreifung aller Naturwüchsigkeit entspricht.«

Die arbeitsgesellschaftliche Utopie hat heute ihre Überzeugungskraft eingebüßt – und dies nicht nur, weil die Produktivkräfte ihre Unschuld verloren haben oder weil die Abschaffung des Privateigentums an Produktionsmitteln offensichtlich nicht per se in Arbeiterselbstverwaltung einmündet. Vor allem hat die Utopie ihren Bezugspunkt in der Realität verloren: die strukturbildende und gesellschaftsformierende Kraft der abstrakten Arbeit. Claus Offe hat überzeugende »Anhaltspunkte für die objektiv abnehmende Determinationskraft der Tatbestände von Arbeit, Produktion und Erwerb für die Gesellschaftsverfassung und die Gesellschaftsentwicklung im ganzen« zusammengetragen. (.)

Wer eine der seltenen Schriften aufschlägt, die heute noch einen utopischen Bezug schon im Titel anzukündigen wagen – ich meine André Gorz' *Wege ins Paradies* –, wird diese Diagnose bestätigt finden. Gorz begründet seinen Vorschlag, auf dem Wege eines garantierten Mindesteinkommens Arbeit und Einkommen zu entkoppeln, mit dem Abschied von jener Marxschen Erwartung, daß Selbstbetätigung mit dem materiellen Leben noch zusammenfallen könne.

Aber warum sollte die schwindende Überzeugungskraft der arbeitsgesellschaftlichen Utopie für die breitere Öffentlichkeit von Bedeutung sein und eine *allgemeine* Erschöpfung utopischer Antriebe erklären helfen? Nun, diese Utopie hat nicht nur Intellektuelle angezogen. Sie hat die europäische Arbeiterbewegung inspiriert und in unserem Jahrhundert in drei sehr verschiedenen, aber weltgeschichtlich wirksam gewordenen Programmatiken ihre Spuren hinterlassen. In Reaktion auf die Folgen des Ersten Weltkrieges und die Weltwirtschaftskrise haben sich die entsprechenden politischen Strömungen durchgesetzt: der Sowjetkommunismus in Rußland; der autoritäre Korporatismus im faschistischen Italien, im NS-Deutschland und im falangistischen Spanien; und der sozialdemokratische Reformismus in den Massendemokratien des Westens. Allein dieses Sozialstaatsprojekt hat sich das Erbe der bürgerlichen Emanzipationsbewegungen, den demokratischen Verfassungsstaat, zu eigen gemacht. Obschon aus der sozialdemokratischen Tradition hervorgegangen, ist es keineswegs nur von sozialdemokratisch geführten Regierungen verfolgt worden. Nach dem Zweiten Weltkrieg haben in westlichen Ländern alle regierenden Parteien ihre Mehrheiten mehr oder weniger pronociert im Zeichen sozialstaatlicher Zielsetzungen gewonnen. Seit Mitte der siebziger Jahre kommen aber die Grenzen des sozialstaatlichen Projektes zu Bewußtsein – ohne daß bis jetzt eine klare Alternative erkennbar wäre. Ich möchte deshalb meine These dahingehend präzisieren, daß die Neue Unübersichtlichkeit zu einer Situation gehört, in der eine immer noch von der arbeitsgesellschaftlichen Utopie zehrende Sozialstaatsprogrammatik die Kraft verliert, künftige Möglichkeiten eines kollektiv besseren und weniger gefährdeten Lebens zu erschließen.

III

Der utopische Kern, die Befreiung von heteronomer Arbeit, hatte freilich im sozialstaatlichen Projekt eine andere Form angenommen. Die menschenwürdigen, emanzipierten Lebensverhältnisse sollen nicht mehr unmittelbar aus einer Revolutionierung der Arbeitsverhältnisse, also aus der Umwandlung von heteronomer Arbeit in Selbsttätigkeit hervorgehen. Reformierte Beschäftigungsverhältnisse behalten jedoch einen zentralen Stellenwert auch in diesem Projekt. (.) Sie bleiben der Bezugspunkt nicht nur für Maßnahmen der Humanisierung einer weiterhin fremdbestimmten Arbeit, sondern vor allem für die kompensatorischen Leistungen, die die Grundrisiken der Lohnarbeit (Unfall, Krankheit, Verlust des Arbeitsplatzes, unversorgtes Alter) auffangen sollen. Daraus ergibt sich die Konsequenz, daß alle Arbeitsfähigen in das derart abgeschliffene und abgefederte Beschäftigungssystem eingegliedert werden müssen – also das Ziel der Vollbeschäftigung. Der Ausgleich funktioniert nur, wenn die Rolle des vollzeitbeschäftigten Lohnempfängers zur Norm wird. Für Belastungen, die mit einem gepolsterten Status abhängiger Erwerbsarbeit immer noch verknüpft sind, wird der Bürger in seiner Rolle als Klient wohlfahrtsstaatlicher Bürokratien mit Rechtsansprüchen, und in seiner Rolle als Konsument von Massengütern mit Kaufkraft entschädigt. Der Hebel für die Befriedigung des Klassenantagonismus bleibt also die Neutralisierung des im Lohnarbeiterstatus angelegten Konfliktstoffes.

Dieses Ziel soll auf dem Wege über die sozialstaatliche Gesetzgebung und die Kollektivverhandlungen unabhängiger Tarifparteien erreicht werden. Die sozialstaatlichen Politiken beziehen ihre Legitimation aus allgemeinen Wahlen und finden in autonomen Gewerkschaften wie in Arbeiterparteien ihre gesellschaftliche Basis. Über den Erfolg des Projektes entscheidet freilich erst die Macht und Handlungsfähigkeit eines interventionistischen Staatsapparates. Der soll ins Wirtschaftssystem mit dem Ziel eingreifen, das kapitalistische Wachstum zu hegen, die Krisen zu glätten, gleichzeitig die internationale Wettbewerbsfähigkeit der Unternehmen und Arbeitsplätze zu sichern, damit Zuwächse entstehen, aus denen umverteilt werden kann, ohne die privaten Investoren zu entmutigen. Das beleuchtet die *methodische Seite:* der sozialstaatliche Kompromiß und die Befriedung des Klassenantagonismus sollen dadurch erreicht werden, daß demokratisch legitimierte staatliche Macht zur Hegung und zur Zähmung des naturwüchsigen kapitalistischen Wachstumsprozesses eingesetzt wird. Die *substantielle Seite* des Projektes zehrt von Resten der arbeitsgesellschaftlichen Utopie: indem der Status der Arbeitnehmer durch staatsbürgerliche Teilnahme- und soziale Teilhaberechte normalisiert wird, erhält die Masse der Bevölkerung die Chance, in Freiheit, sozialer Gerechtigkeit und wachsendem Wohlstand zu leben. Dabei wird vorausgesetzt, daß zwischen Demokratie und Kapitalismus durch staatliche Interventionen eine friedliche Koexistenz gesichert werden kann.

In den entwickelten Industriegesellschaften des Westens konnte diese prekäre Bedingung im großen und ganzen erfüllt werden, jedenfalls unter den günstigen Konstellationen der Nachkriegs- und Wiederaufbauperiode. Aber nicht mit der seit den siebziger Jahren veränderten Konstellation will ich mich beschäftigen, nicht mit den Umständen, sondern mit den inneren Schwierigkeiten, die dem Sozialstaat aus seinen eigenen Erfolgen entstehen. (.) In dieser Hinsicht sind immer wieder zwei Fragen aufgetaucht. Verfügt der interventionistische Staat über genügend Macht, und kann er effizient genug arbeiten, um das kapitalistische Wirtschaftssystem im Sinne seiner Programmatik zu bändigen? Und ist der Einsatz politischer Macht die richtige Methode, um das substantielle Ziel der Förderung und Sicherung menschenwürdiger, emanzipierter Lebensformen zu erreichen? Es handelt sich also erstens um die Frage nach den Grenzen der Versöhnbarkeit von Kapitalismus und Demokratie und zweitens um die Frage nach den Möglichkeiten, neue Lebensformen mit rechtlich-bürokratischen Mitteln hervorzubringen.

Ad 1). Von Anfang an hat sich der Nationalstaat als ein zu enger Rahmen erwiesen, um die keynesianischen Wirtschaftspolitiken nach außen, gegen die Imperative des Weltmarktes und die Investitionspolitik weltweit operierender Unternehmen hinreichend abzusichern. Sichtbarer sind aber die Grenzen der Interventionsmacht und der Interventionsfähigkeit des Staates im Inneren. Hier stößt der Sozialstaat, je erfolgreicher er seine Programme durchsetzt, um so deutlicher, auf den Widerstand der privaten Investoren. Es gibt natürlich viele Ursachen für eine verschlechterte Rentabilität der Unternehmen, für schwindende Investitionsbereitschaften und fallende Wachstumsraten. Aber die Verwertungsbedingungen des Kapitals bleiben eben auch vom Ergebnis der sozialstaatlichen Politiken nicht unberührt, weder tatsächlich noch – und erst recht nicht – in der subjektiven Wahrnehmung der Unternehmen. Zudem verstärken wachsende Lohn- und Lohnnebenkosten die Neigung zu Rationalisierungsinvestitionen, die – im Zeichen einer zweiten industriellen Revolution – die Arbeitsproduktivität so erheblich steigern und die gesamtgesellschaftlich notwendige Arbeitszeit so erheblich senken, daß trotz des säkularen Trends zur Arbeitszeitverkürzung immer mehr Arbeitskräfte freigesetzt werden. Wie dem auch sei – in einer Situation, in der mangelnde Investitionsbereitschaft und wirtschaftliche Stagnation, steigende Arbeitslosigkeit und die Krise öffentlicher Haushalte auch in der Wahrnehmung der Öffentlichkeit mit den Kosten des Wohlfahrtsstaates in eine suggestive Verbindung gebracht werden können, machen sich die strukturellen Beschränkungen fühlbar, unter denen der sozialstaatliche Kompromiß gefunden und aufrechterhalten worden ist. Weil der Sozialstaat die Funktionsweise des Wirtschaftssystems unangetastet lassen muß, hat er nicht die Möglichkeit, auf die private Investitionstätigkeit anders als durch systemkonforme Eingriffe Einfluß zu nehmen. Er hätte dazu auch gar nicht die Macht, weil sich die Umverteilung von Einkommen im wesentlichen auf eine horizontale Umschichtung innerhalb der Gruppe der abhängig Beschäftigten beschränkt und die klassenspezifische Vermögensstruktur, insbesondere die Verteilung des Eigentums an Produktionsmitteln, nicht berührt. So schlittert gerade der erfolgreiche Sozialstaat in eine Situation, in der die Tatsache zu Bewußtsein kommen muß, daß er selbst keine autonome »Quelle von Wohlstand« ist und Arbeitsplatzsicherheit nicht als Bürgerrecht garantieren kann (C. Offe).

In einer solchen Situation gerät der Sozialstaat zugleich in die Gefahr, daß ihm seine gesellschaftliche Basis wegrutscht. Die aufwärtsmobilen Wählerschichten, die von der Sozialstaatsentwicklung unmittelbar den größten Nutzen hatten, können in Krisenzeiten eine Mentalität der Besitzstandswahrung ausbilden und sich mit dem alten Mittelstand, überhaupt mit den »produktivistisch« gesonnenen Schichten zu einem defensiven Block gegen die unterprivilegierten oder ausgegrenzten Gruppen zusammenschließen. Durch eine solche Umschichtung der Wählerbasis sind in erster Linie die Parteien bedroht, die sich, wie die Demokraten in den USA, die englische Labour Party oder die deutsche Sozialdemokratie, über Jahrzehnte auf ein festes sozialstaatliches Klientel verlassen konnten. Gleichzeitig geraten die Gewerkschaftsorganisationen durch die veränderte Situation des Arbeitsmarktes unter Druck; ihr Drohpotential wird geschwächt, sie verlieren Mitglieder und Beiträge und sehen sich zu einer Verbandspolitik gedrängt, die auf die kurzfristigen Interessen der noch Beschäftigten zugeschnitten ist.

Ad 2). Selbst wenn der Sozialstaat unter glücklicheren Rahmenbedingungen die Nebenwirkungen seines Erfolgs, die seine eigenen Funktionsbedingungen gefährden, verzögern oder ganz vermeiden könnte, bliebe ein weiteres Problem ungelöst. Die Anwälte des sozialstaatlichen Projektes hatten immer nur in eine

Richtung geblickt. Im Vordergrund stand die Aufgabe, die naturwüchsige ökonomische Macht zu disziplinieren und die zerstörerischen Auswirkungen eines krisenhaften ökonomischen Wachstums von der Lebenswelt der abhängig Arbeitenden abzuwenden. Die parlamentarisch errungene Regierungsmacht erschien als eine ebenso unschuldige wie unerläßliche Ressource; aus ihr mußte der interventionistische Staat gegenüber dem systemischen Eigensinn der Ökonomie Stärke und Handlungsfähigkeit schöpfen. Daß der aktive Staat nicht nur in den Wirtschaftskreislauf, sondern auch in den Lebenskreislauf seiner Bürger eingriff, hatten die Reformer als ganz unproblematisch angesehen – die Reform der Lebensbedingungen der Beschäftigten war ja das Ziel der sozialstaatlichen Programme. Tatsächlich ist auf diesem Wege ein höheres Maß an sozialer Gerechtigkeit errungen worden.

Aber gerade diejenigen, die diese historische Errungenschaft des Sozialstaates anerkennen und sich die Kritik an seinen Schwächen nicht zu billig machen, erkennen inzwischen auch *den* Fehlschlag, der nicht diesem oder jenem Hindernis, nicht einer halbherzigen Verwirklichung des Projektes zuzuschreiben ist, sondern einer spezifischen Einäugigkeit dieses Projektes selber. Ausgeblendet ist jede Skepsis gegenüber dem vielleicht unerläßlichen, aber nur vermeintlich unschuldigen Medium der Macht. Die sozialstaatlichen Programme verbrauchen davon eine ganze Menge, damit sie Gesetzeskraft erlangen, aus öffentlichen Haushalten finanziert – und in der Lebenswelt ihrer Nutznießer implementiert werden können. So überzieht ein immer dichteres Netz von Rechtsnormen, von staatlichen und parastaatlichen Bürokratien den Alltag der potentiellen und tatsächlichen Klienten.

Ausgedehnte Diskussionen über Verrechtlichung und Bürokratisierung im allgemeinen, über die kontraproduktiven Wirkungen der staatlichen Sozialpolitik im besonderen, über Professionalisierung und Verwissenschaftlichung der sozialen Dienste haben die Aufmerksamkeit auf Tatbestände gelenkt, die eines deutlich machen: die rechtlich-administrativen Mittel der Umsetzung sozialstaatlicher Programme stellen kein passives, gleichsam eigenschaftsloses Medium dar. Vielmehr ist mit ihnen eine Praxis der Tatbestandsvereinzelung, der Normalisierung und der Überwachung verknüpft, deren verdinglichende und subjektivierende Gewalt Foucault bis in die feinsten kapillarischen Verästelungen der Alltagskommunikation hinein verfolgt hat. Die Verformungen einer reglementierten, zergliederten, kontrollierten und betreuten Lebenswelt sind gewiß sublimer als die handgreiflichen Formen von materieller Ausbeutung und Verelendung; aber die aufs Psychische und Körperliche abgewälzten und verinnerlichten sozialen Konflikte sind darum nicht weniger destruktiv. Kurzum, dem sozialstaatlichen Projekt als solchem wohnt der Widerspruch zwischen Ziel und Methode inne. Sein Ziel ist die Stiftung von egalitär strukturierten Lebensformen, die zugleich Spielräume für individuelle Selbstverwirklichung und Spontaneität freisetzen sollten. Aber offensichtlich kann dieses Ziel nicht auf dem direkten Wege einer rechtlich-administrativen Umsetzung politischer Programme erreicht werden. Mit der Hervorbringung von Lebensformen ist das Medium Macht überfordert.

IV
Anhand von zwei Problemen habe ich Hindernisse behandelt, die sich der erfolgreiche Sozialstaat selbst in den Weg legt. Damit will ich nicht sagen, daß die Sozialstaatsentwicklung eine Fehlspezialisierung gewesen ist. Im Gegenteil: die sozialstaatlichen Institutionen kennzeichnen in nicht geringerem Maße als die Einrichtungen des demokratischen Verfassungsstaates einen Entwicklungsschub des politischen Systems, zu dem es in Gesellschaften unseres Typs keine erkennbare Alternative gibt – weder im Hinblick auf die Funktionen, die der Sozialstaat erfüllt, noch im Hinblick auf die normativ gerechtfertigten Forderungen, denen er genügt. Vor allem die in der Sozialstaatsentwicklung noch zurückgebliebenen Länder haben keinen plausiblen Grund, von diesem Pfad abzuweichen. Es ist gerade die Alternativenlosigkeit, vielleicht sogar Irreversibilität dieser immer noch umkämpften Kompromißstrukturen, die uns heute vor das Dilemma stellen, daß der entwickelte Kapitalismus ebensowenig ohne den Sozialstaat leben kann – wie mit dessen weiterem Ausbau. Die mehr oder weniger ratlosen Reaktionen auf dieses Dilemma zeigen, daß das politische Anregungspotential der arbeitsgesellschaftlichen Utopie erschöpft ist.

Mit C. Offe lassen sich in Ländern wie der Bundesrepublik und den USA drei Reaktionsmuster unterscheiden. (.) Der *industriege-sellschaftlich-sozialstaatliche Legitimismus* der rechten Sozialde-mokratie befindet sich in der Defensive. Diese Kennzeichnung verstehe ich in einem weitgefaßten Sinne, so daß sie beispielsweise auch auf den Mondale-Flügel der Demokraten in den USA oder auf die zweite Regierung unter Mitterand Anwendung finden kann. Die Legitimisten streichen aus dem sozialstaatlichen Pro-jekt genau die Komponente, die es der arbeitsgesellschaftlichen Utopie entlehnt hatte. Sie verzichten auf das Ziel, die hetero-nome Arbeit so weit zu bezwingen, daß der in die Produktions-sphäre hineinreichende Status des freien und gleichberechtigten Bürgers zum Kristallisationskern autonomer Lebensformen werden kann. Die Legitimisten sind heute die eigentlich Konser-vativen, die das Erreichte stabilisieren möchten. Sie hoffen, den Gleichgewichtspunkt zwischen Sozialstaatsentwicklung und marktwirtschaftlicher Modernisierung wieder ausfindig zu ma-chen. Die gestörte Balance zwischen demokratischen Gebrauchs-wertorientierungen und abgemilderter kapitalistischer Eigendy-namik soll sich wieder einpendeln. Diese Programmatik ist auf die Bewahrung sozialstaatlicher Besitzstände fixiert. Sie verkennt aber die Widerstandspotentiale, die sich im Sog einer fortschrei-tenden bürokratischen Erosion der aus naturwüchsigen Zusam-menhängen freigesetzten, kommunikativ strukturierten Lebens-welten ansammeln; ebensowenig nimmt sie Verschiebungen in der sozialen und der gewerkschaftlichen Basis ernst, auf die sich die sozialstaatlichen Politiken bisher stützen konnten. Im Hin-blick auf die Umschichtungen der Wählerstruktur und die Schwä-chung der gewerkschaftlichen Position droht einer solchen Politik ein verzweifelter Wettlauf mit der Zeit.

Im Aufwind befindet sich der *Neokonservativismus*, der eben-falls industriegesellschaftlich orientiert ist, aber entschieden so-zialstaatskritisch auftritt. Die Reagan-Administration und die Re-gierung von Margaret Thatcher sind in seinem Namen angetreten; die konservative Regierung in der Bundesrepublik ist auf eine ähn-liche Linie eingeschwenkt. Der Neokonservativismus ist im we-sentlichen durch drei Komponenten gekennzeichnet.

Erstens: Eine angebotsorientierte Wirtschaftspolitik soll die Verwertungsbedingungen des Kapitals verbessern und den Akkumulationsprozeß wieder in Gang setzen. Sie nimmt, der Intention nach nur vorübergehend, eine relativ hohe Arbeitslosenquote in Kauf. Die Einkommensumschichtung geht, wie die Statistiken in den USA belegen, zu Lasten der ärmeren Bevölkerungsgruppen, während nur die großen Kapitalbesitzer deutliche Einkommensverbesserungen erzielen. Damit gehen deutliche Einschränkungen sozialstaatlicher Leistungen Hand in Hand. Zweitens: Die Legitimationskosten des politischen Systems sollen gesenkt werden. »Anspruchsinflation« und »Unregierbarkeit« sind Stichworte für eine Politik, die auf eine stärkere Entkoppelung von Administration und öffentlicher Willensbildung abzielt. In diesem Zusammenhang werden neokorporatistische Entwicklungen gefördert, also eine Aktivierung des nicht-staatlichen Steuerungspotentials von Großverbänden, in erster Linie von Unternehmerorganisationen und Gewerkschaften. Die Verlagerung von normativ geregelten parlamentarischen Zuständigkeiten auf nur noch funktionierende Verhandlungssysteme macht den Staat zu einem Verhandlungspartner unter anderen. Die Kompetenzverschiebung in die neokorporativen Grauzonen entzieht immer mehr gesellschaftliche Materien einem Entscheidungsmodus, der durch Verfassungsnormen darauf verpflichtet ist, alle jeweils berührten Interessen gleichmäßig zu berücksichtigen. (.) Drittens: Schließlich erhält die Kulturpolitik den Auftrag, an zwei Fronten zu operieren. Sie soll einerseits die Intellektuellen als die zugleich machtbesessene und unproduktive Trägerschicht des Modernismus in Mißkredit bringen; denn postmaterielle Werte, vor allem die expressiven Bedürfnisse nach Selbstverwirklichung und die kritischen Urteile einer universalistischen Aufklärungsmoral, gelten als Bedrohung für die motivationalen Grundlagen einer funktionierenden Arbeitsgesellschaft und der entpolitisierten Öffentlichkeit. Auf der anderen Seite soll die traditionelle Kultur, sollen die haltenden Mächte der konventionellen Sittlichkeit, des Patriotismus, der bürgerlichen Religion und der Volkskultur gepflegt werden. Diese sind dazu da, um die private Lebenswelt für die persönlichen Belastungen zu entschädigen und gegen den Druck von Konkurrenzgesellschaft und beschleunigter Modernisierung abzufedern.

Die neokonservative Politik hat eine gewisse Chance der Durchsetzung, wenn sie in jener zweigeteilten segmentierten Gesellschaft, die sie zugleich fördert, eine Basis findet. Die ausgegrenzten oder an den Rand gedrückten Gruppen verfügen über keine Vetomacht, da sie eine ausgehaltene, aus dem Produktionsprozeß ausgegliederte Minderheit darstellen. Das Muster, das sich im internationalen Rahmen zwischen den Metropolen und der unterentwickelten Peripherie mehr und mehr eingespielt hat, scheint sich im Inneren der entwickeltsten kapitalistischen Gesellschaften zu wiederholen: die etablierten Mächte sind für ihre eigene Reproduktion auf die Arbeit und die Kooperationsbereitschaft der Verarmten und Entrechteten immer weniger angewiesen. Allerdings muß sich eine Politik nicht nur durchsetzen können, sie muß auch funktionieren. Eine *entschlossene* Aufkündigung des sozialstaatlichen Kompromisses müßte aber Funktionslücken hinterlassen, die nur durch Repression oder Verwahrlosung geschlossen werden könnten.

Ein drittes Reaktionsmuster zeichnet sich ab in der *Dissidenz* von *Wachstumskritikern*, die gegenüber dem Sozialstaat eine ambivalente Einstellung haben. So sammeln sich beispielsweise in den Neuen Sozialen Bewegungen der Bundesrepublik Minderheiten der verschiedensten Herkunft zu einer »antiproduktivistischen Allianz« – Alte und Junge, Frauen und Arbeitslose, Schwule und Behinderte, Gläubige und Ungläubige. Was sie einigt, ist die Ablehnung jener produktivistischen Fortschrittsvision, die die Legitimisten mit den Neokonservativen teilen. Für diese beiden Parteien liegt der Schlüssel zur möglichst krisenfreien gesellschaftlichen Modernisierung darin, die Aufteilung der Problemlasten zwischen den Subsystemen Staat und Wirtschaft richtig zu dosieren. Die einen sehen die Krisenursachen in der entfesselten Eigendynamik der Wirtschaft, die anderen in den bürokratischen Fesseln, die dieser auferlegt werden. Soziale Bändigung des Kapitalismus oder Rückverlagerung der Probleme von der planenden Verwaltung auf den Markt sind die entsprechenden Therapien. Die eine Seite sieht in der monetarisierten Arbeitskraft, die andere in der bürokratischen Lähmung von Eigeninitiative die Quelle von Störungen. Aber beide Seiten stimmen darin überein, daß die schutzbedürftigen Interaktionsbereiche der Lebenswelt gegenüber den eigentlichen Motoren der gesellschaftlichen Modernisierung,

Staat und Ökonomie, nur eine passive Rolle einnehmen können. Beide Seiten sind davon überzeugt, daß die Lebenswelt von diesen Subsystemen hinreichend entkoppelt und gegen systemische Übergriffe geschützt werden kann, wenn sich Staat und Ökonomie nur im richtigen Verhältnis ergänzen und gegenseitig stabilisieren.

Allein die industriegesellschaftlichen Dissidenten gehen davon aus, daß die Lebenswelt durch Kommodifizierung *und* Bürokratisierung in gleichem Maße bedroht ist – keines der beiden Medien, weder Macht noch Geld, ist von Haus aus »unschuldiger« als das jeweils andere. Allein die Dissidenten halten es auch für notwendig, daß die Autonomie einer in ihren vitalen Grundlagen und in der kommunikativen Innenausstattung bedrohten Lebenswelt gestärkt wird. Nur sie fordern, daß die Eigendynamik der über Macht und Geld gesteuerten Subsysteme durch Formen basisnaher und selbstverwalteter Organisationen gebrochen, wenigstens eingedämmt werden sollte. In diesem Zusammenhang kommen dualwirtschaftliche Konzepte und Vorschläge zur Entkoppelung von sozialer Sicherung und Beschäftigung ins Spiel. (.) Die Entdifferenzierung soll freilich nicht nur an der Rolle des Erwerbstätigen, sondern auch an der des Konsumenten, des Staatsbürgers und des Klienten wohlfahrtsstaatlicher Bürokratien ansetzen. Die industriegesellschaftlichen Dissidenten beerben mithin die Sozialstaatsprogrammatik in der von den Legitimisten preisgegebenen, radikaldemokratischen Komponente. Allein, soweit sie über bloße Dissidenz nicht hinausgehen, soweit sie im Fundamentalismus der Großen Weigerung befangen bleiben und nicht mehr anbieten als Negativprogramme des Wachstumsstops und der Entdifferenzierung, fallen sie hinter *eine* Einsicht des Sozialstaatsprojektes zurück.

In der Formel von der sozialen Bändigung des Kapitalismus steckte ja nicht nur die Resignation vor der Tatsache, daß sich das Gehäuse einer komplexen Marktwirtschaft nicht mehr mit den einfachen Rezepten der Arbeiterselbstverwaltung von innen aufsprengen und demokratisch umformen läßt. Jene Formel enthielt auch die Einsicht, daß eine von außen ansetzende, indirekte Einflußnahme auf Mechanismen der Selbststeuerung etwas Neues erfordert, nämlich eine höchst innovative Kombination von Macht und intelligenter Selbstbeschränkung. Dem lag freilich zunächst die Vorstellung zugrunde, daß die Gesellschaft mit dem neutralen Mittel politisch-administrativer Macht gefahrlos auf sich selber einwirken könne. Wenn jetzt nicht mehr nur der Kapitalismus, sondern der interventionistische Staat selber »sozial gebändigt« werden soll, kompliziert sich die Aufgabe erheblich. Denn dann kann jene Kombination von Macht und intelligenter Selbstbeschränkung nicht länger der staatlichen Planungskapazität anvertraut werden.

Wenn sich Eindämmung und indirekte Steuerung nun auch gegen die Eigendynamik der öffentlichen Verwaltung richten sollen, muß das erforderliche Reflexions- und Steuerungspotential woanders gesucht werden, und zwar in einem vollständig veränderten Verhältnis zwischen autonomen, selbstorganisierten Öffentlichkeiten einerseits, den über Geld und administrative Macht gesteuerten Handlungsbereichen andererseits. Daraus ergibt sich die schwierige Aufgabe, die demokratische Verallgemeinerung von Interessenlagen und eine universalistische Rechtfertigung von Normen bereits *unterhalb* der Schwelle der zu Großorganisationen verselbständigten und ins politische System gleichsam abgewanderten Parteiapparate zu ermöglichen. Ein naturwüchsiger Pluralismus von abwehrenden Subkulturen, der nur aus spontaner Verweigerung hervorginge, müßte sich an den Normen staatsbürgerlicher Gleichheit vorbeientwickeln. Es entstünde dann lediglich eine Sphäre, die sich zu den neokorporatistischen Grauzonen spiegelbildlich verhielte.

V

Die Sozialstaatsentwicklung ist in eine Sackgasse geraten. Mit ihr erschöpfen sich die Energien der arbeitsgesellschaftlichen Utopie. Die Antworten der Legitimisten und der Neokonservativen bewegen sich im Medium eines Zeitgeistes, der nur noch defensiv ist; sie drücken ein Geschichtsbewußtsein aus, das seiner utopischen Dimension beraubt ist. Auch die Dissidenten der Wachstumsgesellschaft verharren in der Defensive. Ihre Antwort könnte nur ins Offensive gewendet werden, wenn das Sozialstaatsprojekt nicht einfach festgeschrieben oder abgebrochen, sondern auf höherer Reflexionsstufe fortgesetzt würde. Das reflexiv gewordene, nicht nur auf die Zähmung der kapitalistischen Ökonomie, sondern auf die Bändigung des Staates selbst gerichtete Sozialstaatsprojekt verliert freilich als seinen zentralen Bezugspunkt die Arbeit. Es kann nämlich nicht mehr um die Einfriedung einer zur Norm erhobenen Vollzeitbeschäftigung gehen. Ein solches Projekt dürfte sich nicht einmal darin erschöpfen, durch Einführung des garantierten Mindesteinkommens den Bann zu brechen, den der Arbeitsmarkt über die Lebensgeschichte *aller* Arbeitsfähigen verhängt – auch über das wachsende und immer weiter ausgegrenzte Potential derer, die nur noch in Reserve stehen. Dieser Schritt wäre revolutionär, aber nicht revolutionär genug – sogar dann nicht, wenn die Lebenswelt nicht allein gegen menschenunwürdige Imperative des Beschäftigungssystems abgeschirmt werden könnte, sondern gegen die kontraproduktiven Nebenfolgen einer administrativen Daseinsvorsorge im ganzen.

Solche Hemmschwellen im Austausch zwischen System und Lebenswelt könnten erst funktionieren, wenn zugleich eine neue Gewaltenteilung entstünde. Moderne Gesellschaften verfügen über drei Ressourcen, aus denen sie ihren Bedarf an Steuerungsleistungen befriedigen können: Geld, Macht und Solidarität. Deren Einflußsphären müßten in eine neue Balance gebracht werden. Damit will ich sagen: die sozialintegrative Gewalt der Solidarität müßte sich gegen die »Gewalten« der beiden anderen Steuerungsressourcen, Geld und administrative Macht, behaupten können. Nun waren Lebensbereiche, die darauf spezialisiert sind, tradierte Werte und kulturelles Wissen weiterzugeben, Gruppen zu integrieren und Heranwachsende zu sozialisieren, immer schon auf Solidarität angewiesen. Aus derselben Quelle müßte aber auch eine politische Willensbildung schöpfen, die auf die Grenzziehung und den Austausch zwischen diesen kommunikativ strukturierten Lebensbereichen auf der einen, Staat und Ökonomie auf der anderen Seite Einfluß nehmen soll. Das liegt übrigens nicht weit ab von den normativen Vorstellungen unserer Sozialkundelehrbücher, nach denen die Gesellschaft über demokratisch legitimierte Herrschaft auf sich selbst und ihre Entwicklung einwirkt.

Dieser offiziellen Version zufolge geht politische Macht aus der öffentlichen Willensbildung hervor und fließt via Gesetzgebung und Verwaltung gleichsam durch den Staatsapparat hindurch und kehrt zurück zu einem janusköpfigen Publikum, das sich am Eingang des Staates als Publikum von Staatsbürgern und an dessen Ausgang als eines von Klienten darstellt. Ungefähr so sehen die Staatsbürger und die Klienten der öffentlichen Verwaltung aus ihrer Perspektive den Kreislauf der politischen Macht. Aus dem Blickwinkel des politischen Systems stellt sich derselbe Kreislauf, gereinigt von allen normativen Beimischungen, anders dar. Nach dieser inoffiziellen Version, die uns immer wieder von der Systemtheorie vorgeführt wird, erscheinen Staatsbürger und Klienten als Mitglieder des politischen Systems. Unter dieser Beschreibung verändert sich vor allem der Sinn des Legitimationsvorgangs. Interessengruppen und Parteien setzen ihre Organisationsmacht ein, um für ihre Organisationsziele Zustimmung und Loyalität zu erzeugen. Die Verwaltung strukturiert nicht nur, großenteils kontrolliert sie auch den Gesetzgebungsprozeß; sie muß ihrerseits Kompromisse schließen mit mächtigen Klienten. Parteien, gesetzgebende Körperschaften, Bürokratien müssen dem nicht-deklarierten Druck funktionaler Imperative Rechnung tragen und diese mit der öffentlichen Meinung in Einklang bringen – »symbolische Politik« ist das Ergebnis. Auch die Regierung muß sich gleichzeitig um die Unterstützung der Massen und der privaten Investoren bemühen.

Wenn man die beiden konträren Beschreibungen zu einem realistischen Bild zusammenfügen will, bietet sich das in der Politikwissenschaft gebräuchliche Modell verschiedener Arenen an, die einander überlagern. C. Offe beispielsweise unterscheidet drei solcher Arenen. In der ersten bringen, leicht erkennbar, politische Eliten innerhalb des Staatsapparates ihre Entscheidungen zustande. Darunter liegt eine zweite Arena, in der eine Vielzahl anonymer Gruppen und kollektiver Akteure aufeinander einwirken, Koalitionen eingehen, den Zugang zu Produktions- und Kommunikationsmitteln kontrollieren und, schon weniger deutlich erkennbar, durch ihre soziale Macht den Spielraum für die Thematisierung und Entscheidung politischer Fragen vorgängig festlegen. Darunter schließlich befindet sich eine dritte Arena, in der schwer greifbare Kommunikationsströme die Gestalt der politischen Kultur bestimmen und mit Hilfe von Realitätsdefinitionen um das, was Gramsci kulturelle Hegemonie genannt hat, wetteifern – hier vollziehen sich die Trendwenden des Zeitgeistes. Die

Wechselwirkung zwischen den Arenen ist nicht leicht dingfest zu machen. Bisher scheinen die Vorgänge in der mittleren Arena Vorrang zu haben. Wie immer die empirische Antwort ausfällt, jedenfalls läßt sich unser *praktisches Problem* jetzt anschaulicher fassen: jedes Projekt, das die Gewichte zugunsten solidarischer Steuerungsleistungen verschieben möchte, muß die untere Arena gegenüber den beiden oberen mobilisieren.

In dieser Arena wird nicht unmittelbar um Geld oder Macht, sondern um Definitionen gestritten. Es geht um die Unversehrtheit und Autonomie von Lebensstilen, etwa um die Verteidigung traditionell eingewöhnter Subkulturen oder um die Veränderung der Grammatik überlieferter Lebensformen. Für das eine bieten regionalistische Bewegungen, für das andere feministische oder ökologische Bewegungen Beispiele. Diese Kämpfe bleiben meist latent, sie bewegen sich im Mikrobereich alltäglicher Kommunikationen, verdichten sich nur dann und wann zu öffentlichen Diskursen und höherstufigen Intersubjektivitäten. Auf solchen Schauplätzen können sich autonome Öffentlichkeiten bilden, die auch miteinander in Kommunikation treten, sobald das Potential zur Selbstorganisation und zum selbstorganisierten Gebrauch von Kommunikationsmedien genutzt wird. Formen der Selbstorganisation verstärken die kollektive Handlungsfähigkeit unterhalb einer Schwelle, an der sich die Organisationsziele von den Orientierungen und Einstellungen der Organisationsmitglieder ablösen und wo die Ziele vom Bestandserhaltungsinteresse verselbständigter Organisationen abhängig werden. Die Handlungsfähigkeit basisnaher Organisationen wird immer hinter ihrer Reflexionsfähigkeit zurückbleiben. Das muß für die Bewältigung jener Aufgabe, die sich bei der Fortführung des Sozialstaatsprojektes in den Vordergrund schiebt, kein Hindernis sein. Die autonomen Öffentlichkeiten müßten eine Kombination von Macht und intelligenter Selbstbeschränkung erreichen, die die Selbststeuerungsmechanismen von Staat und Wirtschaft gegenüber den zweckorientierten Ergebnissen radikaldemokratischer Willensbildung hinreichend empfindlich machen könnte. Vermutlich kann das nur gelingen, wenn die politischen Parteien *eine* ihrer Funktionen ersatzlos, d. h. ohne einem funktionalen Äquivalent bloß Platz zu machen, aufgeben: die der *Erzeugung* von Massenloyalität.

Diese Überlegungen werden um so provisorischer, ja unklarer, je mehr sie sich ins normative Niemandsland vorantasten. Da sind negative Abgrenzungen schon einfacher. Das reflexiv gewordene Sozialstaatsprojekt nimmt Abschied von der arbeitsgesellschaftlichen Utopie. Diese hatte sich am Kontrast der lebendigen und der toten Arbeit, an der Idee der Selbsttätigkeit orientiert. Dabei mußte sie freilich die subkulturellen Lebensformen der Industriearbeiter als eine Quelle von Solidarität voraussetzen. Sie mußte voraussetzen, daß Kooperationsbeziehungen in der Fabrik die naturwüchsig eingespielte Solidarität der Arbeitersubkultur sogar verstärken würden. Diese sind aber inzwischen weitgehend zerfallen. Und ob deren solidaritätsstiftende Kraft am Arbeitsplatz regeneriert werden kann, ist einigermaßen zweifelhaft. Wie dem auch sei – was für die arbeitsgesellschaftliche Utopie Voraussetzung oder Randbedingung war, wird heute zum Thema. Und mit diesem Thema verschieben sich die utopischen Akzente vom Begriff der Arbeit auf den der Kommunikation. Ich spreche nur noch von »Akzenten«, weil sich mit dem Paradigmenwechsel von der Arbeits- zur Kommunikationsgesellschaft auch die Art der Anknüpfung an die Utopietradition ändert.

Gewiß, mit der Verabschiedung von utopischen Gehalten der Arbeitsgesellschaft schließt sich keineswegs überhaupt die utopische Dimension von Geschichtsbewußtsein und politischer Auseinandersetzung. Wenn die utopischen Oasen austrocknen, breitet sich eine Wüste von Banalität und Ratlosigkeit aus. Ich bleibe bei meiner These, daß die Selbstvergewisserung der Moderne nach wie vor von einem Aktualitätsbewußtsein angestachelt wird, in dem geschichtliches und utopisches Denken miteinander verschmolzen sind. Aber mit den utopischen Gehalten der Arbeitsgesellschaft verschwinden zwei Illusionen, die das Selbstverständnis der Moderne verhext haben. Die erste Illusion entsteht aus einer mangelnden Differenzierung.

In den Ordnungsutopien waren die Dimensionen von Glück und Emanzipation mit denen der Machtsteigerung und der Produktion gesellschaftlichen Reichtums zusammengeflossen. Die Entwürfe rationaler Lebensformen gingen mit der rationalen Beherrschung der Natur und der Mobilisierung gesellschaftlicher Energien eine trügerische Symbiose ein. Die in Produktivkräften entfesselte instrumentelle Vernunft, die in Organisations- und Planungskapazitäten sich entfaltende funktionalistische Vernunft sollten den Weg zum menschenwürdigen, egalitären und zugleich libertären Leben bahnen. Das Potential der Verständigungsverhältnisse sollte am Ende umstandslos aus der Produktivität der Arbeitsverhältnisse hervorgehen. Die Hartnäckigkeit dieser Konfusion spiegelt sich noch in der kritischen Umkehrung, wenn z. B. die Normalisierungsleistungen zentralistischer Großorganisationen mit den Verallgemeinerungsleistungen des moralischen Universalismus in einen Topf geworfen werden. (.)

Noch einschneidender ist die Abkehr von der methodischen Illusion, die mit den Entwürfen einer konkreten Totalität künftiger Lebensmöglichkeiten verbunden war. Der utopische Gehalt der Kommunikationsgesellschaft schrumpft auf die formalen Aspekte einer unversehrten Intersubjektivität zusammen. Noch der Ausdruck »ideale Sprechsituation« führt, soweit er eine konkrete Gestalt des Lebens suggeriert, in die Irre. Was sich normativ auszeichnen läßt, sind notwendige, aber allgemeine Bedingungen für eine kommunikative Alltagspraxis und für ein Verfahren der diskursiven Willensbildung, welche die Beteiligten *selbst* in die Lage versetzen könnten, konkrete Möglichkeiten eines besseren und weniger gefährdeten Lebens nach *eigenen* Bedürfnissen und Einsichten aus *eigener* Initiative zu verwirklichen. (.) Die Utopiekritik, die von Hegel über Carl Schmitt bis auf unsere Tage das Menetekel des Jakobinismus an die Wand malt, denunziert zu Unrecht die angeblich unvermeidliche Verschwisterung der Utopie mit dem Terror. Immerhin – utopistisch ist die Verwechslung einer hochentwickelten kommunikativen Infrastruktur *möglicher* Lebensformen mit einer bestimmten, im Singular auftretenden Totalität des gelungenen Lebens.

[1985]

Die Verwandlung der Sexualität in den Eros

Die Vision einer Kultur ohne Unterdrückung und Verdrängung, wie wir sie aus einem Randgedanken der Mythologie und Philosophie entwickelten, tendiert auf eine neue Beziehung zwischen Trieben und Vernunft hin. Die kulturelle Moral wird durch die Harmonisierung von Triebfreiheit und Ordnung aufgehoben und ersetzt: Befreit von der Tyrannei repressiver Vernunft richten sich die Triebe auf freie und dauerhafte existentielle Beziehungen – sie schaffen ein *neues* Realitätsprinzip. In Schillers Gedanken eines »ästhetischen Staates« ist die Vision einer unterdrückungsfreien Kultur auf der Ebene einer reifen Zivilisation konkretisiert. Auf dieser Ebene wird die Organisation der Triebe zu einem sozialen Problem (in Schillers Terminologie zu einem *politischen*), wie sie das auch in Freuds Psychologie wird. Der Prozeß, der das Ich und das Über-Ich schafft, formt auch spezifische gesellschaftsbildende Institutionen und verleiht ihnen Dauer. Psychoanalytische Begriffe wie Sublimierung, Identifizierung, Introjektion und ähnliche haben nicht nur einen psychologischen Inhalt, sondern auch einen sozialen: Sie enden in einem System von Einrichtungen, Gesetzen, Institutionen, Dingen und Bräuchen, die dem Individuum als objektive Einheiten entgegentreten. Innerhalb dieses antagonistischen Systems ist der seelische Konflikt zwischen Ich und Über-Ich, zwischen Es und Ich gleichzeitig auch ein Konflikt zwischen dem Individuum und seiner Gesellschaft. Die letztere verkörpert die Rationalität der Gesamtheit, und der Kampf des einzelnen gegen die unterdrückende Kraft ist ein Kampf gegen die objektive Vernunft. Daher würde die Heraufkunft eines nicht-repressiven Realitätsprinzips, das Triebbefreiung mit sich brächte, eine *Regression* unter die erreichte Stufe zivilisierter Rationalität bedeuten. Es wäre sowohl eine psychische als eine soziale Regression: Sie würde frühe Stadien der Libido reaktivieren, die in der Entwicklung des Realitäts-Ich übergangen wurden, und die Institutionen der Gesellschaft auflösen, in der das Realitäts-Ich existiert. Im Sinne dieser Institutionen ist die Triebbefreiung ein Rückfall in die Barbarei. Aber wenn diese Befreiung nun auf der Höhe der Zivilisation vonstatten ginge, als Folge eines Sieges und keineswegs einer Niederlage im Kampf ums Dasein, mit der Unterstützung einer freien Gesellschaft, dann könnte sie sehr andere Resultate erbringen. Es wäre noch immer eine Umkehrung des Zivilisationsprozesses, ein Umsturz der Kultur – aber *nachdem* diese ihr Werk verrichtet und eine Menschheit und eine Welt hervorgebracht hat, die frei sein könnte. Es wäre noch immer »Regression« – aber im Licht des reifen Bewußtseins und geleitet von einer neuen Vernunft. Unter diesen Bedingungen ist die Möglichkeit einer repressionslosen Kultur nicht auf dem Stillstand des Fortschritts gegründet, sondern auf seiner Befreiung –, so daß der Mensch sein Leben im Einklang mit seinem voll entwickelten Wissen ordnen würde, so daß er wieder fragen würde, was gut und was böse ist. Wenn die in der kulturellen Herrschaft des Menschen über den Menschen angehäufte Schuld je durch Freiheit eingelöst werden kann, dann muß die »Ursünde« noch einmal begangen werden. »Wir müssen wieder vom Baum der Erkenntnis essen, um in den Stand der Unschuld zurückzufallen« (Kleist, »Über das Marionettentheater«).

Die Vorstellung von einer nicht-repressiven Triebordnung muß in erster Linie an dem »ordnungslosesten« aller Triebe – der Sexualität nämlich – geprüft werden. Eine repressionsfreie Ordnung wäre nur möglich, wenn es sich erweist, daß die Sexualtriebe, kraft ihrer eigenen Dynamik und unter veränderten sozialen und Daseins-Bedingungen, imstande sind, dauerhafte erotische Beziehungen unter reifen Individuen zu stiften. Wir müssen uns fragen, ob die Sexualtriebe, nach der Behebung aller zusätzlichen Unterdrückung, eine »libidinöse Vernünftigkeit« entwickeln können, die nicht nur mit einem Fortschritt zu höheren Formen kultureller Freiheit vereinbar sind, sondern ihn selber fördern. Diese Möglichkeit soll hier in Freuds eigenen Begriffen untersucht werden.

Wir haben mehrfach Freuds Überzeugung erwähnt, daß jede echte Abnahme der gesellschaftlichen Kontrolle über die Sexualtriebe, selbst unter optimalen Bedingungen, die Organisation der Sexualität auf »vorkulturelle« Stadien zurückwerfen würde. Diese Regression müßte die zentralen Befestigungen des Leistungsprinzips durchbrechen: Sie würde die Ableitung der Sexualität in die Kanäle der monogamen Fortpflanzung zerstören und das Tabu auf die Perversionen aufheben. Unter der Herrschaft des Leistungsprinzips sind die libidinöse Besetzung des individuellen Körpers und die libidinösen Beziehungen zu anderen normalerweise auf die Freizeit beschränkt und auf die Vorbereitung und Ausführung des genitalen Geschlechtsverkehrs gerichtet; nur in Ausnahmefällen und unter einem hohen Grad an Sublimierung dürfen libidinöse Beziehungen in die Sphäre der Arbeit eindringen. Diese Einschränkungen werden durch die Notwendigkeit erzwungen, ein großes Quantum an Energie und Zeit für nicht befriedigende, mühsame Arbeit zur Verfügung zu stellen, und sie sind es, die die Desexualisierung des Körpers zu einem dauernden Zustand machen möchten, um den Organismus zu einem Subjekt-Objekt gesellschaftlich nützlicher Leistungen umzuformen. Wird nun umgekehrt der Arbeitstag und die aufzuwendende Energie auf ein Minimum reduziert und die freie Zeit nicht entsprechend manipuliert, dann würde der Grund für diese Einschränkungen untergraben. Es würde Libido freiwerden, die die institutionalisierten Grenzen, in denen sie durch das Realitätsprinzip gehalten wird, überfluten müßte.

Freud betont mehrfach, daß die dauerhaften zwischenmenschlichen Beziehungen, auf denen die Kultur beruht und von denen sie abhängt, voraussetzen, daß die Sexualtriebe in ihren Zielen gehemmt werden(.). Die Liebe und die treuen und verantwortlichen Beziehungen, die sie fordert, beruhen auf einer Verschmelzung der Sexualität mit »Zärtlichkeit«. Diese Verschmelzung ist das historische Ergebnis eines langen und grausamen Domestikationsprozesses, in dem die legitime Manifestation des Triebes den höchsten Vorrang erhielt, während die Partialtriebe in ihrer Entwicklung aufgehalten wurden. Diese kulturelle Verfeinerung der Sexualität, ihre Sublimierung zur Liebe, ging innerhalb einer Zivilisation vonstatten, die besitzhafte Privatbeziehungen aufrichtete, die sich von den besitzhaften gesellschaftlichen Beziehungen unterschieden und ihnen in einer entscheidenden Hinsicht widersprachen. Während das Leben der Menschen außerhalb der privaten Sphäre der Familie hauptsächlich durch den Tauschwert ihrer Produkte und Leistungen bestimmt wurde, sollte ihr Leben in Heim und Ehebett durchtränkt sein vom Geist göttlicher und moralischer Gesetze. Die Menschheit sollte Selbstzweck sein und niemals bloßes Mittel zum Zweck; aber diese Ideologie wirkte sich in

den privaten Funktionen des Individuums aus statt in den gesellschaftsbildenden, in der Sphäre der libidinösen Befriedigung statt in der Arbeit. Gegen die Verwendung des Körpers als bloßes Objekt, als Mittel, als Instrument der Lust wurde die ganze Streitmacht der kulturellen Moral mobilisiert; eine derartige Verdinglichung war tabuiert und untersagt und blieb das übelbeleumdete Vorrecht von Huren, Degenerierten und Pervertierten. Gerade in seiner Befriedigung und ganz besonders in seiner sexuellen Befriedigung sollte der Mensch ein höheres Wesen sein, das höheren Werten verpflichtet ist. Die Sexualität mußte durch Liebe geadelt sein. Dieser Prozeß würde mit dem Auftauchen eines neuen, nicht-repressiven Realitätsprinzips, mit der Abschaffung der zusätzlichen Unterdrückung, wie das Leistungsprinzip sie verhängte, rückläufig werden. In den gesellschaftlichen Beziehungen würde die Neuorientierung der Arbeitsteilung an der Befriedigung frei sich entwickelnder, individueller Bedürfnisse die Verdinglichung des Menschen verringern; während in den libidinösen Beziehungen das Tabu auf die Verdinglichung des Körpers gelockert würde. Der Körper, der nicht mehr ganztätig als Arbeitsinstrument zur Verfügung stehen müßte, würde resexualisiert. Die mit dieser Ausbreitung der Libido verbundene Regression würde sich als erstes in einer Reaktivierung aller erogenen Zonen und damit in einem Wiederaufleben der prägenitalen polymorphen Sexualität und in der Abnahme des genitalen Supremats manifestieren. Der Körper in seiner Gesamtheit würde ein Objekt der Besetzung, ein Ding, dessen man sich erfreuen kann – ein Instrument der Lust. Diese Veränderung im Wert und im Ausmaß der libidinösen Beziehungen würde zu einer Auflösung der Institutionen führen, in denen die privaten zwischenmenschlichen Beziehungen organisiert waren, besonders der monogamen und patriarchalen Familie.
[...]
[1955]

[Die Auflösung der bürgerlichen Familie]

Noch wichtiger ist indessen eine andere »innere Ursache«, nämlich die Auflösung der bürgerlichen Familie. Die Tatsachen, auf die ich anspiele, sind so wohlbekannt, daß sie keine ausführliche Darstellung benötigen. Familie und Kinder bedeuten für die Männer und Frauen der modernen kapitalistischen Gesellschaft weniger, als sie es früher taten, und sind daher als Bildner ihres Verhaltens weniger einflußreich; der rebellische Sohn, die rebellische Tochter, die ihre Verachtung für »viktorianische« Normen erklären, drücken, wenn auch noch so unvollkommen, eine unbestreitbare Wahrheit aus. Das Gewicht dieser Tatsachen wird durch unsere Unfähigkeit, sie statistisch zu erfassen, nicht beeinträchtigt. Die Zahl der Eheschließungen beweist nichts, da der Ausdruck »Ehe« ebenso viele soziologische Bedeutungen umschließt wie der Ausdruck »Eigentum«, und die Art der Gemeinschaft, die einst durch den Ehevertrag gebildet wurde, mag völlig aussterben, ohne daß eine Änderung in der gesetzlichen Konstruktion oder in der Häufigkeit des Vertrags statthat. Auch die Zahl der Ehescheidungen gibt keinen besseren Aufschluß. Es kommt nicht darauf an, wie viele Ehen durch Gerichtsentscheid aufgelöst werden; worauf es ankommt, ist: wie vielen der Inhalt fehlt, der zum alten Bild wesentlich zugehört. Bestehen in unserm statistischen Zeitalter die Leser auf einem statistischen Maßstab, so dürfte das Verhältnis der Ehen, die kein oder nur ein Kind hervorbringen (– obschon auch dieses Verhältnis das Phänomen, das ich meine, größenmäßig noch immer nicht richtig darstellt –), immerhin annäherungsweise seine zahlenmäßige Bedeutung angeben, soweit überhaupt Hoffnung auf eine solche Möglichkeit besteht. Das Phänomen erstreckt sich heutzutage mehr oder weniger über alle Klassen. Aber es trat zuerst in der bürgerlichen (und intellektuellen) Schicht auf, und darin liegt für unsern Zweck sowohl sein symptomatischer als auch sein kausaler Wert. Es kann vollständig aus der Rationalisierung des gesamten Lebens hergeleitet werden, die, wie wir gesehen haben, eine der Wirkungen der kapitalistischen Entwicklung ist. De facto ist es nur eines der Ergebnisse des Übergreifens dieser Rationalisierung auf die private Lebenssphäre. Alle andern

Faktoren, die gewöhnlich zur Erklärung angeführt werden, lassen sich leicht auf diesen einen zurückführen.

Sobald Männer und Frauen die utilitaristische Lektion gelernt haben und es ablehnen, die traditionellen Einrichtungen, die ihr soziales Milieu für sie bereitstellt, als gültig anzuerkennen – sobald sie die Gewohnheit annehmen, die individuellen Vor- und Nachteile jeder voraussichtlichen Folge von Handlungen abzuwägen – oder, wie wir es auch ausdrücken könnten: sobald sie in ihrem Privatleben eine Art unausgesprochener Kostenrechnung einführen –, müssen ihnen unvermeidlich die schweren persönlichen Opfer, welche Familienbindungen und namentlich Elternschaft unter modernen Bedingungen mit sich bringen, ebenso wie die Tatsache bewußt werden, daß gleichzeitig – abgesehen vom Fall der Bauern und Landwirte – die Kinder nicht mehr ein wirtschaftliches Aktivum sind. Jene Opfer bestehen nicht nur aus den Posten, die in den Meßbereich des Geldes kommen, sondern bedeuten überdies einen unmeßbaren Verlust an Behaglichkeit, an Sorgenfreiheit und an Möglichkeiten, andere Dinge von zunehmender Anziehungskraft und Mannigfaltigkeit zu genießen – andere Dinge, die mit den einer immer strengeren kritischen Analyse unterworfenen Elternfreuden verglichen werden. Die daraus zu ziehende Folgerung wird durch die Tatsache, daß die Bilanz wahrscheinlich unvollständig, vielleicht sogar grundlegend falsch ist, nicht abgeschwächt, sondern verstärkt. Denn das größte Aktivum, der Beitrag, den die Elternschaft an die physische und moralische Gesundheit – an die »Normalität«, wie wir es auch ausdrücken könnten – leistet, namentlich im Fall der Frauen, dieses Aktivum entgeht beinahe ausnahmslos dem rationalen Scheinwerfer moderner Individuen, die im privaten wie im öffentlichen Leben die Aufmerksamkeit auf ermittelbare Einzelheiten von unmittelbar utilitaristischer Bedeutung zu lenken und über die Vorstellung verborgener Notwendigkeiten der menschlichen Natur oder des sozialen Organismus zu lächeln tendieren. Was ich sagen will, ist, denke ich, ohne weitere Darlegungen klar. Es kann in der Frage zusammengefaßt werden, die so deutlich in den Köpfen mancher potentieller Eltern steht: »Warum sollten wir unsere Wünsche stutzen und unser Leben arm machen, um in unserm Alter beleidigt und verachtet zu werden?«

Während der kapitalistische Prozeß vermöge der von ihm selbst erzeugten psychischen Haltung die Werte des Familienlebens immer mehr zum Verblassen bringt und die Gewissenshemmungen beseitigt, die eine alte moralische Tradition dem Streben nach einer andern Lebensform in den Weg gelegt hätte, fördert er gleichzeitig die neuen Gelüste. Was die Kinderlosigkeit anlangt, so bringt die kapitalistische Erfindungskraft empfängnisverhütende Mittel von stets zunehmender Wirkungskraft hervor, die den Widerstand überwinden, den sonst der stärkste männliche Trieb entgegengesetzt hätte. Was den Lebensstil anlangt, so vermindert die kapitalistische Entwicklung die Wünschbarkeit der bürgerlichen Häuslichkeit und bietet dafür andere Möglichkeiten. Ich habe schon früher auf die »Verflüchtigung des industriellen Eigentums« aufmerksam gemacht; ich muß nun auf die »Verflüchtigung des Konsumenteneigentums« aufmerksam machen.

Bis in die letzten Jahrzehnte des neunzehnten Jahrhunderts bildeten das Stadthaus und der Landsitz überall nicht nur den angenehmen und behaglichen Rahmen des Privatlebens auf den höhern Einkommensstufen, sondern sie waren auch unentbehrlich. Nicht nur die Pflege der Gastlichkeit jeden Ausmaßes und Stils, sondern auch die Behaglichkeit, Würde, Ruhe und Vornehmheit der Familie waren davon abhängig, daß sie ein angemessenes eigenes *foyer* mit einem angemessenen Dienstbotenstab hatte. Die im Ausdruck »Haus« oder »Häuslichkeit« zusammengefaßten Einrichtungen wurden demgemäß vom durchschnittlichen Mann und der durchschnittlichen Frau aus bürgerlichen Kreisen als Selbstverständlichkeit aufgefaßt, genauso wie sie auch Ehe und Kinder – die »Gründung einer Familie« – als Selbstverständlichkeit betrachteten.

Heutzutage treten nun einerseits die Annehmlichkeiten des bürgerlichen »Hauses« neben seinen Bürden immer mehr in den Hintergrund. Dem kritischen Auge eines kritischen Zeitalters erscheint es wahrscheinlich in erster Linie als eine Quelle von Mühen und Kosten, die sich häufig nicht rechtfertigen. Dies wäre der Fall auch unabhängig von modernen Steuern und Löhnen und von der Einstellung der modernen Haushaltungs-Angestellten – alles typische Ergebnisse des kapitalistischen Prozesses, die natürlich die Angriffe gegen jene Form des Lebens wesentlich verstärken, die schon in naher Zukunft nahezu allgemein als altmodisch und unwirtschaftlich angesehen werden wird. In dieser wie in anderen Beziehungen leben wir in einem Übergangsstadium. Die Durchschnittsfamilie mit bürgerlichem Standard hat die Tendenz, die Schwierigkeiten der Führung eines großen Hauses und eines großen Landsitzes dadurch zu vermindern, daß sie an seine Stelle den kleinen, mechanisierten Haushalt setzt und ein Maximum der früher häuslichen Verrichtungen und des ganzen Lebens außerhalb des Hauses verlegt – namentlich die Gastfreundschaft wird in zunehmendem Maße im Restaurant oder im Club gepflegt.

Auf der andern Seite ist die Häuslichkeit der alten Art nicht mehr ein unumgängliches Erfordernis, um in der bürgerlichen Sphäre behaglich und verfeinert zu leben. Das Appartementhaus und das Appartementhotel stellen einen rationalisierten Typ des Wohnens und einen andern Stil des Lebens dar, die, wenn sie erst voll entwickelt sind, der neuen Situation besser entsprechen und alles Wesentliche an Behaglichkeit und Verfeinerung bieten werden. Gewiß, weder dieser Stil noch sein äußerer Rahmen sind irgendwo schon voll entwickelt; sie bieten vorerst nur dann Kostenvorteile, wenn wir die mit der Führung eines modernen Hauses verbundene Mühe und Plage einkalkulieren. Jedoch bieten sie bereits andere Vorteile – die Möglichkeit, die Mannigfaltigkeit der modernen Vergnügungen voll auszunutzen, die Möglichkeit des Reisens, der raschen Beweglichkeit und der Abwälzung der Last der täglichen Kleinigkeiten des Daseins auf die kräftigen Schultern hoch spezialisierter Organisationen.

Es ist leicht zu sehen, wie dies in den obern Schichten der kapitalistischen Gesellschaft wiederum einen Einfluß auf das Kinderproblem hat. Es handelt sich auch hier um eine Wechselbeziehung: Das allmähliche Verschwinden des geräumigen Hauses – in dem allein sich das reiche Leben einer zahlreichen Familie entfalten kann (.) – und die zunehmenden Reibungen, mit denen es funktioniert, bilden ein weiteres Motiv, um die Sorgen der Elternschaft zu vermeiden; aber der abnehmende Wunsch auf Nachkommenschaft vermindert seinerseits wieder den Wert eines geräumigen Hauses.

[…]
[1942]

Autoren- und Quellenverzeichnis

Günther Anders

geb. 1902 in Breslau, gest. in Wien; Schriftsteller und Philosoph.

Wichtige Werke

Die Antiquiertheit des Menschen (Bd. 1: 1956; Bd. 2: 1980); Endzeit und Zeitende. Gedanken über die atomare Situation (1972); Ketzereien (1982).

Ausgewählte Texte

S. 47 ff.: Das Ende des Politischen, in: ders., Die atomare Drohung. Radikale
Überlegungen. Vierte, durch ein Vorwort erweiterte Auflage von »Endzeit
und Zeitende«, C. H. Beck: München 1983, S. 19–21.
S. 337 ff.: Apokalypse ohne Reich, in: ders., Die atomare Drohung. Radikale
Überlegungen, a.a.O., S. 207–209, 214–215, 220–221.

Hannah Arendt

geb. 1906 in Hannover, gest. 1975 in New York; Professorin für Politische und
Geisteswissenschaften in Chicago und New York.

Wichtige Werke

Elemente und Ursprünge totaler Herrschaft (1938); Vita activa oder vom täglichen Leben (1958); Über die Revolution (1963); Vom Leben des Geistes
(1979).

Ausgewählter Text

S. 280 ff.: Macht und Gewalt, Piper: München 1975, S. 51–56.

Ernst Bloch

geb. 1885 in Ludwigshafen, gest. 1977 in Tübingen; Professor für Philosophie
in Leipzig und Tübingen.

Wichtige Werke

Vom Geist der Utopie (1918); Thomas Müntzer als Theologe der Revolution
(1921); Erbschaft dieser Zeit (1935); Das Prinzip Hoffnung (1954–1959); Na-
turrecht und menschliche Würde (1961); Experimentum mundi (1975).

Ausgewählter Text

S. 294ff.: Kritik der Propaganda, in: ders., Vom Hasard zur Katastrophe. Politische Aufsätze 1934–1939. Mit einem Nachwort von Oskar Negt, Suhrkamp: Frankfurt/M. 1972, S. 197–206.

Karl Dietrich Bracher

geb. 1922 in Stuttgart; Professor für politische Wissenschaft und Zeitgeschichte in Bonn.

Wichtige Werke

Die Auflösung der Weimarer Republik (^{3}1960); Die nationalsozialistische Machtergreifung (zus. mit W. Sauer und G. Schulz, 1960); Die deutsche Diktatur (1969); Europa in der Krise (1979).

Ausgewählter Text

S. 227ff.: [Der Totalitarismus], in: ders., Zeitgeschichtliche Kontroversen um Faschismus, Totalitarismus, Demokratie, Piper: München ^{5}1984, S. 35–40.

Albert Camus

geb. 1913 in Mondovi (Algerien), gest. 1960 bei Villeblevin; Schriftsteller und Philosoph.

Wichtige Werke

Der Mythos von Sisyphos (1942, dt. 1950); Die Pest (1947; dt. 1949); Der Mensch in der Revolte (1952; dt. 1953).

Ausgewählter Text

S. 148ff.: [Freiheit und Gerechtigkeit], in: ders., Verteidigung der Freiheit. Politische Essays, Rowohlt: Reinbek b. Hamburg 1975, S. 47–53.

Sigmund Freud

geb. 1856 in Freiberg (Mähren), gest. 1939 in London; Begründer der Psychoanalyse.

Wichtige Werke

Die Traumdeutung (1899/1900); Drei Abhandlungen zur Sexualtheorie (1905); Massenpsychologie und Ich-Analyse (1920); Die Zukunft einer Illusion (1927); Das Unbehagen in der Kultur (1929).

Ausgewählte Texte

S. 287ff.: Zwei künstliche Massen: Kirche und Heer, in: ders., Massenpsychologie und Ich-Analyse; zit. nach: Sigmund Freud, Kulturtheoretische Schriften, S. Fischer: Frankfurt/M. 1986, S. 88–92.
S. 74ff.: [»Der Mensch ist des Menschen Wolf«], in: ders., Das Unbehagen in der Kultur; zit. nach: a.a.O., S. 240–243.

Arnold Gehlen

geb. 1904 in Leipzig, gest. 1976 in Hamburg; Professor für Philosophie in Leipzig, Königsberg und Wien, Professor für Soziologie in Speyer und Aachen.

Wichtige Werke

Der Mensch. Seine Natur und seine Stellung in der Welt (1940); Urmensch und Spätkultur (1956); Die Seele im technischen Zeitalter (1957); Anthropologische Forschungen (1961); Studien zur Anthropologie und Soziologie (1963); Moral und Hypermoral (1969).

Ausgewählte Texte

S. 84 ff.: [Ein entlastungsbedürftiges Mängelwesen], in: ders., Der Mensch. Seine Natur und seine Stellung in der Welt, Athenäum: Bonn 1950, S. 33–38.

S. 262 ff.: [Institutionen und Normen], in: ders., Urmensch und Spätkultur. Philosophische Ergebnisse und Aussagen, Athenäum: Frankfurt/M. – Bonn 1964, S. 34–37, 60–61.

S. 278 ff.: [Das Worttabu »Macht«], in: ders., Urmensch und Spätkultur. Philosophische Ergebnisse und Aussagen, a.a.O., S. 68–69.

S. 183 ff.: [Vergesellschaftung des Staates], in: ders., Moral und Hypermoral. Eine pluralistische Ethik, Aula-Verlag: Wiesbaden 1986, S. 109–111.

S. 346 ff.: [Das Ende der Klassengesellschaft], in: ders., Anthropologische und sozialpsychologische Untersuchungen, Rowohlt: Reinbek b. Hamburg 1986, S. 130–132.

Theodor Geiger

geb. 1881 in München, gest. 1952 auf Heimreise von Kanada; Professor für Soziologie in Braunschweig und Aaarhus.

Wichtige Werke

Die Masse und ihre Aktion (1926); Die soziale Schichtung des deutschen Volkes (1932); Die Klassengesellschaft im Schmelztiegel (1949); Aufgaben und Stellung der Intelligenz in der Gesellschaft; Demokratie ohne Dogma (1963).

Ausgewählter Text

S. 326 ff.: Die Führerauslese, in: ders., Führen und Folgen, Weltgeist-Bücher Verlagsgesellschaft: Berlin 1928, S. 40–44.

Jürgen Habermas

geb. 1929 in Düsseldorf, lebt in Frankfurt/M. und Starnberg; Professor für Philosophie in Frankfurt/M.

Wichtige Werke

Strukturwandel der Öffentlichkeit (1962); Erkenntnis und Interesse (1968); Theorie des kommunikativen Handelns, 2 Bde. (1981); Kleine politische Schriften I–IV (1981); Der philosophische Diskurs der Moderne (1985); Die Neue Unübersichtlichkeit (1985).

Ausgewählter Text

S. 350ff.: Die Krise des Wohlfahrtsstaates und die Erschöpfung utopischer Energien, in: ders., Die Neue Unübersichtlichkeit. Kleine Politische Schriften V, Suhrkamp: Frankfurt/M. 1985, S. 141–162.

Hermann Heller

geb. 1891 in Teschen (Mähren), gest. 1933 in Madrid; Professor für öffentliches Recht in Berlin und Frankfurt/M.

Wichtige Werke

Hegel und der nationale Machtstaatsgedanke (1921); Die Souveränität (1927); Der Begriff des Gesetzes in der Reichsverfassung (1928); Europa und der Fascismus (1929); Staatslehre (1934, posthum).

Ausgewählte Texte

S. 168ff.: Gesellschaft und Staat; in: ders., Gesammelte Schriften, hrsg. von M. Drath u. a., Verlag A. W. Sijthoff: Leiden 1971, Bd. 1, S. 261–265.
S. 196ff.: Politische Demokratie und soziale Homogenität; in: ders., Gesammelte Schriften, a.a.O., Bd. 2, S. 426–431.
S. 222ff.: Rechtsstaat oder Diktatur?, in: ders., Gesammelte Schriften, a.a.O., Bd. 2, S. 451–457.

Max Horkheimer

geb. 1885 in Stuttgart, gest. 1973 in Nürnberg; Professor für Philosophie und Soziologie in Frankfurt/M.

Wichtige Werke

Anfänge der bürgerlichen Geschichtsphilosophie (1930); Traditionelle und kritische Theorie (1937); Dialektik der Aufklärung (zus. mit Th. W. Adorno, 1944); Eclipse of Reason (1947, dt. 1967).

Ausgewählter Text

S. 90ff.: Aufstieg und Niedergang des Individuums, in: ders., Zur Kritik der instrumentellen Vernunft. Aus den Vorträgen und Aufzeichnungen seit Kriegsende, hrsg. von Alfred Schmidt, S. Fischer Verlag: Frankfurt/M. 1967, S. 132–136, 150–152.

Karl Jaspers

geb. 1883 in Oldenburg, gest. 1969 in Basel; Professor für Psychologie, später Philosophie in Heidelberg und Basel.

Wichtige Werke

Philosophie, 3 Bde. (1932); Der philosophische Glaube (1948); Die Atombombe und die Zukunft des Menschen (1958); Vom Ursprung und Ziel der Geschichte (1949).

Ausgewählte Texte

S. 54ff.: Solidarität, in: ders., Die geistige Situation der Zeit, Walter de Gruyter: Berlin–New York 1979, S. 177–179.

S. 317f.: [Eliten und Masse], in: ders., Die geistige Situation der Zeit, a.a.O., S. 179–181.

S. 62ff.: [Politiker], in: ders., Wohin treibt die Bundesrepublik? Tatsachen – Gefahren – Chancen. Mit einer Einführung von Kurt Sontheimer, Piper: München – Zürich 1988, S. 117–119.

S. 207ff.: Von der Demokratie zur Parteienoligarchie, in: ders., Wohin treibt die Bundesrepublik?, a.a.O., S. 129–131, 138–140.

Otto Kirchheimer

geb. 1905 in Heilbronn, gest. 1965 in Washington; Professor für politische Wissenschaft in New York.

Wichtige Werke

Sozialstruktur und Strafvollzug (zus. mit G. Rusche, 1939); Politische Justiz (1961); Politik und Verfassung (1964); Politische Herrschaft (1967); Funktionen des Staates und der Verfassung (1972).

Ausgewählter Text

S. 248ff.: Wandlungen der politischen Opposition, in: ders., Politik und Verfassung, Suhrkamp: Frankfurt/M. 1964, S. 123–126, 129–135, 141–143.

Gustave Le Bon

geb. 1841 in Nogent-le-Routrou, gest. 1931 in Paris; Anthropologe und Soziologe.

Wichtige Werke

Die Psychologie der Massen (1895); Die politische Psychologie (1902); Die Französische Revolution und die Psychologie der Revolutionen (1903); Die psychologischen Lehren des europäischen Krieges (1916); Die Welt aus dem Gleichgewicht (1923); Die gegenwärtige Entwicklung der Welt (1927).

Ausgewählte Texte

S. 95ff.: [Der Mensch in der Masse], in: ders., Psychologie der Massen. Mit einer Einführung von Peter R. Hofstätter, Kröner: Stuttgart [15]1982 (Kröners Taschenausgabe Bd. 99), S. 15–18.

S. 307ff.: Die Führer der Massen, in: ders., Psychologie der Massen, a.a.O., S. 83–87.

Wladimir Ilitsch Lenin

geb. 1870 in Simbirsk, gest. 1924 in Gorki; Theoretiker und Praktiker der Revolution.

Wichtige Werke

Materialismus und Empiriokritizismus (1909; dt. 1927); Staat und Revolution (1917, dt. 1918); Der Imperialismus als höchstes Stadium des Kapitalismus (1917, dt. 1921).

Ausgewählte Texte

S. 310 ff.: [Massenspontaneität und politische Führung], in: ders., Theorie. Ökonomie. Politik. Ausgewählte Texte und Werke, hrsg. und erläutert von Iring Fetscher, Kröner: Stuttgart 1974 (Kröners Taschenausgabe Bd. 45), S. 188–191.
S. 173 ff.: Klassengesellschaft und Staat, in: ders., Staat und Revolution, zit. nach: W. I. Lenin, Theorie. Ökonomie. Politik. Ausgewählte Texte und Werke, a.a.O., S. 279–282, 289–293.

Niklas Luhmann

geb. 1927 in Lüneburg; Professor für Soziologie in Bielefeld.

Wichtige Werke

Legitimation durch Verfahren (1969); Soziologische Aufklärung, 3 Bde. (1970, 1975, 1981); Rechtssoziologie (1972); Politische Theorie im Wohlfahrtsstaat (1981); Gesellschaftsstruktur und Semantik (1980, 1981, 1989).

Ausgewählte Texte

S. 53 ff.: Staat und Politik. Zur Semantik der Selbstbeschreibung politischer Systeme, in: Udo Bermbach (Hrsg.), Politische Theoriengeschichte. Probleme einer Teildisziplin der Politischen Wissenschaft, Westdeutscher Verlag: PVS-Sonderheft 15/1984, S. 102–103.
S. 185 ff.: [Wohlfahrtsstaat und Bürokratie], in: ders., Staat und Politik. Zur Semantik der Selbstbeschreibung politischer Systeme, a.a.O., S. 114–118.

Georg Lukács

geb. 1885 in Budapest, gest. 1971 in Budapest; Professor für Ästhetik und Kulturtheorie in Budapest.

Wichtige Werke

Geschichte und Klassenbewußtsein (1923); Der junge Hegel (1948); Die Zerstörung der Vernunft (1953); Die Eigenart des Ästhetischen, 2 Bde. (1963).

Ausgewählter Text

S. 118 ff.: [Bourgeoisie und Proletariat], in: ders., Geschichte und Klassenbewußtsein. Studien über marxistische Dialektik, Luchterhand Literaturverlag: Frankfurt/M. 1971, S. 139–147, 155–157.

Rosa Luxemburg

geb. 1871 in Zamość (Polen), ermordet 1919 in Berlin; sozialistische Theoretikerin und Politikerin.

Wichtige Werke

Organisationsfragen der russischen Sozialdemokratie (1903); Massenstreik, Partei und Gewerkschaften (1906); Die Akkumulation des Kapitals (1913); Gesammelte Briefe in 5 Bdn. (1982–84).

Ausgewählte Texte

S. 312 ff.: [Kapitalistische Disziplinierung und revolutionäre Selbstdisziplin], in: dies., Organisationsfragen der russischen Sozialdemokratie, zit. nach: Rosa Luxemburg, Politische Schriften III, hrsg. und eingeleitet von Ossip K. Flechtheim, Europäische Verlagsanstalt: Frankfurt/M. 1975, S. 86–91.

S. 192 ff.: [Kapitalismus und Demokratie], in: dies., Sozialreform oder Revolution?, zit. nach: Rosa Luxemburg, Politische Schriften I, hrsg. und eingeleitet von Ossip K. Flechtheim, a.a.O., S. 107–111.

Karl Mannheim

geb. 1893 in Budapest, gest. 1947 in London; Professor für Soziologie in Frankfurt/M. und London.

Wichtige Werke

Das konservative Denken (1927); Ideologie und Utopie (1929); Mensch und Gesellschaft im Zeitalter des Umbaus (1935); Diagnose unserer Zeit (1943, dt. 1950); Freiheit und geplante Demokratie (1950, dt. 1970).

Ausgewählter Text

S. 35 ff.: [Politische Entscheidung], in: ders., Ideologie und Utopie, Vittorio Klostermann: Frankfurt/M. 1985, S. 165–167.

Herbert Marcuse

geb. 1898 in Berlin, gest. 1979 in Starnberg; Professor für Philosophie an der Brandeis-University und an der University of California, San Diego.

Wichtige Werke

Vernunft und Revolution (1942, dt. 1962); Triebstruktur und Gesellschaft (1955, dt. 1957); Die Gesellschaftslehre des sowjetischen Marxismus (1958, dt. 1964); Der eindimensionale Mensch (1964, dt. 1967); Versuch über die Befreiung (1969).

Ausgewählte Texte

S. 372 ff.: Die Verwandlung der Sexualität in den Eros, in: ders., Triebstruktur und Gesellschaft. Ein philosophischer Beitrag zu Sigmund Freud, Suhrkamp: Frankfurt/M. 1970, S. 195–199.

S. 105 ff.: Der eindimensionale Mensch. Studien zur Ideologie der fortgeschrittenen Industriegesellschaft. Deutsch von Alfred Schmidt, Luchterhand Literaturverlag: Frankfurt/M.–München [24]1991 (Sammlung Luchterhand, dtv), S. 93–97.

S. 274 ff.: [Herrschaft durch Kontrolle der Bedürfnisse], in: ders., Der eindimensionale Mensch. Studien zur Ideologie der fortgeschrittenen Industriegesellschaft, a.a.O., S. 25–28.

Robert Michels

geb. 1876 in Köln, gest. 1936 in Rom; Professor für Nationalökonomie u. Statistik bzw. Korporationswesen in Basel und Perugia.

Wichtige Werke

Soziologie des Parteiwesens (1911); Der Patriotismus (1929); zahlreiche Aufsätze, jetzt z. T. gesammelt in dem Band: Masse, Führer, Intellektuelle (1987).

Ausgewählter Text

S. 243 ff.: [Innerparteiliche Demokratie und das eherne Gesetz der Oligarchie], in: ders., Zur Soziologie des Parteiwesens in der modernen Demokratie. Untersuchungen über die oligarchischen Tendenzen des Gruppenlebens, hrsg. und eingeleitet von Frank R. Pfetsch, Kröner: Stuttgart [4]1989, (Kröners Taschenausgabe Bd. 250) S. 483, 487–489, 495–501.

Gaetano Mosca

geb. 1858 in Palermo, gest. 1941 in Rom; Professor für Staatsrecht in Turin und Rom, ital. Senator.

Wichtiges Werk

Die herrschende Klasse (1895, dt. 1950).

Ausgewählter Text

S. 318 ff.: Die politische Klasse, in: ders., Die herrschende Klasse. Grundlagen der politischen Wissenschaft, übersetzt von F. Borkenau, Bern 1950, zit. nach: Friedrich Jonas (Hrsg.), Geschichte der Soziologie, Bd. 2: Von der Jahrhundertwende bis zur Gegenwart. Mit Quellentexten, Westdeutscher Verlag: Opladen 1980, S. 392–394, 398–400, 402–404.

Vilfredo Pareto

geb. 1848 in Paris, gest. 1923 in Coligny; Professor für Nationalökonomie in Lausanne.

Wichtige Werke

Les systèmes socialistes, 2 Bde. (1902); Trattato di sociologia generale (1916); Trasformazione della democrazia (1921).

Ausgewählter Text

S. 114 ff.: [Rentiers und Spekulanten], in: ders., Ausgewählte Schriften, hrsg. und eingeleitet von Carlo Mongardini, Ullstein: Frankfurt/M.–Berlin–Wien 1976, S. 220–221, 223–225, 227–228.

Helmuth Plessner

geb. 1892 in Wiesbaden, gest. 1985; Professor für Philosophie und Soziologie in Göttingen.

Wichtige Werke

Grenzen der Gemeinschaft (1924); Macht und menschliche Natur (1931); Die verspätete Nation (1935/59); Wesen und Wirklichkeit des Menschen (1958); Diesseits der Utopie (1966).

Ausgewählter Text

S. 78 ff.: [Die Exzentrizität des Menschen und ihre politischen Folgen], in: ders., Die Stufen des Organischen und der Mensch. Einleitung in die philosophische Anthropologie, Walter de Gruyter: Berlin–New York 1975, S. 309–311, 316–317, 319–320, 344–345.

John Rawls

geb. 1921 in Baltimore/Maryland; Professor für Philosophie in Harvard.

Wichtiges Werk

Eine Theorie der Gerechtigkeit (1971, dt. 1975).

Ausgewählter Text

S. 143 ff.: Der Hauptgedanke der Theorie der Gerechtigkeit, in: ders., Eine Theorie der Gerechtigkeit. Übersetzt von Hermann Vetter, Suhrkamp: Frankfurt/M. 1979, S. 27–34.

David Riesman

geb. 1909 in Philadelphia; Professor für Rechtswissenschaft und Soziologie in Buffalo und Chicago.

Wichtige Werke

The Lonely Crowd (1950); Abundance for What (1964); The Academic Revolution (gemeinsam mit Christopher Jencks, 1968); Academic Values and Mass Education (1970); Education and Politics at Harvard (gemeinsam mit Seymour Martin Lipset, 1975); On Higher Education (1980).

Ausgewählter Text

S. 98 ff.: [Der außen-geleitete Mensch], in: ders., Die einsame Masse. Eine Untersuchung der Wandlungen des amerikanischen Charakters. Mit einer Einführung von Helmut Schelsky, Luchterhand Literaturverlag: Frankfurt/M. 1956, S. 49–51, 53–55, 58–60.

Jean-Paul Sartre

geb. 1905 in Paris, gest. 1980 in Paris; Philosoph und Schriftsteller.

Wichtige Werke

Der Ekel (1938, dt. 1949); Das Sein und das Nichts (1943, dt. 1962); Kritik der dialektischen Vernunft (1960, dt. 1967).

Ausgewählter Text

S. 65 ff.: Jean-Paul Sartre, Philippe Gavi, Pierre Victor, [Der neue Politiker], in: dies., Der Intellektuelle als Revolutionär. Streitgespräche, deutsch von Annette Lallemand, Rowohlt: Reinbek b. Hamburg 1976, S. 219–224.

Max Scheler

geb. 1874 in München, gest. 1928 in Frankfurt/M.; Professor für Philosophie und Soziologie in Köln und Frankfurt/M.

Wichtige Werke

Der Formalismus in der Ethik und materiale Wertethik, 2 Bde. (1913, 1916); Die Probleme einer Soziologie des Wissens (1924); Die Wissensformen und die Gesellschaft (1926); Die Stellung des Menschen im Kosmos (1927).

Ausgewählte Texte

S. 135 ff.: [Die Idee des Friedens], in: ders., Die Idee des Friedens und der Pazifismus, Der Neue Geist Verlag: Berlin 1931, S. 12–20. © Bouvier: Bonn 1976.
S. 335 ff.: [Das Zeitalter des Ausgleichs], in: ders., Philosophische Weltanschauung, zit. nach: Max Scheler, Späte Schriften. Mit einem Anhang hrsg. von Manfred S. Frings, S. 151–153. © Bouvier: Bonn 1976.

Carl Schmitt

geb. 1888 in Plettenberg, gest. 1985 in Plettenberg; Professor für Rechtswissenschaft in Greifswald, Bonn, Berlin, Köln und erneut Berlin.

Wichtige Werke

Politische Romantik (1919); Die Diktatur (1921); Politische Theologie (1922); Der Begriff des Politischen (1927); Verfassungslehre (1928); Legalität und Legitimität (1932); Land und Meer (1942); Der Nomos der Erde (1950); Theorie des Partisanen (1963).

Ausgewählte Texte

S. 37 ff.: Der Begriff des Politischen. Text von 1932 mit einem Vorwort und drei Corollarien, Duncker & Humblot: Berlin 1963, S. 26–37.
S. 219 ff.: [Die Diktatur: Suspension des Rechts zwecks Rechtsverwirklichung], in: ders., Die Diktatur. Von den Anfängen des modernen Souveränitätsgedankens bis zum proletarischen Klassenkampf, Duncker & Humblot: Berlin ⁴1978, S. XIV–XVIII.
S. 238 ff.: Die geistesgeschichtliche Lage des heutigen Parlamentarismus, Duncker & Humblot: Berlin ⁶1985, S. 42–50, 61–63.

Rolf Schroers

geb. 1919 in Neuß, gest. 1981 in Altenberge; Schriftsteller und Politiker.

Wichtiges Werk

Der Partisan. Ein Beitrag zur politischen Anthropologie (1961).

Ausgewählte Texte

S. 126 ff.: [Gewalthaber und Partisanen], in: ders., Der Partisan. Ein Beitrag zur politischen Anthropologie, Kiepenheuer & Witsch: Köln 1961, S. 19–28, 31–32.
S. 156 ff.: Illegale Solidarität, in: ders., Der Partisan. Ein Beitrag zur politischen Anthropologie, a.a.O., S. 328–331.

Joseph A. Schumpeter

geb. 1883 in Triesch (Mähren), gest. 1950 in Taconic (USA); Professor für Nationalökonomie in Graz, Bonn und Harvard.

Wichtige Werke

Theorie der wirtschaftlichen Entwicklung (1912); Capitalism, Socialism and Democracy (1942, dt. 1946); History of Economic Analysis (1954).

Ausgewählte Texte

S. 341 ff.: [Das Ende des Kapitalismus], in: ders., Kapitalismus Sozialismus und Demokratie. Einleitung von Edgar Salin, Francke: Tübingen [6]1987, S. 213–219.
S. 376 ff.: [Die Auflösung der bürgerlichen Familie], in: ders., Kapitalismus, Sozialismus und Demokratie, a.a.O., S. 253–257.
S. 202 ff.: Eine andere Theorie der Demokratie, in: ders., Kapitalismus, Sozialismus und Demokratie, a.a.O., S. 427–433.

Werner Sombart

geb. 1863 in Ernstleben (Harz), gest. 1941 in Berlin; Professor für Nationalökonomie in Breslau und Berlin.

Wichtige Werke

Der moderne Kapitalismus. Historisch-systematische Darstellung des gesamteuropäischen Wirtschaftslebens von seinen Anfängen bis zur Gegenwart, 3 Bde. (1902); Der Bourgeois (1913); Liebe, Luxus und Kapitalismus (1922); Die drei Nationalökonomien (1930); Deutscher Sozialismus (1934).

Ausgewählter Text

S. 109 ff.: [Unternehmer- und Bürgernaturen], in: ders., Der Bourgeois. Zur Geistesgeschichte des modernen Wirtschaftsmenschen, Duncker & Humblot: München und Leipzig 1923, S. 256–262.

Georges Sorel

geb. 1847 in Cherbourg, gest. 1922 in Boulogne-sur-Seine; Straßenbauinge-
nieur, Schriftsteller.

Wichtige Werke

Reflexion sur la violence (1908, dt. 1925); La décomposition du Marxisme
(1908, dt. 1930); Les illusions du progrès (1908).

Ausgewählte Texte

S. 291 ff.: [Politische Mythen], in: ders., Über die Gewalt. Mit einem Nachwort
v. George Lichtheim, Suhrkamp: Frankfurt/M. 1981, S. 141–145.
S. 212 ff.: [Die Diktatur des Proletariats], in: ders., Über die Gewalt, a.a.O.,
S. 198–202.
S. 284 ff.: Apologie der Gewalt, in: ders., Über die Gewalt, a.a.O.,
S. 339–341.

Oswald Spengler

geb. 1889 in Blankenburg, gest. 1936 in München; Kulturphilosoph und freier
Schriftsteller.

Wichtige Werke

Der Untergang des Abendlandes, 2 Bde. (1918, 1922); Preußentum und Sozialismus (1920); Der Mensch und die Technik (1931); Jahre der Entscheidung
(1933).

Ausgewählter Text

S. 57 ff.: [Der Staatsmann], in: ders., Der Untergang des Abendlandes. Um-
risse einer Morphologie der Weltgeschichte, Bd. 2: Welthistorische Perspektiven, dtv: München [2]1973, S. 1112–1120. © C. H. Beck, München.

Dolf Sternberger

geb. 1907 in Wiesbaden, gest. 1989 in Darmstadt; Professor für politische Wissenschaft in Heidelberg.

Wichtige Werke

Panorama oder Ansichten vom 19. Jahrhundert (1938); Aus dem Wörterbuch
des Unmenschen (zus. mit G. Storz u. W. E. Süskind, 1957); Grund und
Abgrund der Macht (1962); Drei Wurzeln der Politik (1978).

Ausgewählter Text

S. 49 ff.: [Die gute Politik], in: ders., Drei Wurzeln der Politik, Insel: Frank-
furt/M. 1978, S. 440–445.

Leo Trotzki (Lev Davidovitsch Bronstein)

geb. 1879 in Iwanowka (Ukraine), ermordet 1940 in Coyoacán (Mexiko); revolutionärer Theoretiker und Politiker.

Wichtige Werke

Literatur und Revolution (1924); Die permanente Revolution (1930); Geschichte der russischen Revolution (1931); Die verratene Revolution (1937).

Ausgewählte Texte

S. 179 ff.: Doppelherrschaft, in: ders., Geschichte der russischen Revolution, Bd. I: Februarrevolution, S. Fischer Verlag: Frankfurt/M. 1973, S. 180–184.
S. 214 ff.: [Der politische Zwang zur proletarischen Revolution], in: ders., Ergebnisse und Perspektiven. Die permanente Revolution. Mit Einleitungen von Helmut Dahmer und Richard Lorenz, Europäische Verlagsanstalt: Frankfurt/M. 1975, S. 79–83.

Max Weber

geb. 1864 in Erfurt, gest. 1920 in München; Professor für Handelsrecht, Nationalökonomie in Berlin, Freiburg, Heidelberg und München.

Wichtige Werke

Die protestantische Ethik und der ›Geist‹ des Kapitalismus (1904/05); Politik als Beruf (1918); Wirtschaft und Gesellschaft (1921).

Ausgewählte Texte

S. 266 ff.: [Herrschaft, Verwaltung, Legitimität], in: ders., Wirtschaft und Gesellschaft. Grundriß der verstehenden Soziologie, J.C.B. Mohr (Paul Siebeck): Tübingen [5]1972, S. 545–550.
S. 233 ff.: [Parlamentarische Führerauswahl], in: ders., Parlament und Regierung im neugeordneten Deutschland, zit. nach: Max Weber, Gesammelte politische Schriften. Mit einem Geleitwort von Theodor Heuss, hrsg. von Johannes Winckelmann, J.C.B. Mohr (Paul Siebeck): Tübingen [4]1980, S. 339–342, 349–350.
S. 22 ff.: Politik als Beruf, in: ders., Gesammelte politische Schriften. Mit einem Geleitwort von Theodor Heuss, hrsg. von Johannes Winckelmann, a.a.O., S. 505–507, 512–514, 545–547, 549–553.

Editorische Notiz:

Titel in eckigen Klammern stammen vom Herausgeber.

Hannah Arendt

Eichmann in Jerusalem
Ein Bericht von der Banalität des Bösen.
Mit einem Essay von Hans Mommsen.
358 Seiten. Serie Piper 308

Elemente und Ursprünge totaler Herrschaft
Antisemitismus. Imperialismus. Totalitarismus.
758 Seiten. Serie Piper 645

Macht und Gewalt
Von der Verfasserin durchgesehene Übersetzung.
Aus dem Englischen von Gisela Uellenberg.
137 Seiten. Serie Piper 1

Menschen in finsteren Zeiten
Hrsg. von Ursula Ludz.
371 Seiten. Leinen

Rahel Varnhagen
Lebensgeschichte einer deutschen Jüdin aus der Romantik.
298 Seiten. Serie Piper 230

Über die Revolution
426 Seiten. Serie Piper 1746

Vita activa oder Vom tätigen Leben
375 Seiten. Serie Piper 217

Vom Leben des Geistes
Band I: Das Denken. 224 Seiten. Frontispiz. Serie Piper 705
Band II: Das Wollen. 272 Seiten. Frontispiz. Serie Piper 706

Wahrheit und Lüge in der Politik
Zwei Essays. 93 Seiten. Serie Piper 36

Hannah Arendt / Karl Jaspers
Briefwechsel 1926–1969
Hrsg. von Lotte Köhler und Hans Saner.
859 Seiten. Serie Piper 1757

Piper

Karl Jaspers in der Serie Piper

Der Arzt im technischen Zeitalter
Technik und Medizin, Arzt und Patient, Kritik der Psychotherapie.
122 Seiten. Serie Piper 441

Die Atombombe und die Zukunft des Menschen
Politisches Bewußtsein in unserer Zeit.
505 Seiten. Serie Piper 237

Augustin
86 Seiten. Serie Piper 143

Denkwege
Ein Lesebuch.
Auswahl und Zusammenstellung der Texte von Hans Saner.
157 Seiten. Serie Piper 385

Einführung in die Philosophie
Zwölf Radiovorträge.
128 Seiten. Serie Piper 13

Freiheit und Wiedervereinigung
Über Aufgaben deutscher Politik. Vorwort von Willy Brandt.
Mit einer Nachbemerkung zur Neuausgabe von Hans Saner.
126 Seiten. Serie Piper 1110

Die großen Philosophen
968 Seiten. Serie Piper 1002

Kleine Schule des philosophischen Denkens
183 Seiten. Serie Piper 54

Die maßgebenden Menschen
Sokrates, Buddha, Konfuzius, Jesus. 210 Seiten. Serie Piper 126

Nicolaus Cusanus
271 Seiten. Serie Piper 660

Notizen zu Martin Heidegger
Hrsg. von Hans Saner.
351 Seiten. Serie Piper 1048

Philosophische Autobiographie
136 Seiten. Serie Piper 150

Der philosophische Glaube
136 Seiten. Serie Piper 69

Schelling
Größe und Verhängnis.
346 Seiten. Serie Piper 341

Die Schuldfrage
Zur politischen Haftung Deutschlands.
89 Seiten. Serie Piper 698

Spinoza
154 Seiten. Serie Piper 172

Die Sprache · Über das Tragische
143 Seiten. Serie Piper 1129

Vernunft und Existenz
Fünf Vorlesungen.
127 Seiten. Serie Piper 57

Vernunft und Widervernunft in unserer Zeit
Drei Vorlesungen. 71 Seiten. Serie Piper 1199

Vom Ursprung und Ziel der Geschichte
349 Seiten. Serie Piper 198

Von der Wahrheit
1103 Seiten.
Serie Piper 1001

Wahrheit und Bewährung
Philosophieren für die Praxis. 244 Seiten.
Serie Piper 268

Was ist Erziehung?
Ein Lesebuch. Textauswahl und Zusammenstellung von Hermann Horn.
388 Seiten. Serie Piper 1513

Max Weber
Gesammelte Schriften. Mit einer Einführung von Dieter Henrich.
128 Seiten. Serie Piper 799

Wohin treibt die Bundesrepublik?
Tatsachen, Gefahren, Chancen. Einführung von Kurt Sontheimer.
281 Seiten. Serie Piper 849

PIPER

Die kommentierten Goebbels-Tagebücher
im Taschenbuch

Diese Aufzeichnungen spiegeln nicht nur die Wahnwelt
Goebbels wider, sondern geben auch den Blick frei
in den inneren Zirkel der Macht.
Eine der wichtigsten Quellen der Geschichte und
Vorgeschichte des Dritten Reiches.

PIPER